本项目由深圳市宣传文化事业发展专项基金资助

深圳学派建设丛书（第十一辑）

智力资源错配
教育改革的扎根理论

谢志岿 等著

中国社会科学出版社

图书在版编目（CIP）数据

智力资源错配：教育改革的扎根理论／谢志岿等著.
北京：中国社会科学出版社，2024.11.——（深圳学派
建设丛书）.——ISBN 978-7-5227-4438-4

Ⅰ.G521

中国国家版本馆CIP数据核字第2024N6U066号

出 版 人	赵剑英
责任编辑	单 钊
责任校对	冯英爽
责任印制	李寡寡

出　　版	中国社会科学出版社
社　　址	北京鼓楼西大街甲158号
邮　　编	100720
网　　址	http：//www.csspw.cn
发 行 部	010-84083685
门 市 部	010-84029450
经　　销	新华书店及其他书店
印　　刷	北京明恒达印务有限公司
装　　订	廊坊市广阳区广增装订厂
版　　次	2024年11月第1版
印　　次	2024年11月第1次印刷
开　　本	710×1000　1/16
印　　张	22
字　　数	330千字
定　　价	118.00元

凡购买中国社会科学出版社图书，如有质量问题请与本社营销中心联系调换
电话：010-84083683
版权所有　侵权必究

《深圳学派建设丛书》
编委会

顾　　问：王京生　李小甘　王　强

主　　任：张　玲　张　华

执行主任：曾相莱　吴定海

主　　编：吴定海

总序　学派的魅力

王京生[*]

学派的星空

在世界学术思想史上，曾经出现过浩如繁星的学派，它们的光芒都不同程度地照亮人类思想的天空，像米利都学派、弗莱堡学派、法兰克福学派等，其人格精神、道德风范一直为后世所景仰，其学识与思想一直成为后人引以为据的经典。就中国学术史而言，不断崛起的学派连绵而成群山之势，并标志着不同时代的思想所能达到的高度。自晚明至晚清，是中国学术尤为昌盛的时代，而正是在这个时代，学派的存在也尤为活跃，像陆王学派、吴学、皖学、扬州学派等。但是，学派辈出的时期还应该首推古希腊和中国的春秋战国时期，古希腊出现的主要学派就有米利都学派、毕达哥拉斯学派、埃利亚学派、犬儒学派；而儒家学派、黄老学派、法家学派、墨家学派、稷下学派等，则是中国春秋战国时代学派鼎盛的表现，百家之中几乎每家就是一个学派。

综观世界学术思想史，学派一般都具有如下的特征。

其一，有核心的代表人物，以及围绕着这些核心人物所形成的特定时空的学术思想群体。德国19世纪著名的历史学家兰克既是影响深远的兰克学派的创立者，也是该学派的精神领袖，他在柏林大学长期任教期间培养了大量的杰出学者，形成了声势浩大的学术势力，兰克本人也一度被尊为欧洲史学界的泰斗。

其二，拥有近似的学术精神与信仰，在此基础上形成某种特定的学术风气。清代的吴学、皖学、扬学等乾嘉诸派学术，以考据为

---

[*] 王京生，现任国务院参事。

治学方法，继承古文经学的训诂方法而加以条理发明，用于古籍整理和语言文字研究，以客观求证、科学求真为旨归，这一学术风气也因此成为清代朴学最为基本的精神特征。

其三，由学术精神衍生出相应的学术方法，给人们提供了观照世界的新的视野和新的认知可能。产生于20世纪60年代、代表着一种新型文化研究范式的英国伯明翰学派，对当代文化、边缘文化、青年亚文化的关注，尤其是对影视、广告、报刊等大众文化的有力分析，对意识形态、阶级、种族、性别等关键词的深入阐释，无不为我们认识瞬息万变的世界提供了丰富的分析手段与观照角度。

其四，由上述三点所产生的经典理论文献，体现其核心主张的著作是一个学派所必需的构成因素。作为精神分析学派的创始人，弗洛伊德所写的《梦的解析》等，不仅成为精神分析理论的经典著作，而且影响广泛并波及人文社科研究的众多领域。

其五，学派一般都有一定的依托空间，或是某个地域，或是像大学这样的研究机构，甚至是有着自身学术传统的家族。

学派的历史呈现出交替嬗变的特征，形成了自身发展规律。

其一，学派出现往往暗合了一定时代的历史语境及其"要求"，其学术思想主张因而也具有非常明显的时代特征。一旦历史条件发生变化，学派的内部分化甚至衰落将不可避免，尽管其思想遗产的影响还会存在相当长的时间。

其二，学派出现与不同学术群体的争论、抗衡及其所形成的思想张力紧密相关，它们之间的"势力"此消彼长，共同勾勒出人类思想史波澜壮阔的画面。某一学派在某一历史时段"得势"，完全可能在另一历史时段"失势"。各领风骚若干年，既是学派本身的宿命，也是人类思想史发展的"大幸"：只有新的学派不断涌现，人类思想才会不断获得更为丰富、多元的发展。

其三，某一学派的形成，其思想主张都不是空穴来风，而有其内在理路。例如，宋明时期陆王心学的出现是对程朱理学的反动，但其思想来源却正是后者；清代乾嘉学派主张朴学，是为了反对陆王心学的空疏无物，但二者之间也建立了内在关联。古希腊思想作为欧洲思想发展的源头，使后来西方思想史的演进，几乎都可看作是对它的解释与演绎，"西方哲学史都是对柏拉图思想的演绎"的极端说法，却也说出了部分的真实。

其四，强调内在理路，并不意味着对学派出现的外部条件重要性的否定；恰恰相反，外部条件有时对于学派的出现是至关重要的。政治的开明、社会经济的发展、科学技术的进步、交通的发达、移民的汇聚等，都是促成学派产生的重要因素。名震一时的扬州学派，就直接得益于富甲一方的扬州经济与悠久而发达的文化传统。纵观中国学派出现最多的明清时期，无论是程朱理学、陆王心学，还是清代的吴学、皖学、扬州学派、浙东学派，无一例外都是地处江南（尤其是江浙地区）经济、文化、交通异常发达之地，这构成了学术流派得以出现的外部环境。

学派有大小之分，一些大学派又分为许多派别。学派影响越大分支也就越多，使得派中有派，形成一个学派内部、学派之间相互切磋与抗衡的学术群落，这可以说是纷纭繁复的学派现象的一个基本特点。尽管学派有大小之分，但在人类文明进程中发挥的作用却各不相同，既有积极作用，也有消极作用。例如，法国百科全书派破除中世纪以来的宗教迷信和教会黑暗势力的统治，成为启蒙主义的前沿阵地与坚强堡垒；罗马俱乐部提出的"增长的极限""零增长"等理论，对后来的可持续发展、协调发展、绿色发展等理论与实践，以及联合国通过的一些决议，都产生了积极影响；而德国人文地理学家弗里德里希·拉采尔所创立的人类地理学理论，宣称国家为了生存必须不断扩充地域、争夺生存空间，后来为法西斯主义所利用，起了相当大的消极作用。

学派的出现与繁荣，预示着一个国家进入思想活跃的文化大发展时期。被司马迁盛赞为"盛处士之游，壮学者之居"的稷下学宫，之所以能成为著名的稷下学派之诞生地、战国时期百家争鸣的主要场所与最负盛名的文化中心，重要原因就是众多学术流派都活跃在稷门之下，各自的理论背景和学术主张尽管各有不同，却相映成趣，从而造就了稷下学派思想多元化的格局。这种"百氏争鸣、九流并列、各尊所闻、各行所知"的包容、宽松、自由的学术气氛，不仅推动了社会文化的进步，而且也引发了后世学者争论不休的话题，中国古代思想在这里得到了极大发展，迎来了中国思想文化史上的黄金时代。而从秦朝的"焚书坑儒"到汉代的"独尊儒术"，百家争鸣局面便不复存在，国家文化发展也必将受到极大的制约与影响。

深圳的追求

改革开放 40 多年来，面对百年未有之大变局的历史背景下，随着中国经济的高速发展以及在国际上的和平崛起，中华民族伟大复兴的中国梦正在实现。文化是立国之根本，伟大的复兴需要伟大的文化。树立高度的文化自觉，促进文化大发展大繁荣，加快建设文化强国，中华文化的伟大复兴梦想正在逐步实现。可以预期的是，中国的学术文化走向进一步繁荣的过程中，将逐步构建起中国特色哲学社会科学学科体系、学术体系和话语体系，在世界舞台上展现"学术中的中国"。

从 20 世纪 70 年代末真理标准问题的大讨论，到人生观、文化观的大讨论，再到 90 年代以来的人文精神大讨论，以及近年来各种思潮的争论，凡此种种新思想、新文化，己然展现出这个时代在百家争鸣中的思想解放历程。在与日俱新的文化转型中，探索与矫正的交替进行和反复推进，使学风日盛、文化昌明，在很多学科领域都出现了彼此论争和公开对话，促成着各有特色的学术阵营的形成与发展。

一个文化强国的崛起离不开学术文化建设，一座高品位文化城市的打造同样也离不开学术文化发展。学术文化是一座城市最内在的精神生活，是城市智慧的积淀，是城市理性发展的向导，是文化创造力的基础和源泉。学术是不是昌明和发达，决定了城市的定位、影响力和辐射力，甚至决定了城市的发展走向和后劲。城市因文化而有内涵，文化因学术而有品位，学术文化已成为现代城市智慧、思想和精神高度的标志和"灯塔"。

凡工商发达之处，必文化兴盛之地。深圳作为中国改革开放的"窗口"和"排头兵"，是一个商业极为发达、市场化程度很高的城市，移民社会特征突出、创新包容氛围浓厚、民主平等思想活跃、信息交流的"桥头堡"地位明显，形成了开放多元、兼容并蓄、创新创意、现代时尚的城市文化特征，具备形成学派的社会条件。在创造工业化、城镇化、现代化发展奇迹的同时，深圳也创造了文化跨越式发展的奇迹。文化的发展既引领着深圳的改革开放和现代化进程，激励着特区建设者艰苦创业，也丰富了广大市民的生活，提升了城市品位。

如果说之前的城市文化还处于自发性的积累期，那么进入新世纪以来，深圳文化发展则日益进入文化自觉的新阶段：创新文化发展理念，实施"文化立市"战略，推动"文化强市"建设，提升文化软实力，争当全国文化改革发展"领头羊"。自 2003 年以来，深圳文化发展亮点纷呈、硕果累累：荣获联合国教科文组织"设计之都""全球全民阅读典范城市"称号，被国际知识界评为"杰出的发展中的知识城市"，连续多次荣获"全国文明城市"称号，屡次被评为"全国文化体制改革先进地区"，"深圳十大观念""新时代深圳精神"影响全国，《走向复兴》《我们的信念》《中国之梦》《永远的小平》《迎风飘扬的旗》《命运》等精品走向全国，深圳读书月、市民文化大讲堂、关爱行动、创意十二月、文化惠民等品牌引导市民追求真善美，图书馆之城、钢琴之城、设计之都等"两城一都"高品位文化城市正成为现实。

城市的最终意义在于文化。在特区发展中，"文化"的地位正发生着巨大而悄然的变化。这种变化不仅在于大批文化设施的兴建、各类文化活动的开展与文化消费市场的繁荣，还在于整个城市文化地理和文化态度的改变，城市发展思路由"经济深圳"向"文化深圳"转变。这一切都源于文化自觉意识的逐渐苏醒与复活。文化自觉意味着文化上的成熟，未来深圳的发展，将因文化自觉意识的强化而获得新的发展路径与可能。

与国内外一些城市比起来，历史文化底蕴不够深厚、文化生态不够完善等仍是深圳文化发展中的弱点，特别是学术文化的滞后。近年来，深圳在学术文化上的反思与追求，从另一个层面构成了文化自觉的逻辑起点与外在表征。显然，文化自觉是学术反思的扩展与深化，从学术反思到文化自觉，再到文化自信、自强，无疑是文化主体意识不断深化乃至确立的过程。大到一个国家和小到一座城市的文化发展皆是如此。

从世界范围看，伦敦、巴黎、纽约等先进城市不仅云集大师级的学术人才，而且有活跃的学术机构、富有影响的学术成果和浓烈的学术氛围，正是学术文化的繁盛才使它们成为世界性文化中心。可以说，学术文化发达与否，是国际化城市不可或缺的指标，并将最终决定一个城市在全球化浪潮中的文化地位。城市发展必须在学术文化层面有所积累和突破，否则就缺少根基，缺少理念层面的影响，缺少自我反省的能力，就不会有强大的辐射力，即使有一定的辐射力，其影响也只是停留于表面。强大而繁荣的学术文化，将最终确立一种文化类型的主导地位和城市的文化声誉。

深圳正在抢抓粤港澳大湾区和先行示范区"双区"驱动，经济特区和先行示范区"双区"叠加的历史机遇，努力塑造社会主义文化繁荣兴盛的现代城市文明。近年来，深圳在实施"文化立市"战略、建设"文化强市"过程中鲜明提出：大力倡导和建设创新型、智慧型、包容型城市主流文化，并将其作为城市精神的主轴以及未来文化发展的明确导向和基本定位。其中，智慧型城市文化就是以追求知识和理性为旨归，人文气息浓郁，学术文化繁荣，智慧产出能力较强，学习型、知识型城市建设成效卓著。深圳要大力弘扬粤港澳大湾区人文精神，建设区域文化中心城市和彰显国家文化软实力的现代文明之城，建成有国际影响力的智慧之城，学术文化建设是其最坚硬的内核。

经过40多年的积累，深圳学术文化建设初具气象，一批重要学科确立，大批学术成果问世，众多学科带头人涌现。在中国特色社会主义理论、先行示范区和经济特区研究、粤港澳大湾区、文化发展、城镇化等研究领域产生了一定影响；学术文化氛围已然形成，在国内较早创办以城市命名的"深圳学术年会"，举办了"世界知识城市峰会"等一系列理论研讨会。尤其是《深圳十大观念》等著作的出版，更是对城市人文精神的高度总结和提升，彰显和深化了深圳学术文化和理论创新的价值意义。这些创新成果为坚定文化自信贡献了学术力量。

而"深圳学派"的鲜明提出,更是寄托了深圳学人的学术理想和学术追求。1996年最早提出"深圳学派"的构想;2010年《深圳市委市政府关于全面提升文化软实力的意见》将"推动'深圳学派'建设"载入官方文件;2012年《关于深入实施文化立市战略建设文化强市的决定》明确提出"积极打造'深圳学派'";2013年出台实施《"深圳学派"建设推进方案》。一个开风气之先、引领思想潮流的"深圳学派"正在酝酿、构建之中,学术文化的春天正向这座城市走来。

"深圳学派"概念的提出,是中华文化伟大复兴和深圳高质量发展的重要组成部分。树起这面旗帜,目的是激励深圳学人为自己的学术梦想而努力,昭示这座城市尊重学人、尊重学术创作的成果、尊重所有的文化创意。这是深圳40多年发展文化自觉和文化自信的表现,更是深圳文化流动的结果。因为只有各种文化充分流动碰撞,形成争鸣局面,才能形成丰富的思想土壤,为"深圳学派"形成创造条件。

深圳学派的宗旨

构建"深圳学派",表明深圳不甘于成为一般性城市,也不甘于仅在世俗文化层面上做点影响,而是要面向未来中华文明复兴的伟大理想,提升对中国文化转型的理论阐释能力。"深圳学派"从名称上看,是地域性的,体现城市个性和地缘特征;从内涵上看,是问题性的,反映深圳在前沿探索中遇到的主要问题;从来源上看,"深圳学派"没有明确的师承关系,易形成兼容并蓄、开放择优的学术风格。因而,"深圳学派"建设的宗旨是"全球视野,民族立场,时代精神,深圳表达"。它浓缩了深圳学术文化建设的时空定位,反映了对学界自身经纬坐标的全面审视和深入理解,体现了城市学术文化建设的总体要求和基本特色。

一是"全球视野":反映了文化流动、文化选择的内在要求,体现了深圳学术文化的开放、流动、包容特色。它强调要树立世界眼光,尊重学术文化发展内在规律,贯彻学术文化转型、流动与选择辩证统一的内在要求，坚持"走出去"与"请进来"相结合，推动深圳与国内外先进学术文化不断交流、碰撞、融合，保持旺盛活力，构建开放、包容、创新的深圳学术文化。

文化的生命力在于流动，任何兴旺发达的城市和地区一定是流动文化最活跃、最激烈碰撞的地区，而没有流动文化或流动文化很少光顾的地区，一定是落后的地区。文化的流动不断催生着文化的分解和融合，推动着文化新旧形式的转换。在文化探索过程中，唯一需要坚持的就是敞开眼界、兼容并蓄、海纳百川，尊重不同文化的存在和发展，推动多元文化的融合发展。中国近现代史的经验反复证明，闭关锁国的文化是窒息的文化，对外开放的文化才是充满生机活力的文化。学术文化也是如此，只有体现"全球视野"，才能融入全球思想和话语体系。因此，"深圳学派"的研究对象不是局限于一国、一城、一地，而是在全球化背景下，密切关注国际学术前沿问题，并把中国尤其是深圳的改革发展置于人类社会变革和文化变迁的大背景下加以研究，具有宽广的国际视野和鲜明的民族特色，体现开放性甚至是国际化特色，融合跨学科的交叉和开放，提高深圳改革创新思想的国际影响力，向世界传播中国思想。

二是"民族立场"：反映了深圳学术文化的代表性，体现了深圳在国家战略中的重要地位。它强调要从国家和民族未来发展的战略出发，树立深圳维护国家和民族文化主权的高度责任感、使命感、紧迫感。加快发展和繁荣学术文化，融通马克思主义、中华优秀传统文化和国外学术文化资源，尽快使深圳在学术文化领域跻身全球先进城市行列，早日占领学术文化制高点。推动国家民族文化昌盛，助力中华民族早日实现伟大复兴。

任何一个大国的崛起，不仅伴随经济的强盛，而且还伴随文化的昌盛。文化昌盛的一个核心就是学术思想的精彩绽放。学术的制高点，是民族尊严的标杆，是国家文化主权的脊梁骨；只有占领学术制高点，才能有效抵抗文化霸权。当前，中国的和平崛起已经成为世界的最热门话题之一，中国已经成为世界第二大经济体，发展速度为世界刮目相看。但我们必须清醒地看到，在学术上，我们还远未进入世界前列，特别是还没有实现与第二大经济体相称的世界文化强国的地位。这样的学术境地不禁使我们扪心自问，如果思想学术得不到世界仰慕，中华民族何以实现伟大复兴？在这个意义上，深圳和全国其他地方一样，学术都是短板，理论研究不能很好地解读实践、总结经验。而深圳作为"全国改革开放的一面旗帜"，肩负着为国家、为民族文化发展探路的光荣使命，尤感责任重大。深圳这块沃土孕育了许多前沿、新生事物，为学术研究提供了丰富的现实素材，但是学派的学术立场不能仅限于一隅，而应站在全国、全民族的高度，探索新理论解读这些新实践、新经验，为繁荣中国学术、发展中国理论贡献深圳篇章。

三是"时代精神"：反映了深圳学术文化的基本品格，体现了深圳学术发展的主要优势。它强调要发扬深圳一贯的"敢为天下先"的精神，突出创新性，强化学术攻关意识，按照解放思想、实事求是、求真务实、开拓创新的总要求，着眼人类发展重大前沿问题，聚焦新时代新发展阶段的重大理论和实践问题，特别是重大战略问题、复杂问题、疑难问题，着力创造学术文化新成果，以新思想、新观点、新理论、新方法、新体系引领时代学术文化思潮，打造具有深圳风格的理论学派。

党的十八大提出了完整的社会主义核心价值观，这是当今中国时代精神的最权威、最凝练表达，是中华民族走向复兴的兴国之魂，是中国梦的核心和鲜明底色，也应该成为"深圳学派"进行研究和探索的价值准则和奋斗方向。其所熔铸的中华民族生生不息的家国情怀，无数仁人志士为之奋斗的伟大目标和每个中国人对幸福生活的向往，是"深圳学派"的思想之源和动力之源。

创新，是时代精神的集中表现，也是深圳这座先锋城市的第一标志。深圳的文化创新包含了观念创新，利用移民城市的优势，激发思想的力量，产生了一批引领时代发展的深圳观念；手段创新，通过技术手段创新文化发展模式，形成了"文化+科技""文化+金融""文化+旅游""文化+创意"等新型文化业态；内容创新，以"内容为王"提升文化产品和服务的价值，诞生了华强文化科技、腾讯、华侨城等一大批具有强大生命力的文化企业，形成了文博会、读书月等一大批文化品牌；制度创新，充分发挥市场的作用，不断创新体制机制，激发全社会的文化创造活力，从根本上提升城市文化的竞争力。"深圳学派"建设也应体现出强烈的时代精神，在学术课题、学术群体、学术资源、学术机制、学术环境方面迸发出崇尚创新、提倡包容、敢于担当的活力。"深圳学派"需要阐述和回答的是中国改革发展的现实问题，要为改革开放的伟大实践立论、立言，对时代发展作出富有特色的理论阐述。它以弘扬和表达时代精神为己任，以理论创新、知识创新、方法创新为基本追求，有着明确的文化理念和价值追求，不局限于某一学科领域的考据和论证，而要充分发挥深圳创新文化的客观优势，多视角、多维度、全方位地研究改革发展中的现实问题。

四是"深圳表达"：反映了深圳学术文化的个性和原创性，体现了深圳使命的文化担当。它强调关注现实需要和问题，立足深圳实际，着眼思想解放、提倡学术争鸣，注重学术个性、鼓励学术原创，在坚持马克思主义的指导下，敢于并善于用深圳视角研究重大前沿问题，用深圳话语表达原创性学术思想，用深圳体系发表个性化学术理论，构建具有深圳风格和气派的话语体系，形成具有创造性、开放性和发展活力的理论。

称为"学派"就必然有自己的个性、原创性，成一家之言，勇于创新、大胆超越，切忌人云亦云、没有反响。一般来说，学派的诞生都伴随着论争，在论争中学派的观点才能凸显出来，才能划出自己的阵营和边际，形成独此一家、与众不同的影响。"深圳学派"依托的是改革开放前沿，有着得天独厚的文化环境和文化氛围，因此不是一般地标新立异，也不会跟在别人后面，重复别人的研究课题和学术话语，而是要以改革创新实践中的现实问题研究作为理论创新的立足点，作出特色鲜明的理论表述，发出与众不同的声音，充分展现深圳学者的理论勇气和思想活力。当然，"深圳学派"要把深圳的物质文明、精神文明和制度文明作为重要的研究对象，但不等于言必深圳，只囿于深圳的格局。"深圳学派"应以开放心态面对所有学人，严谨执着，放胆争鸣，穷通真理。

狭义的"深圳学派"属于学术派别，当然要以学术研究为重要内容；而广义的"深圳学派"可看成"文化派别"，体现深圳作为改革开放前沿阵地的地域文化特色，因此除了学术研究，还包含文学、美术、音乐、设计创意等各种流派。从这个意义上说，"深圳学派"尊重所有的学术创作成果，尊重所有的文化创意，不仅是哲学社会科学，还包括自然科学、文学艺术等，应涵盖多种学科，形成丰富的学派学科体系，用学术续写更多"春天的故事"。

"寄言燕雀莫相唣，自有云霄万里高。"学术文化是文化的核心，决定着文化的质量、厚度和发言权。我们坚信，在建设文化强国、实现文化复兴的进程中，植根于中华文明深厚沃土、立足于特区改革开放伟大实践、融汇于时代潮流的"深圳学派"，一定能早日结出硕果，绽放出盎然生机！

2016 年 3 月初稿
2021 年 6 月修订

目　录

导　论　应试教育与智力错配…………………………………（1）

第一章　教育的极化效应与社会焦虑……………………………（27）
　第一节　教育的"极化"效应：一个不容回避的
　　　　　现实………………………………………………（28）
　第二节　层级、类型学校的"掐尖招生"………………………（33）
　第三节　教育内卷化："鸡娃大战"与"剧场效应"………（38）
　第四节　教育负担与社会焦虑……………………………（43）
　第五节　教育的极化效应与社会分层……………………（48）

第二章　知识型教育与教育内卷化………………………………（53）
　第一节　创新人才培养与现代教育模式变革……………（54）
　第二节　知识型教育的特征及其内在的育人逻辑………（58）
　第三节　教育内卷化的表现及其影响……………………（66）
　第四节　探究型教育的含义、特征及其面临的挑战………（71）
　第五节　教育价值取向的澄清与教育变革………………（80）

第三章　异化了的中小学生课业负担……………………………（87）
　第一节　如何理解中小学生课业负担及其异化……………（88）
　第二节　中小学生课业负担过重的表现及其
　　　　　原因分析…………………………………………（92）
　第三节　中国减轻课业负担的政策梳理……………………（99）

第四节 不同国家和地区不同教育模式下课业负担的
概况与特点……………………………………………（105）
第五节 改革考试评价制度、优化课业质量，发挥
课业育人功能…………………………………………（113）

第四章 应试教育中考试的世界观与方法论……………（123）
第一节 考试的本质目的………………………………………（124）
第二节 应试教育考试哲学的特征……………………………（132）
第三节 应试教育中知识型考试的社会效应…………………（140）
第四节 不同教育制度下考试及试题的类型比较……………（147）
第五节 走向综合：构建考查知识和创新能力协调的
考试哲学………………………………………………（155）

第五章 教育中的管理主义与教师行为…………………（160）
第一节 学校管理主义的具体表征……………………………（161）
第二节 学校管理主义如何影响教师专业实践………………（173）
第三节 促进绩效激励与公共精神的结合……………………（184）

第六章 创新型教育理念与招生录取改革………………（187）
第一节 唯分数论的竞争性升学压力传导链…………………（188）
第二节 唯分数的竞争性考试背离基础教育初衷……………（192）
第三节 关于招生录取制度的改革与争论……………………（202）
第四节 配额制+适度竞争：回归教育本质的
招生改革………………………………………………（207）
总结与展望……………………………………………………（214）

第七章 中小学学制改革与智力资源优化配置…………（216）
第一节 中小学学制设置的理论阐释…………………………（217）
第二节 中国中小学学制的演变历程…………………………（219）
第三节 欧美等发达国家中小学学制改革的
经验和借鉴……………………………………………（226）

第四节　中小学学制设置存在问题及改革建议 …………（233）
　　小　结 ……………………………………………………（241）

第八章　公立资合型大学：对一种新型大学体制的探索 ……………………………………………………（243）
　　第一节　优秀大学是一个国家科教实力的集中体现 …………………………………………………（244）
　　第二节　发达国家和地区大学的办学体制和治理体制 ………………………………………………（247）
　　第三节　中国大学办学体制的改革探索及评价 …………（256）
　　第四节　公立资合型大学：扭转智力资源错配的关键制度安排 ……………………………………（266）
　　第五节　公立资合型大学体制的优势分析 ………………（269）

第九章　地方试验：推出地方教育改革试验升级版 ………（272）
　　第一节　改革开放以来中国教育改革的进程回顾 ………（273）
　　第二节　中国地方教育改革试验及其经验 ………………（283）
　　第三节　中国教育改革的成就及不足 ……………………（293）
　　第四节　教育改革地方试验的核心议题与制度设想 ………（304）

参考文献 ………………………………………………………（311）

后　记 …………………………………………………………（332）

导 论

应试教育与智力错配

一 研究的主要问题

在经济学中,通过市场将资源配置到更有价值和更有效率的领域是一条基本规律。根据这一规律,市场会将要素资源投向更有价值的部门和领域,从而提高经济的产出和效率,推动经济的持续增长。[1] 但在公共领域,由于社会科学知识、路径依赖、意识形态、社会偏好和利益冲突等的局限,往往会发生资源错配的情形,在某些领域,会存在将优质的要素资源配置到价值不高或效益较低的领域,从而造成资源浪费,最终造成社会效益的损失。[2] 公共服务领域的资源错配,不容易被公认,也不能通过亚当·斯密"看不见的手"而得到自动解决,而研究分析公共领域存在的资源错配问题及其体制机制根源并提出改进建议,正是社会科学研究重要的功能和使命之一。

教育是政府提供的最大宗的公共产品之一,对国家的经济社会发展具有基础性作用。教育作为国家人才培养和知识创新的最基础的公共部门,决定着一个国家智力资源生产的规模和质量。好的教育体系能够高效率地为国家生产和积累规模质量符合国家现代化发展所需要的智力资源;反之,则不能为国家提供所需要的智力资源。从宏观方面来说,教育和科技最终决定着国家的持久竞争力,

---

[1] [英] 亚当·斯密:《国民财富的性质和原因的研究》,郭大力、王亚南译,商务印书馆1972年版。

[2] [美] 保罗·萨缪尔森、威廉·诺德豪斯:《经济学》(第十九版),萧琛译,商务印书馆2012年版,第517—518页。

而对于个体而言，教育是社会公平的重要助推器，是中下阶层实现阶层流动及社会身份转变最主要的途径之一。[1] 中国的教育体系是世界上最庞大的教育体系，生产了世界上最大规模的接受过一定程度教育的劳动者，为中国的现代化建设做出了巨大贡献。自新中国成立以来，中国基础教育在一穷二白的基础上取得了很大的成就，主要表现在：普及率稳步提高、均衡发展成效显著、办学质量大幅提升、教育现代化稳步推进，国际影响力由弱变强。改革开放之后，中国基础教育的质量更是发生了翻天覆地的变化，实现了"跨越式发展"[2]。中国教育普及程度达到世界中高收入国家平均水平，中国学生在各类奥赛和若干国际学生评估项目（比如 Programme for International Student Assessment，PISA）中一直表现优异。而进入新时代以来，基础教育均衡、公平发展的成效更显著，基础教育的治理也朝着法治化、规范化逐步迈进[3]，基本形成了适合中国国情的基础教育制度体系。[4] 中国基础教育总体发展水平已进入了世界中上行列。[5]

但是，中国的基础教育仍然存在诸多需要破解的问题，"钱学森之问"（为什么我们的学校总是培养不出杰出的科技创新人才）仍然没有得到根本解决。为什么中国学生的智力是拔尖的，课业负担是全球最重的，基础知识是最扎实的，但培养的顶尖人才却不是全球最多的（或者也不是全球最顶尖的）？中国在为全世界和全人类提供原创性的理论和技术方面，在最基础、最核心、最创新的科学技术的进展上，也与欧美发达国家存在较大差距。这些问题当然

---

[1] Blau, P. M. and D. O. Dudley, *The American Occupational Structure*, New York：Wiley，1967.

[2] 宋乃庆、李森、朱德全：《中国基础教育改革与发展研究》，高等教育出版社2018年版。

[3] 罗士琰、张辉蓉、宋乃庆：《基础教育改革与发展的中国模式探析》，《江西师范大学学报》（哲学社会科学版）2020年第1期。

[4] 孙霄兵、徐玉玲：《中国基础教育70年：成就与政策》，《课程·教材·教法》2019年第2期。

[5] 中共中央办公厅、国务院办公厅：《关于深化教育体制机制改革的意见》，2021年2月27日，教育部官网（http://www.moe.gov.cn/jyb_xwfb/s6052/moe_838/201709/t20170925_315201.html）。

有多方面的原因，既有科研基础、科研投入和科研体制方面的原因，也有教育方面的原因。

本书将主要从创新能力培养和教育资源配置的角度，分析中国教育体系运行过程中所存在的制度性缺陷。如果一定用一句话来概括我们教育领域存在的主要问题，笔者认为，"将优质的智力资源配置到了低效和低价值的非创造性学习领域（诸如死记硬背、反复复习旧知识等应试上）而非高价值的创造性、探索性学习领域"，是造成当前中国顶尖创新人才培养能力不足的重要原因。概言之，中国教育面临的最大问题，就是智力资源错配的问题。中国广大青少年学生在自身智力发展的最关键时期，即基础教育阶段，在理应培养其创新意识和能力最重要的中小学阶段，却花费十几年几乎全部的时间和精力用来反复学习已有的、有限的课本知识以应付应试；与此同时，中国的中小学教师及学生家长，也将几乎所有的教育资源配置到应试教育上。这种对青少年智力资源的错误配置，对中国优质智力资源的创新意识、创新兴趣和创新能力均构成了严重的抑制和折损，套用一句流行的话，这种导向重复学习而非创新的应试教育，可能使我们的创新人才培养已经输在了起跑线上。这是当前中国基础教育存在的最深层次的隐患，是影响中国基础教育质量和培养世界顶级人才的核心问题。这一问题已经到了不得不改的地步。对于这个问题，我们进行了多年的改革探索，但仍然没有根本解决，社会上也还存在一些模糊认识，公共政策工具也不够系统完善。因此，本书将聚焦当前中国基础教育领域存在的智力资源错配问题，系统深入探讨其表现、影响、原因及后果，从教育的各个相关方面，对教育领域存在的共性问题进行类属分析和理论抽象，对现有的一些模糊认识进行深入辨析，并为进一步深化教育改革、优化智力资源配置提出具体的政策建议。

二 教育现代化：创新型国家建设的基础

回顾现代化发展历史，一个国家的发达程度与其教育水平息息相关。绝大多数的发达国家在其发展过程中，都建立起了与其经济社会发展水平相适应的现代教育体系，而现代教育体系也对现代国家的发展提供了有力支撑。

现代教育是伴随着工业革命和启蒙运动发生发展起来的。在现代化过程中，强调理性和探究的现代教育，逐渐取代传统的神学和经学教育，随着教育与科技的深度结合，研究型（探究型）学习也成为与现代科技和经济社会发展相适应的主流教育模式。

自18世纪以来，国际上有三次倡导"研究性学习"的大规模活动。第一次发生于18世纪末到19世纪的欧洲，当时受"启蒙运动"影响，卢梭、裴斯泰洛齐、福禄倍尔等人为把人的精神从中世纪的蒙昧、迷信、盲从中解放出来，大力倡导"研究性学习"。第二次发生于19世纪末20世纪初的美国，应工业化时代和社会民主化的双重需求及受迅猛发展的实验科学的影响，杜威、克伯屈等进步主义者以及康茨（Counts, G.）、拉格（Rugg, H.）等改造主义者倡导"研究性学习"以培养适应现代社会需要的改造自然和社会的能力。第三次发生于20世纪50年代末至70年代的美欧诸国以及亚洲的韩国、日本等国，为适应冷战时期科技、军事与空间竞争的需要，美国的布鲁纳、施瓦布（Schwab, J.）、费尼克斯（Pheinx, P.）等人在理论上系统论证了"发现学习""探究学习"的合理性，推动了旷日持久的课程改革运动——"学科结构运动"，用以培养"智力的卓越性"，造就智力超群的"社会精英"。[①]

以激发好奇心和鼓励创新为特征的"探究性学习"，贯穿了现代教育从高等教育到基础教育甚至幼儿教育的各个阶段。不同阶段的教育虽然侧重点各有不同，但除了基本知识的学习，不同阶段的教育在培养好奇心和鼓励探索方面，均能相互衔接和配合，共同致力于培养创造性人才。在高等教育领域，研究型大学的建设，也成为建设创新型国家的必然选择。

1810年，洪堡德（William von Humboldt）在德国创建柏林大学，并提倡大学要以科研作为自身的重要使命，柏林大学也因此成为集教学和科研于一身的高等教育机构，被称为"现代大学之母"，

[①] 《研究性学习：价值与反思——解读〈基础教育课程改革纲要（试行）〉》，摘自钟启泉等主编《为了中华民族的复兴，为了每位学生的发展》，华东师范大学出版社2001年版。

此举在 20 世纪初更是助推德国成为世界的学术研究中心。① 在整个 19 世纪，世界科学研究的中心都是在欧洲，当时，美国的许多科学家都是以留学欧洲为荣，他们中很多人曾经到英国、德国和法国等国家留学，德国更是他们的首选。② 研究和大学深度交融及结合的模式，经由留学生的推动，随即也在美国得到全面推广。19 世纪中期开始，科学等学科及其研究在美国的大学中开始受到重视。1862 年，美国国会通过《莫利尔法案》（The Morrill Act），建立了赠地学院（land grant college），以促进州立大学的发展。19 世纪 70 年代，许多留德学生开始把德国大学所倡导的研究与教育结合的方式带回美国（如师生平等讨论问题的 seminar 等），并进行大力推广，许多大学开始鼓励教师从事学术研究以及通过研究项目来培养学生，科学研究作为高等教育的重要价值及使命得到了充分的体现。这一时期，科学知识及探索开始进入大学的主体课程中，大学成为"科学的家"，这最终促进美国的科学研究以及研究型大学在 19 世纪下半叶得到了迅猛发展。一批新的研究型大学，如创办于 1876 年的约翰斯·霍普金斯大学和创办于 1890 年的芝加哥大学等，就是这一时期美国研究型大学兴起的主要标志。③ 与此同时，美国的经济总量在 1890—1900 年超过英国成为世界第一，到 20 世纪前半期，美国逐渐成为世界上头号科技强国，发达的教育，尤其是发达高效的高等教育最终支撑美国成为世界最重要的科学研究和创新中心。

目前，美国拥有最多的世界一流大学。2022 年的 QS 大学排名，美国高校在前 100 名高校中占据了 27 个，在前 10 名中占据了 5 个。2021 年泰晤士高等教育世界大学排名显示，世界排名前 200 位高校，美国有 59 所，其中 8 所大学排名世界前十。与此相对，在 2022 年 QS 世界大学排名中，另外一个发达地区——欧洲，也有 34 所大学位列世界前 100 名。

---

① 别敦荣、李连梅：《柏林大学的发展历程、教育理念及其启示》，《复旦教育论坛》2010 年第 6 期。
② 贺国庆、梁丽：《百年留学潮——1815—1914 年负笈德国的美国学生》，《高等教育研究》2021 年第 4 期。
③ 闵维方：《美国大学崛起的历史进程与管理特点分析》，《山东高等教育》2015 年第 1 期。

如果从诺贝尔三大科学奖（物理、化学、生理学或医学奖）的获奖情况来看，美国优势更为明显。截至2020年，共有710名研究人员单独或与他人共同获颁诺贝尔奖，这其中共有248名得奖者在美国出生，比例达35%。历年来诺贝尔科学奖项的得奖者中，约有57%的获奖者与美国的大学有关联。正是因为在重大科学研究领域所拥有的强大的创新能力，支撑了美国成为世界上头号科技创新强国。如果算上欧洲，95%的诺贝尔奖获得者都是来自欧美的发达国家。

世界现代化历史表明，随着工业化和社会发展，教育也经历了深刻的变化，以探究型教育或研究型教育为特征的现代教育模式，成为从基础教育到高等教育的主流教育模式。这种教育模式，符合科学发展的规律，对培养创新意识、创新能力和创新人才具有不可替代的作用。正是以探究型教育为核心的现代教育的发展，才使得大量创新人才得以涌现，促进了科学技术的发展。建设创新型国家，必须构建与创新型国家相适应的创新人才辈出的一流现代教育体系。

三 教育的大问题：智力资源错配

创新人才的培养，是在幼儿和基础教育阶段种下创新种子、长成幼苗，然后在大学和科技实践中开花结果的完整过程。中国教育在培养大批优秀社会主义劳动者方面的优势和成就有目共睹，但在培养和造就世界级顶尖创新人才方面存在不足也是一个事实。在应试教育的背景下，中国广大青少年学生在自身智力发展的最关键时期，即在基础教育阶段（甚至包括幼儿阶段），在理应培养其创新意识和能力最重要的教育阶段，却将几乎全部的时间和精力用于有限的陈旧的课本知识的重复学习和考试。有专家直陈，中国理化生课程落后世界70年，教科书里面大多是200年前的知识。[1] 这种情况，导致创新的种子难以在青少年心中生根、发芽、茁壮成长，这是对国家最宝贵智力资源熟视无睹的严重折损和浪费，是目前中国

---

[1] 倪闽景：《我国理化生课程落后世界70年，大多是200年前的知识》，2023年3月1日，腾讯新闻（https://new.qq.com/rain/a/20230220A01JHM00）。

教育领域存在的最深层次的问题和隐患。具体来说，应试教育体系所产生的智力错配，对中国创新型国家建设和经济社会发展造成了如下障碍。

其一，应试教育不利于创新人才尤其是顶尖人才的培养。应试教育是以应试为目的来开展教学工作的，应试教育氛围下，应试成了学生和教师在学校期间最为重要的学习和工作任务。应试有完整的模式、内容和形式，在这种教育中，反复学习和巩固课本知识和考试要点是最为关键和重要的，教师要致力于教会学生习得知识以参加应试，而学生则需深入学习和熟练掌握相关知识来参与激烈的考试竞争，导致中国当前的基础教育存在学习和考试的知识过密化的特点[1]，这种知识过密化是应试教育的本质所决定的。

应试教育所体现的知识过密化的特点，对学生产生了不良的影响。知识类型的单一和知识结构的不合理呈现某一知识领域的过密，或因脱离了社会而造成知识内容的复杂化和去情境化，或是偏离了知识的客观性基础等，造成很多学生只会做题，只会应试，而缺乏创新和解决实际问题的能力。由于学生花费了自己绝大多数的时间去准备这些过密的知识应试，而为了掌握这些知识，他们必须通过大量的死记硬背、机械记忆来反复练习，这种浅层学习策略及其方法，对中小学学生的创新意识和能力培养造成了致命的打击和伤害。而许多实证研究和国际大型测试也证明，尽管中国学生在诸如 PISA 的测试中一贯表现不俗，但在创新意识和能力方面则并不是最突出的。[2] 在应试教育中，分数是学习唯一的目标，学生的一切努力都围绕这一目标。在学校、教师乃至家长的引导下，与应试有关的内容，学生们会全力以赴，而与应试无关的内容，他们就没有兴趣或无暇兼顾。至于创新能力和兴趣的培养，由于不是考试内容，也只能让位于课本知识学习和考试，这是部分学生出现所谓"高分低能"状况的根源。分数而非兴趣驱动导致一些学生在升入大学后由于目标迷失而出现的"空心病"现象，也成为困扰中国教

---

[1] 孙杰远：《知识过密化与基础教育改革：困境与突破》，《当代教育与文化》2020 年第 4 期。

[2] 林崇德：《中国学生核心素养研究》，《心理与行为研究》2017 年第 2 期。

育发展的一大问题。

其二，应试教育不利于学生身心健康和全面发展。有关学生课业负担的大规模的调查结果显示，学生除了应试，几乎没有时间做别的事情，他们没有时间参加体育锻炼[1]，没有休闲时间[2]，也没有充足的睡眠。[3] 中国义务教育质量监测的结果也显示，当前，中国中小学生存在近视率和肥胖率过高的现象，[4] 这均与学生长期缺乏体育锻炼有关。

在睡眠问题上，当前中国中小学生睡眠时间普遍不足，睡眠时间随年级上升而逐渐缩短。根据国家卫健委发布的《中小学生一日学习时间卫生要求》（GB/T17223—2012）相关标准，小学、初中、高中学生每日睡眠的时间分别应不少于10小时、9小时和8小时。[5] 但是，大规模抽样的调查证实，当前中国高中生睡眠时间少于8小时的达到了51%，初中生睡眠时间少于9小时的达到了53%，而小学生在22时以后才睡觉的人数达到了31%，其中更有4.7%的一、二年级的小学生也会在22时以后才睡觉。[6]

在身心健康问题上，第八次全国学生体质与健康调研的结果显示，当前中国中小学存在视力不良和近视率偏高、学生超重肥胖率上升、学生握力水平有所下降等问题[7]，青少年体质状况尽管比过去有好转，但还是不理想。而持续高强度的应试压力导致青少年学

---

[1] 钱立青、晋玉、汪昌华：《安徽省中小学生课业负担监测分析报告——以2014年度义务教育阶段学生评测为对象》，《合肥师范学院学报》2016年第1期。

[2] 汪晓帆、高原：《小学生课业负担现状的调查——以某市4所小学为例》，《教学月刊小学版》（综合）2019年第Z2期。

[3] 卢珂、赵丽娟、王玥等：《家长视角下的北京市基础教育：成绩、问题及建议——基于连续十年教育满意度调查结果的分析》，《中国教育政策评论》2019年第00期。

[4] 教育部基础教育质量监测中心：《中国义务教育质量检测报告》，2022年3月1日，教育部官网（http://www.moe.gov.cn/jyb_xwfb/gzdt_gzdt/s5987/201807/t20180724_343663.html）。

[5] 《中小学生一日学习时间卫生要求》，2022年3月1日，国家卫健委官网（http://www.nhc.gov.cn/wjw/pqt/201303/9ffa1f4fa2a74a26a455da7a354aa6f2.shtml）。

[6] 杨欣、宋乃庆：《中小学生课业负担内涵的多视角分析——基于九省市学生、家长与教师的调查》，《华东师范大学学报》（教育科学版）2016年第2期。

[7] 教育部体育卫生与艺术教育司：《第八次全国学生体质与健康调研结果发布》，《中国学校卫生》2021年第9期。

生出现了很多心理健康问题。2020年，中国青少年的抑郁检出率为24.6%，其中轻度抑郁检出率为17.2%，高出2009年0.4个百分点，重度抑郁检出率为7.4%，与2009年保持一致。据《中国儿童的生存与发展：数据与分析》的数据，中国17岁以下的少年儿童中，至少有3000万人受到各种情绪障碍和行为问题的困扰。① 5.2%的儿童存在明显的躯体化、强迫症、人际关系敏感、抑郁等心理健康问题。② 目前，学生心理健康问题，是摆在学校、家长和社会面前的棘手问题。

在全面发展问题上，应试教育常态化高密度高强度的竞争，挤压了学生全面发展的时间和空间。对于中小学校而言，应试是最重要的任务，美育、体育、劳动教育，这些跟中高考无关的学科及内容，很长一段时间以来，在中小学校长期被边缘化，学校不重视，学生也无暇顾及。长期的应试教育使得学校、家长和学生只关注考试的科目及分数，学校教育的其他方面均处于从属和次要的位置。

其三，应试教育不利于培养学生的公共精神和社会责任感。应试教育使学生除了心无旁骛地关心自己的成绩和升学，无暇顾及社会其他的事情，容易助长学生的自我中心倾向。在激烈的应试竞争中，同学之间的关系也主要体现为竞争关系，这不利于培养学生的合作精神。当前的应试教育对培养学生的社会责任感和公共精神尤为不利。北京大学钱理群教授曾经尖锐地批评了大学生存在的精致的利己主义问题。他提到，当前中国大学培养了一些"精致的利己主义者"，他们善于表演，懂得配合，更善于利用体制达到自己的目的。一旦这种人掌握权力，危害很大。③ "精致的利己主义者"善于利用各种制度的空间和空子为自己谋利，有时为了一己之私甚至无视国家和公众利益。虽然总体而言，精致的利己主义者可能只是大学生中的少数，但只看分数的选拔机制，很容易助长学生只顾自

---

① 张世平、何玲：《中国儿童的生存与发展：数据与分析》，中国妇女出版社2006年版。
② 《中国青少年2020年抑郁检出率高达24.6%，我们的孩子怎么了？》，2022年3月1日，搜狐网（https://www.sohu.com/a/495920516_476437）。
③ 黎晓琳：《大学生"精致利己主义者"现象分析》，《改革与开放》2018年第15期。

己前途的功利主义倾向，导致"精致的利己主义者"的产生。

其四，应试教育的过度竞争影响基础教育的均衡发展和整体质量提升。在资源有限的情况下，为了提高教育质量，很早以前，中国就建立了重点学校和一般学校的分类建设体制。同时除了部分学校，教育一般都是学校所属地方政府的属地事权，由于不同地方财政能力、管理水平和文化传统不同，不同地区、不同学校的教育质量差异一直存在。办学体制是属地化和差异化的，但上一级重点学校的招生录取则往往是全域化的，这导致不同区域不同学校的升学率也存在较大差异。随着升学竞争的日趋激烈，教育的两极分化也日趋明显。同时，一些地方政府为了维持本地的升学利益和教育政绩，也倾向于支持本地重点学校做大做强。更有甚者，一些地方政府还将优质学校作为重要产业支撑，以优质学校为基础来发展房地产和服务业，涌现出一批以教育闻名的城镇。在学校的努力和地方政府的支持下，优质学校吸引了越来越多的优秀师资和生源，而差的学校则吸引不了优秀师资和生源。家长们为了能将孩子送进各级重点名校，不得不对孩子从小就灌输教育竞争的意识，甚至从幼儿开始就让孩子开始参与各类应试准备。而在激烈的竞争中，当前中国基础教育出现了强者更强、弱者更弱的极化效应（马太效应）。[1]

一些地方甚至出现了所谓的"超级中学"，如著名的衡水中学，这些学校靠极致的应试模式吸引了全省最优质的生源，一所学校考取清华、北大的学生数量长期占全省的七成以上，被媒体戏称为"最强中学"、超级中学中的超级中学。[2] 然而，从区域整体层面来看，超级中学的出现，对区域教育资源的公平分布产生了不利影响，严重损害了地区基础教育的健康发展。相比极少数光环耀眼的超级中学，一大批非重点的普通中学，其学生质量越来越差，在应试中的处境也越来越不利，其能获得的财政投入、资源扶持和社会

---

[1] 徐倩、常秀丽、吕承超：《教育公平视阈下中国教育经费分布的空间非均衡及极化研究》，《学术探索》2017年第5期。

[2] 刘文宁：《不以"超级中学"为荣，需要大胸怀大责任》，《工人日报》2013年1月23日第3版。

关注也越来越少。① 在两极分化的情况下，一方面，优秀学校学生竞争趋于白热化，课业压力越来越大；另一方面，基础较差的学校，由于没有升学希望，学风可能越来越差，老师的积极性受到影响，学生也容易自我放弃，学习动力不足，由此陷入恶性循环。

其次，应试教育的极化效应带来了诸多社会问题。近年来，随着教育质量的分化，优质学校所在的学区房价格高企，使优质学位与家庭经济条件的关系更加密切，也助长了各类房地产炒作。在中国，优质公办学位是政府投资的公共产品，并不是相关小区业主投资的结果，这与西方一些国家的学区房存在本质的区别。因此，将公办优质学位与少数住宅小区捆绑的做法，不符合公共资源配置的公平性原则。另外，为了提高学生成绩，家庭还需投入大量资金参加各种培训和辅导，这些都取决于家庭的经济基础。经济条件不允许的家庭，难以支付相关费用，由此也形成了因经济条件导致的学业成绩分化现象。教育作为文化资本生产的主要途径，在社会阶层流动中发挥着重要作用。应试教育形成的教育发展的极化效应，不利于促进阶层流动，对于壮大中产阶层的规模、促进共同富裕是不利的。有调查显示，无论是城市还是农村，目前学生所处的家庭背景与其所在的学校层次愈发一致，如重点学校生源更多来自经济条件优越的家庭，普通学校生源则更多来自中低收入家庭，而重点中学生源的家庭背景与大学尤其是研究型大学具有同构性，这种学校的生源分层最终助长了社会分层的差异。②

综上所述，当前应试教育体制所导致的种种弊端已经对中国基础教育的发展造成了严重影响，尤其是应试教育机制所导致的学生负担加重，家长疯狂"内卷"的现象，已经严重影响了中国基础教育的正常生态和人民群众对教育的满意度和获得感，成为严重的社会问题。这种情况已经引起了党中央国务院的高度重视。2018 年，习近平总书记在全国教育大会上讲话指出，"目前，我们的教育总

---

① 郭丛斌、徐柱柱、张首登：《超级中学：提高抑或降低各省普通高中的教育质量》，《教育研究》2021 年第 4 期。

② 吴愈晓：《社会分层视野下的中国教育公平：宏观趋势与微观机制》，《南京师大学报》（社会科学版）2020 年第 4 期。

体上符合中国国情、适应经济社会发展需要，但也存在一些突出问题和短板，特别是教育的压力普遍前移，学前教育、基础教育普遍存在超前教育、过度教育现象，既有损学生身心健康成长，也加重家庭经济和精力负担；……教育重知识、轻素质状况尚未得到根本扭转，教风、学风亟待进一步净化"①。2021年，中共中央办公厅、国务院办公厅印发了《关于进一步减轻义务教育阶段学生作业负担和校外培训负担的意见》，以解决学生负担长期过重这一老大难问题。②

四 智力资源错配的主要表现

智力资源的合理配置，指的是通过适当的机制将学生的智力资源配置到有利于将学生培养成具有创新意识和能力的人才的过程。智力资源的错配，则是将学生智力资源配置到不利于创新的一系列安排，这些安排体现在教育过程的方方面面。

第一，教育目标的错配。从教育目的来说，中国基础教育的根本目的旨在立德树人，培养学生具有德智体美劳各方面的能力，促进人的全面发展。学校应该秉持五育并举的理念，促进学生的素质得到全面提升。学校教育要关注每一个教育活动的个体，既要促进每个个体全面发展，又要促进个体学生实现个性发展。但现实是，在升学压力下，地方教育管理部门和中小学校实际上往往把教育目的定位如何提高学生的应试能力和升学率。无论是学校还是学生，都把升学作为最重要的教育目的，而其他方面的工作都要服从和服务于这一目标。

第二，教学内容的错配。理想中的教学，应该是围绕着学生能力素养培养而开展的教学，课程设置及教学的重点不仅要给学生传授知识，也要培养学生的创造能力、实践能力、情感态度乃至世界观。2016年颁布的《中国学生发展核心素养》更是树立了以培养

---

① 《习近平谈治国理政》第3卷，外文出版社2020年版，第347页。
② 中共中央办公厅、国务院办公厅：《关于进一步减轻义务教育阶段学生作业负担和校外培训负担的意见》，2021年7月24日，中国政府网（http://www.gov.cn/zhengce/2021-07/24/content_5627132.htm）。

"全面发展的人"为核心的理念,倡导要从文化基础、自主发展、社会参与等三个方面,培养学生具备人文底蕴、科学精神、学会学习、健康生活、责任担当和实践创新六大核心素养。近些年来,围绕着核心素养为目标的课程和教学改革已经在各个学段、各个学科全面展开,这对以往以应试为主的教学内容是一种颠覆性的改革尝试。

当前,以应试为目的的智力错配的一个重要表现,就是学校教育完全围绕着考试内容进行教学,教师和学生专注于在考试中取得优异成绩,无暇顾及未列入考试范围的内容。这种学习可以称为是一种对教材有限的书本知识的学习,属于知识型的学习。在应试为主的教学中,体育、美育和劳动教育等与升学无关的内容,长期处于边缘位置。而当前中小学应试中的学习内容多是课本范围内的记忆性的知识,较少实施考试范围之外的创新能力和实践技能的培养。

第三,教育教学方式的错配。早在2001年开始的第八轮课程改革,围绕着以学生为中心的课程与教学改革,教育部就已经开始推广自主学习、发现学习、小组合作学习、研究性学习等种类丰富的新型学习模式,提出教师要在教学中注重学生的体验和感受,要以学生的需求为中心,培养学生自主习得知识的能力,培养学生具备与同伴协作的能力,以获得更有成就的学习体验。然而,在应试教育氛围下,教学活动还是必须围绕如何快速牢固地掌握考试内容而展开,而不是围绕如何提升学生创新能力而展开。教学方式仍然是以知识传授、重复学习和刷题为主。教师们在日常教学中都是以高强度、高密度的题海战术为工具,培养学生们具备熟练的应试能力。除此之外,许多家长还寻求校外培训机构为自己孩子提供高强度的应试培训,导致"双减"之前校外培训的空前繁荣("双减"之后,不少学科培训走向隐蔽性)。从根本上说,当前中国基础教育实施的是以应试为目的的知识型教育而非探究型教育,这种教育方式阻碍学生的探索能力和创新能力的发展。在这种教育方式下,学生不需要创新,也不需要探索,他们只需把题做对即可,而学校教师几乎花费自己所有的精力来提高学生做题的质量和效率,这就是中国当前应试教育的现实。

第四，教育评价的错配。中国当前对学生的评价方式，仍然以考试这一传统评价方式为主，无论是高考、中考，还是平时的期中、期末或者单元测验考试，中小学基本上都是以闭卷的考试形式来评价学生。然而，这种闭卷考试为主的评价模式存在很多弊端。首先，容易忽视对学生深层次反思能力的培养。闭卷的考试形式，所考查的内容多是书本上的知识，不免存在一些学生为了获得理想分数，采取死记硬背"再现"知识的学习形式。其次，难以全面对学生真实的学习能力和水平做出评价。闭卷考试形式侧重考查学生的记忆能力，但对交往、反省等其他能力的考查力度不足，因此可能会对学生学习积极性产生负面的影响。美国哈佛大学心理学教授加德纳在《智能的结构》一书中讲到，人的智能是多元的，除了语言和逻辑思维能力之外，还有其他的智能，包括视觉、音乐、身体、人际沟通、自我认识等。但中国现有的教育评价模式显然无法全面反映学生的多元智能的水平。最后，忽视对学生创新精神和实践能力的培养。"唯分数""唯升学率"的教育评价导向，不但对学生和家长，实际上也是对地方和学校教育质量评价的主要标准。对于相关方而言，考试分数和升学率，实际上仍然是所有教育评价的核心，主导者教育资源和智力资源的配置。

第五，教师资源的错配。当前，应试为主的教育使得教师们除了教学生掌握好课本知识取得好的分数无暇兼顾其他。中国中小学校倾向于将学校教师和其他教育资源都配置到提高学生成绩和升学率等事务上，教师的主要精力都是围绕学生掌握课本相关知识以考取高分而开展的。教师的教学创新，主要围绕如何生动有趣地让学生高质量高效率掌握课本知识的教学法研究，较少甚至不会引导学生围绕专业问题开展对未知领域、对新知识的探索，这对于投身于教育事业的教师们而言也是一种极大的资源浪费，也容易造成他们会有较强的职业倦怠感。针对教师资源错配的问题，许多学者均对此有过精辟的论述。朱旭东在《论教师的全专业属性》一文中提出了教师的"半专业属性"概念，即指教师在课堂教学中只以其拥有的学科专业开展活动的时候所表现出来的属性。① 具有"半专业属性"的教师一般会忽略学生的感受,他们认为教师只要有丰富而专业的学科知识就可以站在讲台上,而不会去关注学生如何学习和发展,这就会造成老师是为了教而教,学生是为了学而学的现象。②

第六,学制安排的错配。中小学学制关乎各级各类学校任务、目标、入学条件、修业年限以及它们之间的互相关系。中国目前中小学学制为小学六年,初中、高中各三年的"六三三"学制,其中初中升高中是竞争性升学,只有一半左右的初中毕业生能升入普通高中;部分地区小升初也采取竞争性升学的做法,选拔方式较为隐形。总体来说,十二年学制是全世界很多国家和地区都实行的学制,是比较符合国际上关于青少年的年龄规定(18岁)和教育年限的通行做法。但是,在分段学制和竞争性升学的背景下,在十二年学制里,学生们甚至从幼儿园开始即为升入目标学校做准备,有的小学生在小学高年级就已经开始学习初中的课程。在从小学至高中的十二年学习中,学生们至少有初三和高三两个整年的时间是完全用来备考复习的。③ 这种繁重、机械的应试复习不仅占据了学生大量的时间,也使学生的创新能力培养受到了极大的影响,助长了学生智力资源向非创新领域的错配。心理学的研究也证实,中国学生的创造力发展在十二年基础教育中经历了由升到降的过程,尤其是中学生的创造性思维水平在基础教育阶段是逐年下降的。④ 因此,调整学制的建议在当前得到了越来越多的学者以及社会公众的支持。比如有学者建议,可以实行小学五年加中学五年的学制,普及从小学到高中的十年义务教育,可以采取学分制、弹性学制或者中学、小学五年一贯制甚至中小学十年一贯制的做法。学校里的各个年级也可以做相应调整,并且可以取消中考,所有学生接受完十年义务教育后再根据自身情况自愿分流,自愿选择报考普通高校和职

---

① 朱旭东:《论教师的全专业属性》,《教育发展研究》2017年第10期。
② 朱旭东:《论教师专业发展的理论模型建构》,《教育研究》2014年第6期。
③ 段会冬:《走出"长短"之争:基础教育学制改革的困境与反思》,《当代教育科学》2016年第16期。
④ 林崇德:《创新人才与教育创新研究》,经济科学出版社2009年版,第126—127页。

业院校，不愿升学的则以高中学历参加工作（16岁毕业达到合法劳动年龄）。有学者认为，学制太长推迟了学生的就业时间，婚育时间也因此而被延迟，这也变相地推动了老龄化问题恶化。①

总之，中国当前的基础教育通过对教学目标、过程、评价、学制的一系列安排，使得中小学十二年学习生涯中，学生的几乎全部智力资源和绝大多数的中小学教育资源都被配置到应试教育中，学生们被安排利用各种资源来重复学习有限的课本知识而不是去进行探索性、创造性的教学活动。在这一过程中，大量枯燥无聊的重复学习，消弭了学生对未知世界学习和探索的兴趣，极其不利于学生身心全面健康成长。这种智力错配机制造成了中国青少年智力资源的极大折损，也造成了中国教育资源的极大浪费，实际上可能使中国的创新教育输在了基础教育的起跑线上。

五 智力资源错配的体制机制原因

当前，中国教育领域存在的智力资源错配问题，有深刻的体制机制原因，也有经济社会原因，这些原因相互作用，使智力错配问题长期难以得以解决。

第一，应试教育体制是导致智力资源错配问题的根源。当前智力资源错配现象的根本原因是应试教育体制。众所周知，新中国成立后，我们基础教育长期采取苏联的考试考核制度，这种制度以考核学生为目的。应试教育制度初期的确在人才培养方面产生过有益的影响。1977年，中央决定恢复高考后，由于优质教育资源的稀缺，尤其是优质高等教育学位的供给有限，使得考上大学成了"千军万马过独木桥"的难事，这直接助推了基础教育以高考作为终极目标和指挥棒，基础教育的各个阶段由此进入了竞争惨烈的应试教育阶段。近年来，由于高等教育的普及化和市场在选人用人上更加看重第一学历，优秀大学日益成为关系个人前途的重要"文化资本"，这更加加剧了应试竞争的激烈程度。

应试教育并非一无是处，必须承认，自改革开放以来，恢复高

---

① 张红伟：《建议按"5+3+2"模式缩短中小学学制》，2021年3月8日，观摩者网（https://user.guancha.cn/main/content?id=472810）。

考对于"文革"后的拨乱反正，对于中国以试取才的公平人才选拔制度的构建发挥了无可替代的作用。在公立优质教育资源有限的情况下，无论我们怎么批评应试教育，都无法否认，高考的确是当前中国各个社会阶级基本能接受和认可的人才选拔方式。我们并不否定高考这种人才选拔的方式，我们否定的是围绕着高考而开展的种种全景式、无死角、压迫式的以课本知识为主要内容的应试教育制度。这种制度及其衍生的教育生态畸形地曲解了考试选才的良性运作程序，将基础教育的各个阶段，都变成了全民皆卷的应试机制，这是中国当前智力资源错配问题的根源。

第二，应试教育所形成的既有利益结构对智力资源错配改革形成障碍。中国当前的应试教育体制已经形成了固定的利益结构，各利益相关主体多年来早已习惯了应试教育下的利益分配的原则和逻辑，这也是当前中国智力资源错配问题难以得到根本改变的深层次原因。对于行政部门，尤其是教育行政部门而言，高考成绩是各地教育行政主管部门的政绩衡量指标，因此，狠抓应试教育，尤其是狠抓中高考多年来一直都是各地方教育行政部门最为重要的工作任务。对于基础教育各阶段的教师而言，学生的考试成绩是其在学校立足的根本，尤其是对于参与应试的主科教师及毕业班教师更是如此。当前，基层教育教师考核、评聘、评优，绩效工资发放乃至职称评定等都往往与所教学生的成绩一一挂钩，在应试教学上颇有成就的教师是当前应试教育实施的既得利益者。因此，在应试教育表现优秀的地区，让应试表现不错的学校和教师放弃应试教育是困难的。

对于学生及家长而言，能不能考上好的大学、能不能在基础教育阶段就读理想的中小学校是学生及家长们最为关注的事情。对于多数家长而言，提高学生成绩才是学校和老师的"正事"，其他的事情都不重要。在开展素质教育的实践中，一些地方教育部门或者学校在开展一些与应试无关的素质教育改革时，就曾经多次发生家长抵制的事件。[①] 这体现了家长们对于当前应试教育体制的高度认

---

① 俞杨：《南京一中为"低分高考"认错：搞素质教育是在玩火？》，2020 年 8 月 8 日，中国新闻周刊百家网（https://baijiahao.baidu.com/s?id=1674089569812584316&wfr=spider&for=pc）。

同和依赖，尤其是对于具备一定经济资本和文化资本的家长而言，通过各种培训获得升学的机会，是一种比较公平可靠可预期的途径，他们对于学生智力资源错配的种种表现熟视无睹甚至深以为然，这就不难解释一些家长为什么会强烈反对除提高学业成绩之外的各种教育改革了。

第三，应试教育的路径依赖及制度惰性助推了智力资源错配问题的产生。新制度主义理论提示我们，制度总会形成某种结构化的社会因素，在制度的框架下，个体行为会被约束并具有一定的规律性。而随着时间的推进，制度会逐渐沉淀、固化，制度一旦最终形成，就不会因情境或其他原因而轻易更改，它会逐渐形成一种制度惰性，对制度情境中的组织和个体都会形成一种行为的固定模式，而要改变这种固定模式，组织情境通常都会面临巨大的制度惰性阻力。[①] 如上所述，中国实施多年的应试教育制度早已形成了众多的利益结构。而在应试教育的制度情境中，也形成了系统的、完整的乃至相对固定的制度路径，行政部门、中小学校、家长及学生、社会公众都对应试教育形成了路径依赖。这种路径依赖与已有的制度情境紧密结合所形成的制度惰性，对于应试教育制度的相应改革形成了巨大抵制，最终加剧智力资源错配现象。

第四，应试文化对智力资源错配造成观念和认知影响。中国当前所存在的教育资源错配现象与中国社会对应试教育的认知有很大的关系。应试教育在中国有长久的历史和深厚的群众基础。"重知识、轻素质、轻创新"是一种较为普遍的社会现象乃至文化。社会公众，包括相当一部分的教育工作者将书本知识的掌握情况作为教育质量的标尺，对创新意识和能力培养缺乏足够的认知和重视，甚至将创新能力突出但成绩欠佳的学生视为"歪才"和"怪才"。很多社会公众都有所谓的"状元"情结，特别推崇那些通过艰苦学习获得高分的考生，"十年寒窗无人问，一举成名天下知"，许多家长都要求自己孩子以中高考的获胜者为学习榜样。各种长盛不衰的知识竞赛类电视节目，引导参与者将大量时间和精力投入偏狭陈旧的

[①] 闫引堂：《教育社会学中的新制度学派：基于问题史的研究》，《北京大学教育评论》2011年第2期。

知识记忆中，宣扬和传递的也是重视知识而非探究未知的社会风气。为了在激烈的应试教育中取胜，许多家长不了解或无视孩子的兴趣和能力，跟风为孩子报读各种对考试有利的辅导班，习惯于对孩子进行高强度的超前教育和补习教育，唯恐落于人后，这种盲目、狂热的应试辅导跟风，使全社会都被裹挟到"鸡娃大战""牛蛙大战"等中难以自拔，也难以形成全社会对智力资源配置和孩子健康成长的集体理性。

六　教育改革的目标：将智力资源更多配置到创新领域

党的二十大报告强调："全面贯彻党的教育方针，落实立德树人根本任务，培养德智体美劳全面发展的社会主义建设者和接班人。坚持以人民为中心发展教育，加快建设高质量教育体系，发展素质教育，促进教育公平。"[①] 近年来，升学竞争和教育内卷化愈演愈烈，其弊端也日益显现，扭转应试教育成为教育改革的重要任务。破解应试教育形成的智力错配困局，需要切实贯彻落实党的二十大关于科教兴国的战略部署，针对智力错配的体制机制问题，深入推进包括大学体制、招生录取、教学方式、学制安排等在内的一系列增量改革。

第一，探索新型公立资合型大学体制，从根本上改变优质学位的供求结构，改变高考千军万马唯分数过独木桥的局面。

当前，中国智力错配的主要症结是中小学教学活动主要围绕考试分数而不是全面素质教育展开，其最终目的都是能进入理想的高等学府。在目前高校录取仍然以分数为依据，高考仍然是主要指挥棒的情况下，学校和家长追求考试分数的所有动力和行为动机仍然存在。因此，即使过重的课业负担带来的问题已经成为社会共识，中央也已连续出台诸如"双减"等政策来减轻中小学生课业负担并且收到了一定的成效，但要将学生课业负担从外在的行政减负转变为家长的主动减负，将学生的智力资源更多地导向创新能力培养和

---

① 习近平：《高举中国特色社会主义伟大旗帜　为全面建设社会主义现代化国家而团结奋斗——在中国共产党第二十次全国代表大会上的报告》，人民出版社2022年版，第34页。

全面发展，还需以权责统一、机会均等、公平合理的方式，为创新教育提供优质大学的升学机会，改变目前千军万马过独木桥的局面。总的来说，只有解决学生升学的出口问题，才能从根本上解决围绕应试教育所形成的一系列扭曲的智力资源错配的行为。

从美国经验来看，私立大学是其高等教育体系中重要的组成部分，其不菲的收费与其提供的高质量的高等教育是匹配的，并且这种私立大学没有成为高等教育不平等的助推器，也能为社会各个阶层所广泛接受。[①] 由于有多层次、多样化的招生录取方式，美国的智力资源更多地被配置到探究型教学或多元化发展方向，学生的知识性课业负担相对较轻（少数精英学校探究型的课业负担较重）。由于政府、社会和求学个体共同参与高等教育的投资，扩大了教育的供给质量和规模，拓展了大学招生录取的形式和学生入读大学的渠道，这使得大学可以不单纯依赖知识考试分数进行学生选拔，从而从根本上解除了应试教育的约束条件，中小学可以根据学生的情况进行探索性教学和其他能力素质的培养。

在中国，政府财政只能维持对部分高水平高校较高强度的投入，也就是说公立优质高校的供给总是有限的。而为了保障社会公平，完全由政府投入的公立高水平高校在招生录取中只能以考试分数为主要依据，于是应试成为以分数为录取依据的教学双方的理性选择。而要改变以分数为依据的招生录取制度，必须以不损害现有的最公平的被广泛接受的高考招生录取模式和相关人员的入学利益为前提，也就是说，不能影响存量公办优质高校的录取方式，只能探索新的高校办学体制，进行优质学位的增量改革。美国解决此问题采取的是私立高校的模式。在中国，大规模建立高水平私立高校目前尚没有美国那样充足的私人捐资和社会条件，因此，需要建立一种兼具公立大学和私立大学优点的新型大学体制，既克服中国公办优质高校财政供养能力不足的问题，又解决高校录取的自主性和学生升学渠道有限的问题。高水平公立资合型大学的性质是公立的，由政府主办主管，服从国家人才培养的需要，政府财政只对这类高

---

① 王玲、范跃进：《美国私立高等教育经费政策体系评析》，《东北师大学报》（哲学社会科学版）2015年第4期。

校维持一般高校的投入水平，考生则通过缴纳较高的费用，用以这类学校聘请国际水准的高水平教授，维持学校较高的硬件条件和办学水准。考生只享受了与其考试分数大致相称的国家投入，优质部分的水准实际上是考生负担的，因此没有占有其他考生的权益。由于优质教育水准是依靠考生投入并取得一定期限的受教育权利，是公私合作的结果，所以我们将这类高校称为公立资合型大学，以明确这类高校的权利义务性质。公立资合型大学的招生类似美国私立大学，学生需要缴纳较高的学费乃至学校建设费用，当然，这些学校的学生也需要达到一定的资格条件（包括不低的录取分数线），同时保留一定比例的学额，以奖学金或普通公立高校学费的方式招收低收入家庭的优秀考生。

通过公立保基本、自费提水平的方式，公立资合型大学给考试成绩不一定拔尖但创新能力和综合素质良好的学生接受高水平高等教育的机会，从而打破只注重知识灌输不注重创新能力培养的唯分数的应试教育困局。公立资合型大学作为一种新的大学体制，与目前的公立大学和私立大学均存在显著区别。从办学收入看，公立资合型大学有来自政府的普通强度的投入，用以维持高校的基本运转；同时采取类似私立大学的学费模式和社会筹资模式，以提升学校的办学水平。从招生录取来看，公立资合型大学有一定的考试成绩要求和录取标准，但不完全以考试分数而是以创新能力和综合素质为依据。从学校管理看，公立资合型大学有类似西方私立大学较高的招生、收费和办学自主权，但要符合国家的核心办学要求。从利益关系看，公立资合型大学属于增量改革，不改变现有存量高水平大学办学格局和招生录取机会。从办学水平看，公立资合型大学以高水平研究型大学为定位，在一定程度放松了高考分数紧箍咒后，招收的学生不唯分数，但综合素质和能力则是优秀的，他们从中小学开始就将智力资源投入创新能力培养和全面发展中。通过投入体制、办学体制和招生体制改革，公立资合型大学具备公立大学和私立大学的双重优点，可以突破目前应试教育只看重考试分数的问题，因此是教育体制的一项重大创新。

第二，深化中小学教学和招生录取制度改革，推进知识型教育、探究型教育有机结合和学生全面发展。

　　2020年10月，中共中央、国务院印发了《深化新时代教育评价改革总体方案》，该方案强调要把教育评价改革作为"最硬的一仗"来进行推进。①"唯分数、唯升学、唯文凭、唯论文、唯帽子"，这"五唯"被认为是当前中国教育评价指挥棒方面的"顽瘴痼疾"，是中国当前教育改革中最难啃的"硬骨头"，也是影响中国智力资源错配现象的根源。其中的唯分数、唯升学主要指的就是应试教育制度的问题，此"两唯"已被中央定义"五唯"中头二唯，其影响可见一斑。

　　当前，要破解唯分数、唯升学的应试教育取向，除了高等教育招生为素质教育提供增量升学出路，改变千军万马过独木桥的局面，还需要深化中小学的招生录取改革。而这一改革的核心，就是要在高中、初中、小学、幼儿园入学中，可通过就近入学、小学中学一贯制和指标到校等方式，降低考试升学的重要性。而在重点高中升学的指标分配上，可以试行配额制与适度竞争相互结合的选拔方式，配额制按照区域内学校（如初中）的学生数而分配一定比例的升学名额，从而将升学竞争的压力限制在学校之内，可以减轻学校之间的竞争，从而实现了教育质量与教育公平性较好结合，能够促进中小学教育资源的均衡配置，也可缓解优质初中由于优秀学生聚集形成的过于白热化的学业竞争，对减轻学生学业压力、维护中小学生身心健康、促进素质教育发展、缓解"学区房"问题都有积极的意义。

　　在改变以分数和升学为中心的教学评价标准的过程中，要将中小学的教育重心逐步转移到以学生全面发展为导向的探究型教育和知识型教育有机结合中来。一方面，基础教育要教授学生基础知识，让学生具备基本的知识水准；另一方面，要呵护和培养学生的好奇心，激发他们探索未知世界的兴趣，学校教育、教师教学和各类校外培训，都要将重心转移到培养学生的创新能力上来。同时，要加强对学生劳动技能、生活技能的培养，加强对学生体育、美术、艺术能力的培养，锻炼学生的意志品质，真正促进学生实现德智体美劳和身心全面发展。

---

　　① 中共中央、国务院：《深化新时代教育评价改革总体方案》，2021年6月20日，中国政府网（http：//www.gov.cn/zhengce/2020-10/13/content_5551032.htm）。

第三，探索实行以十年为基准的弹性学制和学分制，在学习时间上破解智力资源错配的问题。

学制的设立服从青少年身心发展规律和国家人才培养的需要。目前中国基础教育十二年（6+3+3）学制几乎有两年以上的时间完全用于复习应试。将六分之一以上的财政资源、精锐师资和学生智力资源实际上完全配置于直接应付考试的重复性知识学习中，这是对教育资源的严重浪费。因此，我们建议可将基础教育的基准学制确定为十年，其中小学五年，中学五年，用十年时间实现高中教育的普及。有条件的地区，可以采取十年一贯制，初中和高中完全取消考试，科学安排包括学科知识、学科研究、职业和劳动技能、体育、社会服务及兴趣特长等教学内容，实现学生德智体美劳和身心全面发展。基础教育的十年学习结束后，学生可直接通过考试进入普通高等学校，也可以直接选择就业，还可以进入职业学校或继续职业高中阶段学习（一到两年），然后再通过高考进入高等学校。在十年制中的特定年级，学生可以根据自身情况选择跳级进入高年级学习，或者结合学分制以加快或延缓学习进程。

学分制是一种灵活的教学制度，它被用来衡量学生学习分量和学习成效，它是评判学生是否有资格获得学业证书的依据，同时也是学校用以组织教育教学的依据。对于需要学生掌握的一些基础学科知识，可以通过学分制的方式，由学生根据自身情况，自主安排在一定的时间段修读完成，以避免学生在某些学科知识上的缺失。

是否采取弹性学制，取决于实行这一政策的成本收益。目前的十二年学制安排中，有至少两年多的时间用于考试复习，背离了十二年学制设置的初衷，因此，有必要进行改革。在应试教育背景下，缩短标准学制具有一些显而易见的好处。一是优化教育资源配置，用同样的资源投入可以实现普及高中教育目标，可以增加高素质劳动力供给。二是在十年制高中完成后由学生自主选择升学或就业，有利于打通职业教育与普通教育的鸿沟，避免过早分流所引发的焦虑。三是可以提高学生自主学习能力、创新能力和综合素质。当然，时间和智力资源本来就不应该配置到应试教育，而应该配置到学生能力的全面开发和提升上。在有效促进学生身心全面发展的前提下，具体的修业年限（包括继续实施十二年学制），都是可以进一步探索和研究的。

第四，在一些地区先行开展新一轮教育综合改革试验，不断积累经验，然后向全国推广。

教育改革是关系到创新型国家建设和亿万家庭福祉的重大改革。近年来，中国高等教育、基础教育、职业教育和学前教育等方面的改革逐步深入，制定出台了一系列文件，在教育教学、教育评价、教育体制机制和招生录取等方面均推出了诸多政策措施和改革试验。这些改革对提高教育治理能力和水平，加快推进教育现代化、建设教育强国、办好人民满意的教育具有极其重要的意义。

教育是一个系统工程，教育改革也是一项系统工程。解决以高考为指挥棒、以分数为导向的应试教育的智力错配问题，最关键的是为那些开展探究性学习、追求全面发展而不只追求考试分数的学生提供升学出路。因此，教育改革需要覆盖和衔接从学前教育到高等教育、从师生教学到招生录取、从人才培养到社会评价的全部环节和完整过程。由于从进入幼儿园到升入大学到就业的全周期至少是在一个省（高考录取以省为单位）的范围进行的，因此包括高考在内的教育改革综合试验区的范围宜以省级行政区为单位，如果以地级市为单位进行试点，可能使试点地区在录取机会上处于不利地位。综合试点改革在内容上则应该涵盖新型大学设立、招生录取、学制改革、探究型教育、全面素质教育、教育评价和治理机制等在内的所有内容。使教育的全过程、全周期都形成适应创新型国家建设要求的现代教育治理体系。教育试验区的重点应先选择经济较为发达的省市，如广东、山东、江苏、浙江、福建、北京、上海等省市，这些地区有较好的教育基础，海外留学的学生规模也较大，支撑公立资合型大学的经济和社会基础较强，在这些地区举办若干新型公立资合型大学，可以迅速形成规模效益和良性循环，形成创新性教育实施的良好土壤和环境，从而打破"千军万马过独木桥"的应试教育格局。在形成经验后再向全国推广。当然，教育改革周期性强，其效应需要一定的周期才能充分显现出来，但平衡了知识教育、创新教育和学生全面发展的教育模式，一定有着光明的前途。

七　本书的研究方法和篇章结构

本书将综合运用经济学、公共政策学和教育学等理论对教育改革问题进行分析，同时借鉴和运用扎根理论、比较研究和制度分析等方法开展研究。

作为质性研究的一种，扎根理论是在对研究材料进行类属分析的基础上，形成抽象理论的研究方法。扎根理论是一套灵活的准则，而不是方法论法则，扎根理论要建立在实用主义基础上，要形成解释性的分析。[1] 本书将借鉴扎根理论的抽象方法，对教育的各个环节和方面存在的共性问题进行理论抽象，从而对教育的根本性问题做出解释。需要特别说明的是，虽然扎根理论是开放和灵活的，但本书从研究过程到方法并不是严格意义上的扎根理论研究，只是借用扎根理论的名词和其中类属分析和抽象方法来揭示教育各环节存在的智力资源错配这一共性问题，是扎根理论的一种最宽泛的运用。同时，借用"扎根理论"一词，能够很好地体现本书的目的和宗旨。

比较研究是一种独立的方法，也是扎根理论的一个重要工具。在扎根理论中，可以使用不断比较的方法，在任何一个分析层次上进行比较，以发现异同。通过对不同国家和地区各个方面教育资源配置材料（data）的比较，发现不同教育模式的异同。

制度分析及其他方法。本书将运用制度主义理论和方法对教育制度变迁的现状、动因及路径进行研究分析，对应试教育体系进行制度分析。同时，本书还将运用前期文献研究、田野研究和问卷调查材料，对教育及教育改革进行深入分析。

本书围绕如下逻辑结构展开：从教育存在的主要问题出发，从不同角度分析智力资源错配的各种机制和表现，对相应的模糊认识做出辨析，针对智力资源错配的根源提出从根本上破解智力资源错配的路径。全书共分10章，第一章导论。概述本书的研究问题和主要内容。第一章教育的极化效应与社会焦虑。对近年来教育领域出

---

[1] ［英］凯西·卡麦兹：《建构扎根理论：质性研究实践指南》，边国英译，重庆大学出版社2009年版，第13页。

现的两极分化和社会问题进行讨论和分析。第二章知识型教育与教育内卷化。讨论应试教育中，围绕知识学习所出现的反复刷题和强化训练的教育内卷化现象，讨论智力资源配置的路径和类型，论证了知识型教育和探究型教育有机结合的教育价值取向。第三章异化了的中小学生课业负担。对国内外基于不同教育价值而形成的中小学课业负担的类型和程度进行比较研究，对社会上一些关于课业负担的模糊认识做出辨析，揭示过重的知识型课业负担构成的智力资源错配。第四章应试教育中考试的世界观与方法论。讨论应试教育为了提高区分度所形成的趋向偏、难、怪的考试哲学，这种考试哲学强化了应试教育的棘轮效应，将学生智力资源引导到细枝末节的知识的反复学习训练中，也将学生智力框定在标准答案和思维中。第五章教育中的管理主义与教师行为。讨论以分数、升学率为核心的绩效考核对教师职业行为的影响，使得教师只关心学生在所授科目的考试成绩，不关心学生的全面发展和创新能力培养，揭示教师资源配置和教师行为构成的智力资源错配。第六章创新型教育理念与招生录取改革。讨论唯分数的招生录取方式对智力资源的错配，如何通过招生录取改革破解应试教育的压力传导链，包括在一些阶段取消升学考试或降低中小学阶段升学考试的强度，为引导智力资源配置到创新型教育留下时间和空间。第七章中小学学制改革与智力资源优化配置。讨论当前学制与智力资源错配问题，如何通过学制改革，有效压缩将智力资源配置到重复性知识学习的时间。第八章公立资合型大学：对一种新型大学体制的探索。讨论通过创建新的公立资合型大学进行增量改革，在不影响现有高考升学利益格局的情况下，为探究性学习提供增量升学出路，破解千军万马唯分数过独木桥的问题，从而从出口上根本解决将学生智力资源配置到应试教育的问题。第九章地方试验：推出地方教育改革试验升级版。讨论以省级行政区为单位，建立教育改革综合试验区，从大学设立、招生录取、教育教学、学制改革等各环节各方面进行改革，以系统解决青少年智力资源错配的问题。

第一章

教育的极化效应与社会焦虑

教育是国家社会流动的主要通道，教育的代际影响也是社会分层体系开放的重要标志。[①] 早在柏拉图时期，就已开始倡导对大众实施初等义务教育。伴随文艺复兴，教育公平、教育权利平等的理念在西方逐渐兴起，教育公平的意涵也随着时代的变迁而不断演进，在一定程度上标志着现代国家的文明程度，所以一直是社会学、教育学、经济学等多个研究领域所关注的焦点。[②]

现代社会中，教育已成为个人和国家核心竞争力的来源，"谁获得的教育资源多""谁获得的教育资源优质"都是整个社会关注的焦点问题。实现教育公平对全世界各个国家来说都不是一件易事，它不仅仅与教育活动本身的公平公正发展息息相关，同时也是社会公平的重要基石，会影响到国民的收入分配体制、社会流动率、社会阶层结构封闭和固化程度等，甚至关乎一国的政治稳定、经济繁荣和社会进步。

于中国而言，教育公平问题一直以来是中国构建社会主义和谐社会大背景下的一根敏感神经，也是社会民众关注的焦点。2007年，党的十七大报告中明确提出："教育是民族振兴的基石，教育公平是社会公平的重要基础。"在此之后，2020年10月18日，习近平总书记在党的十九大报告中进一步强调，要"努力让每个孩子都能享有公平而有质量的教育"。

[①] 刘精明等：《教育公平与社会分层》，中国人民大学出版社2016年版，第6页。
[②] 魏延志：《转型期中国区域差异与城市居民教育不平等（1978—2006）——基于CGSS2006的多层线性模型分析》，《教育学术月刊》2013年第1期。

自 1977 年中国恢复升学考试制度以来，中国的教育规模发生了巨大变化，教育相关政策和法律也经历了一系列重大的变化和调整。《国务院关于基础教育改革与发展的决定》《国家中长期教育改革和发展规划纲要》《国家教育事业发展"十三五"规划》等教育发展战略的制定与实施从政策层面指明了教育均衡发展的目标与策略；而在供给端，各地区都在加强对教育资源（如经费、设施等方面）加以合理补给，倡导教育资源普惠配置、均衡发展，以实现教育公平。

在宏观政策支持下，教育的改革进行得如火如荼，能够接受基础教育和高等教育的总教育机会数量大幅增加，教育资源也在不断扩张，教育质量也在逐步提升。然而持续不断的扩招是否能够在本质上解决教育不平等问题？优势阶层和弱势群体受教育机会之间的差异是不是真的在缩小？为何教育机会增加了，但受教育者、施教育者满意度没有相应提高？"鸡娃""虎妈""影子教育"等时代新词层出不穷，教育的内卷为何愈演愈烈？为何全社会都蔓延着焦虑情绪？"减负"是减少了教育负担还是增加了教育负担？目前的教育选拔机制能否促进教育公平的实现？教育是否能促进阶层流通，实现跨阶层跃升？这些疑问都是当前社会的热议话题，也是学者们非常关心的议题。

第一节 教育的"极化"效应：一个不容回避的现实

从历史经验来看，市场竞争往往会伴随两极分化。因此，扩大中产阶层比重是一个重大的社会政策。近年来，教育领域的"极化"现象日益凸显，呈现出"强者越来越强、弱者越来越弱"的极化效应（又称马太效应）。[①] 虽然教育选拔制度在很大程度上仍遵循绩效主义准则——"分数面前人人平等"，然而伴随着市场化、城

---

① 徐倩、常秀丽、吕承超：《教育公平视阈下中国教育经费分布的空间非均衡及极化研究》，《学术探索》2017 年第 5 期。

镇化、全球化等制度转型，教育机会和教育资源的获得不再完全取决于个人的能力，教育资源和家庭资源投入的影响作用日益突出。拥有更多教育过程所需的人力资源、物力资源和财力资源的家庭有能力通过精心养育、送孩子进入优质学校、购入各类教育资源等手段，持续提升子女学业成就，扩大教育机会的差异和教育质量的差异。[1]

一直以来，学校教育尤其是高等教育是社会阶层流动的主要杠杆，在高等教育普及化和极化效应下，这一杠杆作用有所削弱。中国教育发展的起点低、基数大、需求大，所以自改革开放始，国家在宏观教育资源调配方面一直以规模扩张为主，基础教育、高等教育的机会供给增加的速度明显提升。[2] 1978年中国高等教育毛入学率仅有1.56%，而到2002年这一数据已提至15%，中国的高等教育逐渐从精英教育跨入了大众教育的阶段；[3] 2020年全国高等教育毛入学率已达54.4%，中国高等教育自此进入普及化阶段。[4]

因此，一方面，由于高校数量和毕业生数量大幅增加，文凭的含金量缩水；另一方面，"好"学校的数量并未相应增多。社会逐渐形成了"上大学不难，上好大学太难"的共识。即便是在一线城市就读，如果所在学校并非优秀大学，也很难获得好的工作机会，更是很难获得一线城市的落户机会。[5] 同时，重点高校多集中在发达城市，进一步拉大了原本的城乡高等教育获得机会的差异。同时，越是顶尖大学，在教育财力、经费预算上越是充足，教师的学历结构、职称结构、生师比等指标方面也有明显优势。因此，非重点高校，尤其是欠发达地区的高校，常出现办学经费紧张，得到的

---

[1] 张志远、胡姝：《我国高等教育发展水平省际差异研究——基于2018年教育统计数据的分析》，《山东高等教育》2021年第2期。

[2] 刘精明：《中国基础教育领域中的机会不平等及其变化》，《中国社会科学》2008年第5期。

[3] 刘精明：《高等教育扩展与入学机会差异：1978—2003》，《社会》2006年第26期。

[4] 王世岳、周璇：《"普及后"的中国高等教育去向何处》，《江苏高教》2021年第6期。

[5] 《北京市引进毕业生管理办法》，2021年7月20日，北京市人力资源和社会保障局官网（http://rsj.beijing.gov.cn/xxgk/zcwj/202107/t20210712_2433865.html）。

来自政府、企业和社会的财政支持也有限，"造血"功能不强，在招生、人才引进、科研、办学条件和水平等各方面都相较处于弱势，周而复始，两极分化愈发严重。而同一地区高校也存在明显的分化，越是一流院校，越是教授、专家，可以得到的科研项目、科研经费就越多，社会兼职也越多，而越是一般院校、越是年轻教师，获得科研项目和经费的难度越高，科研领域也逐渐形成了局部的繁荣，两极分化程度逐渐扩大。

高中阶段作为义务阶段教育和高等教育中间承上启下的重要衔接环节，却有着非常显著的校际差异。郭丛斌等基于2007—2013年中国高中学生入学A、B两所精英大学的机会校际差异进行了探索，发现目前精英大学入学机会存在很显著的校际差异，并且逐年愈发两极分化。[①] 另一篇研究发现各省"超级中学"（考入某精英大学的总人数较所在省份平均值高过两个标准差及以上的学校）进入该精英大学的比例占全省14.4%，是所在省平均占比的9.4倍，其中占比最高的达到所在省平均占比的22.8倍。[②]

早期教育资源相对匮乏的时候所产生的重点学校制度目前仍在沿用，根据行政级别还划分了国家级重点、省级重点、市级重点、县级重点，这些重点学校享有更多的教育资源，提供的教育质量也高于非重点学校。虽然中国高校扩招举措在总体上缩小了高等教育入学机会数量上的社会阶层差异，但在高等教育的优质资源分配上差异反而是有所上升的，优势家庭、阶层的子女和城市生源与弱势家庭、阶层的子女和农村生源相比，在高等教育入学机会数量或是质量上都存在明显差异。

杨玲等基于2016年中国劳动力动态调查（CLDS2016）数据，发现重点中学是家庭背景与教育获得的中间机制：在基础教育阶段，家庭经济资本和文化资本处于优势地位的学生更容易进入重点学校，而在高中升大学阶段，一直就读于重点初中和重点高中的学

[①] 郭丛斌、林英杰：《精英大学入学机会校际差异的马太效应研究》，《北京大学教育评论》2020年第4期。

[②] 黄晓婷、关可心、熊光辉等：《"超级中学"公平与效率的实证研究——以K大学学生学业表现为例》，《教育学术月刊》2016年第5期。

生也存在明显优势。① 中上阶层家庭的父母愿意并且有能力投入更多的时间和资本在教育上，相比之下，中低收入阶层的家庭受限于自身教育水平和有限的时间精力，对子女的教育成长很多情况下是心有余而力不足。另外，还有一些处于社会较底层的农民工子女，他们更是受限于户籍制度等基本门槛条件，直接被拦在了优质教育的门外，无法获得同等教育支持。

每年高考结束，都会有以"清华、北大"升学人数为标准的"超级中学"榜单出炉。这些"超级中学"拥有超高的升学率，其办学条件优越，办学资金充足，师资力量雄厚，学生的学习效率也高。与之形成强烈对比的是，有不少县级高中高考一本率为零。但在教育公平视阈下，"超级中学"存在诸多的问题，为了提高升学率，垄断了优质生源师资，不利于教育的生态平衡。② 随着优质教育资源向重点地区和重点学校集中，欠发达地区和普通学校的教育质量呈现相对下降趋势，教育资源获得越来越受到家庭社会地位、经济情况、所处地区、所处阶层等因素的影响，加剧了教育极化效应。

不仅仅是"精英大学"和"超级中学"存在极化效应，相应地，初中以下的教育，也会出现分化，由此形成不同家庭在不同层次幼儿园、小学、初中、高中、大学教育的分野。由于整体上中国的优质教育的规模，无论是义务教育、高中教育还是高等教育，都是稀缺的，并且在很大程度上受到家庭对教育的经济投入、时间投入、家庭文化资本与社会资本等微观因素的影响。③ 对于中国家庭来说，每次入学机会的获得都可能决定孩子下一次入学机会的优劣程度，所以为孩子准备和争取每个阶段更好的教育机会成为了巨大的压力来源，甚至还需要不惜成本的校外"补习""培优"。而于学校来言，也需要对优质师资和生源进行争夺，才能提升或维持自己

---

① 杨玲、张天骄：《家庭背景、重点中学和教育获得》，《教育与经济》2020年第5期。

② 郭丛斌、徐柱柱、张首登：《超级中学：提高抑或降低各省普通高中的教育质量》，《教育研究》2021年第4期。

③ 吴愈晓：《社会分层视野下的中国教育公平：宏观趋势与微观机制》，《南京师大学报》（社会科学版）2020年第4期。

的优质地位。

按照国家的统一部署，广东省2022年3月28日发布了《广东省2022年高中阶段学校招生录取工作实施办法》①，试图以直接分配不低于50%的招生名额的方式规范和调整优质高中学校的招生名额来源，"并适当向薄弱初中、农村初中倾斜"，以及明确提出"严禁学科竞赛、奥赛成绩与招生录取挂钩"。该政策引起了社会热议，然而事实上早在2002年，全国各地就已经开始提倡和推动优质高中开展"名额分配"制度，试图减弱教育的"选拔"机制，从基础教育的资源均衡分布角度来推进教育公平的实现。根据2014年《北京市教育委员会关于将优质高中部分中招计划分配到初中校有关事项的通知》，东城、西城、朝阳、海淀等6个首都功能核心区和城市功能拓展区，均以优质高中为单位，将学校统一招生计划的30%分配到区域内初中。② 上海2021年3月也公布了优质高中"名额到校又到区"的相关改革措施，为高中招录制度提供了进一步深入探讨和进一步反思的机会。③ 这些改革，对促进教育公平具有重要意义，然而如何在改革中进一步协调好不同地区、学校和个体间公平与效率的关系，还需要进一步探索和完善。

总的来说，促进教育均衡发展、实现教育公平是提升社会公平的重要基础和有效途径，优质教育资源稀缺和市场机制的作用，导致了教育的分化。因此，需要从宏观上优化教育资源的分配，建立协作机制，进一步提高教育资源的流动性，从而逐步实现教育的均衡发展。

---

① 《广东公布今年高中阶段学校招生录取办法》，2022年3月30日，广东省教育厅官网（http://edu.gd.gov.cn/jyzxnew/zwdt/content/post_3899345.html）。

② 《关于将优质高中部分中招计划分配到初中校有关事项的通知》，2022年2月，北京市教育委员会官网（http://jw.beijing.gov.cn/xxgk/zfxxgkml/zfgkzcwj/zwgzdt/202001/t20200108_1566856.html）。

③ 陈杰：《优质高中名额再分配——"阶层混合"的政策实验与教育公平的倒逼机制》，《探索与争鸣》2021年第4期。

第二节　层级、类型学校的"掐尖招生"

教育资源在基础教育、中学教育、高等教育各层级之间传递极化效应的过程中，"掐尖招生"录取制度在其中起着很强的助推力，对教育公平有着严重影响。早在1986年，中国《中华人民共和国义务教育法》第九条就已规定"地方各级人民政府适当设置小学、初级中等学校，使儿童、少年就近入学"①。然而由于优质教育资源不足，不同学校之间教育质量差距较大，"就近入学"的理想情况很难实现。近5年来，教育部门印发当年《关于做好普通中小学招生入学工作的通知》时，都会明确指出"坚决制止违规跨区域抢生源、'掐尖'招生行为"；国务院于2021年5月发布修订的《民办教育促进法实施条例》中也提出，施行"普通高中教育的民办学校应当主要在学校所在设区的市范围内招生"②，试图进一步规范民办学校的招生规则，禁止跨区域招生，建立更好的教育生态。然而无序的跨区域竞争性招生、"掐尖招生"的现象由来已久，其社会影响也极为深远，甚至社会用人也存在"掐尖"现象。因此，对民办学校"挑选生源"的权利加以限制，可能难以从根本上遏制招生"掐尖"问题。

受到竞争性选拔考试的影响，"掐尖"和"择校"都是每年升学季的高频词汇，大学、高中、初中，甚至小学、幼儿园，都存在"名校互撕抢占优质生源""学生、家长为择名校挤破脑袋"的现象。前有"清北收割机"衡水中学为了击破公办中学不能"掐尖"招生的限制，兴办了"衡水一中"民办中学，垄断强师资、强教学、强生源，甚至将教育与资本挂钩，打着衡水旗号的第一高中教育集团2021年3月已在美国上市，一直广受争议；后有2019年浙

---

① 《中华人民共和国义务教育法》，2021年10月29日，中国政府网（http://www.gov.cn/guoqing/2021-10/29/content_5647617.htm）。
② 《中华人民共和国民办教育促进法实施条例》，2021年5月14日，中国政府网（http://www.gov.cn/zhengce/content/2021-05/14/content_5606463.htm）。

江大学招生处奖励浙江全省前 100 名报考浙江大学的考生 50 万元的"重金抢人"措施，破坏高校生源竞争潜规则，被教育部点名批评发函干涉。就连幼儿园对于孩子的选拔都奇招百出，不仅面试孩子，还考查家长的经济水平、工作类型，甚至自律程度。尤其在一线城市，几乎所有家长都被竞争性选拔制度裹挟，提前开始阶层竞争，很多小学生的英文已经达到初中三年级课本要求的水平，诸多家长为子女选择各式各样的课外培训，因为大家都在课外培训提前学习了课堂知识，如果不报名就会跟不上校内教育的节奏。

　　高考如今虽已不至于成为改变命运的唯一选择，但一直以来教育都仍被家长、大众认为是打破阶层壁垒最有希望的方式之一。然而优质的学校数量有限，受到上文提及的优质教育资源分布两极分化严重的影响，目前优质师资和优质教学条件过度向重点学校集中，例如人大附中、衡水中学、巴蜀中学、上海中学等"超级中学"，这些中学的师资队伍中，一大堆清华北大毕业的名师，甚至其中不乏世界名校硕士博士。相比之下，一些普通学校（尤其乡村学校）的师资比较薄弱，甚至不是科班专业出身。所以当重点学校"掐尖"招生，那些成绩优秀的学生及其家长是非常欢迎的，可以保证自己有机会进入最好的学校，享受最好的师资条件和学习氛围；但那些成绩稍差的同学则不赞同重点学校"掐尖"招生，因为这样会使得优秀教师、优质教学资源都过于集中，从而剥夺了其他学校学生享受优质教育资源的条件。

　　"超级中学"垄断优质资源这样的教育生态的形成有各方面原因，其根本原因在于教育需求与供给之间的矛盾，而财政性教育经费投入的倾向性、社会对学校品牌效应的吹捧、学校陷入"规模扩大—声誉提高—规模扩大"的发展循环、家庭和个人对超级中学的投资偏好等都进一步促进了超级中学愈演愈烈的现实情况。[①] 重点学校制度使得各省均是少数重点高中获得优先发展权，师资、生源、经费投入都更优越，资源投入的差距扩大了办学质量的差距，从而使每年精英大学录取率排行榜成为学生和家长评价和选择学校

---

① 谭夏妮：《超级中学的治理：合理引导教育投资行为》，《现代教育科学》2017 年第 4 期。

的最有效指标；由于优质高中教育资源供不应求，政府一度鼓励优质高中与民办学校采取联合办学的形式①，试图鼓励名校带动更多学校的共同发展进步，然而适得其反，反而由于民办学校可以跨区县、跨区域招生，助力打破了公办名校的招生壁垒，扩大了"掐尖"的区域范围，同时利用公办民办混合办学的优势，拥有更宽松的教育经费使用权，高薪"挖走"了其他公办学校的优秀骨干教师，进一步扩大了名校优势。而部分地方为促进地方教育投资效益，支持重点中学发展，允许他们掐尖招生，或对重点中学掐尖招生的行为"睁只眼闭只眼"，助长了这种行为。

"超级中学"形成初期对当地教育和经济有一定促进作用，有助于普通高中教育规模的扩大和教育投资效率的提高，并且一定程度上增加了通过学习成绩实现代际流动的机会等。②然而很多"超级学校"利用自身的资源和优势，对其他非超级学校形成降维打击，从而将更多的优质资源继续收入囊中，形成了"虹吸效应"。长此以往，少数超级学校的存在和蓬勃发展对整个社会的教育均衡和整体教育质量的发展都会造成不良影响。

第一，超级学校对优质教育资源的垄断有违社会教育公平，抑制了省内其他普通学校的发展，破坏区域内教育生态，会使得教育极化现象不断加剧。③优质学校越来越少，薄弱学校越来越多，"再怎么努力也难以办好"的挫败感会导致其他普通学校对办好学校的愿望急剧下降，首当其冲的当属日渐凋敝的县级中学。中国2000多个县容纳了全国50%以上的学生④，然而县级中学甚至出现了全县"零一本"的极端现象（广西凤山县全县唯一高中凤山县高级中学2016年高考没有一名考生达到重点大学投档线，2017年1133名

---

① 教育部：《关于积极推进高中阶段教育事业发展的若干意见》，2021年10月30日，教育部官网（http://www.moe.gov.cn/srcsite/A26/s7054/199908/t19990812_166063.html）。
② 高顺成、吴丽娟、李鹏：《中国高等教育地域非均衡性空间格局及其成因分析》，《地域研究与开发》2020年第6期。
③ 郭丛斌、徐柱柱、张首登：《超级中学：提高抑或降低各省普通高中的教育质量》，《教育研究》2021年第4期。
④ 林小英、杨蕊辰、范杰：《被抽空的县级中学——县域教育生态的困境与突破》，《文化纵横》2019年第6期。

考生中也仅有两名达一本线）。①

第二，超级学校放大了由于先天家庭背景差异造成的城乡子女教育机会的不均等情况，农村学生在这场教育改革大潮中劣势愈发明显。冯帮等对湖北省某所超级中学和某所普通高中学生的教育起点公平、过程公平、结果公平三个方面进行了问卷调查，结果发现超级中学扩大了就学要求、入学方式等方面的城乡子女差异，而两者在硬件配备、师资水平、信息获取等过程性因素方面的显著差异进一步加剧了城乡子女在教育成就方式、付出收获比、高校就学准备度等教育结果上的不公平。② 另一项研究也发现，以国内某精英大学 K 大学 2005—2009 年连续 5 年在全国 2082 所生源中学招生的学生数据为例，其中普通中学的生源中平均 17.6% 为农村户籍，而在超级中学这一比例仅为 2.1%。③ 之间的差异也在一定程度上辅证了农村户籍学生通过进入超级中学再考入精英大学的艰难程度，传统的勤奋、刻苦等学习品质对能否进入精英学府的影响逐渐式微，转而变成受教育平台差异和个体文化资本的差异。

第三，与市场化相互增强的优质学校发展模式，推高了其所在片区的房价，"学区房溢价"现象严重，在学区房不断炒热的过程中，不仅高中资源，就连义务教育资源也陷入了"按财富分配"的怪圈，部分家庭甚至为了给子女择名校而"孟母三迁"，砸重金持续更换学区房。虽然北京、上海等地加快了学区改革，开始实施"多校划片""分配名额""教师轮岗"等多项措施，但学区房的降温迹象仍不很明显。另外，除了购房租房成本，许多超级中学甚至征收高额的择校费，或与培训机构联合征收校外培训辅导费用，高额的教育支出、财力比拼更加刺激了社会的焦虑情绪。

第四，超级学校的教学模式和人才培养取向相对固化，为了产出骄人的升学率，很多超级学校甚至实施军事化管理，强调应试能

---

① 熊丙奇：《超级中学战略制造了"零一本"的县中》，《中国青年报》2017 年 9 月 14 日第 2 版。
② 冯帮、李紫玲：《从"超级中学"现象看城乡子女教育公平问题——以湖北省 D 市为例》，《教育发展研究》2014 年第 2 期。
③ 黄晓婷、关可心、熊光辉等：《"超级中学"公平与效率的实证研究——以 K 大学学生学业表现为例》，《教育学术月刊》2016 年第 5 期。

力的培养,"分数至上"的评价导向难以培养多元化、个性化的人才,反而招致教育的同质化,与素质教育的初衷相违背。而且超级学校内部也存在"掐尖"的现象,长期高压竞争影响学生身心发展。已有研究表明,"超级学校"的育才能力未必"超级",例如郭建鹏等曾对厦门大学 2017 年的 2000 余名本科毕业生进行调查研究,对比由超级中学升学的学生和由普通中学升学的学生这两个群体的学习过程和学习结果方面的数据,发现无论是课堂内外学习体验、与学习相关的投入度,还是共通能力、学习满意度、绩点分数,两组学生都并不存在显著的差别。[1] 黄晓婷等也发现,在控制性别、户籍类型和录取类型后,超级中学学生入大学后第一年的学业能力也并未显示出比来自一般中学的学生有优势,少数省份甚至有一般中学学生反超的现象。[2] 由此可见,超级学校的"鼎盛"反映了一场虚假繁荣,并不能为社会输出更优秀更全面发展的人才。

"掐尖招生"并不仅仅存在于高中阶段,也存在于初中、小学,甚至幼儿园阶段。[3] 不少幼儿园为了与小学学习内容提早衔接,以园内课程、学前班或者"兴趣班"等形式提前教授拼音、识字、计算、英语等小学课程内容。很长一段时间,教育部三令五申,禁止应试、超标、超前培训,严禁将各类竞赛成绩或培训证书作为招生依据,亦不得以面试、评测等形式来挑选学生,然而各种打擦边球变相"掐尖"招生的现象仍然屡见不鲜,禁而不止。在群体性焦虑的不断蔓延中,"抢跑学习"和"超前教育"的热潮一度愈演愈烈。[4] 在中央减负政策实施后,各种校外课业培训仍然暗流涌动。而名校一端,有的为了抢占优质生源,表面上声称不考试,实则通过培训机构代考代招,让培训机构成为名校的"招生代言人";有

---

[1] 郭建鹏、张娟、甘雅娟等:《超级中学并不"超级"——基于厦门大学本科毕业生学习经历的实证调查》,《教育与经济》2019 年第 5 期。
[2] 黄晓婷、关可心、熊光辉等:《"超级中学"公平与效率的实证研究——以 K 大学学生学业表现为例》,《教育学术月刊》2016 年第 5 期。
[3] 谢春风:《我国中小学名校巨型化倾向的理性分析》,《教育发展研究》2012 年增刊第 2 期。
[4] 杨伦、魏善春:《学习抢跑的内涵、危害及应对措施》,《教学与管理》2020 年第 4 期。

的通过"素质测评""冬令营"等形式提前筛选、"精准"录取。

"掐尖"招生举措对社会的影响环环相扣，不仅有碍于教育资源的公平分配，也很大程度上导致教育过度竞争，促使了教育焦虑的扩散，助长了"超前教育"和"抢跑学习"，不利于儿童青少年的身心健康发展。超前学习还可能降低幼儿自主学习的积极性和学习兴趣，并阻碍儿童社会性和情感的发展，与培养全面发展个体的理念背道而驰。[1] 教育要回归本质，仍需要各级教育行政部门的强力配合，也需要家长们逐渐转变教育观念和成才观念，才能真正规范招生和规范办学。

第三节　教育内卷化："鸡娃大战"与"剧场效应"

"内卷化"最早来自美国文化人类学家克利福德·格尔茨（Clifford Geertz）1963年出版的《农业的内卷化（Agricultural Involution）：印度尼西亚生态变迁的过程》一书[2]，而后随着一位华人历史学家黄宗智教授的著作《华北的小农经济与社会变迁》于2000年面世后，这一词语开始在中国社会科学领域受到关注并引发热议，指"边际投入增加与边际产出递减相伴随的现象"[3]。后来"内卷化"一词渐渐从农业、工业不断延伸到各个领域的分析，现在逐渐成为社会学、经济学用来描述发展状态的高频词汇，近年也常被用来描述教育中的某些现象。教育系统的"内卷化"一词描述的是"一种系统性的退化"，是指"由于总体收益（例如升学率）锁定，为了获取有限的教育资源，因竞争方式同质化导致同龄段学生、同类型教育机构、同时期家长之间展开激烈而无效的竞争，在个体边

---

[1] 王力：《对于幼儿超前学习的反思》，《教育观察》2020年第9期。
[2] Clifford Geertz, *Agricultural Involution*: *The Process of Ecological Change in Indonesia*, Berkeley, CA: University of California Press, 1963, p. 70.
[3] 黄宗智：《华北的小农经济与社会变迁》，中华书局2000年版，第66页。

际成本增大的情况下,出现边际收益不变甚至下降的情形"[①]。

由于教育内卷化盛行,整个社会陷入了一种自我消耗,大家投入的力量越来越大,但是边际效应递减,整体增加的收益却越来越少,社会压力和焦虑情绪也越来越重。尤其对于基础教育阶段的儿童青少年来说,本不应承受如此巨大的学业压力,但"基础教育排位赛""升学锦标赛""高分复读热"等一系列的内卷过程,都可能导致他们出现身心健康问题,甚至厌学情绪,导致一旦脱离升学考试环境就无所适从,失去人生意义。对于家长来说,没有家长愿意自己家孩子过早掉队,都不愿意成为"鄙视链"最底端的群体,独生子女政策也加剧了家长们的高期待,"望子成龙"的家长之间的日常对话都是:"别人都报培训班,我们不报的话,孩子就落后了啊","我这算是晚的,邻居家孩子刚上幼儿园就报了","今年报班的KPI完成不了,好痛苦啊","我们家儿子才6岁,500字作文15分钟就写完了呀","我们家最近刚把小学的学区房拿下,全副身家都进去了,这小子可得努力提高成绩对得住我们的投资啊"……对于学校来说,名校需要通过提高每年的升学率来不断稳固自己的品牌优势,那就只能不断招收优质生源、优质师资,甚至不断扩张,放大名校光环;而其他学校要么成为这场教育锦标赛的牺牲者,要么就只能奋起直追,通过对学生加强管理、对教师施以压力来紧跟名校步伐,争取一席之地。

中国教育"内卷化"的困境体现在近些年来同样热门的许多其他流行词汇上,例如"鸡娃鄙视链(牛娃—荤鸡—素鸡—普娃—渣娃)""奥牛""英牛""教育KPI化""虎妈狼爸""海淀家长""佛系""躺平",等等。"鸡娃"指家长给孩子打鸡血,不停地让孩子去学习,保持拼命学习劲头的育儿行为。虽然自中国有科举制度以来,"读书做官就是出人头地"的传统思想都占据着主流价值观的一席重要之地,"学历崇拜"的现象也一直存在,但近些年家长们的"鸡娃"劲头远超了正常的"望子成龙,望女成凤"的思想,疯狂给孩子们提前学习,恨不得还没出生就把"鸡娃"人生规

[①] 陈友华、苗国:《升学锦标赛、教育内卷化与学区分层》,《江苏行政学院学报》2021年第3期。

划表制定好。然而即使是"1岁开始中英双语教学，3岁能自己看英文绘本，5岁学习奥数……10岁拿到奥林匹克一等奖，剑桥英语考试PET证书……"①这样的人生进度，都不一定能保证进入海淀区前5%，更不能保证"幼升小""小升初"一定能进入顶级的名校。没错，这些疯狂海淀"鸡娃"爸妈们奋力投资在子女教育上的目的相当地"KPI"取向，学奥数不是为了发掘儿童数学天赋，而是为了多拿一个杯赛奖项，为"幼升小""小升初"添砖加瓦，为拼进"六小强"（人大附中、清华附中、北大附中、十一学校、101中学、首师附中）奠定基础，因为每年北京清华北大的录取名单都会有超过60%的学生来自海淀六小强。②更夸张的是，就连常理上当属少数人群的"神童"项目，在北京也被趋之若鹜。人大附中的早培班和北京第八中学的超常教育实验班（少儿班）和智力优秀学生综合素质开发实验班（素质班）（简称八少八素），原本是针对超常儿童开设的著名"神童"项目，然而人大附中在早培之下又做了一个早早培项目并面向全市招生，而只要成功进入早早培班的娃，未来可以选择去早培班或者直升人大附中的普通班，于是被家长们当成了搏名校的最佳捷径，2020年就有1.3万个孩子报名争取稀有的60个录取名额。

　　同样地，上海也有家长们孜孜以求的"牛蛙"养成路径，那就是从民办小学名校到民办初中名校，再进入公立高中名校，直到进入清华北大和海外常青藤名校。曾有一篇题为《牛蛙之殇》的公众号文章一文激起千层浪，其作者是一位退休教授，他用长文反思了自己作为外公，和女儿女婿对6岁小外孙的家庭教育，也炮轰了当前的学校教育。故事中的娃自3岁起就已经被妈妈规划要提前备考上海四大民办小学的招生考试，每天被各类培训班、各种跨年龄层的知识填满，因为长期处于高压，结果不仅没能进入想上的小学，还患上了"小儿抽动秽语综合征"（一种慢性神经精神障碍疾病）。

---

① 杨飒：《"鸡娃"背后是突围还是困境？专家：家长应增强对孩子的信任》，2021年1月12日，中国网（http：//news.china.com.cn/2021-01/12/content_77105676.htm）。
② 《海淀家长为什么全宇宙最焦虑》，2021年1月19日，微信公众号（https：//mp.weixin.qq.com/s/gpXURAlVkUEO3lMupzWfwg）。

令人更加唏嘘的是，这个悲剧故事并没有以"家长吸取教训还孩子一个愉快童年"作为结尾，而是在考量了即使重金购买了公办重点小学高价学区房仍然不一定能进入实验班这一风险后，不得不放弃了"精英教育"，选择了"小众教育"，决定移民投资让孩子接受国外教育。

这个故事中的家庭是典型的优秀中产阶层家庭，却仍在担忧无法将上几辈的教育金字塔尖地位延续下去的焦虑中痛苦挣扎，也在"精英教育"和"小众教育"之间犹豫徘徊。[①] 这样的例子并不鲜见。一位从小被誉为"神童"、6岁就能背诵新华字典、哥伦比亚大学博士毕业的北大教授曾公开在视频中吐槽女儿似乎避开了夫妻两人的"学霸基因"，他们花了很长时间才能接受自己女儿天资远不如己的现实，无奈感叹"这就是天道，没办法，你必须接受，不接受能怎么样？她就这样"；清华大学刘瑜副教授也曾在一次演讲中表达过同样的观点，说自己的女儿"正在势不可挡地成为一个普通人"。热播剧《小舍得》更是借演员之口，道出了全民教育焦虑："我们这一代人的困扰在于，将来我们的孩子，很可能考不上我们毕业的那些院校。孩子长大后，收入不如我们，职位也没有我们高，这或许是我们必须学着接受的事实。"撇开吊诡的智商遗传因素，即使是清北教授的高知父母们，也不得不面对不能保障子女获得优质教育机会的现实情况。两极分化的教育资源分布，导致家长产生"如若进不了名校就只能进差校"的担忧，而无奈于水涨船高的名校竞争环境，只能不断地鸡娃，拼财力、拼时间、拼天赋、拼师资、拼环境，让孩子实现"智商测评打底，自带花式才艺，获奖全面开花"，竭尽所能获得一张名校入门券。

在这场没有硝烟的升学战争中，"剧场效应"显现得淋漓尽致。"剧场效应"最初由法国启蒙思想家卢梭提出和使用，倘若在一个剧场里，原本大家都能按照座位号对号入座、秩序井然，但一旦前排有一个不守规矩的人站起来观剧，必然会挡住后面的人，后排的人不得不也站起来观看，受其影响，周围越来越多的观众也陆续站

[①] 杨雄：《AI时代"教育内卷化"的根源与破解》，《探索与争鸣》2021年第5期。

了起来，以致最后变成了全场的人都站着看剧。虽然大家都觉得久站很累，但因为没人愿意先坐下来，于是大家都继续一边站得很累，一边继续破坏剧场秩序。① 这个词条也很形象地解释了教育内卷化的内涵。当有家长通过加大教育投资而获得高回报时，就会有其他家长疯狂"跟投"甚至"追投"，不断破坏常规教育生态。过去上课就可以，但后来要补文化课、要上竞赛班，再后来随着对艺术课、运动项目的重视，家长们也都只能继续投资。在激烈的竞争中，以前一分投入可能有一分回报，但现在三分投入也不一定有一分回报。

近几年，国家采取了多项政策措施努力削减教育压力和遏制教育内卷化趋势，在部分省份逐步实施取消学区房、摇号录取等措施，教育部也接连出台了"睡眠令"《关于进一步加强中小学生睡眠管理工作的通知》②、"减负三十条"《中小学生减负措施的通知》③ 和《义务教育质量评价指南》④ 等多份文件，希望能够还给学生们以平等的教育环境，让家长们摆脱"鸡娃"策略，让教育回归常态。但是"减负"这个经久不衰的老大难话题，仍需要很强的改革动力和较长的改变时间，其关键因素之一在于评价制度的改革。教育部等六部门近期联合印发的《义务教育质量评价指南》明确提出"要着力构建以发展素质教育为导向的科学评价体系，坚决克服唯分数、唯升学、唯文凭、唯论文、唯帽子的顽瘴痼疾，从根本上解决教育评价指挥棒问题"①。新高考政策也尝试弱化唯分数论、强调综合素质评价、提供多元升学路径、拓宽终身学习通道。虽然新高考改革在实施过程中也面临着一些批评，如可能对农村学生更加不公、高中的培养教育和大学之间的衔接协同问题等。建立

---

① 冯永刚：《公民道德建设中的"剧场效应"及其社会治理》，《思想教育研究》2020 年第 9 期。

② 教育部办公厅：《关于进一步加强中小学生睡眠管理工作的通知》，2021 年 3 月 30 日，中国政府网（https：//www.gov.cn/zhengce/zhengceku/2021 - 04/02/content_5597443.htm）。

③ 教育部等九部门：《关于印发中小学生减负措施的通知》，2018 年 12 月 29 日，教育部官网（http：//www.moe.gov.cn/srcsite/A06/s3321/201812/t20181229_365360.html）。

④ 教育部等六部门：《关于印发〈义务教育质量评价指南〉的通知》，2021 年 3 月 18 日，教育部官网（http：//www.moe.gov.cn/srcsite/A06/s3321/202103/t20210317_520238.html）。

更加多元化更具包容性的评价体系，有利于学生的多元发展。与其过度"鸡娃"，不如给孩子提供更多更丰富的探索机会，激发孩子的内驱力，孩子们的学习主动性反而会成为破解内卷的强大动力。①借用西南大学心理学部副部长高雪梅教授在一则采访中的话来说，"剧院里会有更多的椅子出现，但是家长们也要先学会坐下"②。

第四节 教育负担与社会焦虑

可怜天下父母心。在激烈的学业竞争和升学压力下，很多家庭为了孩子的前途，承受着与自身经济能力不相符的教育支出，在时间、精力、情感上的投入更是不遗余力。直到2021年7月中共中央办公厅、国务院办公厅印发《关于进一步减轻义务教育阶段学生作业负担和校外培训负担的意见》之前，孩子的学业负担长期以来只增不减，"减负"收效不明显③，甚至小学生都普遍出现作业时间过长、睡眠不足、视力严重下降的情况④；同时家长的焦虑情绪也会影响和传递到下一代，令到孩子更容易焦虑，成为一个不可忽视的社会问题。

适度的教育焦虑是必要的，可以转化为个体改变和发展的动机，但是过度的教育焦虑容易加剧教育的病态趋势。⑤ 出于家长的焦虑，学校"掐尖"政策的推动，使得孩子提前"抢跑"学业的现象已成风气，卷入"报班洪流"，催生了规模巨大而又缺乏规范的教育培训产业链。原本留有余地给孩子更全面自主多元发展的空间，现在都被课外辅导和培训占据了，甚至过去孩子玩着就能学会的跳绳，

---

① 倪闽景：《教育内卷化如何破解？》，《教育家》2021年第13期。
② 付迪西：《〈小舍得〉热播"鸡娃"模式上热搜背后的心理问题你都知道吗？》，2021年4月29日，搜狐网（https://www.sohu.com/a/463664731_120388781）。
③ 冯峰：《中小学生课业负担减轻的实证研究——以N市的中小学为例》，《文化创新比较研究》2021年第8期。
④ 柳萌学、柳岩：《教育公平视域下小学生课业负担过重成因及消解：基于罗尔斯〈正义论〉视角》，《宁波教育学院学报》2021年第1期。
⑤ 靳宁宁：《让教育诗意的栖居在焦虑中——教育焦虑的逻辑与回归》，博士学位论文，宁夏大学，2016年。

近年的"跳绳培训班"却成为不少家长趋之若鹜的新晋热门培训班。① 原本应该"在玩中学，在活动中学习"的阶段，各类培训班无疑违背了孩子在儿童和青少年时期的身心发展规律。而且家长的焦虑情绪具有传染性，攀比之下会产生上文提及的"剧场效应"，以及娃与娃之间、家庭与家庭之间日益趋增的竞争关系。

如上文所述，中国家长的教育焦虑主要源于对子女前途的担忧，出于"好幼儿园—好小学—好中学—好大学—好工作"这种简单线性关系的想法，家长希望在这个过程中为孩子"择"最好的"校"，所以在投入方面，如天价学区房、名校择校费、各类培训辅导，甚至请客送礼等都毫不吝啬，对子女的教育资金投入颇高。2018年9月，新浪教育（联合智课教育）发布了《中国家长教育焦虑指数调查报告》②，收集了全国3205份"70后"到"90"后居住在一、二线城市家长的有效数据，报告显示中国家长整体处于比较焦虑的状态（综合焦虑指数达到67点）。在被调查的家庭中，48%的家庭的教育支出占家庭总收入比重的40%，16%的中国家庭的教育支出占比60%，更有4%的家庭达到80%及以上；55%的家长表示因不能为孩子购买最好的学区房而感到焦虑；44%的家长认为"超纲""超前"学习是有必要的，近70%的家长（尤其妈妈）认为让孩子参加课外培训班能够更好地帮助孩子成长，但54%的家长表示会受到周围家长的影响，而对报兴趣班和课外班的内容和数量感到"非常焦虑"（26%）或"比较焦虑"（28%）。

中国的教育焦虑呈现出"全民性""弥漫性"，而且呈现出往低龄阶段孩子家庭延伸的趋势。"报告"中幼儿阶段和小学阶段孩子的家长最为焦虑，中学、大学学生的家长的教育焦虑呈递减趋势，也有部分家长表示"无论子女处于哪个阶段都焦虑"。75%的家长会认为父母能力与子女教育紧密相关，也开始为家长自身的成长和发展感到高度焦虑。颜云霞曾就"教育焦虑"这一话题深度采访了

---

① 张玉胜：《别让"跳绳培训班"收割教育焦虑》，《教书育人》2021年第4期。
② 潘程：《中国家长教育焦虑报告发布：家长综合焦虑指数达67点》，2018年9月16日，新浪教育（http://edu.sina.com.cn/zxx/2018-09-16/doc-ifxeuwwr4952738.shtml）。

四个南京市的普通家庭①，这四个家庭的子女处于人生不同阶段（分别处于婴儿期、幼儿期、小学阶段和初中阶段），采访结果发现不同阶段的家长其教育焦虑的内容虽不尽相同，但其背后深层次的经济社会原因是有迹可循的，主要源于四个方面：教育期望与教育现状的冲突；"剧场效应"和"囚徒困境"效应，人人选择"符合自己最大利益"的方法，而整体结果反而会最糟糕；由于对孩子未来选择支配权的恐慌而产生的竞争危机与攀比虚荣；以及媒体的隐形推波助澜。

现有的教育焦虑相关研究中，有不少集中关注中产阶级家长的教育焦虑，认为中国的城市中产阶层家长是"对孩子最为抓狂和焦虑的"②。南京大学余秀兰教授指出"中国的家长是底层放弃教育，中产过度焦虑，上层不玩中国高考"，对于中产家庭的孩子来说，稍不努力就很可能考不上重点本科，那么他们的社会流动轨迹反而会走下坡路。③ 教育焦虑是中产阶层家长面临的共同问题，同时也是中产阶层家长们自身焦虑的投影。④ 近些年来，随着中国经济的高速增长，民众收入普遍提高，迈入中产阶级队伍的人数也越来越多，如果按照瑞信研究院（Credit Suisse Research Institute）每年发布的《全球财富报告》的标准，资产在 1 万至 10 万美元之间的人群被定义为"中产阶级"，至 2020 年全世界中产阶级总人数约 17.15 亿人，其中中国中产阶级人数占 7.3 亿（占被统计的 11.05 亿中国人群的 66.1%）。⑤ 但"中产阶级"是个多维度的概念，判断标准不仅涉及收入、财产，还关乎职业、社会地位以及生活方式。中国的"中产阶级"通常得益于教育，有着不错的教育背景和

---

① 颜云霞：《不同的选择，相同的焦虑——记南京四个家庭的教育困扰》，硕士学位论文，南京大学，2019 年。
② 韩海棠：《中产阶层家长的教育焦虑：现状、问题与原因》，博士学位论文，华中科技大学，2018 年。
③ 余秀兰：《底层放弃教育，中产过度焦虑，上层不玩高考》，2016 年 9 月 5 日，网易号（https://www.163.com/dy/article/C06US0AD0523A2TT.html）。
④ 李春玲：《中国中产阶级的不安全感和焦虑心态》，《文化纵横》2016 年第 4 期。
⑤ Credit Suisse Research Institute："Global Wealth Report 2021"，2021 年 6 月 29 日，Credit Suisse（https://www.credit-suisse.com/about-us/en/reports-research/global-wealth-report.html）。

专业能力，有着比较稳定的工作，绝大部分有房、有车，也有可观的家庭消费能力，但在社会分化和生活压力下，一些人觉得自己"被中产"了①，根据国家统计局《中国统计年鉴》的数据，2019年中国基尼系数达到0.465②，而且近20年的基尼系数一直高于0.4③，居民收入差距有所扩大，财富出现集中趋势。房子、子女教育、医疗和养老，都可能成为中产阶级焦虑和不安全感的来源。①耶鲁大学经济学家马赛厄斯·德普克（Matthias Doepke）和法布里奇奥·齐利博蒂（Fabrizio Zilibotti）在《爱、金钱和孩子：育儿经济学》一书中也写道："经济不平等、教育回报高的国家，父母可能会更专断、更'鸡血'，更喜欢向孩子灌输出人头地的理念。"④

家长的教育焦虑，尤其是中产阶级家庭家长的教育焦虑，很大程度上来源于子女教育问题，对子女教育有着更高的期许⑤，同时这种焦虑状态又会进一步增加孩子的学习压力，有损孩子的身心健康，甚至影响家庭关系，导致夫妻关系、亲子关系的疏离。⑥史立珍2020年的研究表明，家长的教育焦虑对其自身、子女以及家庭都产生了不小的影响，家长教育焦虑程度高时，高中学生的情绪管理较差。⑦另外，还有研究发现家长教育焦虑与初中生考试焦虑之间存在显著的正相关⑧，与青少年心理健康水平呈负相关⑨，且家长

---

① 黄璐：《中产阶级的焦虑》，《文史博览（人物）》2016年第12期。
② 《2020中国统计年鉴》，2020年9月23日，国家统计局官网（http://www.stats.gov.cn/tjsj/ndsj/2020/indexch.htm）。
③ 胡志军、刘宗明、龚志民：《中国总体收入基尼系数的估计：1985—2008》，《经济学（季刊）》2011年第4期。
④ ［美］马赛厄斯·德普克、法布里奇奥·齐利博蒂：《爱、金钱和孩子：育儿经济学》，吴娴、鲁敏儿译，格致出版社、上海人民出版社2019年版，第152页。
⑤ 付晓珊：《子女教育投入、教育期望对中产阶层焦虑的影响》，博士学位论文，西南财经大学，2019年。
⑥ 徐梅：《教育焦虑引发的中产阶级母爱悲歌——〈虎妈猫爸〉〈小别离〉彰显的母爱异化问题剖析》，《淮北职业技术学院学报》2017年第5期。
⑦ 史立珍：《家长教育焦虑对高中生学业情绪及情绪管理的影响研究》，硕士学位论文，河北师范大学，2020年。
⑧ 李琳：《子女教育心理控制源对初中生考试焦虑的影响——家长教育焦虑的中介作用》，博士学位论文，鲁东大学，2018年。
⑨ 吴雨薇：《初中生家长教养焦虑及其对青少年心理健康的影响》，博士学位论文，福建师范大学，2018年。

焦虑和子女焦虑存在相互影响①。

中国义务教育实行免学杂费政策，理论上小学和初中的家庭教育支出应该是最少的，但是2017年一篇《月薪三万还是撑不起孩子的一个暑假》的文章红遍了网络，"再穷不能穷教育"的思想使得"课外补习"（又被称为"影子教育"）掏空了许多中产阶级家庭的腰包。中国教育学会2016年12月发布的《中国辅导教育行业及辅导机构教师现状的调查报告》指出，中国教育培训机构总数量约20万家，参加课外补习的学生达1.37亿人次，校外辅导行业市场规模超过8000亿元。② 新浪教育2017年也发布了《全国中小学生课外培训调查报告》，报告显示中小学生中45%的学生每周参加1—3节课外培训班，12%的学生每周参加3—6节课外培训班，更有8%的学生每周参加6节以上的课外培训班。③ 而由经济合作与发展组织（Organization for Economic Co-operation and Development, OECD）开展的"国际学生评估项目"（Program for International Student Assessment, PISA）2018年的数据显示，北京、上海、江苏、广东四个中国参评城市的学生每周学习时长高达57小时，相比之下，芬兰学生每周学习时长不到40小时，即使同样高强度学习的韩国，也只有51小时。④

为了解决"影子教育"过于繁荣的问题，教育部陆续推行了许多政策对教辅机构进行规范管治，各地也开始试点"校内托管"解决中小学生放学后的"三点半难题"⑤，全面实施"430课后托管模

---

① 王秀珍、邓冰：《中学生考试焦虑程度与家长焦虑水平的对比分析》，《贵阳医学院学报》2006年第6期。

② 中国教育学会：《中国辅导教育行业及辅导机构教师现状调查报告》，2016年12月28日，中国教育学会官网（http://www.cse.edu.cn/index/detail.html?category=31&id=1478）。

③ 新浪教育：《2017全国中小学生课外培训调查报告》，2017年12月29日，新浪教育（http://n0.sinaimg.cn/edu/0c835370/20171229/XinLang2017QuanGuoZhongXiao-XueShengKeWaiPeiXunDiaoChaBaoGao.pdf）。

④ 杨文杰、范国睿：《基于"国际学生评估项目"成绩的学生发展审视》，《教育研究》2020年第6期。

⑤ 《"三点半难题"有解！教育部：政府将加大财政投入》，2018年5月28日，教育部官网（http://www.moe.gov.cn/jyb_xwfb/xw_zt/moe_357/jyzt_2018n/2018_zt11/zt1811_gd/zt181102_mtgz/201805/t20180528_337450.html）。

式"。2021年7月，教育部又发布了《关于支持探索开展暑期托管服务的通知》[①]，试点暑期托管服务，试图从政府、社区、学校的层面为家长减轻负担，解决课后和暑假无人照顾只能送教辅机构等难题。但在具体实施过程中，如何针对学生的现实情况和实际需要，推出有针对性的课后服务，仍有待进一步探索。

"双减"政策的落地，除了各地政府的执行与推动外，也离不开大众的支持和参与，离不开资源的对接和长时间的实践积累。有迹象显示，一些学校、家长、机构对政策的执行意愿和能力不强，给"双减"政策落地构成障碍。学校方面，课外辅导减少后，学校需要填补这一"空缺"，但长期形成的校内不足校外补的分工模式，使学校和教师短期内难以适应这一转变；家长担心自己能力不足，"缺知识、缺技巧、缺时间"，对学科培训仍有需求；校外培训机构和人员由于生存问题，将培训活动引向分散化和隐蔽化，带来了新的隐患。另外，学生自主的时间增多了、选择的空间变大了，但如何加以有效利用，如何针对不同学情的学生提供合理的课程和服务，也成为维持教育质量和公平的重要议题。一项来自国家统计局的调查研究结果显示，超过四成受访家长担忧学科类培训将"从地上转入地下"而非真正受到控制，但亦有接近四成家长担心孩子因无处接受辅导而难以提高成绩；超五成家长对参加校外学科类培训目前持观望态度。[②] 除家长外，调查结果还显示，部分学校对"双减"的认识和态度也存在误解和侥幸心理，甚至明知故犯。[③]

第五节　教育的极化效应与社会分层

处在"夹心层"的中间阶层对子女教育的内卷和焦虑，很大程

[①] 教育部办公厅：《关于支持探索开展暑期托管服务的通知》，2021年7月8日，教育部官网（http://www.moe.gov.cn/srcsite/A06/s3321/202107/t20210708_543210.html）。
[②] 黄程翔、郑泽豪：《"双减"：让人欢喜让人忧》，《四川省情》2021年第9期。
[③] 玲姐教育：《双减政策推出后，就有小学老师"明知故犯"，家长：还是一样累》，2021年9月23日，百家号（https://baijiahao.baidu.com/s?id=1711671481482762326）。

度上源于对子女前途的期盼和担忧，源于教育关乎社会分层和社会流动。

社会分层与流动是社会学中很重要的一个领域，其中一个很重要的讨论议题是先赋性因素（如家庭背景、父辈社会地位、人际关系、权利要素等）和自致性因素（个人的能力和后期的努力）分别在多大程度上决定人们的社会阶层流动、地位获得[1]，这个议题源于美国社会学家布劳（P. M. Plau）和邓肯（O. D. Duncan）1967年提出的"地位获得模型"[2]。宏观上来说，中国的经济社会体制与美国有所差异，且在不同历史发展阶段和经济社会体制下，会呈现不同的社会分层方式和不同的流动机制。阶层流动性反映着社会动态收入差距的变动情况，也是社会平等的重要指标。阶层流动性越强的社会，其机会公平性越高，自致性因素可以超越先赋性因素的效应，个体通过个人努力实现阶层提升的可能性越高；而如果阶层流动性较低，阶层固化程度高，则个体努力程度很难赢过先赋性因素的作用，长此以往会打击个体努力的积极性[3]。

维持社会向上流动的通道畅通有利于维持社会和谐稳定。随着中等收入群体规模的扩大，才能稳步推进全社会的共同富裕[4]。改革开放40多年以来，中国的经济社会发展取得了骄人的成就，已经成为世界第二大经济体，2021年经济总量达114亿元人民币，人均GDP达到1.25万美元，绝对贫困问题得到历史性解决，中等收入群体的规模超过4亿多人，人民生活总体上从过去温饱不足状态进入小康和相对殷实富足的状态[5]。在扩大中等收入群体规模中，教育发挥了重要作用。胡建国等根据2006—2015年中国社会状况综

---

[1] 胡建国、李伟、蒋丽平：《中国社会阶层结构变化及趋势研究——基于中国社会流动变化的考察》，《行政管理改革》2019年第8期。

[2] Peter M. Blau, Otis Dudley Duncan, *The American Occupational Structure*, New York: John Wiley and Sons, 1967, p.238.

[3] 张传洲：《中国社会分层结构与社会流动机制研究》，《行政与法》2021年第5期。

[4] 习近平：《扎实推动共同富裕》，《求是》2021年第20期。

[5] 苏亦瑜：《国家发改委：按联合国标准中国人民生活已进入相对殷实富足阶段》，2022年5月12日，中国新闻网（https://www.chinanews.com.cn/gn/2022/05-12/9752755.shtml）。

合调查（Chinese Social Survey，CSS）的数据分析，发现这期间无论是代内流动还是代际流动，中国社会仍延续着改革开放以来的高水平社会流动，仍有高比例的优势社会阶层来源于中下社会阶层。①朱利等利用中国家庭追踪调查（CFPS）2010—2016年的数据发现，教育对农民子代收入的影响作用超过了父代收入对其的影响，即自致性因素的作用超过了先赋性因素。②

由此可见，若将教育视为自致性因素，在当下中国仍是社会阶层流动，尤其是促使底层群体实现阶层跨越的重要手段。但同时，教育机会的获得又受到家庭背景、父辈所处阶层地位的影响③，所以"家庭背景""教育""阶层地位"这三者之间存在循环影响的作用。复旦大学李煜教授2006年曾对中国城市子女教育获得中代际传承的模式和机制进行了梳理④，提出了三种理想类型以概括家庭背景对子女教育获得的不同影响模式：第一种是"文化再生产模式"，指拥有较高文化教育背景的父母会通过更重视子女教育（教育期望）、提供更良好的家庭文化氛围（文化资本）、有更好的能力为孩子的学习进行辅导答疑（人力资本）这三种遵循"绩效原则"的机制来实现教育获得的传递；第二种是"资源转化模式"，指社会经济地位高的家庭可以在升学和择校过程中通过优势资源获得更好的教育机会；而第三种"政策干预"模式采取"照顾劣势群体"的制度设计，对教育机会的分配进行直接干预，可能采取减免学费、普及基础教育、指标向弱势群体子女倾斜等方式来削弱家庭背景对子女教育获得的影响等。

值得留意的是，这三种模式依赖于不同的制度条件，例如中国在新中国成立初期、"文革"期间、改革开放初期、改革深化时期

---

① 胡建国、李伟、蒋丽平：《中国社会阶层结构变化及趋势研究——基于中国社会流动变化的考察》，《行政管理改革》2019年第8期。
② 朱利、张丹、陈湘灵：《教育对不同收入水平农民代际流动的影响研究——基于对中国家庭追踪调查的分析》，《南方农机》2021年第8期。
③ 彭雨琦、薛月、蔡文怡等：《探究家庭背景对高等教育获得的影响机制——基于南京市部分高校数据的实证研究》，《科教文汇（中旬刊）》2021年第6期。
④ 李煜：《制度变迁与教育不平等的产生机制——中国城市子女的教育获得（1966—2003）》，《中国社会科学》2006年第4期。

这些不同时期，其教育资源配置方式有所差异，代际传递机制也有所不同。自恢复高考后，教育筛选标准以"分数"为中心，更加遵循"绩效原则"；但同时随着市场化的发展，社会加速分化，住房商品化随之带来的"学区房"价格高涨，择校费、补习班费用的增加都标志着家庭资源也在有效地转化为子女教育机会，"资源转化模式"开始与"文化再生产模式"并存，家庭经济背景对子女教育机会的影响也越发显著。① 在中国社会的发展进程中，"政策干预"的模式也不乏先例。刘楠楠等使用 2013 年中国居民收入调查数据（CHIP 2013）发现，提高基础教育阶段的财政支出可以有效降低家庭经济社会背景对子女升学的影响作用，也有助于进一步提升教育代际流动性。② 彭俊等考察了 1986 年《义务教育法》的颁布和 1999 年大学扩招实施这两个重要政策对中国农村地区教育代际流动性的影响作用，发现在中国农村地区，父代与子代之间的教育存在高度的相关性，这两项政策都显著提高了农村居民教育代际的绝对流动性水平，但并未明显提高相对流动性水平。③

因此，在中国社会，教育机会的获得和分配受到"文化再生产""资源转化""政策干预"三种模式的综合影响，教育既是影响社会分层与流动的自变量，也是社会阶层、家庭背景的因变量，这之间并不是单向线性关系，也不仅仅是教育投资对社会地位的直接置换。如若教育资源分配和升学机会获得过多受到先赋性因素的影响，长此以往可能会导致阶层固化，影响社会活力。而单纯地教育扩招也不是实现教育公平的最佳方案，"文凭短缺"这个社会刻板印象导致我们认为进入高等教育是保障工作和收入的最好选择，但在"文凭社会"逐步转变为"后文凭社会"的当下，教育成效具

---

① 刘精明：《能力与出身：高等教育入学机会分配的机制分析》，《中国社会科学》2014 年第 8 期。
② 刘楠楠、段义德：《财政支出对教育代际流动性的影响》，《财经科学》2017 年第 9 期。
③ 彭骏、赵西亮：《教育政策对农村教育代际流动性的影响——基于中国微观调查数据的实证分析》，《农业技术经济》2021 年第 7 期。

有滞后性，人们对高等教育文凭的期望会高于现实。① 所以，如何提供更多元的社会上升通道、如何更好地衔接教育与工作领域的技能，才能长效地减少教育不公和社会不公。同时，尤为重要的是，在由教育分化激化的"鸡娃""牛蛙"大战中，过度和片面关注下一代的学业成绩和升学机会，也不利于下一代身心全面发展，不利于创新人才培养和创新型国家建设。进一步探索均衡且高质量的教育发展道路，是事关国计民生的大事件。

---

① ［美］兰德尔·柯林斯：《文凭社会：教育与分层的历史社会学》，刘冉译，北京大学出版社2018年版，第152页。

第二章

知识型教育与教育内卷化

"治国之要，首在用人"①，"综合国力竞争说到底是人才竞争"②。近年来，中国高度重视人力资源开发及提高人才资源的整体素质，加快推进高层次人才队伍建设，初步形成了一支规模宏大、素质优良、结构不断优化、作用日益突出的人才队伍。但是，中国顶尖科学家的规模和质量还不完全适应中华民族伟大复兴宏伟目标的内在要求。"为什么我们的学校总是培养不出杰出的科技人才？"钱学森2005年关于中国教育的追问还没有在事实层面得到完美的解答。2021年9月，习近平总书记在中央人才工作会议强调："我们必须增强忧患意识，更加重视人才自主培养，加快建立人才资源竞争优势。"③钱学森之问的解答涉及多个方面，从中小学基础教育的角度讲，我们长期以来过于重视课本知识的反复学习，忽视了对未知世界开展探究性学习与研究的兴趣和能力的培养，是我们创新型人才难以大批涌现的一个重要原因。世界教育发展的经验表明，只有呵护好孩子的好奇心，从小培养学生对科学问题和未知世界进行探究的兴趣和能力，才能培养和造就大批具有杰出创新能力的人才。

---

① 《习近平谈治国理政》第1卷，外文出版社2018年版，第411页。
② 习近平：《深入实施新时代人才强国战略 加快建设世界重要人才中心和创新高地》，《求是》2021年第24期。
③ 习近平：《深入实施新时代人才强国战略 加快建设世界重要人才中心和创新高地》，《求是》2021年第24期。

第一节　创新人才培养与现代教育模式变革

一　欧美国家的教育模式变革

人才是国际竞争中的关键资源，而各个国家和地区为了在竞争中取得优势地位，也为了能够培养出更多创新型人才，提升整体国民的创新意识和创新能力，以研究型学习的教育改革为突破口，进行人才培养的深度改革和创新。①

目前，西方国家特别是欧美发达国家和地区的教育包括中小学教育，往往以研究型或探究型（inquiry-based/driven）教育模式为主。在进步主义教育运动（Progressive education）的发源地美国，中小学教育同样盛行以学生为中心的探究式的教育活动。美国研究性的学习活动强调培养学生的问题意识，致力于提升学生的思维、能力和团队协助的意识，反对直接的灌输与填鸭，而是强调学习过程是在问题情境中开展个体自主的积极探索。经过近一个世纪的不断发展和创新，美国中小学探究型教育的模式大概可分为问题解决模式的学习（Problem-based learning）、项目制研究模式的学习（Project-based learning）、独立研究模式的学习、案例研究模式的学习等多元模式。② 可见，中小学教育领域的探究型或研究型学习已经演变为美国中小学课堂教学中的主流模式，极大地促进了美国中小学生探究能力、创新意识、自主学习品质、合作探究品格等综合素养的提升。

在法国，研究型学习的课程开始于20世纪90年代中期，强调学生应该根据自身的学习兴趣，组成研究小组进行自主学习，并认为这是高效地掌握知识的有效方式，也有助于学生知识的应用。法国中小学教育中的研究性学习强调学习的实践性，即与社会实践密

---

①　叶纪林：《国外研究性学习的现状、特点及启示》，《天津师范大学学报》（基础教育版）2008年第2期。

②　胡庆芳、程可拉：《当今美国中小学研究性学习的模式研究》，《教育科学》2003年第5期。

切相关,同时强调全体学生都有权利享受相应的探究和研究活动,研究性学习应是普惠性的。法国研究性学习的课改实验获得了来自教师、学生、家长、政府和社会的一致好评。①

显然,以学生为中心的研究型学习模式是促进学生创新意识和创新能力提升的重要途径,这已经获得西方国家和地区特别是欧美国家教育改革的经验证明。实际上,考察欧美国家从基础教育到高等教育的整个体系,我们可以发现,以研究型为基本特征的教育理念贯穿其中,成为人才培养方案、具体课程教学、学校管理治理以及宏观教育政策制定的基本指导理念。在欧美国家,中小学教育以研究型学习为主要教学方法,致力于保护和提升中小学生的创新意识、创新能力和批判性思维。

在高等教育阶段,欧美国家也同样致力于研究型大学的建设。有研究显示,第二次世界大战之后,美国研究型大学在规模和质量上迅速崛起,为美国科技发展提供了大量高素质的创新型的科技人才资源,使得美国在科技竞争中保持绝对优势地位。而在美国研究型大学中,创新型人才的培养环境也在不断优化:美国研究型大学不仅是培养人才,而且在会聚全球科学精英和创新型人才等方面发挥关键作用。②

二 科技发展对创新人才的需求和教育变革的挑战

当前世界范围内的国家之间的竞争已经演变为以科技实力和创新能力之间的竞争。当前,随着第四次工业革命浪潮的深度推进,人工智能技术、大数据技术、智能制造技术、数字化制造技术与移动互联网等新兴技术不断发挥作用并与人们的日常生活深度融合,科技创新的重要性更加凸显,对经济社会和人们的日常生活的影响也更为深远。在科技领域,关键核心技术是国之重器,也是科技竞争的重中之重。上海交通大学校长丁奎岭院士认为,推动社会变革的重要力量是一个社会的科技创新能力,而科创能力也构成了综合

---

① 霍益萍:《"研究性学习"在法国》,《教育发展研究》2000年第10期。
② 张瑾:《20世纪上半叶美国科技人才资源与人才环境管窥》,《湖南工业大学学报》(社会科学版)2021年第5期。

国力竞争的决定性因素。当前世界创新中心逐步向东方转移，国家和区域之间围绕科技创新之间的竞争更加明显。[①] 有学者也指出，近年来，随着中国科学技术和创新能力的进一步提升，中美两国在科技领域由原先的合作互补转为某种程度上的竞争，例如，2020年美国拜登政府继续强调美国科技发展上必须保持绝对优势地位，由此，美国开始推行对中国的科技竞争乃至遏制的战略。[②]

当前中国经济社会发展中如何突破"卡脖子"的关键核心技术就显得尤为重要。除了引进高层次科技创新人才之外，为了提升中国的整体科技实力和创新能力，必须从基础教育改革的层面出发，着眼于未来，以此来自主培养大量科技人才，这才能从根本上破解关键技术领域人才匮乏这一"卡脖子"问题。[③] 显然，科技竞争的背后是教育理念和制度的竞争；不同的教育理念和教育体系所培养的人才的特点也将迥然相异。因此，国家之间科技竞争及其引发的对创新型人才的渴求必然对学校教育模式的转型、变革和创新提出新的要求和挑战：学校教育应从知识型教育转变成以探究型学习为本质特点的创新型教育。

回顾世界文明史的进程，人类社会先后经历了农业革命、工业革命、信息革命。人类历史上的每一次产业技术革命，都给人类的生产和生活带来巨大而深刻的影响。[④] 教育作为人类社会发展的重要基础，人类的每一次产业革命带给人类社会的影响都离不开与教育的内在联系。[⑤] 一方面，教育的发展与变革是推动产业技术革命的重要力量；另一方面，产业技术革命给人类社会与经济带来的影响也对教育的发展与变革提出了新的要求，呼吁变革现有的教育模

[①] 彭青龙、任祝景：《科技创新与高等教育——访谈丁奎岭院士》，《上海交通大学学报》（哲学社会科学版）2020年第3期。

[②] 李北伟、路天浩、李麟白：《中美科技竞争环境下海外高层次人才引进对策》，《科技管理研究》2021年第18期。

[③] 郑永和：《重视基础教育拔尖人才培养，解决我国"卡脖子"问题》，《科学与社会》2020年第4期。

[④] 习近平：《在第二届世界互联网大会开幕式上的讲话》，《人民日报》2015年12月17日第2版。

[⑤] 杨志成：《百年未有之大变局下世界教育变革与中国教育机遇》，《教育研究》2021年第3期。

式以适应科技发展与时代变化对人才培养的要求。

互联网、大数据、人工智能等信息技术的出现及不断发展升级，宣告着人类社会进入了"知识爆炸"的时代，信息技术的迅猛发展也给人类社会的发展带来了史无前例的挑战。具体表现为：第一，"知识爆炸"带来的海量知识与信息的迅速扩张，难以通过现有的学校教育模式而在短期内获得与掌握。第二，知识更迭速度太快，在前一阶段花费大量时间与精力所掌握的知识与技术极有可能在下一阶段面临淘汰，即"今日所学"因难以适应未来所需而很可能成为"明日所弃"。[1] 而现有的教材编写和课程学习模式难以跟上如此迅猛的知识更新换代的速度，因而在面对知识与技术的超前、迅猛发展时，就容易突显教材编写和教学模式的滞后性。第三，人工智能的发展升级不断强化其深度学习能力，甚至有可能会超越人类现有的学习能力。这种发展可能意味着人类现有的教育和学习模式最终将被人工智能所淘汰，这也对人类的教育和学习模式提出了前所未有的挑战。[2] "教育决定着人类的今天，也决定着人类的未来。"[3] 面对这种瞬息万变的严峻形势，人们不得不对教育发展与变革进行思考与探索，超越现有的"知识型教育模式"，从强调学习已有的知识的教育模式转向重视对未知世界的探索和新知识的创造的教育模式。

在此时代背景下，中国强调推进和实现教育现代化作为发展和变革教育的重要目标。教育现代化强调以先进教育观念为指导思想，通过科学地运用先进的信息技术促进教育的变革与发展，从思想观念、管理体系、制度机制等层面充分发挥教育在适应和引领现代社会发展的功能，促进人的个性发展、特色发展、终身发展，提升创新型人才的国际竞争力。[4] 由此可知，新时代背景下对现代教

---

[1] 钟建林、李霞：《未来教育的"六化"特点》，《今日教育》2021年第1期。
[2] 杨志成：《百年未有之大变局下世界教育变革与中国教育机遇》，《教育研究》2021年第3期。
[3] 习近平：《致清华大学苏世民学者项目启动的贺信》，《人民日报》2013年4月22日第1版。
[4] 陈琳、陈耀华等：《走向实现的教育现代化定义研究》，《中国教育学刊》2015年第11期。

育模式变革提出的要求：第一，教育要与先进的信息技术进行深度融合，使教育能够适应现代社会迅猛发展的要求甚至是引领社会的发展。第二，根据时代与社会发展的要求从思想、观念、体系、管理、制度等各个方面对教育模式进行综合的、整体的、全方位的、系统的变革。第三，教育要从根本上促进人的全面发展，培养具有国际竞争力的创新型人才，强调培养学生的创新思维、创新品质、创新能力。

第二节 知识型教育的特征及其内在的育人逻辑

长期以来，中国的教育教学模式普遍注重知识的传授，强调学生在反复的学习与练习中识记和掌握人类已有的知识。这类教育模式通常被视为"知识本位"的教育模式，即"知识型教育"。"知识型教育"具有如下特征及育人逻辑。

一 知识型教育将教育狭隘地理解为知识的传授

（一）知识型教育过分注重已有知识的传授

"知识型教育"以知识为本位，常常将教育狭隘地理解为知识的传授。如果狭隘地将教育等同于知识的传授，必然会重视如何将人类积累的知识有效地传递给学生，帮助学生获得已有的知识，而从根本上忽略了培养学生生产和创造新知识的能力。

"知识型教育"在当前时代背景下还显现出其在实践上存在的系统性偏差。在"知识本位"教育理念的影响下，教师常常采用传统的教学方式进行教学，根据教科书"照本宣科"，注重知识点的讲解，要求学生在课后做大量的练习，通过"题海战术"达到对知识点的掌握与理解。

（二）知识型教育轻视和忽视知识的生产和创新

学习和掌握人类已有的知识和成果本无可厚非，但是人终究是生活于其特定的时代，教育作为有目的地培养人的活动，是不能脱离时代和社会的具体情境脉络的，也不能无视时代的发展变化对教育提出的新要求。随着信息技术的发展，知识爆炸时代的来临意味着人类社会知识的迅猛扩张，在此背景下，我们的教育已经不能仅仅强调对已有知识的获得与掌握，而更应该注重知识的生产与创造，这样才能适应时代与社会的快速发展与变化对人才培养的需求。在知识爆炸的信息化时代，仅仅拥有知识已经远远无法适应时代和社会的要求，相比之下，拥有对知识进行整合创新和生产新知识的能力更加重要。具体来说，学校教育应该注重培养学生探究未知世界的能力，提高学生发现问题、分析问题、自主探究和解决新问题的能力。例如，教师可以变革教育教学模式，在教学过程中创设可将知识进行迁移和运用的学习情境，培养学生探索知识和解决问题的能力。[1]

二 知识型教育过分关注知识的识记与掌握

（一）知识型教育以培养学生的识记能力为重

"知识型教育"注重培养学生对知识的识记与掌握能力。对于学生来说，学习就是掌握教师在课堂上传授的知识并在各类考试中取得优异的成绩。在这种学习观念的驱动下，学生将大量的时间和精力用于课本知识的反复学习上，通过不断刷题达到"精益求精"的"学霸境界"。在这种教育模式下，学生的大脑中虽然"堆积"了不少教科书中记载的学科知识，但是这些在学生头脑中"堆积"的知识难以真正运用于实际生活并创造出新的价值。因而我们最终培养出的只是一批又一批的"做题家"，而不是具有创新思维、创新品质、创新能力的创新型人才。然而，面对知识的爆炸式增长和技术变革的日新月异，新时代学校教育的最终目的并不是培养优秀的"记忆者"，而是具有国际竞争力的新型创新人才。

（二）知识型教育不利于培养学生的探索与创造能力

成长中的学生正处于智力发展的黄金时期，如果在这一智力培养的关键期将学生的时间和精力大量地消耗在知识点的反复记忆

---

[1] 钟建林、李霞：《未来教育的"六化"特点》，《今日教育》2021年第1期。

上，无疑会造成智力资源的浪费，甚至会影响学生智力的开发以及学生的创造能力、探索能力和创新能力等核心素养的培养。因而，必须改变对知识的态度和对学习的理解，将学习的重点从注重对知识的识记与掌握转向对知识的探索、生产与创造。随着时代的发展，学生仅仅具备扎实的基础和掌握渊博的知识已经不能适应社会发展的需要，面对瞬息万变的社会和有限的个人时间与精力，我们必须培养学生对未知社会的探索能力和创造能力，才能更好地适应社会发展的需要并不断推动社会的变革与发展。

三　知识型教育有悖于知识经济时代多重内涵的知识观

随着知识经济时代的来临，人们对"知识"的认识和理解更加复杂和多元，并产生了全新的知识观。当前知识型教育主要强调通过反复学习与识记的方式来掌握客观存在的、静止的、已知的书本知识，这种单一的知识观有悖于当前多元化的知识观，不符合知识经济时代对于知识实质的理解。

（一）知识型教育背离了知识建构性的特点

知识经济时代的知识观的第一个特点即知识具有建构性，知识不仅仅是绝对现实的客观知识，而是来源于个体的建构。[1] 从这个层面上来说，知识不再仅仅是指人类社会积累的文化成果，不是绝对存在的、客观的、静止的知识，不是等待人们去识记、理解、掌握和运用的知识。知识是个体通过自主参与、探索、建构而获得的知识。可以说，没有个体的自主建构，就没有所谓的知识。

然而，当前的知识型教育将知识当成是绝对的、客观存在的、已有的知识，不符合知识经济时代关于知识建构性的特点。对于个体来说，客观存在的知识不等同于个体的知识，知识必须经由个体的主动建构才能成为个体所拥有的知识。没有个体主动参与建构的知识不能称之为知识。

（二）知识型教育与知识社会性不相契合

知识具有社会性，知识不仅位于个体内部，而且是内含在团队

---

[1] 林众、冯瑞琴、罗良：《自主学习、合作学习、探究学习的实质及其关系》，《北京师范大学学报》（社会科学版）2011年第6期。

或共同体之中的。① 知识的社会性将知识从个体属性转向群体属性，强调个体与共同体之中的他者之间的关联。知识的社会性也强调了合作在知识的获取、传播与创造过程中的重要性。每个人都是社会中的一员，知识的社会性不仅体现了作为社会群体中的个体之间的联系，也体现了个体之间的交流、合作对于知识探索与创造的重要意义。

然而，当前的知识型教育注重个体对于已有知识的获取，并强调不同个体在分数、成绩上的竞争关系。在知识型教育的育人逻辑中，个体在群体之中的分数和排名成为个体获取知识的主要动力和目标，这在根本上违背了知识的社会性属性。

（三）知识型教育有悖于知识情境性的特点

知识具有情境性，应基于真实的社会情境设计学习内容。② 知识的情境性强调学生学习内容与学生的经验和生活世界的关联，即应让学生学习与其生活世界紧密联系的知识，而不是远离其生活情境的书本知识。

传统的知识型教育往往只注重学科知识的内在联系及其系统性、科学性，而忽略了这些客观知识与学生所处的生活世界和当前社会生活的关联，忽略了知识的运用，导致学生学的知识在现实生活中往往"用不上"。知识的情境性则是强调基于真实情境设计学习内容，使学生能学有所得、学以致用。

（四）知识型教育不符合知识复杂性的特点

知识的复杂性是指知识不能仅仅通过现成的资料和孤立的学习方式来掌握，因为知识结构逐渐呈现出开放性和不良性的特点。③ 知识的复杂性使得知识的获得方式更加多样和复杂，这也要求个体结合识记、分析、探索、实践、交流、讨论等多种方式来获取知识、掌握知识。

---

① 林众、冯瑞琴、罗良：《自主学习、合作学习、探究学习的实质及其关系》，《北京师范大学学报》（社会科学版）2011年第6期。
② 林众、冯瑞琴、罗良：《自主学习、合作学习、探究学习的实质及其关系》，《北京师范大学学报》（社会科学版）2011年第6期。
③ 林众、冯瑞琴、罗良：《自主学习、合作学习、探究学习的实质及其关系》，《北京师范大学学报》（社会科学版）2011年第6期。

知识型教育主要通过传统的反复记诵的方式让学生掌握书本上已有的知识，然而，传统的反复记诵的方式只适用于掌握书本上的已有知识，难以掌握知识经济时代具有开放性和不良性结构的复杂知识。也就是说，在知识经济时代，仅仅通过传统的识记方式所掌握的知识是非常片面的，而且通过这种反复记诵的方式已经难以掌握真正的知识。知识经济时代知识的复杂性挑战每一个人关于知识的认知和获取的方式，也要求个体不断改变和创新知识的理解和获取的方式，通过探索、交流、合作等多种形式来获取、掌握知识。

（五）知识型教育忽视了知识默会性的特点

知识的默会性是指知识具有缄默的特性，即知识难以通过语言表述、文字描述或其他符号表示来进行清晰明确地说明与逻辑论证。[①] 知识的默会性体现了知识存在的多种形式，知识不仅仅是以语言文字等符号存在于课本、教材之上的有形之物，缄默知识也是知识存在的一种重要形式，这也要求我们改变以往传统的知识获取方式，即不能仅仅通过识记的方式来获取知识。

当前的知识型教育主要注重书本上已有的知识，并将书本上的知识作为考核的重要指标。然而，书本上的知识只是知识的一种形式，在现实社会中还有大量的缄默知识，这种知识难以像书本上的已有知识一样通过文字符号的方式呈现出来，但这些知识对于学生的成长与发展同样具有重要的意义。因而，当前的学校教育不仅要让学生学习书本上已有的客观、有形的知识，还应该鼓励学生去探索生活世界中的缄默知识。

四 知识型教育缺乏对创新能力的培养

《现代汉语词典》中分别从动词和名词两种角度来解释"创新"，作为动词的"创新"是指抛开旧的、创造新的；作为名词的"创新"是指创造性、新意。创新一方面包含对结果的"新"的客观性描述，另一方面也包含对主体在创新过程中的努力与价值追求的表达性描述。在西方语境中，创新则指引进新事物的行动，是新

---

① 林众、冯瑞琴、罗良：《自主学习、合作学习、探究学习的实质及其关系》，《北京师范大学学报》（社会科学版）2011年第6期。

观点、新方法或新设计、新想法的应用。① 不管是什么语境下的创新，都强调主体引进、生产、创造或应用新事物的行动，而这种行动绝对不同于对知识的记忆与累积，也无法通过知识的识记来完成。因而，知识型教育缺乏对学生创新能力的关注，甚至不利于培养学生的创新能力。

（一）在教育内容上知识型教育忽视知识的应用与创造

从教育内容上看，知识型教育强调对课本知识的识记与累积，忽视对知识的应用与创造。课本知识是人类社会已有知识的再现，学生学习和识记课本知识是个体不断积累知识的过程，但是仅仅积累知识已经无法适应当前高速运转的社会和时代发展的要求，当今社会要求我们必须不断地进行开拓与创新。而创新离不开个体的知识应用能力和创造能力。怀特海指出："利用不是纯粹客观地根据知识改变事物，还包括主体的创造性活动，即把一个观念与其他观念、亲身经验和生活兴趣关联起来的活动，并最终与个体生活中根本的利益关联起来。"② 如果我们的教育只关注学生对课本知识的识记与累积，而不去培养学生运用知识和创造知识的能力，是难以培养和提升学生的创新能力的。

（二）知识型教育缺少互动、启发与探究的教育方法

从教育方法上看，知识型教育主要采用传统的灌输、填鸭式的教育方法，缺少互动、启发与探究。满堂灌填鸭式教育是教师机械地向学生灌输知识，要求学生识记和掌握课本知识，但是忽视了学生对知识的理解和运用。学生在这个过程中被动地进行学习，往往通过记诵的方式学习知识，认为背下来、记下来的知识就是掌握的知识。满堂灌的填鸭式教育中缺少教师与学生的双向互动，缺少教师对学生的引导、启发，也缺少学生的主动思考与探究。这种缺少互动、启发与探究的教育方法不利于培养学生的主动性、探究能力

---

① 牛楠森、李越：《创新的教育性与创新教育》，《国家教育行政学院学报》2017年第9期。

② John E. Smith, *The Spirit of American Philosophy*, Revised Edition. Albany: State University of New York, 1983, p.177. 转引自黄铭《怀特海的创造性哲学对观念创新的启示》，《自然辩证法研究》2010年第9期。

与创新能力。

（三）知识型教育重复性的学习耗费学生大量时间与精力

从教育过程上看，知识型教育注重对知识的重复性学习，耗费学生大量的时间与精力。重复性的学习是单调、枯燥、乏味的，学生在课本知识的反复学习中耗费了大量的时间与精力，但是他们一点也体验不到学习的乐趣以及对自我能力的锻炼、挑战，久而久之也会失去对学习的兴趣。而且，这种长时间的重复性学习还可能会一点点地将学生的时间、精力消耗殆尽，使他们难以投入富有探究型和创造型的学习中。因而，不应将学生的时间和精力消耗在知识的重复型学习上，而应将创新理念融入课程教学中，在教育过程中注重培养学生自主学习与自我探究的能力。例如，德国的小学把创新理念和创新教育渗透到各门课程中。学校每个学期都设置"项目活动周"，每次活动周都有相应的教育主题，如"科技与创新""环保与生态"等主题。在开展项目活动时，学生不仅在教室内学习、探究知识，还可以去博物馆、生态农场等校外场所进行参观、调查、研究。活动结束后，学生要通过作报告、做手册等形式展示学习成果。[①] 在这样的活动与学习中，学生不再是知识的被动接收者，也不再仅仅是通过记忆来进行学习，而是通过探究、互动、合作、交流等多种方式进行学习，学生成为主动的学习者和自主的探究者，学生的主动性、探究能力等在这个过程中得到充分的发展和提升，有助于培养和提升学生的创新意识和创新能力。

五　校外培训对知识型教育的强化

校外培训主要是指学生为了提高学习效果和学业成绩而利用课外时间所参加的各类教育培训。面对知识经济时代和激烈的社会竞争，许多家长为了提升孩子的学业成绩和竞争力，纷纷把孩子送到各类课外培训班进行课外辅导。早在2010年的一项有关课外培训的调查显示：88.4%的小学生报名参加课外辅导班，其中有46.8%

[①] 黄扬：《德国小学的创新教育及其启示》，《教学与管理》2019年第12期。

的小学生报名参加 3 个及以上的辅导班。① 由此可知，中小学生参加课外培训的现象已经非常普遍。然而，当前的校外培训在很大程度上只是对知识型教育的强化，不利于培养学生的自主探究能力。

(一) 校外培训内容以学科知识教育培训为主

从教育内容上来看，中小学生课外培训的内容以（围绕）中小学课程内容为主。校外辅导班的内容大部分是与考试、升学相关的科目，如英语、奥数和作文等。学生参加校外培训只是换了一个环境继续学习课堂知识，校外学习成为课堂学习的副本，这种类型的校外培训具有浓厚的功利化色彩，以成绩为导向，只考虑眼前的考试、升学，忽视对学生的学习兴趣、自主探究能力等学习能力的培养，无疑会对学生的长远利益与发展造成破坏性的影响。②

(二) 学科类校外培训成为以考试为中心的应试教育的"推手"

学科类校外培训与考试、升学的高度关联也是对知识型教育的强化，学生在校外培训中学习的内容是对已有知识的强化，是在模式化的刷题中不断提升做题技巧、考试技巧、比赛技巧，但是却缺少对未知世界的探索能力和创造性。值得注意的是，虽然我们的学生在世界级的奥数比赛中表现优异，但是那些在奥数比赛中获得冠军的学生在后来的发展中并没有成为顶级科学家，甚至也没有在科学研究上取得顶级的研究成果和突破。这无疑也给我们当前的教育模式敲响了一记警钟：我们当前的教育是否过于注重已有知识的学习和掌握，而忽略了学生探索能力和创新能力的培养？在知识爆炸和科学技术日新月异的当今时代，我们需要培养的不是掌握知识的"工具人"，而是有兴趣、有能力去探索未知世界和创造新知识的创新型人才。

---

① 吴思为、伍新春、赖丹凤：《青少年课外学习特点的分析与建议》，《教育学报》2010 年第 2 期。

② 吴思为、伍新春、赖丹凤：《青少年课外学习特点的分析与建议》，《教育学报》2010 年第 2 期。

第三节　教育内卷化的表现及其影响

一　教育内卷化的表现

美国人类学家格尔茨在《农业内卷化：印度尼西亚的生态变化过程》中首次提出"内卷化"的概念，指的是劳动力内卷于农业（水稻），使土地的单位产量有所提高但人均劳动生产率提高有限的现象。近年来教育领域开始出现用"内卷化"来描述学校教育机构的教学模式和学生的学习模式。承袭社会学、人类学对内卷化的定义，"教育内卷化"指的是在学校教育系统内，学生、家长、教师和学校均面临着不断加剧的升学竞争和学生学习压力，而导致的教育焦虑，以及教育投入的增多，而教育收益却较低的现象。[①] 正如上海市教委副主任倪闽景所言，学校教育日益内卷化的本质除了教育资源的分配问题、教育主体的期待问题以及学校教育的竞争问题之外，其本质更多的是"一个社会对教育的价值观问题"。教育内卷化突出表现在于：一方面，学校教育以升学率为唯一标准，学校通过不断增加教学劳动投入但却没有提高教学效率和学业成绩的现象；另一方面，家长因为教育焦虑而"病急乱投医"，无限"鸡娃"而不计产出收益；此外，在学生层面，教育内卷化则表现为学生在学习方面不断增加时间和精力的投入但在学业成绩和竞争力的提升却没有获得高收益、高回报。显然，教育内卷化是学生个人、家庭、学校和社会均投入了大量的时间、精力和财力，然而，在培养学生的创新思维、批判思维和更高阶的能力上，却获益甚少，投入与产出极不相称，"所有人都感到精疲力竭，整体教育效益并没有显著提高"[②]。总而言之，在教育内卷化的浪潮中，学生、家长、教师、学校和社会均没有一方可以成为赢家。

[①] 陈友华、苗国：《升学锦标赛、教育内卷化与学区分层》，《江苏行政学院学报》2021年第3期。

[②] 杨雄：《AI时代"教育内卷化"的根源与破解》，《探索与争鸣》2021年第5期。

（一）"拼时间"的学习模式

"拼时间"的学习模式是教育领域中内卷化的典型表现。对于一个智力正常的学生，考取高分的边际难度是逐步提升的，考取80分多数人通过努力是可以实现的，但要考取90分，其难度会成倍增加，要考取满分，对绝大多数人而言，竭尽所能也可能难以实现。但是在学业竞赛中，所有人都在为不可能完成的任务而努力，学生A一天学习10个小时，学生B可能要投入11个小时，而学生C为了能够"赶超"其他学生，可能一天要投入12个小时。这种"拼时间"的学习模式会造成一种"连锁反应"。当有学生每天投入12个小时的学习时间时，又会有学生每天要投入13个小时。如此，学生们投入学习中的时间越来越多，但是他们在学业竞争中的排名可能并没有发生太大的变化。也就是每个人要花费更多的学习时间来保障学习受益和学业竞争力。如此，学生们都无可避免地"内卷"于无穷无尽的分数竞争之中。

（二）"刷题"的题海战术

"刷题"模式也是教育领域内卷化的一种典型表现。有的学生做100道题，有的学生为了能够"赶超"可能就要做200道题，而其他学生为了要"赶超"可能又要做300道题。这种"连锁反应"使大多数学生都陷入"题海战术"中，希望通过不断增加做题量来提升学业成绩并在学业竞争中超越他人。如此，每个人为了能够提高一点点的分数就要投入更多的时间来做更多的题。然而，在这种不断增加做题量的学习模式中，学生的学习成绩及学业竞争力并没有得到大幅度的提升，没有从"量变"达到"质变"，也无法转化为一种更有效率和收益的学习模式。

（三）不断提高的经费和资源投入

在优质教育资源的有限及供需不平衡的情况下，为了让子女享受更好的教育，家长们纷纷加入"鸡娃""牛蛙"大战的行列，在"起跑线"上就开始为孩子进行教育规划和安排，甚至还提前为孩子安排学习内容，助力孩子成为"抢跑者"，不断提升孩子的竞争优势，希望把孩子培养成"牛娃"，在学校教育的竞赛场上获胜。为此，投入大笔经费让子女参加各种教育培训，一项调查显示，家庭在子女教育培训方面的支出约占城市家庭总收入 30%[①]，购买学区房，也是有条件家长的一个普遍选择，近年来，城市学区房价格节节攀升。从学校来讲，为了提高学生成绩，也将教师和各种教育资源向升学考试倾斜，其他的教育任务都服从和服务于升学考试成绩这一核心目标。

二　教育内卷化的影响

面对激烈的社会竞争和不断升级的教育竞争，学生"被卷"其中而花费大量的时间和精力到学习中，以期通过"题海战术"提高分数。陷入教育内卷化的学生投入几乎全部时间在高强度的学习和训练中，家庭尽其所能为子女提供好的教育机会，学校将主要精力投入如何提升学生的考试成绩和升学率中。从投入产出来讲，巨大的投入背后，考试分数的边际产出是递减的，而将全部力量投入考试分数的教育内卷化，也抑制了人才的创新意识和能力，不利于创新人才的培养。

（一）盲目追求考试分数

教育内卷化对学生发展的一个重要影响是使学生拼尽全力追求分数。首先，学生花费大量的时间和精力用于提升个人的分数。在"一切向分数看齐"的教育评价体系下，许多学生将"分数"看成是个人学业发展方面的"金科玉律"，认为自己在学习期间所付出的一切努力就是为了追求高分，特别是在重要的升学考试中获得高分，考上名牌学校。他们认真分析每一次考试的试卷，思考和钻研每一道做错的题目，认真整理和归纳知识点，以期下次考试再遇到这类题型的时候不再出错，而是稳稳地拿下与这些知识点有关的分数。

其次，过分关注考试的成绩及个人成绩排名。在"唯升学、唯考试"的教育评价体系下，分数以及个人的成绩排名成为教育筛选的重要指标，因而，学生将所有的时间和精力都用于提高个人的分数，许多学生通过关注每次考试的分数和个人成绩排名来判断个人

[①] 王庆环：《调查显示城市家庭子女教育费用占家庭总收入30%》，《光明日报》2012年3月15日。

在整体中的"位置",判断自己在竞争中的优势和劣势,从而制定相应的学习目标和学习计划,以此提升自己的分数和竞争力。

最后,将分数狭隘地等同于个人的能力。陷入教育内卷化的学生将个人学习和生活的全部时间、精力都投入无限的学习中,可以说他们的学习和生活都是以分数为中心的。因而,他们常常容易将分数看成是个人能力的体现,也就是说,如果你的分数高、成绩排名靠前,就说明你是有能力的,你是群体中的强者。反之,如果你的分数低、成绩差,就说明你的能力不足,你是群体中的弱者。这其实是陷入教育内卷化的学生对于自我的狭隘认识。因为,分数只是衡量个人能力的其中一个指标,分数并不是一个人的能力的全部,也不能代表一个人的"身份"。将分数狭隘地理解为个人的能力,实际上影响了学生对自我的客观、全面的认识。

(二) 厌学、缺失探索与创造的能力

陷入教育内卷化的学生将个人所有的时间、精力和生活的重心都放在学习上,而且是以追求分数为目标的学习。这种类型的学习实际上是对知识点的重复性学习,考核的是学生对于知识点的记忆与掌握。这种单调、枯燥、重复的学习实际上在不断消耗学生的时间、精力和智力资源。学生在这样的学习中体会不到学习的乐趣,感受不到追求和探索知识的快乐,也体验不到个人在学习过程中的成长,因而很容易产生厌学情绪。当然,可能有一部分取得高分的同学会因为成绩而感受到学习的快乐,但这种建立在分数之上的快乐是短暂的、肤浅的,因为这种快乐与学生个人的内在成长无关。当这些高分数的学生开始将目光转移到个人的内在价值与成长的时候,他们往往会厌倦这种重复性的学习,并且渴望能通过个人的探索、思考来实现自我的成长与超越,而不是仅仅追求分数。

长期的重复性学习大量地消耗学生的时间和精力,甚至造成了严重的智力资源的浪费。每个人的时间和精力都是有限的,当学生将所有的时间与精力都放在"刷题"这样的重复性学习中时,他们是没有时间去进行探究性学习的,也没有机会去发展自己在其他方面的能力与才艺。以追求分数为主的学习强调的是在多次重复的练习中加深对知识点的记忆和理解,不需要学生对这些知识点产生兴趣，也不需要学生去钻研这些知识。甚至学生的好奇、钻研与探索都是不被鼓励的，因为每一道题目都有一个固定的标准答案，学生需要做的就是记住标准答案，而不是去质疑、思考和探究。长此以往，学生对事物的好奇心、内在的求知欲和探究欲都渐渐被磨灭了，他们的探究能力与创造力当然也难以得到进一步的发展。

（三）目标感缺乏和"空心病"

"我是谁、我从哪里来、我将到哪里去"是关涉人类自身的最根本性的哲学问题，也是个体对自我成长与发展的价值追问。很多学生把考上好大学当成学习的目标，把高考作为决定和改变个人命运的关键性考试，因而，学习期间所有的时间、精力都花费在"做题"上，所有的努力都是为了获得高分，并通过分数来寻找和确定自己的人生价值。然而，高考结束后，考得不好的学生就很受挫、失意，觉得自己付出所有努力为之奋斗的目标没有实现，并怀疑自己的能力，不知道自己还可以为什么而努力，不知道自己还可以追求什么。而分数高、考上好大学的学生同样也容易失去目标、迷失方向，甚至陷入迷茫，因为不知道实现了重要的目标之后自己还可以去追求什么，不知道除了分数还可以通过什么来证明自己的价值。

当前网络上用"空心病"来形容个体因价值观缺陷而导致的心理障碍，主要表现为个体觉得人生没有意义，时常感到疲惫、孤独、情绪差，对生活和个人发展感到迷茫，不知道自己想要什么。很多学生上大学后都在一定程度上表现出"空心病"的症状，这主要是由于学习期间把个人所有时间和精力都专注于一次又一次的考试和分数上，学习太累太压抑，而且感受不到学习的乐趣和探索未知世界的意义，个人的好奇心、求知欲在重复性学习中渐渐被磨灭，个人的探究能力和创造能力没有得到相应的发展。而高考结束后，学生结束了这种长期的重复性学习，也没有了家长和教师的监督与管束，而且长期缺少学习的自主性和探究能力，很多学生就不知道自己的学习目标和人生目标是什么了，就容易患上"空心病"。

第四节 探究型教育的含义、特征及其面临的挑战

一 探究型教育的含义及其价值

(一) 探究型教育及其本质：探究学习的含义

探究型教育可以追溯到苏格拉底的精神助产术。现代探究型教育的发展，经历了三个主要的阶段，第一个阶段以18世纪卢梭、裴斯泰洛齐和福禄贝尔等启蒙运动时期的教育家、思想家为代表，主张教育要尊重人的天性和理性。第二阶段以杜威的进步主义教育运动为标志。1909年，杜威在美国进步联合会的发言中，批判了传统教育过于强调以识记和积累知识的教育方法，指出"科学不仅是要学习的一堆知识，同时也是一种学习的过程或方法"。第三个阶段是20世纪50年代以来，美国强调教育要适应及服务于科技、军事及太空竞争的国际需要，提出教育要培养"科技精英"。正是在这一时代背景下，美国涌现出以布鲁纳的"发现学习"为主流的倡导研究性学习的教育思想。"发现学习"的过程不是要简单记住已有的学科知识，而是要学生通过独立自主的探究，以自己的方式去发现学科内在的逻辑体系和知识体系。20世纪90年代以来，学习方式的转变已经成为课程改革和教育变革的核心内容，欧美国家提倡以"主题探究"和"项目学习"等活动作为课程实施的重要方式，日本文部省也倡导在中小学开展"综合学习"的课程方案。[1]

探究型教育的本质是促进学生的探究学习（Inquiry-based learning）。与知识型教育的本质区别在于，知识型教育以已有的学科知识为基础，而忽视了学生的主体性与自主性，相反，探究型教育秉承美国进步主义教育家约翰·杜威（Dewey）强调的以学生为中心（Student-centered）的教育理念，强调学生主体性和能动性（Agency）。与此同时，探究型教育注重学生自由和学生对于学习活动的

---

[1] 张华、仲建维：《研究性学习的历史、现状与未来》，《教育科学研究》2004年第3期。

主动参与，强调做中学（Learning by doing），学生的直接经验、体验、探索和创造是学习的关键。可见，探究学习应建立在探究认识论基础之上，强调学生的探究应源于问题情境、"由问题情境引发的"，学习就是问题解决的过程，学习应该是参与性的认知，应是探究型的，以做中学的。① 正是因为如此，探究型教育及其触发的探究性学习是一种以学生为中心的、以问题解决为基本情景的学生的自主性的、探究式的学习，有利于培养学生的好奇心、探索能力和创新能力。

探究学习强调学生学习性质与科学家探究工作相似，将学习过程看成是提出问题、分析问题、解决问题的过程，要求学生通过自主探究的方式获取知识。② 由此可知，探究学习是以"问题"为中心来展开的学习，学生在这个过程中进行自主的探究和学习。与以往的接受式学习不同，探究学习主要是学生通过依靠个人的自主学习能力来提出问题，并以自己的方式去分析和解决问题，从而获得知识。国外学者贾斯提斯（Justice）认为探究学习应在自我反思和自我评估的指引下不断循环往复，形成一个探究学习环。他在2002年提出探究学习的8个构成步骤：（1）卷入一个主题或者发展基础知识；（2）提出问题；（3）明确要解决这个问题需要获取哪些知识和信息；（4）识别资源和收集数据；（5）评定和分析数据；（6）整合信息；（7）交流新产生的理解；（8）评估是否成功。③ 从这8个探究学习的构成步骤中可以看出，探究学习是学习者选定学习主题后，自主提出问题并收集、分析、整合信息和数据，以获取知识并进行交流和评估的过程。在这个过程中，学习者始终是自主地去探索未知的知识，而不是接受已有的知识。

---

① 邹红军、柳海民：《杜威的"探究认识论"与探究学习》，《全球教育展望》2018年第5期。
② 林众、冯瑞琴、罗良：《自主学习、合作学习、探究学习的实质及其关系》，《北京师范大学学报》（社会科学版）2011年第6期。
③ 林众、冯瑞琴、罗良：《自主学习、合作学习、探究学习的实质及其关系》，《北京师范大学学报》（社会科学版）2011年第6期。

（二）探究学习的价值：培养学生自主性、探究性和实践性的综合能力

探究学习主要是学生依靠个人的自主探究来发现和获取知识，对于学生自主能力、探究能力和学习能力的发展都具有重要的意义。首先，探究学习有助于培养学生的自主能力。传统的课堂教学主要以教师的讲授式教学和学生的接受式学习为主，教师的主要角色和作用是向学生讲授已有的知识；学生的主要任务是识记、理解和掌握教师讲授的知识，将教师讲授的书本知识转化为个人知识。在以传统的教学方法为主的课堂中，学生往往是被动地学习和接受知识，很少有学生会对教师所讲授的知识质疑，更不可能自主地去探究和获取知识，因而，学生的自主学习能力难以得到发展。然而，在探究学习中，教师不再像传统课堂教学中的教师一样把知识灌输给学生，而是引导学生自主去探索、发现和获取知识。学生主要是通过自己而不是通过教师来进行学习，因而，学生的自主能力将得到极大的锻炼和提升。

其次，探究学习有助于提升学生的探究能力。在传统的接受式学习中，学生往往是被动地接受学习，识记和掌握已有的知识，就像是把已有的知识从一个容器中倒入另一个容器中一样。但是在探究学习中，学生不是去识记已有的知识，而是以自主探究的方式去探索和发现未知的知识。在探究学习过程中，知识对于学生来说是未知的，他们需要通过自主的探究来接近知识、获取知识甚至创造新知识。学生作为成长中的个体，是人类社会未来的希望，而要推动社会的发展，重要的不是让学生掌握已有的知识，而是在人类社会已有知识的基础上，提升学生探索未知世界和创造新知识的能力，如此才能不断推进社会文明的发展和进步。

最后，探究学习有助于培养学生的实践能力。学生在传统的课堂教学中主要是被动地接受教师讲授的知识，缺少动手操作和实践，因而学生的实践能力常常比较薄弱。"实践出真知"，实践是学生获取知识的重要途径，也是学生学习与发展需要掌握的一项重要能力。荀子曾说："不闻不若闻之，闻之不若见之，见之不若知之，知之不若行之。"本杰明·富兰克林也曾说："告诉我，我会忘记；

交给我，我会记住；让我参与，我会学会。"[1] 在学生的学习过程中，如果仅仅只依靠教师的讲授，学生的学习效果可能只停留在识记层面。但如果学生能参与其中并通过个人的实践、探索来获取知识，学生就能真正掌握知识，并且在这个过程中提升个人的实践能力和探索能力，真正学会学习。

二　以学生为主体的探究型教育的特征

（一）以"问题"为中心的学习

探究学习主要围绕"问题"来展开一系列的学习活动，具体包括：提出问题、明确问题、提出假设、检验假设、解决问题等。[2] 一方面，探究学习强调把问题作为学习的动力及贯穿学习过程的主线。也就是说，探究学习以问题作为学习的驱动力，学生在这个过程中要学会提出问题及如何解决问题。另一方面，探究学习强调学生围绕"问题"来进行学习，学习的过程包括提出问题、分析问题和解决问题。[3] 也就是以"提出问题"作为学习活动的开端，并以此开展相应的探索和研讨，尝试解决问题。

探究学习中的"问题中心"正是强调学生在学习过程中要有"问题意识"，培养学生的问题解决能力。这也是与传统课堂教学中的接受式教学非常不同的地方。学生如果长期机械、被动地接受教师讲授的知识，很少去"质疑"所学的内容，久而久之就会失去"问题意识"，那么，他们"提出问题"和"解决问题"的能力也会受到很大的影响。探究学习以"问题"为中心的学习特征，可以很好地培养学生的问题意识，让学生学会如何提出一个好问题，如何分析问题和解决问题。如此，学生面对未知的世界，才能勇于探索和创新，不断拓展关于未知领域的知识，增进人类社会对于未知世界的认识。

---

[1]　林众、冯瑞琴、罗良：《自主学习、合作学习、探究学习的实质及其关系》，《北京师范大学学报》（社会科学版）2011 年第 6 期。

[2]　林众、冯瑞琴、罗良：《自主学习、合作学习、探究学习的实质及其关系》，《北京师范大学学报》（社会科学版）2011 年第 6 期。

[3]　余文森：《论自主、合作、探究学习》，《教育研究》2004 年第 11 期。

(二) 超越书本知识和教师权威的开放性

探究学习在学习过程和学习结果上都具有较强的开放性。探究学习强调培养学生的自主探究能力，从学习内容来看，探究学习的开放性体现在其可以超越教材中的书本知识，书本知识不再是学生学习的唯一内容，学生可以探索自己感兴趣的、与社会生活紧密联系的知识。教材中的知识是人类社会已知的知识，学习这些知识对于学生认识当前的社会固然重要，但仅仅认识和积累这些知识并不能增进人类社会的知识。因而，探究学习强调学生在积累人类社会已有知识成果的基础上，自主探究、发现和创造新的知识。

从学习过程来看，探究学习往往不会局限于教材中的知识和传统的讲授式课堂教学活动，而是超越课本知识和传统的课堂学习方式，鼓励学生通过自主探究来发现问题、解决问题、获取知识甚至是创造知识。传统的接受式学习主要注重培养学生识记、理解和掌握人类社会已有知识的能力，并通过多次练习、作业和考试等方式进行考查，这种学习方式提升的可能只是学生对所学知识的识记能力而已。虽然学生的识记能力有所提升，但他们投入这么多时间和精力来学习，可是自主能力和探究能力等核心能力却没有得到相应的锻炼和提升。探究学习鼓励学生自主、探究地开展一系列的学习互动，有助于培养和提升学生的探索能力和创造能力，这对于学生探索未知世界和创造新知识来说具有非常重要的意义。

从学习结果上来看，探究学习超越传统的"唯书本知识"和"唯教师权威"，不以书本知识和教师权威作为评价学习结果的标准，而是注重学生在自主探究的实践中获取的、掌握的、创造的实践知识。当前的学校教育讲授和考核的通常是学生对书本知识的机械记忆及再现能力。在课堂教学活动中，教师是评价学生学习活动和学习效果的绝对权威，学生在课堂上被动地接受教师所讲授的知识而没有任何质疑。在这样的教育模式下培养出来的学生，他们的记忆能力可能很强，但其探索和创造能力却没有得到相应的发展；他们对于这个社会和世界的认知可能过分依赖于教师等权威人物的传授却没有能力独自去探索未知的世界。然而，在科学技术日新月异的当代社会，我们需要的不是记忆能力超强的知识存储器，而是具有开拓创新和探索能力的人才。探究学习所强调的学生的自主、探索和创造能力正是要培养勇于探索和有能力探索未知世界的人才。

（三）强调营造宽松的氛围和民主的师生关系

探究学习要注重营造宽松、民主的氛围，让学生感受到心理安全感[1]，使学生能够自由地进行探索、交流与讨论。美国人本主义心理学家罗杰斯认为，学生在安全氛围中的学习效果最好，心理和安全的自由是进行创新能力发展的重要条件。[2] 因而，在探究学习中，教师应积极主动地为学生营造和创设良好的学习氛围，让学生在相互支持和理解的环境中进行探究学习。具体来说，教师应鼓励学生对所学知识进行思考、质疑、分析、批判和探索，在探索活动中不断积累和更新个人的知识，并在同学之间大胆地表达、分享和交流个人的想法和见解，提升个人的问题分析和问题解决能力。同时，在这个过程中，教师应始终理解、支持和悦纳学生的自主探究活动，而不是对学生在活动过程中出现的错误或失败进行批评和指责。

另外，在传统教学中教师通常扮演着传授者、控制者的角色，学生在课堂上通常是被动地接受知识，很少能主动参与到课堂中，更谈不上进行探究活动。探究学习要求转变传统教学中的师生关系与师生角色。具体来说，探究学习要求教师扮演学生学习的引导者、支持者的角色，教师在课堂教学中就像"主持人"一样，不是作为课堂教学的控制者，而是将课堂的主动权交给学生，引导学生去探究、思考、发现和解决问题，让学生在真正的参与中学会独立思考、自主学习。学生从来都不是消极、被动的学习者，不是等待他人填充知识的"容器"，而是具有主动建构能力的积极的学习者。在探究学习中，学生在课堂中不再是被动的接受者，而是在教师的引导下进行思考与探索，展开协作、分享、交流与讨论，在探究中进行学习。

---

[1] 余文森：《论自主、合作、探究学习》，《教育研究》2004年第11期。
[2] 陈帼眉、姜勇：《幼儿教育心理学》，北京师范大学出版社2020年版，第32页。

(四) 注重培养学生多样化的思维和认知

探究学习注重培养学生的多样化思维过程和认知方式。[①] 探究学习不是教师传授知识和学生被动接受知识的过程，探究学习强调学生通过自己主动地比较、分析、判断、质疑、概括、综合等认识活动形成对知识的理解与发现，在此过程中培养学生多样化的认知方式和思维品质，提升学生发现知识、理解知识和创造知识的能力。

然而，传统的课堂教学主要通过机械记忆的方式来加强学生对书本知识的掌握程度，通过题海战术等反复练习的方式强化学生的学习能力。这种机械记忆和反复练习的方式能在较短的时间内帮助学生有效掌握已有知识，但这种学习方式仅仅把学生当成"装知识的容器"。也就是说，哪个学生大脑中存储的知识最多，能在考试中再现这些知识，谁的学习能力就最强。然而，这样的学习方式仅仅是学生认知发展的一个方面，而且这样的教育模式往往容易造成学生的片面发展。比如学生的"高分低能"就是这种教育模式下的典型产物。当前基础教育改革强调促进学生的全面发展，提升学生的核心素养，因而倡导合作、自主、探究的教育模式。学生通过探究学习可以学会如何提出有效的问题、如何对问题进行分析以及如何解决问题，在这个过程中，学生的学习品质、思维能力、探究能力以及创新能力都会得到很大的提升。

三 实施探究型教育面临的挑战

探究学习在实施过程中面临多重挑战，以下将分别从教师层面、学生层面、师生层面三个角度论述实施探究学习面临的挑战。

从教师层面来看，实施探究学习面临的挑战主要来自教师的教育观念、知识结构和教学组织方式与教学方法等因素。首先，探究学习的主要实施者是教师，教师的教育观念会直接影响教师在课堂教学中如何落实和开展探究学习。具体来说，教师如何理解探究学习的内涵、教育价值、特征及实施路径等都会影响到教师在课堂教

---

① 余文森：《论自主、合作、探究学习》，《教育研究》2004年第11期。

学中是否采取探究学习的方式及如何开展具体的探究学习。例如，探究学习包括提出问题、收集信息与数据、分析问题、解决问题等一系列的探究过程。因而有些教师可能简单地把探究学习理解为一系列的探究活动的组合，因而在实践过程中会组织学生进行形式丰富多样的探究活动。然而，老师们却发现学生参与多了、课堂气氛活跃了，但是学生花费大量时间精力进行探究学习所获得的知识，其实按照传统的接受式学习的方式同样可以达到这样的教学效果，而且所花费的教学时间更少、效率更高。这就使得老师们在观念层面质疑探究学习的效果。另外，许多老师认为探究学习有一定的适用范围，不是所有学科、所有学习内容都必须采用探究学习的方式。因而，当老师们认为自己所教授的学科或这部分的学习内容不适合采用探究学习的方式，或采用探究学习的方式所取得的教学效果不理想时，他们就不会在课堂教学中采用探究学习的方式。可以说，老师们对探究学习的这些认识直接影响了他们在课堂教学中是否采用以及如何采用探究学习，这实际上与老师们对探究学习的教育价值和本质的认识有关。从教师的教育观念层面来看，教师应转变当前的教育观念，不要仅仅从一堂课或几堂课的教学效果来评判探究学习的教育价值，而是要用长远的目光来看待探究学习对于学生成长与发展的重要意义，看到探究学习在培养学生的探索能力、创造能力、创新能力等综合素质上的重要功能。

教师的知识结构也是影响探究学习的一个重要因素。在以教师讲授为主的课堂教学中，教师的教学内容主要来自教科书，教师的知识结构也主要局限于单一的学科知识。然而，探究学习要求教师引导学生进行相应的探索活动，包括提出问题、收集信息和数据、分析问题、解决问题等。这样的探究活动早已超越了教科书所涵盖的知识范围，学生在探究活动中涉及的知识从教科书拓展到社会生活、实践知识甚至是未知的领域。这也就对教师的知识结构提出了新的挑战，要求教师超越单一的学科知识的局限，因为单一的学科知识已经无法满足学生在探究学习中所涉及的知识范围，也难以为学生的探究学习提供知识支持。因此，探究学习要求教师具备跨学科的、综合性的知识与能力，这也是教师实施和组织探究学习所面临的一大挑战。

教师的教学组织方式与教学方法也是教师在实施和组织探究学习过程中面临的重要挑战。在传统的课堂教学中，教师作为课堂教学的组织者与管理者，主要以知识传授为核心，采用讲授式的教学方法组织教学，通过反复练习、记诵和做题等方式来巩固知识，并通过考试来检查学生的学习效果。同时，教师严格控制与管理课堂教学秩序，要求学生认真听讲、做笔记。这样的教学组织方式和教学方法主要是以教师的教、学生的学为主，教师是课堂教学的主要讲授者，而学生则处于被动接受的地位，通过机械记忆的方式进行学习，难以主动参与到课堂教学中。探究学习要求教师转变传统的教学组织方式和教学方法，要求教师创设宽松民主的课堂氛围，引导学生进行积极主动的探究活动，积极促进学生在课堂教学活动中的参与。因而，改变传统的教学组织方式与教学方法，是实施探究学习过程中面临的一大挑战。

在学生层面，学生的学习观念和学习方式是影响探究学习实施的重要因素。对于长期在接受式学习模式下成长与发展的学生来说，他们已然习惯了接受式学习的模式，也不会认为这样的学习模式有何不妥之处。所以从学生的学习观念上来说，他们天然地认可和接受这样的学习模式，不会轻易地质疑这样的学习模式对自己的成长与发展有什么不利影响。而且，在接受式学习的长期影响下，学生的学习方式和思维方式都已经形成一种固定的模式。他们习惯了通过课堂听讲、背诵、练习、考试等方式来进行学习，如果突然让他们转变一种学习方式，可能短时间内会影响学生的学习效率和学习效果，甚至会使一些学生感到手足无措，"不知道该怎么学"。人生来就有好奇心和创造力，然而，学生天然的、内在的探究欲望、创造力在以反复练习为主的学习模式和高强度的教育压力之下逐渐被磨灭。因而，转变学生的学习观念和学习方式，是当前推动探究学习面临的重要挑战。

在师生层面，教师和学生对各自的角色认知与定位会直接影响探究学习的实施。在以教师讲授、学生接受为主的课堂教学中，教师主要扮演着知识的传递者的角色，教师在知识传递过程中具有绝对的权威。学生在学习过程中主要扮演知识接受者的角色，很少对教师的教学权威质疑。然而，探究学习不同于接受式学习，探究学习要求建立一种新型的师生关系，要求教师从知识的传递者转变为学生探究学习过程中的引导者、支持者，从课堂教学的权威者转变为鼓励学生进行知识的探索与创造的参与者、合作者。而学生在这个过程中不再盲目地尊崇教师的权威，而是在教师的引导下积极主动地参与到探索活动中，与教师探讨在探索活动中遇到的困惑或分享在探索活动中的发现及取得的成果。因而，探究学习要求改变传统的师生关系，建立新型的师生关系。

第五节 教育价值取向的澄清与教育变革

一 知识型教育和探究型教育的价值取向

随着科学技术的发展和全球化的影响，世界各国都越来越重视学生核心素养和综合能力的培养。在人才培养中，知识教育和探究型教育都有其价值和功能。就知识教育而言，人类的认知活动都需要有一定的知识背景为基础，不掌握一定的知识，专业的认知活动难以深入。但是，以应试为目的对已有知识的反复学习和训练，则不利于人才的培养。其一，有限课本知识的反复学习对创新能力培养的时间挤出。其二，重复的知识学习和刷题训练对创新兴趣的抑制。其三，知识过密形成的知识框架限制创新。其四，陈旧的记忆性知识除了应试之外，对学生未来的工作生活没有作用，多数都会"还给老师"。

知识型教育强调对已有知识的反复学习和识记为主的育人逻辑已经难以适应当前社会对人才培养的需求。同时，由于优质教育资源分布不均和日益激烈的教育竞赛，中国学校教育呈现的教育内卷化趋势又进一步强化了知识型教育，从而影响了学校教育对创新型人才的培养。当前学校教育中流行的知识型教育主要以应试为目的，知识型教育的教育目的观极为狭隘，往往以考试、应试为根本目的,将分数作为评价学校教育质量和学生学习成长的唯一指挥棒。① 知识型教育尽管对于学生对知识的掌握有一定的积极作用,但是可能会对学生的创造性和好奇心的培养起到反作用。值得一提的是,探究型教育及其延伸而来的探究性学习并非忽视基础知识的所谓"快乐教育";学生的探究学习仍然应以基础知识的掌握和理解为基础,在此基础上,探究型教育更重视培养学生的高阶(higher-level)能力,也就是以创造性思维、创新能力、批判性思考为核心的学生全面发展的核心素养。

因此,学校教育的价值取向应综合知识型教育和探究型教育,实现两者的有机结合进而推进教育变革。长期以来,对诸如"应试教育""素质教育""知识型教育"和"探究型教育"等问题存在很多讨论乃至争论。② 一派观点认为,中国的基础教育很成功,中国学生基础知识远比欧美国家学生扎实。中国中学生在OECD的PISA测试中,多次名列前茅,说明中国基础教育质量在全球性的教育评价中获得了广泛的认可和赞许。③ 即使在创新能力方面,基于PISA数据分析,中国学生的表现也是优秀的。④ 另一派观点认为,中国的填鸭式教育、题海战术,导致学生的创新能力较弱,甚至基础知识与欧美优秀学生相比,也不见得更有优势。⑤ 客观地讲,一方面,在应试教育体制下,聪明而勤奋的中国学生投入学习的时间较长,参加包括数学、语言类训练的强度较大,阅读能力和学科测试(竞赛)能力较强是自然而且必需的,从这个角度讲中国学生比较优秀是不可否认的。但另一方面,这些年来中国学者在科学领域取得的引领世界科学发展从0到1的开拓性创新较少,也是不争的事

---

① 边新灿、李祎、范笑仙:《新高考改革遭遇"应试教育"掣肘的多因素分析》,《浙江学刊》2019年第3期。
② 王策三:《认真对待"轻视知识"的教育思潮》,《北京大学教育评论》2004年第3期。
③ 彭正梅、郑太年、邓志伟:《培养具有全球竞争力的中国人:基础教育人才培养模式的国际比较》,《全球教育展望》2016年第8期。
④ 杜育红、臧林:《基础教育阶段学生创新能力的国际比较——基于PISA数据的分析》,《教育科学研究》2020年第9期。
⑤ 臧莺:《创造力是中国学生的"短板"——时报专访国际著名数学家丘成桐》,《基础教育论坛》2012年第8期。

实；在中国内地接受基础教育的学者至今还没有人获得基础研究方面的诺贝尔奖，也从侧面验证了这一点。说明我们的教育在培养引领世界科学发展的顶尖人才方面还存在欠缺。即使从PISA测试的内在比较中也可以发现，我们的教育在激发和培养高阶思维方式上与欧美发达国家的教育存在差距。① 因此，好的教育模式，是一种能结合知识型教育和探究型教育优势，使学生在掌握较好的基础知识的同时，能保有、激发和培养学生研究兴趣和能力教育模式。对于中国而言，这是一种实现基础知识素养总体上优于欧美国家，但创新意识和能力能媲美欧美国家的教育模式。为此，我们需从根本上对教育价值取向进行澄清并坚定地进行教育变革。

二 坚持促进学生全面发展的教育价值取向

面对激烈的社会竞争和不断升级的教育竞赛，家长的教育焦虑也不断升级，教育内卷化愈演愈烈。究其原因在于整个社会都弥漫着追求快速满足的、短期效益的极度功利主义的价值观。学校和家长"不谋而合"地追求学生的高分数，以考试成绩和升学作为学生培养的主要目标，通过反复学习和高强度的做题训练强化学生对每一个知识点的掌握，以应对每一次考试并尽可能得到更高的分数。在这样的知识型教育模式下，学校培养出来的只能是一批又一批记忆能力和做题能力超强的"考试机器"。

学者杨东平曾分析中国20世纪80年代以来参加高中阶段国家数学奥林匹克竞赛中获得金牌的选手的职业发展去向，认为在这几十年中从事科学研究的金牌选手寥寥无几，而且这些金牌选手对于数学、物理并没有真正的热爱，只是因为他们头脑聪明、能够胜任这些学科知识的学习，而且参加竞赛获奖可以获得高考加分，更能在激烈的教育竞赛中获得优势。因而，对于他们来说，参加竞赛在本质上也是一种追求短期效益的功利性的表现。②

---

① 杜育红、臧林：《基础教育阶段学生创新能力的国际比较——基于PISA数据的分析》，《教育科学研究》2020年第9期。
② 杨东平：《中国教育内卷与课外培训机构扩张根源》，2021年7月31日，群学书院（https：//mp.weixin.qq.com/s/C7lZZoQMGtkZGv4BviL7jg）。

面对愈演愈烈的教育内卷化和日益恶化的教育生态，学校和家长应转变教育观念，用长远的目光看待学生的成长成才，坚持以促进学生全面发展的教育价值取向。不能仅凭一纸成绩来评价学生是否成长成才，也不能狭隘地以学生考上什么大学来判断学生是否成功，应以一种整体的、多元的、全面的、长远的眼光来看待学生的成长成才，关注学生个人的全面发展对于社会发展、国家发展的重要意义。当前社会的发展需要具有探索能力、创造能力、创新能力的综合型人才，学校教育应以社会对人才培养的需求为目标，坚持促进学生全面发展的教育价值取向，为社会培养和输送综合型人才。

三 知识型教育与探究学习的有机结合

如何培养创新型人才是当前中国教育面临的重要挑战。虽然基础教育改革已经进行了几十年，倡导自主、合作、探究学习，但当前的学校教育仍然以知识型教育为主，这也影响了学校教育对于创新型人才的培养。有学者曾言："小孩的游戏，是一些单调的、重复的、看似无意义的活动。实际上，他在游戏中创造，所以创造力最强的是孩子。现在我们中国的教育很成问题，从幼儿园开始就慢慢地扼杀小孩的创造力，到了博士就彻底扼杀光了。然后说，你们要搞创新。到了这个时候，我哪儿会创新呀？我本来是会的，小时候是会的，等我们长大后就不会了，因为教育把我们的创造力扼杀掉了。"[①] 由此可知，要培养创新型人才必须变革当前的教育模式。

知识型教育以人类已有的知识为主要的教育内容，强调通过反复地练习和记忆来巩固所学知识。探究学习则强调通过学生的自主探究，培养学生提出问题、分析问题和解决问题等探究能力。可以说，知识型教育面向的是人类社会积累的已有知识，而探究学习面向的是人类未知世界的领域。从这个层面上来说，教育变革应有效结合知识型教育和探究学习，在积累已有知识的基础上，培养学生探索未知领域的能力，提升学生在探索活动中发现知识、创造知识

---

① 吴国盛：《技术哲学讲演录》，中国人民大学出版社2016年版。

的能力，从而不断拓展人类对未知领域的了解，增进人类对未知世界的知识，从而不断促进社会的发展。

培养有良好基础知识并具有高度创新能力的未来人才需要知识型教育与探究型教育的有机结合，当前中国教育的突出问题是由应试教育引发的过度的知识型教育对探究型教育形成了抑制乃至排斥，不利于引领世界科学潮流的开创性杰出人才的培养。因此，政府、学校和全社会，都要对知识型教育和探究型教育以及中国基础教育乃至高等教育的现状、问题、优势和不足等有一个清醒的体认，扬长避短，在继续保持中国基础教育的均衡发展的基础上，压缩反复刷题、重复学习的时间，拓展探究学习的时间和空间，保护好、发展好学生探索未知世界的好奇心，培养学生提出问题、探究和解决问题的兴趣和能力，为培养创新人才打下良好的智识基础。

四 将探究学习内植于创新人才的培养过程

探究学习不同于传统的接受式学习。要基于探究学习的内涵和中国基础教育的现实，实现探究型教育与知识型教育的有机结合。

第一，教师转变教育观念，学生转变学习观念。教育教学活动的关键主体是教师和学生，教师对教师的教与学生的学的认知会直接影响到教学实施的效果，同样地，学生对教学与学习的认知也会直接影响到其学习效果。因而，教师的教育观念与学生的学习观念会直接影响到探究学习的实施。在长期以接受式学习为主的课堂教学中，教师和学生的观念都不可避免地受到相应的影响，因此，教师转变教育观念、学生转变学习观念，是开展有效的探究学习的基础和前提。对于教师来说，应从学生长远发展及其对社会发展的影响的角度来审视探究学习的重要意义与教育价值，重视探究学习在培养学生的探索能力与创造力方面的重要作用，以及对社会长远发展的重要意义。对于学生来说，不能仅仅从知识的获取和分数来看待学习的意义，不要将学习狭隘地理解为一时的成绩，而是认识到探究学习对于个人综合能力发展的重要意义。

第二，探索并建立新型的师生关系。在传统的以教师的讲授及学生接受为主的课堂教学中，教师代表绝对的知识权威，学生则往往是被动地接受，并且盲目尊崇教师的权威地位。在这样的师生关系中，学生对于所学知识往往是不经思考地接受，很少进行深度的思考、分析和质疑。久而久之，学生的分析能力、探索能力、创新能力都难以得到相应的发展。只有探索并建立新型的师生关系，转变教师在课堂教学中的权威地位，转变教师对课堂教学与管理的控制，使教师成为课堂教学活动的引导者、支持者，同时鼓励学生积极参与课堂教学活动，将教师视为学习的支持者、合作者，才能有效推进课堂的探究活动。否则，课堂中的探究学习只能流于形式。

第三，拓展教师知识结构，有效指导学生进行探究学习。探究学习不同于以往的接受式学习，在接受式学习中，教师只要掌握教科书中的内容即可顺利完成课堂教学任务，但探究学习对教师的知识结构有很高的要求，因为探究学习没有固定的学科边界，这就要求教师不仅要掌握相应的学科知识，还应该掌握跨学科知识。同时，教师还需要为学生的探究学习提供相应的材料、资源及指导方案，这就要求教师不断更新和拓展个人的知识结构，才能成为学生探究学习中的引导者和支持者，促进探究学习的有效实施。

第四，创设有"问题"的教学情境，鼓励学生进行探索活动。探究学习是以"问题"为起点并围绕"问题"来开展相应的探究活动，最终通过探究过程中的发现来有效解决问题。因而，在探究学习中究竟引导学生探究什么"问题"就显得尤为重要。对于教师来说，应为学生创设有"问题"的教学情境，并结合特定的教学情境给学生布置相应的探究任务，或是引导学生结合具体的情境提出问题。[①] 如果没有提出有意义的、与现实生活相关联的"问题"，就引导学生开展探究活动，那么学生在探究学习中所进行的探究活动也就失去了其根本的意义，变成了为探究而探究。

第五，鼓励学生交流与分享，提升探究学习的效果。学生在探究学习中进行的提出问题、收集数据、分析问题、解决问题等一系列的探索活动，必然会遇到一定的困惑，产生一定的学习成果，也会有相应的学习心得。学生在探究学习中的困惑、成果和心得体会

[①] 李亦菲、杨宝山：《如何认识探究学习与研究性学习的关系》，《学科教育》2002年第12期。

是探究学习的宝贵经验，教师应在课堂教学中创设机会，鼓励学生之间进行大胆的表达并与同伴合作、交流，在已有探究活动的基础上加深对问题的认识。① 如此，才能不断积累实施探究学习的经验，不断提升探究学习的效果，以更好地促进学生探索能力、创造能力和创新能力的发展。

---

① 李亦菲、杨宝山：《如何认识探究学习与研究性学习的关系》，《学科教育》2002年第12期。

第三章

异化了的中小学生课业负担

　　课业或作业是学校教育的重要组成部分，发挥着重要的教书育人的功能：一方面，对于教师教学而言，作业是对学生掌握知识和运用知识解决问题进行评价进而获得反馈信息的重要途径，是"诊脉"学生发展的工具，有利于教师反思自身教学理念和方法，并针对学生的现状和潜力做出相应的调整和改进；另一方面，作业是学生自主学习（Self-regulated learning）和探索的重要渠道，有助于巩固教学成果，让学生明了自身掌握相关知识的状况，培养学生运用知识、提出问题、探究问题的兴趣和能力，全面提升教学的质量和效果。可见，合理的课业负担是必要的，是教师教学和学生学习的重要辅助。然而，在知识型教育和应试教育背景下，中小学课业却逐渐"异化"为学生以片面掌握已有知识为目标的畸重负担。所谓课业负担的异化，其本质特征在于：中小学课业或作业从内容上异化为以片面重复掌握已有知识为主，从程度上则超出了中小学生能够承担的合理范围，不但无法发挥其正向功能，在程度上也超出了中小学生能够承担的合理范围，给学生带来了身心的双重压力与疲惫，不利于学生的全面发展。

　　中小学生课业负担或作业负担的问题由来已久，而无论是政策层面还是社会舆论层面，减轻学生课业负担、作业负担的呼吁也同样历经多年。[1] 本章将围绕中小学生课业负担的异化，分别对课业负担及其异化的含义、功能和危害开展论述，进而阐释中小学生课

---

[1] 张抗抗、杜静：《从管理到治理：基础教育作业治理的内涵、框架与进路》，《中国教育科学（中英文）》2021 年第 5 期。

业负担过重的表现及其原因，并进一步对中国减轻课业负担的相关政策的实施效果进行评估，同时从比较研究的视角出发，分析不同国家地区不同教育模式下课业负担的特点，最后，提出了优化课业质量、提升课业管理效能、发挥课业育人功能的总体建议。

第一节　如何理解中小学生课业负担及其异化

一　课业负担的涵义及其功能

（一）何谓"课业负担"？

课业负担是学生为完成学校教育的学习任务所付出的时间等外显指标及情绪体验和兴趣程度等认知和感受。[1] 有的学者将课业负担视为一种客观存在，即学生要达到的课程、考试的相关要求。有的学者将课业负担理解为一种主观感受，即学生由于学习能力和兴趣爱好的不同而表现出的对课程的兴趣、认知和承受压力的差异。还有的学者认为应该从主观和客观两个方面综合来理解课业负担，将课业负担看成是客观存在与主观感受的结合。[2] 综合上述可知，课业负担有来自学校教育中关于课程学习、考试等客观层面的要素，也有学生对于课程学习、考试的认知、感受等个人层面的主观要素。因而，在理解课业负担时一方面要考察学校层面组织的课程学习与考试等内容是否在合理的课业负担范围内，另一方面也要结合学生的学习能力、认知与承受压力的能力等主观层面来判断课业负担是否过重。

（二）课业负担的功能：合理的课业负担有助于促进学生的发展

课业负担与学生完成学校教育的学习任务时所付出的时间、精力及主观感受相关。合理的课业负担是学生投入一定的时间和精力完成学习任务及其在此过程中获得的积极情绪体验。一方面，合理

---

[1] 齐美玲、孙崇勇：《中小学学业负担的积极意义探讨》，《现代中小学教育》2016 年第 4 期。

[2] 杨伟锋：《广西中小学生学业负担调查研究》，硕士学位论文，广西师范大学，2020 年。

的课业负担要求学生在时间和精力等方面的投入应符合此阶段学生生理发展的要求,学生在完成课业过程中的生理消耗是在其生理所能承受的正常范围之内,合理的课业负担对于学生的生理发展是有益而无害的。另一方面,合理的课业负担总体上有助于学生在学习过程中产生积极的情绪体验,如学生在完成学习任务的过程中体验到学习与探索的乐趣、积极进取等。另外,合理的课业负担应是内容多元、形式多样并鼓励学生自主参与和探索的,而不是将学生的时间与精力耗费在单一、重复的课本知识的学习中。单一、重复的课本知识的学习不但会损耗学生的时间与精力,也会容易使学生感到学习的枯燥与乏味,甚至出现厌学。因而,合理的课业负担有助于培养学生的学习兴趣、提升学生的学习能力及探索能力、创造能力等综合能力,促进学生的成长与发展。

二 课业负担的异化

课业负担的异化是指课程学习、考试等客观层面的课业负担及学生对学习任务的感知和承受能力超出其生理层面和心理层面的负荷,过重的课业负担对学生的生理发展和心理发展造成不良影响,使学生出现睡眠不足、精神不振、厌学等,不利于学生的成长与发展。课业负担异化主要表现在以下几个方面。

第一,课业内容的异化。课业内容的异化主要表现为课业内容来源单一,主要以课本知识为主,缺乏对未知知识的关注、思考与探索。学生的课堂学习、作业、考试等课业内容几乎都来源于课本知识,学生大量的时间与精力都用于学习已有知识,不断强化、巩固对课本知识的记忆。然而,从学生的长远发展与社会的需要来看,学生的课业内容是单一的、狭隘的,这种范围有限的知识学习与知识爆炸时代不相适应,也不利于学生探索与创造新知识。

第二,课业类型与形式的异化。当前的课业类型主要是课堂练习、作业、考试,这些类型的课业往往以巩固所学的课本知识为主要目的。课业形式主要是书面形式,通过书面考核的方式考查学生对课本知识的掌握情况。上述这些课业类型和课业形式相对单一,它们所发挥的教育功能也比较单一,造成课业类型与形式的异化,不利于学生多元发展。

第三，课业时长的异化。课业时长的异化主要是指学生需要投入大量的时间完成课业，从而压缩了学生用于运动、休闲、发展兴趣爱好、睡眠等方面的时间，导致学生没有时间用于发展个人的兴趣爱好，甚至由于睡眠不足而影响学生的生理发展。

第四，课业质量的异化。课业质量的评价标准主要是对所学的课本知识的掌握程度，即"做题"的正确率。同时通过对"做题"的考查来剔除错误，强调对错误的订正，从而强化对知识的"正确认识与掌握"。课业质量的异化在于其强调对已有知识的掌握程度而忽略对所学知识的深化、延伸，难以培养学生在已有知识基础上进行创新和创造的能力。

第五，校内校外课业负担的失衡等。校内校外课业负担的失衡主要表现为"校内减负、校外增负"。中小学生课业负担长期受到社会和国家的关注，近年来国家出台的减负政策在一定程度内减轻了学生在校内的学业负担，但与此同时，却出现了学生校外负担增加的现象，家长在校外给孩子报的培训班、补习班等无形中加剧了学生的课业负担。

三 异化的学生课业负担的危害

当前应试主义教育理念在学校教育中被奉为圭臬，进而导致原本作为日常教学重要环节的课业作业成为学生负担的来源，甚至异化为降低学生学习质量、损害学生全面发展甚至带来严重身心健康的问题。显然，目前中小学生面临校内课程多、作业多、考试多、校外培训班多的学习任务，校内和校外的双重课业负担，这与实现立德树人的育人目标相违背，并带来多重危害，有中小学校长甚至呼吁要"救救孩子"。[①] 可见，学生课业负担的危害已经显而易见并亟须包括教师、家长在内的社会各界人士的关注解决。

首先，过重的课业负担将会降低学生的学习效率、学习成果和学习质量，并不利于学生学业成就的提升。作业课业的功能之一在

---

① 杨德广：《中小学生课业负担重的源头及破解对策——从中学校长发出"救救孩子"的呼声谈起》，《中国教育学刊》2019年第8期。

于通过练习来检验、强化进而巩固学生的学习成果，并激发学生的学习兴趣和动力，提高学习的针对性和学习质量。但是，研究发现过重的课业负担却可能发挥相反的作用。例如，有研究者的实证研究就发现，过重的课业负担并不能有效激发学生的学习动力，相反，校内校外课业负担可能会造成学生学习动机的降低，甚至诱发学习倦怠，特别是校内课业负担可能会降低学生的生活满意度、学习兴趣和学习的意志力。[1] 可见，过重的课业负担不仅无法发挥提升学生学习质量的正面效果，不仅会影响学生学习的效果和质量，可能还会使学生失去学习的兴趣和热情，甚至产生厌学等学习倦怠的情绪体验。显然，从长远的教育目的来看，过重的课业负担并不利于学生在学习上实现可持续的进步。

其二，过重的课业负担严重危害学生身体与心理的健康发展。当前学生身心健康特别是心理健康面临极大的挑战和困境，例如学生体质的下降、睡眠时间降低、近视率增高、抑郁症等心理健康疾病多发等。而来自学校和家长等方面的过重的课业负担可能会加重这一消极趋势。有研究发现，校外补课负担过重可能会导致学生发生生理改变、情绪改变，而这些因素又进一步损害了学生的心理健康。[2] 一般而言，如果学生为完成课业要求需投入大量的时间和精力，甚至出现睡眠时间不足、精神萎靡等现象，那说明学生面对的课业负担是过重的。对北京市初中生的睡眠时间调查研究也发现，参加课外补习和课业负担较重对于学生的睡眠时间存在显著的负向影响，也就是课业负担过重会降低学生的睡眠时间。[3] 进一步地，睡眠时间的降低对于学生的身心健康是十分不利的。2021 年《福建省义务教育质量监测报告》发布，其中对于学生课业负担进行了较为深入的调查和分析，结果显示：大部分中小学生的课业负担较重，而这一点对于学生的睡眠时间、体质健康等方面均带来许多消

---

[1] 王玥、许志星：《校内外课业负担对初中学生发展水平的影响——家庭社会经济地位的双重效应》，《教育科学研究》2019 年第 9 期。

[2] 陈佳琪、张舒：《补课负担对学生身心健康的影响分析》，《渤海大学学报》（哲学社会科学版）2019 年第 5 期。

[3] 赵阳、薛海平：《参与课外补习对我国初中生睡眠时间的影响研究——基于北京市十六所初级中学的实证分析》，《基础教育》2018 年第 6 期。

极影响。① 可见，对于学生身心健康而言，课业负担过重所造成的危害是极为严重的，这甚至被学者称为"教育暴力"。②

第二节　中小学生课业负担过重的表现及其原因分析

一　中小学生课业负担过重的表现

中小学"减负"一直是社会各界广泛关注的一个热点，也是政府办好令人民满意的教育的工作重点之一。据统计，新中国成立70年来，党和国家共出台了50多部关于减轻学业负担的相关政策，经历了关注身体健康、解决盲目追求升学率、推进素质教育和标本兼治四个阶段。③ 但学生课业负担过重这一问题在教育实践中仍普遍存在，中小学生课业负担重仍是教育界多年的痼疾，其具体表现如下。

（一）中小学生课业负担的总体状况

课业负担是一个相对抽象的概念，学界中的不少学者通过建立可操作性指标来衡量中小学生的课业负担。例如，陈传锋等人通过对中学生的作息时间、课内学习情况、课外学习情况、作业和考试情况、学习心理状态等指标的分析来判断中学生的课业负担。④ 李虎林将课业负担指标划分为三部分：课业任务、课业压力、身心反应⑤等。从2018年中国教育研究院发布的《2018年中小学生减负

---

① 福建省教育厅：《为公平而有质量的教育——福建省义务教育质量监测报告（综合版）首发》，2021年9月20日，福建省教育厅官网（http://jyt.fujian.gov.cn/ztzl/jydd/gzdt/202109/t20210913_5687871.htm）。
② 杨德广：《中小学生课业负担重的源头及破解对策——从中学校长发出"救救孩子"的呼声谈起》，《中国教育学刊》2019年第8期。
③ 殷玉新、郝健桦：《新中国成立70年来我国学业负担政策的演进历程与未来展望》，《首都师范大学学报》（社会科学版）2019年第6期。
④ 陈传锋等：《中学生课业负担过重：程度、原因与对策——基于全国中学生学习状况与课业负担的调查》，《中国教育学刊》2011年第7期。
⑤ 李虎林：《中小学生课业负担监测指标体系探索》，《当代教育科学》2014年第14期。

报告》可知：近40%的家长认为学生学业负担重，30%的学生睡眠不足8小时，课业负担重普遍存在于中小学生领域；从2018年教育部基础教育检测中心发布的首份《中国义务教育质量监测报告》来看，四年级学生参加数学和语文校外辅导班的比例分别为43.8%、37.4%，八年级学生参加数学和语文校外辅导班的比例分别为23.4%、17.1%。① 由此可见，学生参加的校外辅导班比例较大，家长对学生的教育期望较高，学生的课业负担较大。

不同家庭背景的学生的课业负担情况也不相同，课业负担具有一定的个体差异性。中国基础教育发展具有显著的城乡差异、地域差异和民族差异的特征，中小学生的课业负担也受此影响。首先，一般而言，东部地区学生的课业负担大于西部地区，如陈国明通过对比上海、河南、重庆三个地区学生家庭作业时间的地区差异，发现上海的学生家庭作业花费的时间最长，从东部上海到中部河南再到西部重庆学生的每天作业时间逐渐减少②；其次，城市学生的课业负担高于乡村的学生，秦玉友等人通过调查发现，城市学校学生的课业负担最重，从村屯到乡镇、县城和城市学校学生面临的课业负担在持续增长。③ 另外，少数民族地区的学生所面临的课业负担有所不同，少数民族地区的中小学生仍需面临汉语学习这一课业负担，所以相对于汉族学生而言，汉语普及程度相对较低的少数民族学生承担着较重的课业负担。

（二）校内层面课业负担过重的表现

中小学课业负担重主要分为校内和课外的两个层面。在校内，中小学生课业负担主要体现在三个层面：一是由于超纲导致的课业负担，即学校在不遵循青少年的身心成长和智力成长的前提下，安排的考试难度和考试的内容超课程标准和教材的基本要求，由此导致青少年的学习压力过大。二是超时导致的课业负担。主要是指学

---

① 教育部基础教育质量监测中心：《中国义务教育质量检测报告》，2021年6月1日，教育部官网（http://www.moe.gov.cn/jyb_xwfb/gzdt_gzdt/s5987/201807/t20180724_343663.html）。
② 陈国明：《三省市初中生家庭作业负担研究》，《全球教育展望》2017年第6期。
③ 秦玉友、赵忠平：《多不多？难不难？累不累？——中小学生课业负担调查研究》，《课程·教材·教法》2014年第4期。

校在学生课后的时间安排作业和考试，通过延长学生的学习时间以达到提高学生学习成绩的效果，比如节假日、放学时间学校组织的补课、加课等。三是超量导致的课业负担，即学生在校内布置的作业和组织考试在数量上和频次上远大于学生可接受的范围。

在操作方面，校内层面课业负担衡量指标众多。不少学者将其量化，通过调查数据的分析以探讨学生校内课业负担的具体情况。如陈传锋等人将校内课外负担情况划分为学生上课总数、每周体育课上课时数、班会课安排情况等指标。[1] 薛海平等人通过调查发现周中时，学生存在校内作业的比例占97.7%，有四成的学生写作业时间超过2个小时，周末有28.5%的学生完成校内作业时间在4小时以上，由此可知学生的校内课业负担大。[2]

（三）校外层面课业负担过重的表现

校外层面的课业负担主要来源于校外的兴趣班、培训班、学科辅导班等。随着《国家中长期教育改革和发展纲要》的颁布，各地为减轻中小学生的课业负担，出台了一系列政策，其中就包括"严格控制学生的在学时间"。然而，这也让学生在学时间的减少意味着校外可利用时间的变长，加上家长们对教育的需求不断扩大，校外辅导班、培训班备受家长们青睐，校外培训的形式也逐渐丰富起来，由此学生的校外学习时间不断加长和学习内容增多。

显然，校外培训班发展至今，已然成为社会关注的热点，近十年，关于校外培训的平均日资讯指数达到了58178次。[3] 根据北京阳光消费大数据研究院发布的《2020年教育培训消费舆情数据分析》可知，参加校外辅导班的学生占全体在校生的36.7%，在北上广深等城市高达70%，上课外辅导的学生达1.37亿人次。[4] 无独有

---

[1] 陈传锋、陈文辉、董国军等：《中学生课业负担过重：程度、原因与对策——基于全国中学生学习状况与课业负担的调查》，《中国教育学刊》2011年第7期。

[2] 薛海平、张媛：《我国初中生学业负担水平与差异分析——基于CEPS2015数据的实证研究》，《首都师范大学学报》（社会科学版）2019年第5期。

[3] 薛二勇、李健、张志萍：《校外教育培训治理的形势、挑战与路径》，《中国电化教育》2021年第8期。

[4] 《2020年教育培训消费舆情数据分析》，2021年3月1日，北京阳光消费大数据研究院官网（http://www.sun-c.cn/case/343.html）。

偶，在国家层面，2018年教育部基础教育质量监测中心发布了《中国义务教育质量监测报告》，其中就指出，中小学生"参加校外学业类辅导班比例较高"，特别是学科类型的校外培训占比较高，例如数据显示"四年级学生参加数学和语文校外辅导班的比例分别为43.8%、37.4%"①。由此可见，校外教育培训有着巨大的影响力，学校的校外课业负担过重。

二 中小学生课业负担过重的原因

在"减负"时代，为何中小学生的课业负担还是如此沉重？造成学生课业负担过重的源头是什么？综合近年来的研究，可将中小学生课业负担过重的原因归纳如下。

（一）社会层面：极端学历导向，从人力资本到符号资本

课业负担过重并异化的社会原因在于社会压力带来的高度竞争化和内卷化的现象在教育领域的渗透，特别是全社会存在的教育焦虑。这"久治不愈"的中小学学生的课业负担问题看似是由家长高教育期待和学校的评价制度导致的，但究其主要原因是在于社会压力，而社会压力的主要根源则是现代性危机带来的焦虑。② 现代性具有将一切事物还原为物的物质主义倾向，所以现代性的危机也是一种精神主义的危机。③ 在教育领域中，读书能实现阶级的晋升逐渐为国民内化，"学而优则仕""读书改变命运"等观念影响着人们的行为，并将教育视为追求物质、实现就业达到阶级晋升的手段。在实际生活中，为了获得教育带来的附加价值，以"应试"为纽带的社会各层面"利益联盟"形成并扩大。

从现有的就业形势来看，越来越多的单位在人才聘用的过程中对学历的要求越来越高，这种唯学历的学历歧视链、就业歧视链给

---

① 教育部基础教育质量监测中心：《中国义务教育质量检测报告》，2021年6月1日，教育部官网（http://www.moe.gov.cn/jyb_xwfb/gzdt_gzdt/s5987/201807/t20180724_343663.html）。
② 凡勇昆、邬志辉：《我国中小学课业负担问题的反思——现代性危机的视角》，《现代教育管理》2012年第6期。
③ 王芹、颜岩：《论科西克的现代性批判理论——基于对〈现代性的危机〉的解读》，《山东社会科学》2021年第9期。

家长和学生以巨大的压力，由此家长和学生对文凭、学历的需求不断高涨，由此产生了"学历"焦虑。同时，学校也面临学生的就业升学压力，为此积极开展竞争性考试并对考试排名。市场主体为了追求经济利益，孕育了一个以教育机构、培训班为主体的庞大的教育服务市场。随着现代性危机带来的焦虑和"利益联盟"的不断扩大，学生的课业负担被视为是"理所应当"的。

（二）学校与教师层面：应试主义盛行的学校教育

学校是学生课业负担的来源地之一。首先，学校的考核评价体系和考核制度是学生课业负担重的主要原因。受升学率和排名效应的影响，不少学校积极组织考试，特别是针对面临升学的学子们，除了开展期中、期末考试之外，还积极组织学生参加周考、月考等考试，在日常生活中组织学生开展"题海战术"，以达到"以量提质"的目的。部分学校还在考试之后进行分数排名：学校对班级进行排名、班级对学生进行排名，政府部门对学校进行排名……在教育评价这条指挥棒下，学校越重视分数在考核评价中的作用，越重视排名，班级的竞争氛围越激烈，学生的课业负担越重。其次，学校办学质量也影响着学生的课业负担。从现有研究来看，不少学者发现质量等级越高的学校的学生，在周中和周末的校内外作业量越多。尽管近年来国家明确提出了要在学校层面推动"减负"措施的进行，但在各个学校的实际操作过程中仍存在一定的差距。特别是"超级学校"的存在，更是拉开了与普通学校之间的差距，对于那些既要赶超"超级学校"又要遵循国家和政府颁布的"减负"政策的基础差、生源差的学校来说，无疑是一大难点。对于家长而言，由于"超级学校"的存在，为了能进入这些学校，不少家长选择让学生参加校外培训，这在无形之中更是加重了学生的课业负担。此外，学生的学业负担是在特定环境中形成的，学校的教育环境也影响着学生的课业负担。从间接层面来看，一个学校的教育环境对教师的专业发展有促进作用，教学质量不断提升，教师能对学生们因材施教，教师专业水平越高，学生的成绩越高，学生的课业负担越小。[1] 从直接

---

[1] 杨德广：《中小学生课业负担重的源头及破解对策——从中学校长发出"救救孩子"的呼声谈起》，《中国教育学刊》2019年第8期。

层面来看，如果一个学校的教育环境是创新、自由的、宽容的，重视学生的全面发展，积极鼓励开展多样文体活动，如春游、运动会等，学生的课业负担也会有所缓解。

此外，中小学教师是课堂教学的执行者，同时也是"减负"工作的执行方，教师行为与学生的课业负担息息相关。因此，中小学教师也是影响学生课业负担的重要影响因素。教师是如何导致学生课业负担的？受质量观的影响，教师教学质量直接影响着学生的课业负担。王东（2014）对北京中小学生对教师的评价调查发现，与"低水平"教师相比"中水平"的教师，其学生自感负担"重"的比例明显较低，这也进一步说明，教师的教学质量越高，学生的课业负担越小。而当教师的知识体系的不完善、对学生不充分了解，以"照本宣科""题海战术"的方式来锻炼学生，忽视了学生的主体性时，学生便会产生厌学的心理，加重学生的学习负担。① 由此可知，教师的教学效果越明显、教学质量越高，说明教师的教学越适宜学生，学生的课业负担越小。从教师和学生的关系来看，教师的师生关系对课业负担有显著的负向影响，师生关系越好，学生的学业成绩越好，学生感受到的课业负担越小。② 而教学评价是影响师生关系的关键。如果教师对分数和排名越是看重，"以分数论关系"，想方设法表达出对分数的渴望，学生的课业负担越大。

在以分数为核心的考核棒下，不管学生的课业总负担是否超过学生负荷，老师都不愿意减轻自己所教课程的课业负担，以保证学生有足够时间投入自己所授课程的学习和复习中去，导致学生的课业总负担居高不下。

（三）家庭层面：家长的教育焦虑带来较重的校外负担

家庭因素是学校教育是否取得成功的重要中介变量。而在中小学课业负担领域，来自家庭层面的因素是学生校外课业、培训等负担的重要来源。在东亚许多国家和地区，影子教育（Shadow education）成

---

① 常攀攀：《教师知识"提质减负"的作用机制研究》，《教育理论与实践》2016年第34期。
② 杜玲玲：《中小学生学校生活满意度及其影响因素分析》，《教育科学研究》2018年第6期。

为校外培训或课外辅导的代名词，也成为中小学生学习生活的重要组成部分，进一步成为学校教育的重要补充，甚至取代学校教育而成为学生升学考试的重要支撑。[①] 而家长的选择是学生校外课业负担的重要来源。

在家庭层面，家庭为学生教育提供了物质支持和精神支持，对学生报以一定的期望。从现有的研究来看，不少学者通过调查之后发现家庭的教育期望与学生课业负担息息相关，如卢珂通过研究发现，父母的教育期望越高，亲子关系越差，学生感受到的课业负担越重。[②] 尤其是独生子女，父母的教育期望更高。[③] 在现代社会中，"不输在起跑线""内卷""鸡娃式教育""虎妈狼爸"等话题的兴起，不难发现，家长对子女的要求越来越高，家长们的"教育忧虑"也越来越重。大部分家长选择通过教育市场的"交易"来完成对孩子高分期望，而校外的培训班为"鸡娃"心态和"教育焦虑"的父母增添了助力，父母不断地给孩子报班学习，填满孩子的行程表，给孩子不断地打鸡血。此外，随着社会分层的不断拉大，高收入家庭能利用经济优势转换成学生发展的教育资源，从而影响学生的课业负担。王玥等人通过开展实证调查发现高收入家庭的学生在校外课业层面花费更多的时间，父母会主动给子女加压。[④] 受家庭物质因素和家长教育期待的影响，孩子的课业负担加重，由此导致父母和子女之间的矛盾。

（四）学生层面：学生对课业负担的主观感受

学生的课业负担具有一定的主观属性，更与学生的学习基础、主观体验、个人解读、情绪体验和心理承受等个体主观特质密切相关。因此，课业负担过重的原因之一在于学生对课业负担的主观感受。例如，有研究者就深入研究了作业的客观属性与学生对作业的主观感受两者之间的关系：作业类型和作业的数量方面的心理负担相较于作业难度和作业结果的心理负担要更重，而且，对于作业环境和学生成绩

[①] 李格：《遍布东亚的"影子教育"》，《廉政瞭望》2021年第16期。
[②] 卢珂：《中小学生课业负担的影响因素研究——基于北京市中小学调查数据》，《教育学术月刊》2016年第12期。
[③] 刘芳：《金昌市初中生厌学现象研究》，硕士学位论文，西北师范大学，2003年。
[④] 王玥、许志星：《校内外课业负担对初中学生发展水平的影响——家庭社会经济地位的双重效应》，《教育科学研究》2019年第9期。

的自我评价也会影响到学生对作业而形成的心理负担。① 可见，学生课业负担的高低也受到学生个体因素的影响。

显然，学生群体的学习能力也影响到学生对课业负担的主观感受。而学习能力较弱也是学生课业负担主观感受过重的原因之一。从现有的研究来看，大部分研究主要从学校、政府、社会、家长等因素来探讨中学生课业负担的影响因素，学生作为课业的主要承担者，也是中小学生课业负担的影响因素之一。从学生层面来看，影响中小学生课业负担的因素主要归结为两种，一是学生的智力因素，二是学生的非智力因素。从智力因素来看，不同智力层次的学生对学习任务难度的知觉不同，因而他们感受到的课业负担的程度也会有所不同。② 学习能力较强的学生，完成学习任务相对简单，感受到的课业负担相对较低，反之，对一些学习能力较弱的学生，感受到的课业负担相对较高。非智力因素主要通过学习的最终结果——学习成绩这一中介与课业负担相联系。文剑冰认为学生的非智力因素主要包括认知、情感、意志这三大要素并将其细化为自我效能感、学习兴趣、学习习惯和方法、心理承受力、对家长和教师期望的感知、师生关系、家庭氛围等并通过调查最终发现学生课业负担对于学习成绩有或多或少的影响，而这些影响最终体现在学生感知的压力中。③ 因此，在减负的过程中，更为关键的或在于提升学生的内在学习动力、学习兴趣以及学习能力。

第三节 中国减轻课业负担的政策梳理

一 中国减轻课业负担相关的政策

中小学生课业负担一直以来都是基础教育急需解决的重要问题和社会舆论关注的热点议题。早在1955年教育部就颁布了《关于

---

① 郑东辉：《中小学生作业心理负担的定量分析：基于16141份数据》，《全球教育展望》2016年第8期。
② 文剑冰：《课业负担的个体层面变量研究综述》，《全球教育展望》2012年第12期。
③ 文剑冰：《课业负担的个体层面变量研究综述》，《全球教育展望》2012年第12期。

减轻中小学生过重负担的指示》，这也是新中国颁布的第一个"减负令"。此后政府相继出台了一系列减负政策，2018年教育部联合九部门发布了《中小学生减负措施》（减负三十条），明确学校、校外、家庭、政府四方在减轻学生课业负担工作中的职责。然而，学生课业负担过重这一问题并没有得到根本性解决，甚至出现"校内减负、校外增负"的现象：学生的"书包越来越重"，"镜片越来越厚"，"校外课业辅导的负担越来越重"。2021年，中共中央办公厅、国务院办公厅颁布《关于进一步减轻义务教育阶段学生作业负担和校外培训负担的意见》。"双减"政策旨在全面压减作业总量和时长，减轻学生过重作业负担；提升学校课后服务水平，满足学生多样化需求；坚持从严治理，全面规范校外培训行为；大力提升教育教学质量，确保学生在校内学足学好。① 政府出台的一系列减负政策为切实减轻学生学业负担提供了强有力的保障。

二 减轻课业负担相关的相关主体

当然，减轻中小学课业负担是一项系统性工程，不仅需要政府政策管制和社会氛围和文化的转变，同时也需要学校教育的变革与家长群体的配合与理念转变。因此，从政策导向和理念的角度出发，减轻学生课业负担需要政府、社会、学校和家庭等不同主体之间的协同与合作；唯有如此，才能从根本上消除课业负担存在的制度、文化和理念的土壤，并形成减轻不合理课业负担、提升学校教育质量、促进学生全面发展的良性循环。下面将分别从政府、社会、学校和家长等多层面多主体探讨和反思中国减轻学生课业负担的相关政策和举措及其实施效果。

（一）政府层面的减负措施

政府是减轻中小学生课业负担的重要主体。《国家中长期教育改革和发展规划纲要（2010—2020年）》指出，"减轻中小学生的课业负担，合理调整教材内容。改革考试评价制度和学校考核办

---

① 中共中央办公厅、国务院办公厅：《关于进一步减轻义务教育阶段学生作业负担和校外培训负担的意见》，2021年7月24日，中国政府网（http://www.gov.cn/zhengce/2021-07/24/content_5627132.htm）。

法，不得以升学率对地区和学校进行排名，不得下达升学指标。规范各种社会补习机构和教辅市场"①。此后，围绕着纲要，政府针对不同时期学生存在的课业负担问题出台了一系列减轻学业负担的相关政策。如针对课业负担重引起的身体健康问题，教育部等有关部门2018年的《综合防控儿童青少年近视实施方案（征求意见稿）》等文件并提到要组织多方行动关注青少年的身心健康；针对中小学盲目追求升学率而引起的中小学生课业负担，2021年教育部印发了《关于加强义务教育学校考试管理的通知》明确规定小学一、二年级不得组织纸笔考试，合理控制考试次数；为了进一步推进校外培训机构的治理工作的进行，教育部、发改委等相关部门于2018年先后颁布了《关于加快推进校外培训机构专项治理工作的通知》《关于规范校外培训机构发展的意见》等。

从颁布的相关政策来看，中国政府的"减负"措施主要围绕着"减负提质"这一主题开展了一系列活动，如控制考试次数、教科书审定管理、教育部门检查监督、改革招生考试制度、改革学校评估方式、对课外培训班的监管政策等。在这一系列政策的实施下，也取得一定的成果。在此背景下，相关学者对政策的实施效果进行评估以了解"减负"政策的实施效果，如杨欣等人对14个省的546所小学进行研究发现，在小学阶段减负效果明显，义务教育阶段减负工作正在稳步推进，但学生的近视率仍稳步上升，对校外辅导的管理仍需进一步加强。② 王贤文等人通过文献计量方法发现减负政策虽处于稳步增长的阶段，但各部门的协同程度有待加强，针对减负政策及其文本的阅读疲劳症和执行厌烦症已然出现。③ 总的来说，"减负"政策的颁布在实际过程中取得了一定的成果，但"减负"仅靠几项政策是不能标本兼治的，仍需各方协调和配合。

---

① 中共中央、国务院：《国家中长期教育改革和发展规划纲要（2010—2020年）》，2021年6月3日，教育部官网（http://www.moe.gov.cn/srcsite/A01/s7048/201007/t20100729_171904.html）。

② 杨欣、罗士琰、宋乃庆等：《我国义务教育"减负提质"的评估研究——基于义务教育第三方评估的报告》，《中国教育学刊》2016年第6期。

③ 王贤文、周险峰：《学业负担治理研究十年：回顾与展望》，《河北师范大学学报》（教育科学版）2021年第3期。

（二）社会层面的减负措施

学生课业负担的形成具有深刻的社会根源，特别是各行各业竞争白热化乃至内卷化所传导至学校教育的状况。因此，减轻课业负担也需要全社会的合作和共识。20 世纪 80 年代，"减负"开始重视社会舆论的参与度，也积极鼓励社会各界加入"减负"行动中。[①]从现有的调查研究来看，由于在社会层面"减负"并没有形成社会共识，所以学校的"减负"意味着校外"增负"。[②]一些社会办学机构、各类补习班对家长和学生进行的宣传和误导，加大了学生的课业负担。基于此，"减负"作为一个社会性问题，仅靠政府和学校的力量是不够的，仍需要社会各界力量。

目前，在全民推进"减负"工作落实的背景下和政府的鼓励下，也颁布了社会层面的减负措施。如控制补习班的数量、鼓励社会各界开展一些社会公益"减负"讲座、鼓励学校和教育部门向社会大力宣传减负的重要性、接受社会各界的支持。社会的舆论宣传和监督逐渐加入"减负"行动中。在这一系列"减负"活动下，社会层面的减负效果明显。李刚提出了社会层面的"减负"成绩的两大衡量标准：社会对于人才培养观念的转变和"减负"活动得到了社会各界的广泛支持。并根据此标准通过文献计量的方式发现，学生的多元成就得到了社会的认同以及"减负"活动得到了社会的认可。[③]但由于社会层面的参与度仍不高、教育信息仍存在以偏概全等问题，即使有政策推动社会各界人士的参与，但减负效果仍是不高。

（三）学校层面的减负措施

学校作为学生成长的主阵地，在减负中也发挥着重要作用。在政策的指导下，中小学将"减负"蕴藏在日常的教学工作中，采取了一系列的"减负"措施。具体措施如下：一是推动课程改革创建

[①] 胡惠闵、殷玉新：《我国减轻中小学课业负担的历程与思考》，《全球教育展望》2015 年第 12 期。

[②] 李阿芳：《学校"减负增效"的实践困境及实施建议》，《教学与管理》2017 年第 33 期。

[③] 李刚：《十年来我国义务教育阶段减轻中小学课业负担的成效与建议》，《湖南师范大学教育科学学报》2020 年第 3 期。

高效课堂。学校认为在"减负"中要有作为，关键在于课堂教学这一主战场，所以大部分学校通过不断改进教师的教学方法、控制教学内容和教学进度以减少课堂教学的无效环节来完善"减负提质"的效果。二是完善学生的评价体系。在"减负"政策的变革中，学校也意识到了学生课业负担重的根源在于考试评价体系。① 不少学校对学校考试形式、次数以及对考试成绩的处理进行改革，以期能"减负"。比如说，适当地减少考试次数、变闭卷考试为开卷考试等。三是抓教师队伍建设。教师是学校的骨干力量，教师队伍应树立"减负"意识，加强专业技能和培养良好的师生关系是学校开展"减负"行动的有效措施。四是改进课外活动、合理安排作息时间。针对目前由于课业负担导致的中小学身心健康问题，不少学校提出了要增强学生体质，合理安排学生的作息时间，让学生拥有更多自主的时间。

在这些学校政策的指引下，中小学学生"减负"也取得了一定的效果。李刚总结十年来中国义务教育阶段学校"减负"的相关文献，发现在学校的努力下，学校培养理念开始指向学生素养的养成，学校课程体系围绕着学生能力发展建设，教师也逐渐关注高效课堂的建设，评价体系也开始着重于促进学生学习。② 虽然在"减负"政策的推动下，学校开展了相关活动，但学校管理主要仍是以结果为导向，所以仍存在有待完善的地方。如杨欣在调查了108所小学之后发现，当前小学的"减负"政策落实情况虽整体良好，但随着年级的增长"减负"政策的落实效果变差，优质小学和普通小学"减负"政策的落实情况也有差异。③

（四）家长群体的教育观念及其对"减负"的影响

减轻课业负担不仅包括校内作业负担，还包括校外培训负担，而后者的关键力量来自家长群体。受传统文化的影响，家长普遍具

---

① 董辉、杨兰：《课业负担的学校层面变量研究综述》，《全球教育展望》2012年第12期。

② 李刚：《十年来我国义务教育阶段减轻中小学课业负担的成效与建议》，《湖南师范大学教育科学学报》2020年第3期。

③ 杨欣：《小学减负喜忧参半背后的对策探究——基于108所小学减负落实情况的调查》，《中国教育学刊》2019年第8期。

有"望子成龙,望女成凤"的教育期待,因此对子女的教育也不断层层加码:从学科类培训,到素质教育类活动再到各种竞赛等。这就增加了学生的学业负担。因此,减轻课业负担的政策实施要取得效果就必须围绕"减负"构建家校合作,从而进行协同"减负"。20世纪80年代,"减负"政策开始重视家长这一角色的作用。① 鼓励家长加入"减负"队伍中。加之,随着社会和政府等其他主体对学生课业负担这一热点的关注以及由于课业负担导致的学生身心健康问题的突出,部分家长意识到了"减负"的重要性,也逐渐转变了教育观念。部分家长也意识到了学生"减负"离不开家长和学校双方的努力,积极开展家校合作,保持双方"减负"思想统一,厘清家校双方责任,线上线下拓宽家校沟通渠道。②

但通过转变家长的观念和开展家校合作来减轻学生的课业负担是一个道阻且长的行动。从目前来看,其效果并不显著。传统文化对教育的重视、家长群体之间的竞争和从众行为、家长面临的工作压力的传导以及对子女的教育期待和教育焦虑等,都使得家长群体没有成为"减负"的促进力量,反而演变成为"阻力"。③ 此外,根据2018年教育部发布的《中国义务教育质量检测报告》可以发现,家长对学生最关注的方面是学习情况,四年级学生占比79.8%,八年级学生占比79.9%。④ 此外,家长对"减负"政策的态度也影响着政策实施的效果,根据中国教育三十人论坛发布的《2018年中小学生减负调查报告》可知,虽有75.1%的家长支持"减负",但完全不了解"减负"政策的家长占52.4%。由此可见,家长层面的"减负"工作虽有进步,但仍需提升家长们的"减负"意识。因此,从政策协同的角度出发,理应倡导家校合作、协同

---

① 胡惠闵、殷玉新:《我国减轻中小学课业负担的历程与思考》,《全球教育展望》2015年第12期。
② 高婷:《家校合作让学生减负落地生根》,《教学与管理》2020年第23期。
③ 王晓平:《教育减负中家长阻力的社会心理机制及其化解路径》,《教育导刊》2020年第11期。
④ 教育部基础教育质量监测中心:《中国义务教育质量检测报告》,2021年6月1日,教育部官网(http://www.moe.gov.cn/jyb_xwfb/gzdt_gzdt/s5987/201807/t20180724_343663.html)。

"减负",这样才能形成校内外合力,同步减轻学生的校内课业负担和校外培训负担,真正实现"减负"目标。

总的来说,目前"减负"政策在规模和执行力度上均保持在高位态势;从内容上看,减量和控时成为政策文件的具体措施;从实施效果来看,中学生"减负"政策实施也取得了较好的成效、明显的效果,例如,许多大型的课外培训机构(如新东方、学而思等)面临着较大的生存和转型的压力。但是,正如许多新闻媒体所报道的,由于考试指挥棒所带来的升学压力以及延伸而来的家长焦虑尚未得到根本改善,家长群体存在较大的校外培训需求,进而通过各种非正规的方式或一对一的私人家教甚至高端家教,将校外培训转入"地下"或监管难以触及的模糊地带。2022年1月30日,重庆市教委通报了6起违规组织学科类培训典型案例,主要涉及无证无照违规组织学科类培训行为,以及违规组织学科类"一对一"培训行为。[①] 因此,未来"双减"政策实施的长期效果还需要进一步观察和深度研究。同时,在"减负"政策设计层面,可以秉承政府、家庭、学校、新闻舆论和社区力量等多元视角,因地制宜制定相关"减负"政策以及做好多维工具的有机组合。

第四节 不同国家和地区不同教育模式下课业负担的概况与特点

中小学生面临较重的课业负担、学业负担是一个世界性难题。由于教育制度、教育理念、教育文化等复杂多重因素的影响,不同国家、不同地区和不同教育模式下学生的课业负担也呈现出不同的特点和面向。例如,同处儒家文化圈的新加坡、韩国、中国香港等国家和地区的中小学生面临较大的教育竞争压力、升学压力和考试压力,因此学校教育和校外培训给学生带来的课业和学业负担也较重。而在欧美等国家和地区,由于奉行不同的教育理念和教育文

[①] 苏季:《重庆通报6起违规组织学科类培训典型案例》2022年1月30日,新浪网(https://k.sina.com.cn/article_1644114654_61ff32de02001fpl2.ht)。

化，学生课业负担更多地体现为对提升学生综合素质和促进学生全面发展方面的要求。

一 东亚地区中小学的课业负担

（一）东亚地区课业负担的表现与类型

亚洲绝大部分国家的基础教育水平与质量在国际上较为突出。由于传统儒家文化的影响，读书学习受勤奋刻苦的道德规范约束[1]，学而优则仕，个人通过考试获取学历进而提升社会地位被视作最为公平和体面的路径。因此，亚洲许多国家的基础教育总体呈现出鲜明的应试教育特点，教、学、评活动都围绕着学生的考试而展开，学生对课业方面的心理负担和生理负担都较为严重。

以韩国为例，韩国有着特殊的高考文化，学生的课业负担很大。由于竞争激烈的入学考试，韩国中小学生从幼儿园到大学均与校外教育机构密切相关，课外补习成为学生们在学校教育之外的重要学习渠道，如若不参加补习，学生正常升学的机会将十分渺茫。这不仅给学生带来了很重的学习负担，也浪费了大量的教育资源，以公立学校为代表的公共教育系统无法取得家长和学生的信任。[2] 韩国教育的高压氛围可以从其发达的地下补课链中窥见一斑。对于韩国学生而言，课外教育占据了半边天，其重要性甚至超越了学校教育。韩国高考——大学修业能力考试被称为是"比死刑还要残酷的地狱"，考生需在一天之内考完四到五门科目，再经过大学的层层面试才能被录取。此外，考试成绩不是计算总分而是按照等级招生，高考难度较大。家长认为仅靠学校教育无法使孩子通过高考进入为数不多的名校。因此韩国中小学生为了参加严格的高考必须去"学院"（校外培训机构）经历更为残酷的学科考试培训与竞争。[3] 学生整日奔走于学校与"学院"，几乎牺牲了所有休息时间埋头作

---

[1] 罗建河：《"减负"政策的限度分析》，《教育科学研究》2009 年第 11 期。
[2] 姜英敏：《韩国中小学史上最严"减负"政策举措》，《人民教育》2018 年第 9 期。
[3] 姜英敏：《韩国中小学史上最严"减负"政策举措》，《人民教育》2018 年第 9 期。

业。新加坡在基础教育阶段便实行教育分流制度，在课程设置上实行选修制度，学生面临着综合评价的负担。其分流教育重在发掘学生的潜能与特长，但根据成绩进行分班教学忽视了学生身心发展的差异性和阶段性等规律反而会加重学生的学业负担。在拥有多元文化背景的新加坡，学生除了学习知识外，还要接受双语教育、实用教育、公民道德教育和公共知识教育等，课余时间需要发展特长与社会实践能力。小学实行半日制教学，就课业负担而言，作业相对较少，但对学生的综合实践能力和核心素养要求较高。新加坡道德与法治并举的价值观教育贯穿了多学科及整个教育系统[1]，户外活动包括野营探险等是学生的必修课程。可见，新加坡基础教育阶段着重培养全面发展的人，学生在学习中存在分班与升学考试压力和探究性学习需求的双重负担。美国学者傅高义（Ezra F. Vogel）在《日本第一》一书中，在称赞日本基础教育的均衡与优质发展的同时，也指出其存在的不足，例如，大多数学生的学习动机是"应考"，并且把个人的全部精力和时间用于准备升学考试，而且利用课余时间进行补习。1976年日本文部省发布的教科答复报告《关于改善小学、中学及高中的教育课程基准》，标志着日本开启"宽松教育"的模式，强调学习教育以实现学生宽裕而充实的学校生活为目标。但30年后，日本的"宽松教育"又转变为"扎实教育"，大幅增加各门学科的学习课时和教学内容。无论是"宽松教育"还是"扎实教育"，以应考为目标的课业负担尤其是私立学校和补习学校的学习负担一直维持在较高水平。[2]

这些亚洲国家在以考试为主的基础教育模式下，学校教育纪律严明，要求学生对课业保持极高的专注度与凝聚力。学生作息时间极不规律且考试频繁，与考试直接相关的学科负担较重，导致课业负担的严重失衡。此外，还因家长焦虑和社会不良的竞争风气促使家庭教育偏离正轨而影子教育大行其道，课外学科辅导又给学生带

---

[1] 杨茂庆、岑宇：《新加坡学校价值观教育：路径、特点及经验》，《比较教育研究》2020年第2期。

[2] 陆一：《日本教育减负30年反思》，2021年6月3日，搜狐网（https://www.sohu.com/a/225288538_559435）。

来了额外的课业负担。

(二) 东亚地区应试型课业负担不利于中小学生成长

在应试教育模式下,学生被集训起来,以考试分数为主要目的而进行学习生活。一切为了考试,教学模式也采用最为节省时间与精力成本的知识传授模式。学校及课外教育补习机构乐于用重复机械的题海战术训练学生如何应对考试取得高分,然而过长的作业时间会透支学生的身体健康,反复操练导致记忆负担过重,被动灌输知识扼制了学生的创新思维和实践能力。根据东亚部分地区公布的有关中小学生的睡眠时间、学习时间、心理健康情况及近视率等方面的调查报告来看,中小学生在这些方面的指数都是严重不达标的。值得注意的是,已经有一定比例的中小学生因学业负担过重而引起抑郁症等心理疾病。可以说,这些都是由课业负担和学习压力直接导致的一个后果。应试教育模式下过重的课业负担会带来多重危害:首先,长时间作业会直接导致学生的身心健康问题,影响青少年的成长发育及其心理健康,表现为身心的双重负担——心理异常。生理上影响孩子的正常发育,长时间伏案写作会导致孩子身材畸形,近视加重,心理素质也会低下。当代许多家庭都是独生子女,父母望子成龙,所以学生面对的不仅是学校层面的课业负担,其背后更是由整个社会内卷和家长焦虑心态所导致的心理负担。家校的双重期待都旨在让学生升学考试中取得高分成绩。在持续高涨的厌学情绪下学生被动成为考试刷题的机器。其次,高强度与高难度的课业负担会放大家长的焦虑情绪并"陪跑"孩子的作业过程,家长陪伴式学习使得家庭内容活动产生单一化倾向。[①] 最后,围绕"考试、升学"定制的日常教学练习与测评集中于考试科目及其知识点的识记,窄化了教育的完整性,异化了教育全面育人的功能,也违背了素质教育的全人理念。日籍诺贝尔奖得主中村修二甚至直言,亚洲的教育制度是浪费时间,年轻人应该学习不同的事情。[②]

---

① 朱卫国:《中小学生课业负担的理性思考》,《教育发展研究》2019 年第 12 期。
② 中村修二:《东亚教育问题的根源在哪?》,2021 年 6 月 3 日,观察者网(https://www.guancha.cn/gauchewood/2015_08_24_331702.shtml)。

二 欧美国家中小学的课业负担

欧美国家的中小学教育并非完全是自由教育、快乐教育的模式，倡导学生在玩中学只是其教育模式的一个方面。受重视考查学生综合素质（如文艺、体育、社区服务等）特别是创造力和领导力的大学招生录取制度的影响，欧美国家和地区的中小学生面临着与此相关的课业负担；但是，学生课业负担的类型主要体现在研究性学习、探究性学习或文娱体育方面，而不是单一的作业和大量重复的练习。当然，尽管这种类型的课业负担也会花费学生大量的时间与精力，但与重复性学习所造成的负担不同的是，这种类型的课业负担对学生的影响更多的是积极的、正面的，总体上有利于促进和提升学生在自主能力、探究能力、创造能力等方面的发展。

（一）欧美国家课业负担的表现与类型

欧美国家的教育模式大多倡导快乐的自由教育，强调基础教育的个性化与信息化，其基础教育网站追求小而精的特色定位模式，为学生提供学习支持和个性化的服务[1]，将更多时间和资源留给学生自身去发现学习。北欧国家如芬兰等提倡"少即是多"的生活理念，其教育模式呈现为以学生为中心的自由教育，被誉为是最幸福的儿童教育。美国注重从小保护孩子的天性，发掘孩子的创新实践精神，也给予了学生在教育中更多自由选择的权利。强调"玩中学"是美国基础教育模式的特色，美国课堂对学生的约束较少，到了中学阶段通过"选分制"鼓励学生自由选择课程，选修课程可以达到学分的基础上即可任选，充分促进了学生的个性化成长。英国自由主义教育模式也崇尚自由成长，学生没有小升初和高考的压力且日常作业较少，政府明令禁止为12岁以下的孩子布置家庭作业，但是鼓励孩子培养自我选择以及观察思考的能力。可见，欧美国家中小学的课业负担多体现为个体内在的负担而不是外在强加非主体意愿的负担，且其课业负担是相对均衡的，涉及各类教育如自然科学、户外探险等实践活动、兴趣教育、道德教育等，较充分地体现

---

[1] 管珏琪、朱欧亚、李笑樱等：《欧美百佳基础教育网站的特点分析与启示》，《外国中小学教育》2009年第10期。

了中小学教育的基础性和全面性。①

　　当然，由于欧美国家存在的公立教育和私立或精英教育系统的显著隔阂，在倡导精英教育的私立学校教育中，中小学生的课业负担或学业负担也并不轻，并体现了自身的特点。例如，威廉·德雷谢维奇《优秀的绵羊》(*Excellent sheep*) 在欧美产生了很大影响力，其中就谈到，根据美国的高校招生录取制度，虽然中小学教育并不以应试教育为纲，但是为了获取常青藤联盟高校的青睐，中学生在各项才艺、体育、志愿服务等方面都要花费大量的时间、精力乃至金钱，课外负担并不亚于以考试著称的东亚教育体系所带来的课业或学业负担。② 类似地，在以精英教育享誉世界的英国公学（Public school）教育系统中，学生的学习内容无论从量上还是难度上都不低，也带来了一定的学业负担的问题。例如，著名的伊顿公学（Eton College）和查特豪斯公学（Charterhouse School）对学生管理相当严格，并十分重视体育和艺术教育等，学生的课外娱乐互动十分丰富，甚至有部分公学周六需要上课。同样地，在美国，著名的私立高中安多佛菲利普斯中学被誉为"寄宿中学的典范，真正做到了在帮助学生预备大学生活的同时，全面塑造学生的人格"，该学校的课程设置和安排中也充斥着大量的社区服务、体育运动、戏剧音乐、俱乐部、师生交流等活动。③ 可见，与应试教育不同，尽管中小学生的课业负担也不轻，但是负担的来源并非来自考试或应试，而更多的是来自致力于培养综合素质的各项学习活动。

　　（二）欧美国家课业负担对中小学生发展与成长的影响

　　从狭义上看，欧美学生几乎没有应试型的课业负担。欧美国家倡导儿童的快乐教育，不会强行布置给学生过多的课程作业或频繁进行考试测验，更不会用分数评价学生。从广义上理解，负担是客观存在的。那么欧美基础教育模式下的课业负担是强调学生问题意

---

① 扈中平、刘朝晖：《减负：不仅仅是"减"》，《教育研究与实验》2004年第3期。
② [美] 威廉·德雷谢维奇：《优秀的绵羊》，林杰译，九州出版社2016年版。
③ 《美国私立高中NO1——安多佛菲利普斯中学》，2021年6月12日，搜狐网（https：//www.sohu.com/a/340087765_120256696）。

识和自主学习能力的高难度认知负担。在进入课堂之前，学生要了解本门课程的学习目的和内容等，然后带着问题进入教室，教师则利用问题进行课程导入。学会向教师提问，敢于质疑，自主探究并在行动中落实研究，实则需要学生投入更多的精力成本，这也是课业负担的另一种表现形式。

可见，欧美国家的素质教育并非完完全全地毫无负担的快乐教育，而是"痛并快乐着"。实际上，在精英教育体系中，特别是较好的私立学校，在许多富有的家庭，家长十分重视孩子的培养，学校教师也对学生提出了很高的要求而非一味地表扬与夸奖。学生的学业压力也十分大，并且学校纪律管理严格，甚至可能因为水平不够而被要求留级或重读。在课外培训方面，学生也是从小开始进行音乐、体育等方面的课外班，同时参加各种夏令营，以此来拓宽眼界、提升技能、增长知识、拓宽朋友圈。[1] 当然，在学校教育的场域中，欧美精英学校更多地着眼于激发学生的学习内驱力，鼓励学生进行各种探究式和研究型学习。美国最好的私立高中之一的菲利普斯·埃克塞特中学（Phillips Exeter Academy）的心理教师克里斯托弗·瑟伯博士（Dr. Christopher Thurber）在一次访谈中就提到，"在好学校，不管是公立还是私立，学生们都承受着不小的压力，但更多属于自我驱动型，因为他们想让自己变得更好"[2]。

在关于探究型（研究型）的学习中，学生会寻找问题和解决问题，这种探究性学习对学生的学习能力和综合素质发展有着积极的作用。第一，保护了学生的童真的想象力，没有泯灭学生的兴趣和对未知世界的探索，而是带来探索的乐趣。第二，有助于塑造学生的独立人格和正面价值观。学生在校封闭式学习时间较少，更多的是进行课外自主学习，独立完成作业，充分尊重个体差异性，抄袭或剽窃被视作是极其低劣的行为。第三，促进了学生的综合学习能力，如通过个人收集、筛选海量信息以支撑学习能够培养学生的信

---

[1] 《把孩子送入私立高中后，才发现西方的"快乐教育"只是表象》，2021年6月12日，搜狐网（https：//www.sohu.com/a/334626410_279899）。
[2] 《在美国第一私立高中学习，压力有多大？》，2021年6月12日，搜狐网（https：//www.sohu.com/a/130023855_155881）。

息素养。教学的重心在于学生的学，学生往往花大量时间思考问题，教师不会直接解答学生疑难而是进行启发式教学，鼓励和引导学生去自己发现、判断、选择、研究和理解。

三 应试教育模式和探究型教育模式下的课业负担比较

对比亚洲和欧美部分国家的基础教育可以发现，由不同的文化和教育制度而导致了不同教育模式，亚洲国家多偏向应试教育模式，而欧美等国主要采取了探究型教育模式。不同教育模式下对应的学生课业负担也有着鲜明的差异，学习主体对于学习负担的主观感受存在类型和强难度的区别。

应试教育模式下的课业负担是对已有知识的重复学习，是在已知的旧纸堆里反复咀嚼，是一种反刍式的反复与重复，纯粹是一种体力上、精神上和心灵上的摧残，缺乏向外的对未知世界的探索。在应试教育模式下，一切都是为了分数和升学率，其课业负担的典型表现在于学习时间过长，课程数目及作业量大，作业时间较长，作业过程反复机械且枯燥。[①] 于课堂内外，教师夸大了作业的功能，把学生的学习时间异化为作业时间，布置过量的作业以保证学生没有多余时间用来"玩乐荒废"。家长也理所当然地将学生的作业时间视为评价孩子努力程度的标尺，"集中精力写作业的时间越长表示孩子学习越努力刻苦，越刻苦则考试分数越高"。在应试教育中，课业负担是无条件接受的无意义的机械劳动和在紧张压抑的教育内卷氛围中累积的心理压力。

探究型教育模式下的课业负担注重学生对未知世界的探索，知识不是直接灌输的，问题往往也是开放性的，要求学生在学习中要有发散思维，敢于质疑，这有助于培养和提升学生的探究能力。在探究型教育模式下，学生是在教师的引导下自己在摸索着走，主动学习负担较重，但他们的智能可以得到较充分的开发，创造才能和

---

① 扈中平：《对我国中小学生学习负担的辩证分析》，《课程·教材·教法》2002年第 6 期。

自己主动获取知识以及自我发展的能力足以提高。[①] 教育重在因材施教，鼓励学生发现自身的潜能和学习动力，发展学生课程之外的智力兴趣，重视发展每一个人的潜能，提升个体健康生活、能够自由选择职业的能力。学生在探究学习中的课业负担更多是由内而生的自寻负担，如了解自身发现个人独特价值，以高度的自主能动性进行自我教育以及自我选择。探究型教育模式下的课业负担往往是内隐的，外显的课业负担在形式上可以量化减少，但是精神负担是深层的心理问题。适当的精神负担可以激发学生的求知欲，转化为激励的成长动力。但过重的精神负担则会严重危害个人的身心发展，因此探究性学习也需要把握好学习的强难度。简而言之，在探究型教育模式下，中小学生的课业负担也是相对较重；但是，与应试教育中的重复操练以及侧重于知识型学习而消弭学生的好奇心和学习兴趣为代价的课业负担不同，探究式教育模式中的课业负担主要是基于学生兴趣和能力的个性化教学所带来的，其根本目的在于促进学生的全面而个性化的发展，反而会激发学生的学习动机、兴趣，提升学生的综合素质与能力。

第五节 改革考试评价制度、优化课业质量，发挥课业育人功能

学生完成相应的课业或作业是教育教学的重要环节，也是对学生学习情况、水平和成果的一种检验，有助于为教师教学的改进提供针对性的反馈信息。可见，课业负担并非毫无作用，相反，合理的课业负担对于学校教育目的的实现至关重要，发挥课业负担的育人功能是推动立德树人的重要环节之一。因此，如何优化课业质量、提升课业管理效能对于发挥其育人功能、提升学习质量、减轻学习负担等均至关重要。更为重要的是，如前面分析所表明的，中小学生课业负担过重的原因复杂而多样，更涉及教育文化理念与教

[①] 扈中平、刘朝晖：《减负：不仅仅是"减"》，《教育研究与实验》2004 年第 3 期。

育制度等深层次因素，因此需要从制度层面入手，对学校教育进行深层次的变革，特别是其中的招生考试和录取制度等，以此来减轻家长的教育焦虑。

一 变革考试评价制度，转变因升学压力而造成的课业负担

课业负担是表象，而背后蕴含的是应试主义背景下的升学压力，该压力传导至学校课堂教学，并加剧了家长的教育焦虑。学业负担越减越重，从小学结业考试到中学升学考试，以高考这一"教育指挥棒"和"社会稳定器"为代表的考试评价有着难以撼动的至上地位。造成课业负担过重的核心因素便是升学考试的压力以及因此导致的家长的竞争焦虑心理。家长择校看升学率，学校招生看分数，家校合力将课业负担推到极致。在全民教育焦虑和学校教育以应试和升学为标杆的大背景下，学校之间因为激烈的竞争和内卷而给学生布置更多的课业和作业，希望借此提升学生的学业成绩，提高学校声誉和竞争力；另外，家长群体因为教育焦虑"不希望孩子输在起跑线上"，在课外辅导班方面层层加码，也增加了学生的校外培训负担。[1] 因此，从源头上解决课业负担问题需要改革考试评估制度，尤其是完全以分数为标准的招生录取制度，转变在应试背景下因为升学压力而导致的学业课业负担。

2020年10月，中共中央、国务院印发《深化新时代教育评价改革总体方案》，指出"教育评价事关教育发展方向，有什么样的评价指挥棒，就有什么样的办学导向"，并进一步强调改革教育评价，"坚持以德为先、能力为重、全面发展，坚持面向人人、因材施教、知行合一，坚决改变用分数给学生贴标签的做法，创新德智体美劳过程性评价办法"。[2] 另外，近年来也出台了不少新高考改革方案为学生减负，如减少考试科目或降低考试难度[3]，采取"3+X"的

---

[1] 尚春香、满忠坤：《基础教育学生学业负担过重若干前提问题的辨明》，《当代教育科学》2019年第10期。

[2] 中共中央、国务院：《深化新时代教育评价改革总体方案》，2021年6月13日，中国政府网（http://www.gov.cn/zhengce/2020-10/13/content_5551032.htm）。

[3] 马健生、臧洪菊：《减负——高考改革的错误定位》，《教育科学研究》2008年第2期。

科目组合考试，使学生可以最优选择适合个人兴趣潜能的科目参与考试评价。除了在主副科科目结构和考试内容上做出改革之外，深化改革的关键在于改革考试评价的方式，不能就考试唯分数来选拔高素质人才。在素质教育的主流下，教育评价方式应从重识记的知识型测验转向重能力的综合素质评价，建立起更为多元的长效人才选拔机制。不仅有纸笔测验，还应有面试考核，综合考查个人成长记录袋评价与专项特长认定等多样评价方式以实现能力测验、人才选拔和减轻学生负担的"三维目标"。①

另外，除了改革以高考为核心的结果性评价制度之外，学校教育的另一重点在于增加多元化和综合化的评价方式，特别是过程性评价制度，以此在日常教育教学中，通过评价而获知学生的学业成绩和全面发展状况，进而改善教学。当然，从根本上说，学校教育的本质在于要让每个学生个体充分认识到自我价值和发展的潜能，坚定"天生我材必有用"的自信自尊自爱理念，转变整个社会唯学历、唯文凭的片面人才观以及学校教育"唯分数"的片面评价观，这样才能从根本上转变应试背景下因为对分数的过分追求和升学压力导致的学生课业负担的异化。

总而言之，切实减轻中小学生课业负担还需转变整个社会唯学历、唯分数的桎梏风气，政府和教育行政部门应该发挥主导作用，制定合理的"减负"政策更关键的是要加强对政策执行的监管力度。②回溯历史可以发现，政府始终关注着学生的课业负担问题，有研究者统计发现，目前已累计出台 50 多条减负政策③，其重心从保障学生身心健康提升到关注学生核心素养的高度④。日前，中共中央办公厅、国务院办公厅印发了《关于进一步减轻义务教育阶段

---

① 孙少婷、岳涛：《中小学生学业减负何以越减越重？——复杂理论视阈下中小学减负阻力研究》，《教师教育论坛》2021 年第 8 期。
② 陈传锋、陈文辉、董国军等：《中学生课业负担过重：程度、原因与对策——基于全国中学生学习状况与课业负担的调查》，《中国教育学刊》2011 年第 7 期。
③ 葛新斌、张玲：《我国减负政策执行阻滞及其对策探析——基于"马—萨模式"的视角》，《教育发展研究》2019 年第 2 期。
④ 杨柳、张旭：《新中国成立以来我国"减负"政策的历史回溯与反思》，《教育科学研究》2019 年第 2 期。

学生作业负担和校外培训负担的意见》，就落实减轻学生学业负担的总要求对学校、校外培训机构以及家庭和社会都提出了规范措施[1]，强化了学校教育的主阵地，重点规范了校外辅导的培训行为，明确提高学校课堂教学质量以减轻学生过重负担[2]。因此，除了学校之外，合理的政策调控还能够撬动家庭这一重要课业负担阀门，使家长转向良性竞争需求，思考合理的课业负担内涵与出路。[3] 通过家校协同、家长学校等方式，转变家长的教育理念，促使家长根据学生自身情况选择相应的校外培训活动，特别是学科类的校外培训活动。

此外，坚持教育事业的公益性，推行校内校外的课业负担的"减负"也有效促使了教育的非营利性，扭转教育市场对于学科类培训和应试教育类课程的过度追求，甚至异化为"唯分数"是举的机构，相反引导教育培训机构拓宽素质教育的内容和渠道，并进一步转向家庭教育、探究性学习、兴趣培养、终身教育等新领域。同时，家长教育焦虑的根源在于对未来生活的不确定性以及教育资源不均衡所带来的公平问题的感知。因此，教育公平的实现也有助于中小学课业负担的治理。通过高效治理学科课外培训的补习市场，可以使得全社会的教育资源分配更加高效和公平，避免不必要的教育资源浪费并适度使教育资源向中西部及农村等教育贫困地区倾斜。

二 转化课业负担为学习动力，促进学生学习质量的提升

学生的学业负担或课业负担既具有客观属性（如学生的学习时间和投入、作业的数量和质量），也具有主观属性（如学生的主观

---

[1] 中共中央办公厅、国务院办公厅：《关于进一步减轻义务教育阶段学生作业负担和校外培训负担的意见》，2021年7月24日，中国政府网（http://www.gov.cn/zhengce/2021-07/24/content_5627132.htm）。

[2] 《强化学校教育主阵地作用 深化校外培训机构治理——解读〈关于进一步减轻义务教育阶段学生作业负担和校外培训负担的意见〉》2021年7月24日，新华网（http://education.news.cn/2021-07/24/c_1127691448.htm）。

[3] 马健生、吴佳妮：《为什么学生减负政策难以见成效？——论学业负担的时间分配本质与机制》，《北京师范大学学报》（社会科学版）2014年第2期。

感受、学生的学习体验等)。这已成为学界共识。① 也就是说，一方面，课业负担的来源是多样的，包括教师布置的课后作业，以及父母给予孩子的家庭层面的负担和校外培训机构带来的社会层面的负担。另一方面，也可以从客观和主观两个方面的指标进行测量，课业负担作为一种主观体验，同时又是客观存在的。②

因此，课业负担并非"洪水猛兽"而仅有负面意义；相反，课业负担作为正常教育教学的重要环节，特别是教学反馈的重要载体，在教书育人的过程中扮演着重要角色。教育学研究表明，适当的课业负担能够激励学生前进，但过重的课业负担会影响学生身心发展，是需要避免的。③ 有学者更进一步地谈及"学习"和"负担"之间的辩证关系，他们基于对"学习"和"负担"的本质理解，对课业负担进行了分类辨析并将其作为使用合理负担促进学习的前提条件。其中，外加负担与自寻负担、生理负担与心理（精神）负担，学科负担与活动负担，校内负担与校外负担是相互对立又可以转化统一的关系。④ 这些负担必然会贯穿整个学习过程。

由于课业负担具有的客观性与主观性交叉的特征，就学生主体而言，对不同类型课业负担的感知程度是不同的，可见，学生的学习负担是具有个体差异性的。毫无疑问，无论是课业难度还是课业数量，不同的学生的学习时间、学习投入及其体验的负担，均是有极大差异的。⑤ 因此，如何将课业负担转化为学生的学习动力，也就需要因材施教的教学原则和理念的指引。以课业难度为例，教育部等多部门明确表明，作业难度过大不仅导致学生作业时间增加而挤占了游戏、运动等时间，而且也违背了教育教学规律，不利于学生身心健康和全面发展。但是，课业难度高低具有明显的个人差异

---

① 何孟姐、杨涛：《义务教育质量监测中课业负担分类模型研究》，《教育科学》2019 年第 2 期。
② 顾志跃：《中小学生课业负担问题——中小学教育改革热点问题导读之十一》，《教育科学研究》2004 年第 11 期。
③ 朱卫国：《中小学生课业负担的理性思考》，《教育发展研究》2019 年第 12 期。
④ 肖建彬：《学习负担：涵义、类型及合理性原理》，《教育研究》2001 年第 5 期。
⑤ 尚春香、满忠坤：《基础教育学生学业负担过重若干前提问题的辨明》，《当代教育科学》2019 年第 10 期。

性，关键在于根据学生的学习基础和能力进行相应的调整和布置。在控制好学习强度、学习内容和学习时长的前提下，合理的课业负担若能对应学生的学习状态即"最近发展区"，促进个体探究性学习便能降低学生的心理负担，有效促进学习。[1] 换句话说，如果学生有能力"了解、认知、掌握"相应的知识技能，适当的课业负担有利于帮助学生进一步顺应或同化知识与技能的习得，从而让学生在心理上获得愉悦的主观学习感受和成就感，并提升学习效能感（Learning efficacy）。因此，合适而高质量的课业负担应该有助于促进知识在学习活动中习得并向活动中转化，而这是学生提升学习获得感的绝佳路径；由此，学生感受到的是主动学习的需要而非被动的学习负担，学习负担也才能向学习需要、学习动力转化。

　　合理而高质量的课业任务并将课业负担转化为学生的学习需求可以让学生在完成课业的同时提升学生学习的高效性。首先，合理的课业负担应该从外部强加的负担转化为学生自主学习的负担。例如，英语教师布置学生回家记单词的作业属于教师的外加负担，而学生为了完成这一记单词任务还阅读了课文，甚至能够背诵课文并完成了课后练习，在课堂上很好地展示了其学习的态度和能力而因此得到了教师的表扬。这一过程中阅读背诵课文并完成课后练习是学生为了更好地完成单词任务表现自我而自发进行的选择，属于自寻负担，由其主动意志导致的学习需要起到了自我激励的作用。其次，课业负担的布置需要平衡学生生理负担与心理负担，更重要的是避免课业负担给学生带来过重的心理负担。在学习中需要投入适当的心力和体力，合理的身心压力是个体成长的必要催化剂。但学习时间过长如久坐熬夜会导致学生出现反应迟缓、肥胖或近视等健康问题；若学习强度过大导致竞争激烈则会使学生之间产生人际矛盾、自我否定、焦虑抑郁症状等心理问题。生理与心理是互相影响的，青少年心理产生问题容易导致其智能失常、情绪失控，更严重的如轻生、违法犯罪等行为对个人影响是毁灭性的，因此"减负"

---

[1] 艾兴：《中小学生学业负担：概念、归因与对策——基于当前基础教育课程改革的背景》，《西南大学学报》（社会科学版）2015年第4期。

更要侧重于减轻学生对课业的心理负担①,使其快乐学习。再次,要促进学科负担向活动负担转移。学科类课业负担是当前学生过重课业负担的重要来源。而在活动式的课业中,学生可以以较为轻松愉悦的心情参与,同时保证多感官参与、全方位投入实践,并成为真正的学习主体:学生成为自身学习任务的"导演"而非被动的被操控的"角色"。因此,在作业和课业形式上,学校教师应摒弃传统的"题海战术"为课业主要形式的做法,进一步拓展作业形式,包括体育活动、小组合作、科学实验、独立话剧排练、小组社会实践、活动调研等。这种活动型的课业作业能够减轻学生在学习任务中的强制压力与痛苦感,因此教师要学会利用活动负担把握学生的有效注意时间,使学生在课堂实践活动中轻松完成学业,达到"减负增效""减负增质"的最终目的。最后,转化课业负担为学习动力的另一关键在于实现校内负担和校外负担的动态平衡,特别是要注意激发学生作为学习主体的自主能动性,同时注重构建家校共育的教育生态。一方面,家长要考虑学生个体的能力范畴,尊重其兴趣爱好,因材施教。另一方面,学校教师和家长可根据学校教育的时间和任务计划,共同调整和制定学生课外学习的类型或时间频次,且课外兴趣班更要尊重孩子的意愿以降低其心理负担。总而言之,学生的课业负担既是客观的也是主观的,不仅需要学校教育转化作业课业形式,也需要家长转变教育理念,这样才能协同推进,从而形成合理的课业负担,提升课业质量,从而实现学生的高质量学习。

三 调整优化中小学生课业负担的类型和质量

古人有言:"书山无路勤为径,学海无涯苦作舟。"可见,学习作为一项劳动,其本质便是时间和精力的持续集中投入;若要在学业上有所成绩有所进步,那么就需要对学生学习投入和承诺提出较高的要求。有趣而快乐的学习虽然是学校教育中经常出现的口号或宣言,但是却并不否认学习过程可能面临的艰辛、困难和挑战。因

---

① 谢维和:《重要的是减轻中小学生的心理负担》,《教育研究》2000年第4期。

此，我们认为，对于尚未成熟、具备独立而完善人格的中小学生而言，学习在很大程度上是一种负担，而且，这种来自外部的强加的课业负担是日常生活和教育工作中的重要组成部分，因此也是不可避免的。但是，课业负担作为学校教育的必要环节的异化却要求学校教师要着重调整中小学生课业负担，并提升课业质量，以此发挥课业作业的正向育人功能，促进学生身心健康和全面发展。从根本上说，减轻学生负担主要侧重于减少重复的知识型学习负担，也就是以刷题为基本教学模式的错误做法，另外，要合理增加学生的研究性学习的负担，对于从音乐、体育、美术等角度出发来提升学生综合素养的课程和教学应该予以保持并扩展。

第一，可结合学生的差异性设计分层作业。合理的课业负担应该是具有差异性的，对于不同学科和不同个体的负担要能够进行分类调节。有研究者就指出，在因材施教的指引下，学生课业作业也应建构起分层设计的结构和思路，也就是基于学生的个性和能力等差异，为学生设计不同类别、不同层次的作业，同时对学生进行分类指导和分层评价，这可能是促进不同层次的学生综合发展的立项作业形态。[①] 第二，合理的课业负担是具有多样性和灵活性的。它应当包含学科认知负担、活动探究负担、情绪心理负担等多样交叉负担，可以是自寻负担也可以是外在负担，既存在于校内也存在于家庭社会。各种负担都是必要负担但存在适当的比例。例如，知识反刍型的课业负担应相对减少，增加一些探索性的、以行动为导向的、基于兴趣探索未知世界的课业负担。合理的课业负担，其前提是至少要保证学生每天的体育锻炼和休闲娱乐，适当的体育活动能够强身健体，还能促进身心健康发育尤其能解压释放负面情绪。第三，课业作业应重视学生学习兴趣，从形式和内容上来改善作业课业的质量，使学生避免陷入重复性的低效的学习之中。相反，课业作业应激发学生参与生动的课堂互动的动机，同时，创新自选的课后作业形式如小组合作探究、手工劳动、社会实践与个人成长计划、自拟读书报告等，着重培养学生的创新实践能力。

[①] 罗生全、孟宪云：《新时代中小学作业问题的再认识》，《人民教育》2021年第Z1期。

四 优化教学方法，提高学校教育教学质量，提质增效

"学校是教育的主阵地"，这是"双减"政策推行以来，社会各界对于学校教育的地位和作用达成的重要共识。因此，减轻异化了的学生的课业负担的关键之一在于优化教师课堂教学的教学方法和过程，进而提升学校教育教学质量，提质增效，增强学校教育的效率和效能。

学校和教师层面应该主抓教学质量，优化教学方法，通过适宜的、符合学生身心健康发展规律的课业负担来提高学生学业成绩、促进学生的全面发展。作为学生"减负"的主力军，学校和教师要把握"减负"的实质，注意"减负"不光是减少作业量或降低课业难度，在"减负"的同时更要注重增效。对小学、初中和高中三个阶段学生的学业负担进行调查发现，教师教学效能与学生课业负担关系密切，教学效能层次最低下的教师，其对应学生的学业负担均值是最高的。[1] 因此，解决学业负担问题最根本的策略还是增效，也就是提升教师的教学效能。[2] 因此，学校教育的重点应聚焦建设高效的课堂教学，以质量为靶，促进师生课堂教学以共同实现"教学相减"——减少师生双方彼此的教学压力，提升教师专业教学胜任力和学生学习动力。课业、作业应发挥相应的评价反馈功能，并与教师的课堂教学相联结，以实现"作业全面育人的价值旨归"[3]。例如，中小学教师要注意统筹规划课堂教学环节，一方面，要精简课堂教学时间，鼓励学生当堂完成作业，同时通过课堂评价建立起教、学、练一体化的教学方式，这也能够使学生在学习情境中得到及时的输出与反馈、矫正。另一方面，提升课堂作业的质量，发挥其评价反馈功能，让课堂作业成为学生自我评价、同伴学习与师生交流且表现自我的绝佳工具。因此，通过提升作业质量，并将作业

---

[1] 罗生全、孟宪云：《学业负担与教学效能的关系——数理分析与学理确证》，《教育研究》2016 年第 8 期。

[2] 艾兴：《中小学生学业负担：概念、归因与对策——基于当前基础教育课程改革的背景》，《西南大学学报》（社会科学版）2015 年第 4 期。

[3] 罗生全、孟宪云：《新时代中小学作业问题的再认识》，《人民教育》2021 年第 Z1 期。

集中于课堂教学之中，可以让学生完成课堂作业的自我效能感大大提升，也减轻了学生的课业负担。此外，就校内课业负担与校外培训负担之间的平衡而言，中小学教师优化教学方法，尽可能根据学生的学习基础和目标的不同，采取差异化的教学策略和方法，让优秀的学生得以在原有基础上更进一步的同时，也可以充分利用课堂教学的时间，保证全体学生在课堂上能够完成教学目标，掌握相应的知识。如此，学生也便无须额外的课后作业与校外补习，进一步解放了课外时间，让学生得以自由支配。

第四章

应试教育中考试的世界观与方法论

考试的主要目的在于考查学生在各方面的发展情况,特别是注重对学生知识、潜能、创新能力、思想道德意识品质、心理健康等的考查与评价。当然,这是理想型考试所应具有的功能与目的。但是,受教育日渐功利化、高风险的筛选选拔型考试的盛行以及教育问责的影响,在应试教育背景下,考试逐渐远离其本质和目的,特别是与教育的目的相悖。可见,以应试为本的考试目的也进一步加剧了学校教育的竞争性和选拔性,解决了考试目的的异化,不断偏离育人为本的本质目的。可见,当前学校教育奉行的是知识型考试哲学,考试范围、试题、内容、评价答案以及考试遵循的逻辑均以知识型为主。同时,考试自身在评价内容、评价方式方法、结果运用等方面也存在不足,如考试内容单一化、狭隘化,考试方式方法过于僵硬和强调标准答案,考试结果侧重于对学生进行分类分等。此外,应试教育中知识型考试哲学的盛行与实践对学校教育和社会层面均产生了许多消极影响,比如忽视了对学生创新能力、思想品质等的考查,催生学校教育的功利化、社会和家庭教育资源的浪费等。因此,结合不同考试制度下考试与试题的类型的综合比较,我们认为,考试哲学应摒弃应试教育的桎梏,超越知识型考试哲学,走向综合,构建考查知识和创新能力协调的考试哲学。

第一节　考试的本质目的

"中国是发明考试的文明古国，也是一个考试大国。"[1] 作为考试的故乡，受有"国家抡才大典"之称的科举考试在选拔人才、选贤任能、以试取才方面的深刻影响，中国"逐渐成为一个以'凭才取人'的人才选拔标准和能力本位主义的价值取向为表征的科举社会"[2]。而由此形成的考试文化、考试情结对中国学校教育和考评机制产生了深刻影响。考试是一种考查、鉴别和评价学生在知识、能力、态度、素养等方面所体现出来的水平的一种活动。考试评价是学校教育的关键环节，发挥着指挥棒的导向作用，深刻影响着学校、教师、学生和家长的活动和理念。"评价要服务于教育，而非相反。"[3] 作为一种评价学生发展水平和过程的工具，考试应服务于教育活动的开展、服务于学生、服务于教师教学过程，进而促进学校教育的改进和质量提升。赵勇指出，教育评价改革面临的问题"不是教育评价的技术问题，而是本质的哲学问题，是社会、政府必须考虑的问题，但同时也涉及教育的科学性的问题"[4]。概括而言，考试的目的主要包括如下方面：（1）考查学生对基础知识和技能的掌握情况；（2）考查发现学生的创新能力和潜力；（3）了解学生的身心状况（含体育考试）和思想意志品质。因此，考试服从于教育目标、服从于人的全面发展。

一　考试应与教育目的相契合

教育目的或教育目标（The objectives of education）是"对教育活动所要培养的人的个体素质的总的预期与设想，是对社会历史活

---

[1] 刘海峰：《推进教育考试现代化进程》，《中国考试》2021年第2期。
[2] 郑若玲：《科举考试的功能与科举社会的形成》，《厦门大学学报》（哲学社会科学版）2005年第2期。
[3] 文东茅：《深化教育评价改革需回归尝试》，《教育测量与评价》2020年第8期。
[4] 赵勇：《教育评价的几大问题及发展方向》，《华东师范大学学报》（教育科学版）2021年第4期。

动的主体的个体素质的规定"①。从宏观到微观，教育目的的设定及其实现又可自上而下地包含宏观教育目的—培养方案—课程目标—教学目标等多个层级。而作为学校教育的关键环节，考试评价必须以教育目的为判断标准：学生、教师、学校等被评价主体在多大程度上实现了所设定的教育目的。② 因此，考试的本质目的受制于教育目的的设定及其具体内容；更具体地说，教育目的回答的是"培养什么样的人"这一关键问题，而考试回答的是"如何评价人"的问题。因此考试目的受到学校教育目的的深刻影响：有什么样的教育目标，就决定了考试评价的内容和具体维度，也影响着考试评价的方式方法和结果运用。为了明晰考试的本质目的，我们需要进一步讨论教育目的，特别是学校教育目标的制定。

立德树人是教育的根本任务。教育目标不仅受社会历史文化与现代科技等宏观背景的影响，也受到我们如何理解人、如何界定人的素质、如何鉴别人才等"人才观""素质观""知识观"的深刻影响。③ 同时，教育目的也具有面向未来的属性，也就是面向未来，特别是现代科学技术革命的迅猛发展，我们应该培养什么样的人，才能够适应并引领未来。④ 美国堪萨斯大学著名华人教育学者赵勇就指出，如何设定教育目标将会影响到教育评价的制度设计，并进一步总结了学校教育目标的四种特点⑤：其一，"教育目标的多重性"，也就是说教育目标是多元的、多种多样的。学校教育需要为不同的教育目标服务，典型的如《中华人民共和国教育法》第五条明确规定了中国的教育目的："教育必须为社会主义现代化建设服务、为人民服务，必须与生产劳动和社会实践相结合，培养德智体

---

① 王道俊、郭文安：《教育学》（第七版），人民教育出版社 2016 年版。
② 赵勇：《教育评价的几大问题及发展方向》，《华东师范大学学报》（教育科学版）2021 年第 4 期。
③ 顾明远：《中国教育路在何方：顾明远教授漫谈》，人民教育出版社 2016 年版。
④ 林崇德：《学生发展核心素养：面向未来应该培养怎样的人？》，《中国教育学刊》2016 年第 6 期。
⑤ 赵勇：《教育评价的几大问题及发展方向》，《华东师范大学学报》（教育科学版）2021 年第 4 期。

美劳全面发展的社会主义建设者和接班人。"[①] 其中，学生的德智体美劳全面发展本身就意味着学校教育目标的多重性。其二，"教育评价的完整性"，这一特性强调考试、测试等评价方式应该对人的全面发展进行完整的评价，"承认教育需要照顾多个教育目标"，不是仅仅只对语文、数学、外语等学科进行评价，而忽视了批判性思维、创造性思维、合作交流等能力的评价。其三，"教育目标的非兼容性"，赵勇教授指出，多元的教育目标在同一个教育体制中可能难以同时实现，甚至教育目标之间会发生冲突，这体现在学科之间的矛盾、学科成绩与情感发展的冲突、短期教育目标与长期教育目标的矛盾、创造力与短期学习目标的矛盾、认知与非认知的矛盾等。[②] 其四，教育目标与学生的个性化，考试评价的对象是学生的学习成果和过程，但是这两者都存在学生的个体差异，而学生的个性化特征（如天赋、兴趣、能力、取向等）都会影响到考试的运作，与个性化特征相伴随的是，如何推动个性化教学、设定个性化教学目标以及随之而来的开展个性化的评价。

显然，正如赵勇教授所总结的一样，教育目的或教育目标呈现复杂性的特点：目标的多重性、目标之间的非兼容性、考核评价的完整性、目标统一性与个性化之间的张力等特征均对考试评价带来了巨大的挑战。以此来观照当前应试教育背景下教育考试和评价，我们可以发现，考试目的已严重偏离教育目的。一方面，当前考试内容呈现单一性和狭隘化的倾向，侧重于对某些学科（如语文、数学、外语）等学科目标以及学生认知知识与能力的考查，而部分乃至完全忽略了对学生的身体素质（体育）、艺术能力（美育）以及更为重要的社会情感能力、创造力等核心能力。显然，单一化的考试违背了教育评价的完整性的主张，也与立德树人强调的人的全面发展的理念相违背。另一方面，以应试主义为理念的考试过分强调标准化试题、标准化答案，用统一的、同一的模子来衡量个性化的

[①]《中华人民共和国教育法》，2023 年 9 月 2 日，教育部官网（http://www.moe.gov.cn/jyb_sjzl/sjzl_zcfg/zcfg_jyfl/202107/t20210730_547843.html）。

[②] 赵勇：《教育评价的几大问题及发展方向》，《华东师范大学学报》（教育科学版）2021 年第 4 期。

学生的学习和发展状况，以此来评判、奖惩、筛选乃至淘汰学生。这种被学者称作"模塑主义"的考试目的观显然忽略了人的发展的个性化和差异性，不仅使得考试显失公平，而且也不利于学生个体的个性化发展，更偏离了考试以促进和服务学习、培育学生素质的总体目标。① 因此，我们主张，考试的本质目的应与教育目的相契合、相一致，教育目的应成为改革考试内容、方式方法和结果运用等的准则。

二 考试应是对学习的评价并促进教学

为了厘清考试的本质目的，我们还需要进一步审视考试与学习所形成的复杂互动关系。考试究其本义在于对学生的学习情况、进展、成果进行衡量和评估，进而考察学校教育对学生学习产生了积极或消极的影响。毫无疑问，考试的核心目的之一在于服务、促进和协助学生学习。但是，学生学习成果或进步情况受到来自内部与外部、先天与后天等多重且复杂因素的交互影响。② 这也使得用考试评价学生学习面临极大的挑战。

在学理层面，教育研究者总结了理论上与实践中考试与学习所形成的三种关系模式，反映了不同的考试理念及其所遵循的本质目的③：其一，总结学习或对学习结果的考试评价（Assessment of learning），在这一模式下考试的主要目的在于根据预先设定的教育目标对学生学习成果进行总结性或终结性的评价，进而得出学生学习水平的高低，也就是以分数或等级为主的成绩。其二，促进学习或为了学习的考试评价（Assessment for learning），这一考试理念或模式强调对学生学习过程的追踪式的了解，不仅考查以分数为表现形式的学生学习成果，而且从量化与质性的多重视角出发关注学生学习过程中的各种认知与非认知的表现，并向学生、教师、家长等

---

① 王后雄：《论教育考试的功能性缺陷与价值冲突》，《华东师范大学学报》（教育科学版）2008年第1期。
② 赵勇：《教育评价的几大问题及发展方向》，《华东师范大学学报》（教育科学版）2021年第4期。
③ 高凌飚：《基础教育考试评价三个视角的融通转换与观念更新》，《中国教育科学（中英文）》2020年第5期。

利益相关群体提供关于学生学习的反馈，以促进和服务学生学习改进。其三，作为学习或融入学习的考试评价（Assessment as learning），这一考试模式注重以学习者为主体、以学习为根本目的，并推崇以元认知（Meta-cognition）知识与调节双重视角出发，来审视和反思学习者的学习过程、结果、策略以及复杂的内外部影响因素；也就是说，作为学习的考试强调学习者是考试的主体而非被评价的对象，考试的功能在于促进学习者自我调节和优化学习过程，学习与考试融合一体。

可见，考试与学习形成复杂的多元互动关系。这进一步让我们反思考试的本质与目的。从操作意义上来说，考试有助于学生学习成绩的提升，有研究者通过梳理国内外的众多认知实验研究总结出"测试即学习"的论断，强调考试本身就是一种改进学生认知方式的学习策略，并有助于提升学习效果。[1] 但是，更重要的是，在应试教育的背景下，考试的功能逐渐从评价、服务和促进学习异化为将考试本身视作目的，颠倒了手段—目的链，也进一步催生了学校教育中的题海战术和操练文化的盛行，教师教学与学生学习活动趋于低效，而学生学业负担却不断增加，学生创造力与想象力被无情压制。

可见，以应试为特征的考试秉持的是"以分为本""唯分数是从"的考评理念，偏离了原先服务和促进学习者学习的目的。[2] 因此，我们应回归考试的本质目的：既是评价学习者知识型和探究型学习成果及全面发展程度的机制，也是考查学习过程和影响学习因素的工具，更是服务和促进学生学习能力的关键手段。

三　考试应落脚于促进学生的全面发展

如前所述，教育目标的多重性、完整性、个体差异性等特征要求考试评价也应建立起相应的多元、完整且观照学生个体差异的评

---

[1] 周爱保、马小凤、杨玲：《测试即学习：认知研究对教学实践的启示》，《课程·教材·教法》2013年第2期。

[2] 王中男：《"以分为本"的学习评价价值观：基于双重维度的分析》，《教育科学研究》2016年第11期。

价体系、评价内容和评价方式方法。而促进人的全面发展的教育观理应成为教育考试的本质目的。马克思主张"人作为一个完整的人,以全面的方式占有自己全面的本质"①,而人的全面发展是人发展的理想目标和最终追求。著名教育学者王道俊和郭文安从教育学的视角出发认为,人的全面发展的本质要义在于"在人的劳动能力全面发展的基础上包括人的社会关系、体力、智力、道德精神面貌、意志、情感、个性及审美意识和实践能力各方面的和谐统一发展。人的全面发展过程是人不断走向自由和解放的过程,是人类历史追求的真正目的"②。在以人的全面发展为终极目标的理念指引下,考试的本质目的应凸显学生的主体价值,构建人的全面发展的评价体系及其相应的评价内容,以此作为设置考试评价内容和方式方法的依据。霍华德·加德纳(Howard Gardner)的多元智能理论(Multiple intelligences)与国内外关于学生核心素养的研究为我们更好地理解人的发展的全面性和完整性提供了重要的理论依据,有助于我们思考"应该培养什么样的人"并重新审视考试的本质目的,进而改革考试评价的对象与内容。

1983年加德纳在其著作《心智的框架:多元智能理论》(*Frames of mind: the theory of multiple intelligences*)对传统的单一的、狭隘的智能观、能力观和知识观进行了批判,进而在发展心理学和神经心理学研究的基础上,系统性地提出了多元智能理论。加德纳认为,以往的许多理论将回答测试问题的能力操作化定义为"智能",进而"借助统计技术,从考试分数中推断出某些潜在的能力"。与之不同,多元智能理论主张智能"是一种计算能力(Computational capacity),一种处理某种特定信息的能力",并从问题解决能力的视角来理解能力或智能。在此基础上,加德纳总结并详细论述了七大智能领域③:一是音乐智能(Musical intelligence),二是

---

① 袁利平、杨阳:《人的全面发展:学校课程建设的价值坐标》,《中国教育科学(中英文)》2021年第1期。

② Howard Gardner, *Multiple Intelligences: New Horizons*, New York: Basic Books, 2006, p. 90.

③ Howard Gardner, *Multiple Intelligences: New Horizons*, New York: Basic Books, 2006, p. 90.

身体—运动智能（Bodily-kinesthetic intelligence），三是逻辑—数理智能（Logical-Mathematical intelligence），四是语言智能（Linguistic intelligence），五是空间智能（Spatial intelligence），六是人际交往和沟通方面的智能（Interpersonal intelligence），七是自我内省或反省智能（Intrapersonal intelligence）。当然，随着研究的深入，多元智能理论所涵盖的不同类型的智能也存在拓展的空间，加德纳就曾表明他考虑将"存在或精神智能"（existential or spiritual intelligence）、"幽默智能"（Humor intelligence）与"道德智能"（Moral intelligence）纳入多元智能的领域。多元智能理论认为，个体的智能并非单一的，而是一系列智能组合的形式，"任何一个复杂的成年人都是多种智能的结合体"。① 加德纳的多元智能理论对我们理解考试的本质和目的十分有益：一方面，多元智能理论从完整性和全面性的视角来理解人的智力或智能，扭转了以往狭隘的人才观和能力观②，以此为观照，考试评价也应以完整的视角、全人（whole-person）的视角来考察和评判学生或学习者的发展阶段和特点。另一方面，多元智能理论也强调个体发展的个性化、差异性和不平衡性，"不存在两个个体——就算他们是双胞胎——拥有完全一样的智能结构，因为每个个体都有不同的经验"③。由此可见，考试评价的目的之一应在于识别学生的个体差异性和独特潜能，进而促进学生个性化发展。此外，加德纳的多元智能理论将智能或智力建基于问题解决的基础之上，也启发我们，单纯依靠纸质的问答考试已经无法真正考察和衡量个体的发展状况。考试如何针对问题解决能力建构起全新的考试内容和考核方式，成为考试评价改革的难题。

除了多元智能理论之外，近年来国内外教育学界广泛讨论的学生核心素养的特征和结构也为我们思考考试目的提供了理论和实践的双重参照。学生核心素养或关键能力（Key competence）这一新

---

① Howard Gardner, *Multiple Intelligences: New Horizons*, New York: Basic Books, 2006.

② 于华：《境外多元智能理论的研究进展及其启示》，《教育研究与实验》2012年第3期。

③ Howard Gardner, *Multiple Intelligences: New Horizons*, New York: Basic Books, 2006.

兴概念的出现同样是为了回答"培养什么样的人"这一关键问题。尽管围绕核心素养的内涵和外延仍然存在许多讨论的空间①，但是大致而言，作为当前国际国内教育学界的主流话语，学生核心素养指的是学生应具备的各种关键的知识、能力、情感、态度等，以胜任并适应当前和未来社会的挑战。② 与一般的知识能力不同，核心素养不仅强调适应现代生活和未来挑战的关键能力，而且强调知识、能力、态度的统整性、跨学科性和完整性。学生核心素养指代的内容十分宽泛而多样：联合国教科文组织（UNESCO）在2003年提出了学生核心素养的"五大支柱"。经济合作与发展组织（OECD）构建的学生核心素养体系包含"互动地使用工具"等三个层面。欧盟在2005年提出了核心素养彼此联结的八大领域，包括母语沟通等。③ 在中国教育学界，以北京师范大学林崇德教授为代表的一批优秀学者也致力于建构中国特色的学生发展核心素养框架体系和具体评价标准。林崇德将学生发展核心素养界定为"学生应具备的、能够适应终身发展和社会发展需要的必备品格和关键能力"④。也就是说，核心素养的关键词不仅包括知识或技术，更重要的是品格和能力。林崇德教授及其团队经过三年多的研究，围绕"全面发展的人"和立德树人的核心理念总结了中国学生发展核心素养的三大领域、六种素养、十八个要点，分别是：文化基础领域、自主发展领域、社会参与领域。⑤ 无论是国际上对学生核心素养的界定，还是国内学者提出的中国学生发展核心素养框架，我们可以发现，他们的共同点在于均着眼于培养全面发展的人，学生不仅应掌握基础知识，更应该在语言学习、社会交往、创新发展、人

---

① 马健生、李洋：《核心素养的边界与限度——一种比较分析》，《北京师范大学学报》（社会科学版）2018年第3期。
② 胡乐乐：《国外核心素养体系构建探究》，《新疆师范大学学报》（哲学社会科学版）2017年第6期。
③ 胡乐乐：《国外核心素养体系构建探究》，《新疆师范大学学报》（哲学社会科学版）2017年第6期。
④ 林崇德：《构建中国化的学生发展核心素养》，《北京师范大学学报》（社会科学版）2017年第1期。
⑤ 林崇德：《构建中国化的学生发展核心素养》，《北京师范大学学报》（社会科学版）2017年第1期。

文底蕴、科学精神、创造力、自我接纳和实现以及身体和心灵心理的发展等各个层面具备相应的素养，才能适应培养健全的人格和体魄、复合型的知识和能力结构，并能应对未来社会的挑战，并能"协助个人获得'成功的个人生活'，进而建立'功能健全的社会'"。①

综上所述，基于对考试目的与教育目的两者关系的考查、考试与学习的多元互动联结的梳理以及考试目的与"人的全面发展"的教育本质的关系，我们主张：考试的本质目的应与教育目的相匹配，并服务于教育目的的实现。同时，作为评价学生的学习成果的机制，考试目的不仅应着眼于总结性或终结性评价，更应该考查学习过程，并成为服务和促进学生学习的关键手段。更为重要的是，考试的本质目的遵循并尊重人的全面发展的理念和教育本质，进一步凸显学生作为主体的价值，进而构建相应的考试内容、标准指标和方式方法。具体而言，一方面，基础知识和技能的掌握应是考试内容的重要组成部分；另一方面，学生的创新能力和创造性也应纳入考评的重要内容；此外，学生的身体素质、思想观念、社会交往、意志品质、心理健康等非认知素养也应获得考试的同等关注。

第二节　应试教育考试哲学的特征

考试是对人的测量和评价的方式之一，是关于人的问题的探讨，所以考试应被纳入哲学的视野中。② 在教育领域中考试是检查和评定学习者的学习效果的测量工具。③ 应试是师生对待考试的一种适应和准备状态，是从考试中延伸出来的必然产物。④ "应试"的存

---

① 蔡清田：《论核心素养的国际趋势与理论依据》，《东北师大学报》（哲学社会科学版）2018年第1期。
② 边际：《考试的"哲学思考"》，《中国考试》2006年第7期。
③ 郭法奇：《如何从应试教育走向素质教育——基于〈教育规划纲要〉及教育历史的实证分析》，《河北师范大学学报》（教育科学版）2013年第11期。
④ 凌明一：《教育改革背景下应试教育症候及其对策探寻》，《教学与管理》2018年第30期。

在，催生了应试教育。应试教育，又叫填鸭式教育，是一种为考试而进行的教育，考什么教什么，不考不教，评价上唯分数、唯升学率。①"分分分，学生的命根；考考考，老师的法宝"便是对应试教育的真实写照。受以升学为目标的功利哲学影响，在中国基础教育评价系统中，现阶段仍以应试评价方式为主。考试是应试教育的灵魂关键，分数是应试教育所追求的目标。然而我们很难找到没有考试的教育，人们反感应试教育的主要原因在于考试存在的片面性、投机性且过于依赖标准化答案的缺陷放大了基础教育中的应试教育倾向，如教师为了应试，采用题海战术、死记硬背、满堂灌等不符合教育发展规律的教学方法。为了应试，学生的课业负担不断加重。从2018年PISA测试结果来看，中国四省市（北京、上海、江苏、浙江）学生平均校内课堂学习时间为31.8小时/周，排在参赛国家的第四名。② 2017年，中小学人工智能教育"阿凡题"发布了一份《中国中小学写作业压力报告》，这份报告发现，中国中小学学生写作业的时长降低为2.82小时，但仍是全球水平的近三倍。③在应试教育的脉络中，考试在哲学与学理层面体现出如下特征。

一 考试范围局限于有限的课本知识

在应试教育背景的影响下，教育的一切活动都围绕着考试的指挥棒在转，教材和教师的课堂教学成为应试教育规训的对象。④ 中国基础教育领域在教育教学过程中一直追求着标准化和统一化，为了考试的标准化开展，相关部门统一了考题、教材、考试大纲、复习大纲等。⑤ 但随着考试竞争压力的不断加大，考试范围的"大一统"逐渐"异化"。教师的教学活动随着考试大纲而变，根据考试

---

① 杨东平：《重新认识应试教育》，《北京大学教育评论》2016年第2期。
② 《PISA 2018测试结果发布，我国四省市学生全部三科均居第一》，2019年12月4日，百家号（https://baijiahao.baidu.com/s?id=1651985139294585848&wfr=spider&for=pc）。
③ 阿凡题：《中国中小学写作业压力报告》，2017年12月21日，360个人图书馆（http://www.360doc.com/content/17/1221/21/1597421_715202177.shtml）。
④ 章建石：《考试改革如何冲破应试主义的藩篱——兼论大规模教育考试改革的几个趋势》，《当代教育科学》2017年第12期。
⑤ 秦伯益：《应试教育扼杀个性 应试科研扼杀创新》，《科技导报》2017年第8期。

大纲的具体要求来开展授课，课堂上教授的知识是考试的重点，教材上的知识点成为考试的范围。"考什么教什么、教什么考什么"成为应试教育背景下考试与课堂教学的"基本规律"。[①] 教材作为根据考试大纲编订、系统地反映学科内容的教学用书成为考试的工具书。为了应付考试，老师们将教材中的教学内容划分为重点和非重点，教师在课堂教学中以教学为工具，将与考试无关的内容剔除，讲授的则是"考试范围"，这也是所谓的"把书读薄"。

这种以教材知识作为考试的范围和课堂教学的主要学习内容的行为在现实生活中存在，这一行为虽然能更好地考查学生熟悉课本的程度、基础性知识的掌握程度和不同的材料文本分析能力。但教材知识作为一种对过去知识的归纳总结而成的文本性知识，具有经典和权威的特点，也天然地存在有限性和陈旧性特点，与信息时代知识的爆炸性、开放性和创新性形成鲜明对比。教育等相关部门也意识到了这一局限性。2019年，《国务院办公厅关于新时代推进普通高中育人方式改革的指导意见》中明确指出，实施普通高中新课程的省份不再制定考试大纲。[②] 但在实际操作中，教师课堂活动仍受考试范围或是考试大纲的影响，如不少一线教师结合往年考试范围、考试大纲进行"猜题"和"排题"的行为仍有出现，也是因为"猜题"需要有一定的经验和对教材熟悉度较高的教师，年轻教师不带毕业班的教学安排也时有出现。

二 考试试题过于刁钻，刻意强调区分度

教育的目的在于传授和培养学生认识世界和改造世界的必备的技能和知识，考试作为个人学习能力和知识统筹的重要方式之一，考试命题应紧跟时代发展对人才的需要，合理把握考试试题的难易度和区分度，培养出对国家和社会有用的人。区分度是考试试题分析的一个指标，考试中强调试题的区分度的主要原因在于区分度能

[①] 葛大汇：《升学考试的问题与对策研究》，华东师范大学出版社2001年版。
[②] 《国务院办公厅关于新时代推进普通高中育人方式改革的指导意见》，2019年6月19日，中国政府网（http://www.gov.cn/zhengce/content/2019 - 06/19/content_5401568.htm）。

反映不同考生掌握相关知识的差异情况。在应试教育背景下，部分考试试题倾向于用刁钻和冷僻的知识点对考生学习情况进行区分。如在某省某年的文综试题中出现了这样的题目：是谁打响了武昌起义的第一枪？紧接着问是谁打响了武昌起义的第二枪？此外，在一些测试中常有试卷考查学生世界上第一高峰、世界上第二大高峰或者是世界上第三高峰的名字，还有其他各种主要依靠记忆的题型。这类考题将学生的时间和精力引导到这些需要死记硬背的冷僻知识点中，消磨学生的求知欲和学习兴趣，激不起任何创新创造能力，除了在考试时能够多得分数，日后也将逐渐遗忘，基本没有任何实际用途。

三 考试内容侧重知识考查而轻思维能力

考试主要评价的是人的知识和能力，这两者是人的重要显性特征。知识和思维能力两者并不是两个对立体，知识是能力的载体，离开了知识，能力就没了着力点；能力是对知识的组织和加工，离开了能力，知识也成了死知识。当前，举国上下都十分关注学生的能力培养，尤其是创新能力的培养，而创新能力的关键在于思维能力。[1] 但在实际操作过程中，受应试主义中"知识本位"的教育方式的影响，老师会有意识地侧重知识点的记忆、解题技巧和速度的考查而轻视学生思维能力的培养，割裂了知识和能力的关系。如某些学校采取考前"划重点""划必考点"等方式。在考前"背考点"成为学生们弯道超车的"绝招"。教师也要求学生的熟练程度、解题速度"一看就会，一做就对"。该行为的指导思想是建立在斯金纳条件反射的基础上，将教学内容细分成细小的知识点，进行反复的训练、模仿、反馈，实质上是一种"机械化""大工厂化的"训练活动。但过分地强化刷题学生容易形成条件反射，使学生的思维方式固化，遇到"眼熟"的题目，学生则会选择根据一定的技巧和方法来进行作答，长此以往，学生的思维能力、创新能力和批判能力不知不觉被忽视，同时受思维能力这一子系统的影响，系统整

---

[1] 钟秉林、刘海峰、辛涛等：《教育考试"十四五"发展愿景笔谈》，《中国考试》2021年第2期。

体功能将不可避免地陷入欠缺的困境之中。随着社会对创新人才的需求不断扩大,弊端也逐渐显现。有研究者就通过比较研究发现,中国学生受应试教育的影响,能高分通过考试,但是在独立思考的能力和表达自己的能力方面与其他国家的学生相比仍有一定的差距。

四 考试评价强调标准答案,缺乏可选择性和开放性

标准化测试用于学业成就评价时,被称为标准化考试。① 考试标准化是规训人的一种方式。其主要特点为命题标准化、答案标准化、记分标准化、考务标准化。② 标准化考试的主要目的在于通过检测利用检测结果与被测试真值的接近程度来反映被试的真实水平。标准化答案则为检测结果提供标准化的基本指标。

答案的标准化从教育公平的角度来看具有一定的合理性,如使教学有章可循。标准化答案具有一定的强制性,标准化答案的出现,预设了针对某一知识条目的唯一准确的答案,是在假设知识是确定不变的基础上进行的,采用标准化的答案在一定程度上意味着知识真理的唯一性。③ 人们必须接受这一标准化的答案,这种强制性的特征使得教师的教和学生的学以及出题者的创造性都囿于这一标准答案下。对教师来说,应试教育背景下的标准化答案在很大程度上支配着教师的教育教学,将教学视为传递"标准答案"的过程,培养学生寻求"标准答案"的意识。④ 长此以往,限制了教师教学策略选择的自由性;更可悲的是,学生的空间想象力、创造能力和创新精神受限于标准答案的考试。正如一部关于应试教育的电影《银河补习班》中的某位演员所说,"人生真正的难题,不会像考卷那样只有ABCD四个选项和一个标准答案,而是会有EFGHIJK的岔路,甚至能开出XYZ的脑洞"⑤。"一切以程文定取舍",虽然

---

① 陈洁、张磊:《标准化考试的哲学省思》,《当代教育科学》2018年第12期。
② 廖平胜:《标准化考试的理论与实践》,华中师范大学出版社1986年版。
③ 金生鈜:《对现代学校考试的教育哲学分析》,《教育评论》2001年第2期。
④ 苏光鸿:《教育标准化"三问"》,《人民论坛》2019年第17期。
⑤ 周蜜:《应试教育"指挥棒"下引发的问题——观电影〈银河补习班〉》,《艺术评鉴》2020年第3期。

在一定程度上促进了学生求同思维的养成①,但容易使学生缺乏开放、可选择性和自由空间。对于出题者和阅卷者来说,答案唯一、标准化水平高且阅卷省时省力的选择题备受青睐。有学者抽样统计了 2016 年全国省、市 140 套中考英语试题和 2016 年不同地区的高考英语试题,在 140 套题目中,选择题的平均分 77 分,占试题总分的 63%,且全国 140 套中考英语试题的题型和内容大同小异。9 套全国高考英语试题中,除了上海卷的选择题控制在 41% 的比例,其余 8 套试题中,平均下来,选择题占总分的 68%。② 选择题具有 ABCD 四个选项,看起来能给学生提供了可选择的自由空间,但选择题的效度较差,在固定的选项中选择答案,不利于学生拓展思路,对学生的创新思维也难以考查。

五 考试代替学习形成"以考代学"的操练文化

考试的游戏规则是筛选,目的是将一个呈正态分布(处于两端的学生分别是聪明的和不聪明的,中间为平庸者)的学生群体利用分数这一衡量指标将中间的平庸者和不聪明的学生淘汰出去,将聪明的学生凸显出来。③ 分数是作为考试的一个很重要环节,是衡量教师教学成果和学生学习成果的重要指标。在应试教育背景下,一种教学方法能否被广泛接受的关键在于是否有"疗效",是否能提高学生的成绩。④ 所以,老师被当成"造分工程师",学校则成了"造分厂"。而获取高分的有效途径便是教、练、考的循环使用。⑤ "期末考""期中考""月考""周周考""随堂考"等大大小小的测试成为中小学学生学习生涯中不可分割的一部分,"作业考试化"也成为学生的常态。教辅资料为学生的"题海战术"提供了源源不尽的资源。教辅资料将教材知识按照考试大纲和课程标准的要求将其

---

① 边新灿、李祎、范笑仙:《新高考改革遭遇"应试教育"掣肘的多因素分析》,《浙江学刊》2019 年第 3 期。
② 包天仁:《标准化考试反思》,2017 年 5 月 15 日,中青在线(http://news.cyol.com/content/2017-05/15/content_16067698.htm)。
③ 金生鈜:《对现代学校考试的教育哲学分析》,《教育评论》2001 年第 2 期。
④ 周序:《应试主义》,厦门大学出版社 2017 年版,第 133—135 页。
⑤ 周序:《应试主义》,厦门大学出版社 2017 年版,第 54—55 页。

碎片化、具体化。2007年，杨德军和赵薇对中小学教辅资料开展了调查，发现购买教辅材料3—5册和6—10册的人数较多，占总调查人数的60%以上[①]。教辅资料在中小学教育过程中的受欢迎程度和影响力不言而喻，但这种"以时间换分数""以考代学"的考试操练文化却备受欢迎。究其主要原因，在于"以考代学"的操练文化在教学过程中得到强化，产生了"路径依赖"，历史和经验告诉家长、教师们"以考代学"能快速、有效地提高学生的成绩，对此路径产生依赖感。

但人是具有多样性的，这种"以考代学"的操练文化或许会适合部分学生，对于大部分学生来说这种操练文化实际上是将学生的独立思考、分析问题解决问题的能力置于分数评价之后。操练文化产生的"后遗症"也是明显的，学生表面上是忙于学习，实际上只是"模仿"的工匠，他们可以取得高分，但是却对未来发展充满着迷茫感。《中国青年报》刊登的一篇名为《小镇做题家：一个211高校学生的命运陷阱》的文章引起了人们的关注。小镇做题家进入"高考工厂"，把自己变成了"做题机器"，最终"鲤鱼跳龙门"。但他们的高光时刻仅局限于高考放榜的那一刻，此后在大学的生活里，惨遭滑铁卢，直至面临"毕业即失业的风险"。当年的"南京高考之痛"也是一个典型的例子，南京六中的某一考生谈道："高中三年学习，学校教学实践只有80%时间与高考有关，其余时间多参加第二课堂，占用课堂学习两成多，这些对高考没有用，我真后悔当初占用了很多与高考无关的时间。"[②] 这些"擅长做题的孩子"从较低的起点进入大学中，虽然有探析，但是他们深知，在大学学会的选择和努力，同样重要。

六 考试遵循教师"教"的逻辑，而非服务学生"学"的逻辑

唯物辩证法认为复杂的事物中存在多种矛盾，主要有主要矛盾和次要矛盾之分。教与学的关系是教育界常见的讨论，是教育界常

[①] 杨德军、赵薇：《关于中小学教辅材料的调查》，《中小学管理》2007年第9期。
[②] 吴非：《"不是爱风尘　又被风尘误"——反思南京教育界的一场讨论》，《教育发展研究》2004年第10期。

见的一对矛盾。① 赫尔巴特认为教与学关系的研究范式呈现了两种取向:"教的研究范式"和"学的研究范式"。② "教的研究范式"研究的重点在于"如何教"的问题,换句话说,便是"如何让学生学"的问题。③ 叶圣陶先生曾说过:"教是为了不教。"教育的目的是让学生主动获取知识,培养学生学习的兴趣。但受应试教育倾向的影响,在实际中教师作为学校教育教学的组织者和领导者,教师们思考"如何教"远甚于"如何学",特别是在考试和教学关系的处理上,为了应试,教师主要从"教"的逻辑出发,而不是服务学生"学"的逻辑和"如何让学生学"的逻辑。为了应付考试,教师怎么教,学生便怎么学。以下面这则事例进行分析。

为了了解上海学生们的学习情况,法国的一个教育心理学家给他们出了一道题目:船上面有86头牛,34只羊,并问道:"这艘船上的船长多少岁?"结果,90%的学生的答案是 86－34＝52 岁;10%的学生则认为这个题目没有答案,很荒诞。接着,专家继续对90%的学生调查发现,他们之所以能做出答案来,是因为"老师出的题目都是对的","老师说只有作答了才能有分,不作答一分都没有"。而法国的学生则有90%的学生提出了异议,有的甚至嘲笑老师糊涂。④

考试具有一定的控制性,为了迎合教育的塑造,学生个体在一定程度上会臣服于教师的权威和规范。近年来,随着人的主体性哲学⑤发展,人的自主性、能动性和创造性的不断崛起,教育领域以人为本、以学生发展为本的思潮不断涌起,也掀起了一阵阵教改的风气,出现了一系列以学生发展为中心的教改试验。但中国的教育制度是竞争性的结构,在受教育者之间引起自我价值和他人价值比

---

① 陈霞金:《从哲学角度探索教与学的关系》,《福建教育学院学报》2002年第7期。
② 张忠华、裴菲:《教、学关系研究范式及其价值取向分析》,《高等教育研究》2014年第6期。
③ 马进:《教育哲学的存在论维度及其价值启示》,《安徽师范大学学报》(人文社会科学版)2020年第1期。
④ 陆先声:《谁能猜出船长的年纪》,《读者》2002年第21期。
⑤ 段德智:《主体生成论——对"主体死亡论"之超越》,人民出版社2009年版。

较的心理情绪，为了追求竞争所取得的优越感，学生个体发展性往往被置于成绩之后。所以，教改试验往往是在高一和初一等年级较低的班级进行，而高年级学生主要的目标还是在应试。

第三节　应试教育中知识型考试的社会效应

在应试教育背景下，占据学校教育的主流地位的知识型考试虽然发挥了相应的作用，特别是超额完成对学生知识掌握情况的考核，然而，知识型考试却难以实现对学生思想品德、学习品质、身心发展等方面的考查和评价。也就是说，知识型考试仅仅实现了考试本质目的的一小部分，而无法实现考试的深层次的目标。而且，在开展知识型考试的过程中，学生的兴趣、启发式和探索式能力也可能受到损害。

中小学教育模式以"应试"为主，而应试教育中最常用到的一套万能教育评价方式就是知识型考试，其目的在于考查学生了解、记忆、理解某一特定学科领域的知识点，在形式上也多以试卷为主的形式呈现[1]；考试时间以学期结束的期末为主，考试评价以分数为主，用具体分数作为学生精准把握基础知识点的标准。此类考试频率高、考试内容以教材为主、重卷面成绩、试题封闭性强，也因此造成了一系列的负面社会效应。

一　知识型考试侧重考查知识，忽视思想意志、创新能力与潜力的评价

考试存在的意义在于衡量学生的知识能力的掌握程度。从这两种目的看，考试可以分为效果考试和资格考试。当前，传统的学校教育里的知识型考试往往更侧重于选拔而非标准，属于效果考试类型，其目的在于着重提升学生的应试能力，反复训练学生的记忆力、专注度和纪律性，其实施过程中的各要素整齐划一，却忽视了

---

[1]　杨经录：《从知识型考试到能力型考核——思想政治理论课考核方式改革初探》，《思想政治课研究》2016年第2期。

学生个人差异和潜力激发，实际上也无法准确测出学生的综合知识掌握程度。毫无疑问，即使是对学生知识领域的测量，我们也不可能像称量桶里的水那样测量知识的多少。因为学生掌握知识不同于镜子里的影像，只是简单地、消极地反映。学生对知识最浅显的感性认识，也是对知识的加工过程，包含能动地感知、接受和改造。①学生花大量时间背诵知识点、题海战术、考试时拿到卷子就开写、唯分数现象等都体现出知识型考试僵化了学生的思维，培养出来的只会是成批次的考试机器。

在"大众创业、万众创新"的时代，如何回答"钱学森之问"？与能力型考试相对的知识型考试到底能培养什么样的素质呢？丁洁琼选取了北大学生中具有典型性的高考优胜者进行分析发现，高中阶段围绕应试而进行的一整套教育训练有效培养了学生在认知与行动两方面的基本能力素养，不仅了解自己，还能熟悉规则，在激烈的应试备考过程中不断地超越自己，战胜对手。然而其认知的边界往往受制于高考本身，缺乏对"后高考"时代的长远规划和想象，应试教育有限的知识结构、单一的升学目标也使得学生在大学期间面临自由文化的新挑战。②可见，应试教育的教育目的是极具短视性的，高分低能则是分数主义造成的后果，导致了学生片面发展，表现为学生考分高而能力低，分数与能力不相称。现实生活中，高分低能的"仲永"比比皆是。

应试教育中的知识型考试侧重考查知识，却忽视了对学生创新能力、思想意志与发展潜力的评价。知识型考试虽然超额完成了考试的第一个目的，即对学生基础知识和技能掌握情况的考查；但没能很好地完成第二、第三个目的特别是第二个目的考查，知识型考试对发现学生的创新能力和潜力、了解学生思想意志品质的作用是有限的。

二　知识型考试夸大考试技巧，抑制创新性学习

由于考点僵化、题型固定、答案封闭统一，应试教育中的知识

---

① 臧铁军、刘晓瑜：《考试的哲学问题的思考》，《教育研究》1998年第7期。
② 丁洁琼：《重识高考：应试教育培养了什么样的素质》，《教育学术月刊》2020年第9期。

型考试变得有规律可循，有技巧可对，形成了一套固化模式。客观题占比越来越大，这一点尤其体现在英语、语文、历史和政治等文科科目的考试中，选择题、填空题占比极大，学生花时间去识记知识考点就能快速提高考试成绩，这样培养出来的只是"知识库"人才。如近年来大热的益智类综艺电视节目《一站到底》，被爆出选手是有题库、给题背题的模式。在这样的比赛节目中使用一个好的记忆方法非常重要。比如把题库中的题目分门别类，靠方法如按谐音法、联想法、缩字记忆法等去记忆一些答案。如果记住的知识量越大，理解记住答案的题目就会越多，就越占优势。知识量大，记忆力好，成了智商高的表现。然而事实是，任何一个人都没必要通过死记硬背成为无所不知的通才，任何一个人生活中不可能对所有的东西都感兴趣，对无用的死知识去死记硬背于个人无益，于他人于社会也不会起到太大的作用。

应试技巧的掌握而非能力的提升成了考生们最关心的重点，考试技巧被过分夸大，历年考试真题被视作"通关宝典秘籍"，考生反复刷真题便能找到考试出题的固定规律。许多教育培训机构大力宣传提分冲刺班实际上正是抓住了知识型考试考点题型固定、存在快速提分技巧的特点，找准针对专项需求快速提分的营销噱头在市场上营利。所谓的一些"刷题班"，声称通过刷题可以实现学生在学习上从量变到质变的飞跃。这些训练实则是仿照历年考试真题本着熟能生巧的原则，以各种习题为助化剂让学生埋首于题海中自行消化。

这种为了考试而学习，为了分数而努力的学生学习状态，重考试的技巧形式却忽略了考试的本质目的和对学生学习能力、创新能力等的考查。知识型考试片面夸大了考试技巧，抑制了学生的创新性学习（Creative learning）。与应试教育中为了分数而进行知识灌输与题海战术的传统学习不同，创新性学习的独创性表现在学习者不满足于获得现成的答案或结果，对所学习的内容能展开独立思考，进行多向思维，善于发现事物之间的联系，并把它们综合为整体认识[1]，这种学习状态无疑是培养创新人才的佳境。

---

[1] 屈林岩、谷建春：《自主性学习·研究性学习·创新性学习》，《求索》2002年第6期。

三 知识型考试催生学校教育日益功利化和竞争化

由于统一的中考和高考形式强调知识基础,高校和高中依然主要基于考试分数来录取学生,这就直接导致学生往往要用更长的学习时间、更大的训练强度,以期获得更高的分数。此外,高考中考指挥棒也延续到小学阶段,当前"小升初"选拔激烈情况进一步造成了过度竞争和提前竞争。在以升学为主要模式的基础教育中,问题和兴趣不再是目的,"升学率"成为评价教育质量的唯一指标或硬指标。学生的好奇心和求知欲逐渐低落,他们在一次次的教育竞争和选拔中变得麻木,高分成了好学生的标签。学校里的病态竞争现象处处可见,主要表现在学校之间的竞争、教师之间的竞争、学生代理人家长之间的竞争以及学生之间的竞争。[1] 许多中小学不是将"培养全面发展的人"作为学校的办学目标,而是将"取得好的考试排名"作为办学目标。一些学校甚至不惜一切代价展开恶性竞争,考试成绩优异的学生成了各所学校争夺的重点对象。就学校而言,教育越来越功利化,造成了教育的短视,难以走出以应试为导向,以考试代替评价,以考试引导学校办学的"应试教育"模式。[2]

显然,在功利主义教育观影响下,考试与教育目的相悖并凌驾于教育目的之上,由一种实现教育目的的手段异化为教学双方片面追求的目的,考试成为教育过程中的异己力量存在,应试教育由此产生。[3] 而重视竞争和选拔的应试教育培养出来的人才实则是极度缺乏竞争力的。中国台湾刘炯朗教授洞悉海峡两岸基础教育的一些共同弊端,曾一针见血地指出:"今天,起码在大陆,在台湾,我们的考试制度训练出来的学生,目光是很短浅的,为什么?为了考试,你的目光必须非常短,你的视野必须非常狭窄。所以,我们假如不能够跳出来,就会影响到我们未来的人才。"[4] 可见,毫无疑

---

[1] 孙敏:《学校里的病态竞争与道德教育》,硕士学位论文,南京师范大学,2012年。

[2] 查有梁:《学校需要"良性互动"、不要"恶性竞争"》,《西部教育发展研究》2009年第2期。

[3] 任建胜:《素质教育与考试》,《教育研究》1998年第7期。

[4] 张弘:《杰出人才究竟如何培育》,《新京报》2012年12月22日第1版。

问，知识型考试往往只能是应试教育的帮凶，助推着学生对于考试的片面追求，而无法培养全面发展、视野广阔的人。

四 知识型考试带来社会与家庭的教育焦虑和负担

"教育内卷"和"鸡娃"都是近期热词，"鸡娃"则是"教育内卷"的具体表现，也是教育焦虑的具体体现及其结果。家长正被社会制造的"鸡娃焦虑"包围，甚至影视剧也"敏锐地"发现"鸡娃"题材具有很强的社会关注度[①]。最近，热播电视剧《小舍得》聚焦上海小学生校内外教育引发全民热议，就在于它非常真实地戳中了大家的泪点和痛点，让人产生强烈共鸣。毫无疑问，当今社会，教育焦虑的问题始终有增无减。

孩子教育是家庭大事，城市里的家长想尽一切办法让孩子接受最好的教育——仅上好学校不够，还得上好的补习班、辅导班、提高班。优质教育资源总量和机会似乎总是"僧多粥少"，决定了家长必须拼尽全力甚至耗尽家财，才能给孩子一个好的校内外教育。[②]当代几乎没有哪个城市孩子没上过课外教育辅导机构，家长们聚在一起最多的话题就是关于孩子的教育和学习成绩，中国当代家长到底有多焦虑呢？2019年江苏南京部分学校推进了实施素质教育的相关措施。没想到，这番大刀阔斧的改革，遭致当地家长的不乐意。我们不禁要好奇，本就是历经过一轮知识考试筛选出来的家长，注定是不甘愿"输"的一代，也自然把这种心态投射到孩子身上。

教育焦虑似乎没有哪个家庭能够幸免，整个社会都进入了深深的教育焦虑状态。教育焦虑是一个持续的过程，从一开始家长对子女未来命运的焦虑、"择校"焦虑涉及购买高价"学区房"才能抢占学位、坚持课外培训劳财费力、家庭经济负担焦虑、日常考试焦虑：家长也要为学生做好准备进入考试状态、参加家长会等。此外，教育焦虑也导致学生课内外负担不断加码，也间接导致家庭关

---

① 熊丙奇：《刺激焦虑的"鸡娃号"还能走多远》，《环球时报》2021年4月16日第15版。

② 胡乐乐：《正视〈小舍得〉背后的教育焦虑》，《重庆日报》2021年4月28日第12版。

系、亲子关系出现裂痕。2017年12月发布的《中国中小学写作业压力报告》显示，78%的家长每天陪孩子写作业。"陪写作业"已经成为中国家长幸福感下降的主因之一，也成为亲子关系最大"杀手"，75.9%的中国家长和孩子因写作业发生过矛盾。①

由于知识型考试分数的直观性及其与高考考试制度的直接相关性，考试成绩成了家长、学校包括整个社会对学生学习与能力衡量的标准尺，也成了家长们教育焦虑的直接来源。教育焦虑情绪的扩散，固然有其社会根源，家长自身对教育的认识也是需要客观审视的。②

"父母是孩子的镜子，父母有多焦虑，孩子就有多少心理压力。"社会固化的趋势直接导致了家长对子女的教育焦虑。③ 在知识经济时代，越来越多的父母认识到教育投资的重要性，在孩子的各项学习中倾注了大量的心血，甚至把孩子学习成绩当成个人幸福感和成就感的决定性指标。中国家长从孩子起跑线开始设计，助跑、抢跑、超越和最后冲刺等各项环节都恨不得直接代替孩子进行全程加速跑。过度焦虑会让人面目狰狞，罔顾教育常识，忽视生命成长的节律和独特性，让无数家长和孩子都处于连轴转的水深火热之中。不要让孩子成为自己的影子，在各式各样的功利性竞争中迷失自我，在"抢跑"过程中赢得只剩下了孤家寡人。父母应该走出焦虑的深渊，否则"让孩子自由成长"在普遍性的社会焦虑之中只会成为一句响亮又刺耳的空口号。因此，对家长和整个社会的焦虑情绪疏导显得尤为重要。

五　知识型考试造成国家、社会和家庭教育资源的浪费

所有家长都想把自己的孩子送进最好的学校，全然不从实际出发考虑孩子对学校的偏好选择、不同学校的教育风格、校本特色课程以及学校定位，而看重哪所学校的学生考试分数更高，造成了不同学校

---

① 阿凡题：《中国中小学写作业压力报告》，2017年12月21日，360个人图书馆（http://www.360doc.com/content/17/1221/21/1597421_715202177.shtml）。
② 张国霖：《家长的教育焦虑》，《基础教育》2016年第6期。
③ 张济洲：《"高考工厂"背后的阶层焦虑与机会公平》，《中国高教研究》2015年第9期。

之间学位竞争的巨大差异。为了提高学生的成绩，学校里面死抓主要科目，将学生所有时间和智力引导到获得高分：学习的目的不是探求未知世界，而是获取更高的分数。甚至出现一些老师"占课"的现象，课后校外教育争分夺秒给孩子补课。这就导致极大程度上的教育资源浪费：对主要考试科目反复操练，三天小考、周考、月考、阶段考以及围绕各大考试的错题精讲、试题讲练反反复复。选修课程的重要性被忽视，学校里一些公共图书馆、体育场、实验室等基础教育设施也成了摆设，这无形中也造成了教育资源的极大浪费。①

知识型考试还导致了人力资源的浪费。正常的教育教学过程异化为考试，考试异化为排名，这直接导致学生的潜力得不到最大的开发，教师的教育教学能力也难以在应试教育的高压下充分发挥育人作用。知识型考试导致教育功利化严重，"唯分数""唯升学""唯文凭"等现象窄化了育人目标，教育目标指向了马尔库塞所谓的"单向度的人"。教育教学实践也就过于偏向智育，所谓的育"分"大于育人的现象层出不穷，获得高分、升入好的学校被当成核心乃至唯一目标②，培养出来的是大批的高分低能人才。此外，许多家长都看中招聘中小学教师的学历要求为博士研究生，认为学得好的老师才能教得好让学生考得好。事实上，让博士生站讲台也是一种极大的人才浪费，导致教师招聘陷入"唯学历论"的误区。这两年深圳中学等地方名校招聘了很多高学历人才，北大、清华毕业的非师范生占了很高的比例，重点师范院校科班出身的师范生反倒屡屡被拒。这是人力资源的错配，也会导致教师就业市场的"内卷"和"学历焦虑"。③

知识型考试还会导致整个社会教育资源的浪费。各大家庭的教育投入竞相增加，但是由于名额限制，吊诡的是考生和家长的教育焦虑情绪却反而不断增加。当下家长焦虑的背后折射出来的实际是

---

① 阎宏伟：《应试教育严重扭曲教育本质》，《中国改革报》2009年6月8日第7版。
② 崔保师、邓友超、万作芳等：《扭转教育功利化倾向》，《教育研究》2020年第8期。
③ 杨三喜：《博士当中小学教师，学得好一定教得好？》，《科技日报》2021年4月16日第6版。

教育资源的参差不齐。如果所有孩子在每所学校中都能接受到一流的教育，跟着不同的名师学有所成学有所用，那么各种教育培训机构的补习班自然也就会因为生存危机而不复存在。知识型考试的硬指标通过分数进行比较，让校外教育和家长走偏了教育评价的道路。每个家庭都在追逐优质教育资源，"攀比教育"恶性循环进一步加剧了教育的市场化行为。这也进一步加剧了优质教育资源分配的"市场化"，强化了家长群体对优质教育资源的追逐成为一种不断增加教育投入的功利化行为。①

第四节　不同教育制度下考试及试题的类型比较

科学合理的考试对教育教学过程具有规范、引导和助推的作用，是改善教学体系，提高教学质量，不断实现人才培养目标的根本动力。② 作为教育"指挥棒"的考试，其涉及试题和分数如何科学有效地衡量学生具备的知识与能力，是一个关乎哲学思考的，由表象走向深入的分析过程。③ 一定的考试内容和方式是受相应的教育理念所支配的，不同的考试哲学理念滋生不同的考试观和分数观，进而对人才培养、人才评价与人才选拔产生不同的影响。从国际上来考察，不同国家由于教育管理体制、历史文化传统的不同，其考试制度也反映了不同的考试哲学，相比较而言，教育发达国家和地区的考试更侧重对学生开放性、探究性和创造性的考查。总体而言，也许他们的基本知识薄弱，但他们的创造性、创新性和探究性更强。直到现在，发达国家的人才培养在创新性学习和科学探索方面领先于我们仍然是一个基本的事实。因此，对比不同教育制度下的

---

① 崔保师、邓友超、万作芳等：《扭转教育功利化倾向》，《教育研究》2020年第8期。
② 刘蓓：《对我国学校考试制度的哲学思考》，《福州大学学报》（哲学社会科学版）2001年第S1期。
③ 臧铁军、刘晓瑜：《考试的哲学问题的思考》，《教育研究》1998年第7期。

考试哲学，尤其是发达国家和地区的考试及试题的类型，分析不同考题类型背后的哲学，能为中国考试制度改革提供科学有效的经验参考与借鉴，进而更好地发挥考试在人才培养过程中的作用，助推"钱学森之问"的解决，促进独具创新和创造能力的杰出人才培养。

一　部分国家和地区的考试题型：以美国、芬兰、法国和以色列为例

美国学术能力倾向测验 SAT（Scholastic Assessment Tests）

学术能力倾向测验是美国的大学入学考试，该考试由批判性阅读、数学和写作三大部分构成，试题形式以多选题和写作题为主。顾名思义，学术能力倾向测验 SAT 旨在评估学生是否为具备大学学习的基本素质和技能，重点测量学生的潜在学习能力和学习适应性，具体包括批判性思维技能、独立思考和判断能力以及分析和解决问题的能力，其中，批判性思维技能是关键。

表 4-1　　　　　　　　美国 SAT 推理考试[①]

试题结构		测查目的/内容	试题形式
批判性阅读（Critical Thinking）	完成句子	词汇的理解与掌握以及对句子不同部分之间逻辑关系的理解。	多项选择题
	分析性阅读	能否识别文学作品的体裁、流派，判断文章各部分之间的关系，通过推理及综合分析所获信息，分析因果，较好地识别主要观点与支持性的观点，理解作者意图，比较不同观点，根据上下文判断词语含义，理解句子结构与功能，分析修辞手法。	
数学（Math）	计算题	运用数据分析技能解释表格、图表或示意图。应用数学概念，灵活地解决现实世界中的数学问题。	填空题 多项选择题

---

① 任长松：《美国大学入学考试 SAT 深度剖析》，《教育理论与实践》2007 年第 13 期。

续表

	试题结构	测查目的/内容	试题形式
写作 （Writing）	作文题 多项选择题	学生就某问题发表自己看法的能力，运用阅读、观察或自身经验中所获例证，论证自己观点的能力。 清晰一致地运用语言的能力、通过修改与编辑为一段文字润色的能力。	阐述问题；选出一段最佳的写作版本；识别句子中的错误；修改完善文本

尽管作为美国大学入学考试的重要组成部分，SAT 也存在相应的应试倾向，但是从考试内容和考试哲学来看，与中国高考试题相比较，SAT 更侧重于考查学生的批判性思维等综合素质和能力。

芬兰大学入学考试（Matriculation Examination）

大学入学考试是芬兰高中学生需要参加的一项升学考试。与文理分科的考试方式不同，芬兰入学考试是以语言学科为基础，多学科并重的考试形式。考试重点强调学生的语言和思维能力以及在交叉学科上的综合能力与素养。考试提供可供学生自由选答的题目，学生可根据个人兴趣和能力进行选答，关注学生的个体性差异。学生对知识的理解运用、问题分析以及思维创新能力是入学考试的测验关键目的所在。

表 4-2　　　　　　　　芬兰大学入学考试[1]

	考试科目	考试题型	测试目的
必考	母语与文学	文本技能 短文	分析技能和语言表达 思维发展和语言表达的一致性
选考	第二官方语言	听力 阅读理解 写作	
	外语		
	数学	自由选做计算题	数学分析、运用能力 （可携带计算器和参考书籍）
	综合科目	自由选做交叉学科论述题	通识知识与技能

---

[1] 王旭：《芬兰大学入学考试特色述评》，《世界教育信息》2008 年第 8 期。

法国高中毕业会考制度（Baccalauréat）

高中毕业会考制度（简称 Bac）是法国国家统一的高中学业水平测试。会考证书既是学生顺利结束高中学业的证明，也是学生进入高等教育的"敲门砖"[1]。会考包括口试、笔试、口试加笔试、现场操作等多种测试方法。如语言课程考试包括笔试、口试；物理、化学、生物以及一些技术职业科目都有实际操作的内容。[2] 专业课考试内容可由学生依据自身兴趣、爱好和能力专长进行选择。考试形式具有多样性和选择性，能较为全面真实地了解学生的能力和专长。整体而言，会考强调学生的哲学思维能力以及口头表达能力，重视知识技能的运用。

表 4-3　　　　　　　　　法国高中毕业会考[3]

考试科目	考试形式	测试目的
法语与文学	口试 笔试 现场操作	综合思辨、分析、概况和评述能力
哲学		逻辑思维能力、独立思考能力
专业课（两门）		知识掌握与能力运用、动手操作能力
大型口试		口头表达、诠释能力

特别地，相当于中国高考的法国高中毕业会考，会考的考试科目包括"哲学科目"，这一科目被普遍认为是难度最高、挑战性最强的考试科目。据新华网报道，2015 年，哲学科目的"文学类"考试题目"尊重一切生命是一种道德义务吗？现在的我是我所经历的一切造就的吗？对摘自法国思想家托克维尔所著《论美国的民主》的一段话作出解读"；经济社会学类的考试题目"个人意识仅仅是其所属社会的反映吗？艺术家是否在其作品中刻意留下让人意会的内容？对摘自荷兰哲学家斯宾诺莎所著《政治神学论》的一段

---

[1] 王兆璟、王艳艳：《我国高中学业水平考试与法国高中毕业会考的比较分析》，《教育理论与实践》2016 年第 1 期。

[2] 阮洁卿、阮来民：《法国高中毕业会考制度的发展及其特点研究》，《外国中小学教育》2007 年第 8 期。

[3] 杨光富：《法国 2021 年高中毕业会考改革述评》，《外国教育研究》2020 年第 11 期。

话作出解读"。而科学类的哲学考试题目是"艺术品是否一定具有某种意义？政治无需讲求真理吗？对摘自古罗马雄辩家西塞罗所著《论神性》的一段话加以解读"。① 可见，法国高中哲学考试的题目具有很高的思辨性、开放性和启发性，有助于真正考查学生的哲学思维、批判性思维以及对问题的思考深度和广度。这样考试也才能真正发挥出引导学生自我省察和哲学思辨的指挥棒的作用。

以色列物理考试与高考制度

5U 课程是以色列学生在高中阶段完成基础常规的物理教育后，进一步拓展深化的物理课程学习，同时也是作为获取大学入学资格的学习。5U 物理课程学习中的单摆运动主要包括力学、刚体和实验研究三个方面。5U 课程物理考试以自由选答和实验操作为主要考查形式，具有个体性、选择性和多样性的特征。以色列 5U 课程物理考试的首要特征是侧重学生的知识运用能力、问题解决能力、实验操作能力以及对实验数据的处理能力，而并不要求学生对物理学理论知识的记忆与背诵。

表 4-4　　　　5U 课程物理考试单摆运动考查情况②

考试内容	考试形式	考试要求
力学	自由选答	解释物理现象、界定概念、推理规律
刚体		设计新实验、演示操作实验仪器、
实验研究	实验操作	呈现和阐释实验数据

此外，在更为重要的高校招生入学考试上，以色列的高考制度也有其极大的特色③：例如，以色列并非奉行一考定终身，而是一年可以有 5 次机会参加高考。这极大降低了高考的竞争程度和给考生带来的心理压力以及考试焦虑。同时，以色列高考科目叫作 Psy-

---

① 张敏彦：《法国哲学考试丨好庆幸生活在中国》，2015 年 6 月 19 日，新华网（http://www.xinhuanet.com//world/2015-06/19/c_127934063.htm）。
② 姜涛、山灵芳、王显军：《以色列 5U 课程物理考试的特点及其启示——以单摆为例》，《外国中小学教育》2007 年第 1 期。
③ 钟翠花：《以色列：一年有五次高考》，《文汇报》2001 年 6 月 25 日第 3 版。

chometric Test（心智综合测验），侧重于对学生的综合素质的测试，而非知识型的考查。

二 发达国家和地区的考试哲学和理念

（一）考试内容开放性，考试形式多样性

考试是人才培养过程中的重要环节，科学、规范和合理的内容和形式能积极发挥考试在人才培养中的促进作用。恩特斯维尔（Entwistle）指出考试与深浅式学习有关。科学规范的考试内容与形式会促进学生进行"深式学习"（Deep learning），反之，只会让学生进行或注重"浅式学习"或表面化学习。[①] 发达国家和地区的考试内容具有开放性和多元化的特点，一方面，考试内容不仅密切联系学校的课程教学内容，而且涉及课外多元广泛的知识。如芬兰大学入学考试中的综合科目，内容全面涵盖了学生未来的个人生活和社会生活、物质生活和精神生活的多个方面，对学生综合素养的养成至关重要。并且，考试科目设置灵活多样，学生可根据自身兴趣爱好、能力专长以及未来发展方向进行选择，充分兼顾了个体差异。另一方面，发达国家和地区的考试内容强调知识的价值性和情境性，注重考试内容与社会实践和学生生活经验的联系。"教育即生活"，源于学生经验世界的内容更有助于激发学习动机和学习兴趣，促进学生"深式学习"，增强学习效果，提高学习质量。

内容和形式是哲学的一对范畴，内容决定形式，有什么样的内容，就必须有与其相适应的形式。[②] 发达国家和地区的考试内容的开放性和多元化决定了其考试形式的多样性和灵活性。如法国的高中毕业会考，根据考试科目内容的特性，采取笔试、口试和实验操作有机结合的形式。其中，许多发达国家的笔试部分均提供较多选做题，学生可根据个体兴趣与专长自由选答。选做题有利于在"有限的多样性"里最大限度地实现因材施"考"，充分调动学生的学

[①] 丁兰、吕浩雪：《改革高等学校考试形式的探讨》，《高等教育研究》1999 年第 1 期。

[②] 周先进、赵凤雨：《新课程改革背景下考试内容和考试形式的构建》，《学科教育》2004 年第 8 期。

习积极性。此外，灵活多样的考试形式既能考查学生对理论知识的吸收程度，又能了解其运用知识思考问题、分析问题和解决问题的方法和能力，进而科学全面地考量学生的综合知识与技能。

（二）知识与能力并重，理论与实践并行

重知识轻能力的考试，容易陷入死记硬背的僵化学习模式，使学生的学习停留于知识再现层次，他们习惯于被动地接受知识。虽然知识是能力的基础，在掌握基础知识的条件下才能发展能力。但是，重能力而轻知识的考试评价，则使得学生的能力培养成为"无源之水""无本之木"。发达国家和地区的考试既考查基本的知识，同时，更重视创新性和探索性能力的测验。考试充分体现了知识与能力并重，理论与实践并行的测验宗旨。如在芬兰的数学考试中可携带计算器和参考书籍，在法国和以色列考试中需进行现场实验操作。还有，各个国家皆采取闭卷与开卷相伴、主观题与客观题兼备的考试形式，并且加大预测学生个性特征和发展潜能的开放性试题的比重等，都充分体现了旨在淡化和打破毫无意义的死记硬背的知识检测框架的测验意图。考试侧重于能力和素养的考查，突出学生对知识的理解运用，注重理论和实践相结合，注意交叉学科知识的考查和应用。特别地，在现场实验操作中要求学生设计新实验、演示操作实验、呈现并阐述实验数据。整个操作过程要求学生充分发挥分析、研究、创新以及表达等综合能力。理解和掌握知识是运用知识思考、分析和解决问题的前提和基础，通过完成实验操作，既能考查学生对知识的理解和吸收，又能突出考查学生运用知识分析问题、解决问题的能力。同时，考试对学生的学习有很大的影响，会对学习产生反作用力或"回流效果"（backwash effects）。[①] 发达国家和地区采取知识与能力并重，理论与实践并行的考试形式能积极反作用于学生的学习，他们能灵活运用知识，使理论知识与自身的经验世界相结合，最终促进学生"深式学习"、批判式学习和有意义的学习。

[①] 丁兰、吕浩雪：《改革高等学校考试形式的探讨》，《高等教育研究》1999年第1期。

(三) 提倡开放性答案，鼓励创新

考试作为教育的"指挥棒"，在人才选拔、培养的过程中，考什么、怎样考、评判的标准是什么，都直接影响、制约着学生人格、独立思维和创造力的发展。考试的形式与题型决定着答案的形式和评价标准。发达国家和地区设置论述题、批判性阅读、自由选做题、口试、现场操作、开卷考试等多种开放型试题形式考核学生的科学素质、专业素质、文化素质、心理素质和创新能力以及实践能力。多元开放的题型也决定了答案呈现形式和评价方式的多元化和开放性，如法国和以色列的现场实验操作题。从实验设计到实验内容、实验操作以及实验结果呈现等整套环节全由学生自己决定。新实验既要涉及所学的内容，要运用学过的理论和知识，又要求学生有所创新并独立设计完成。开放性题型把学生变被动应试为主动考试，由学生决定想考什么。考试目的体现为注重学生思维的灵活性、广泛性、求异性、探索性、研究性和创新性，最终促进学生创新性意识、自主学习和创新性学习的养成。

创新总是在问题解决中发展起来的，因此，程序性知识比事实性知识更有利于创新能力培养。[①] 总而言之，发达国家和地区考试中强调开放性答案不仅体现"以学生为本"，尊重学生个体差异的评价理念，也表现出注重培养综合素质优良以及创新能力强的时代新人的培养目标。

(四) 不片面追求考试难度，以考核基础知识和能力的掌握情况为主

筛选和评价是考试的功能之一，上述部分国家和地区的考试题型和制度的回顾也反映了考试的这一特点。但是，考试作为评价学生学习发展的一种工具或机制，不应片面追求考试的难度或区分度。我们可以发现，无论是美国高考入学考试 SAT 还是法国高中毕业会考制度，抑或以色列的物理考试，均未过于追求考试的难度，以此来区分或筛选学生。诚然，考试难度可以考查学生的学习情况，并以此为依据对学生进行信息反馈。但是过分追求和片面强调

---

① 郑金洲：《创新能力培养中的若干问题》，《中国教育学刊》2000 年第 1 期。

考试的难度也可能形成不利于学生学习和创造力培养的导向作用，例如会损伤学生的自尊心，打击学生学习积极性，增加学生的考试负担，也会对学校教育教学带来不好的示范性影响。而有效的考试制度和考试试题应以考核基础知识和能力的掌握情况为主。例如，芬兰的大学入学考试就强调在评价学生的同时，给予学生相对自由的选择权，体现出关注学生个体差异和尊重学生个人兴趣和能力的考试理念和价值取向。

第五节 走向综合：构建考查知识和创新能力协调的考试哲学

当前，应试教育背景下，学校考试评价侧重于对知识的考查，显然这是必需的；但是，更为重要的是，考试要注意保护和激发学生的好奇心、探索心、创造力和创新精神，同时也应关注学生的身心健康、学习体验和学习获得感。然而，应试主义理念指导下的考试评价备受质疑，不仅变相催生了教育的功利化和过度竞争或内卷化，而且偏离了学校教育以学习为中心、以学生为主体、以育人为本的根本宗旨，使得考试内容和方式方法陷入单一化、片面化、狭隘化和僵硬化的困境。顾明远先生就明确指出应试教育中"唯分数"的考试评价的巨大弊端："一些地方、一些人总是以考试成绩为标准来评价学校和学生；殊不知，作为学习的结果，考试成绩只是结果评价中的一项内容，不是全部内容。教学以考试为目的，以考试成绩为评价标准，学生被动地学习，就会缺乏创造活力。"[1] 因此，为了摆脱这一困境及其带来的消极影响，我们主张考试评价应重新审视以往所秉持的以知识考查为主的单一化的评价理念，而应走向综合化发展路径，构建考查知识和创新能力两者相协调的考试哲学，避免片面发展造成"基本知识的贫困"和"创新能力的贫困"。走向综合的考试哲学应具备如下几个核心特征。

---

[1] 顾明远：《对深化新时代教育评价改革的几点认识》，《教育测量与评价》2020年第8期。

首先，在考试内容上，应坚持综合化和全方位考查的改革理念，既包括对课本基础知识的考查，也囊括能力、创造力、品格、人际交往、心理等多重核心素养，采用综合素质评价路径，从整体性角度评价学生全面发展的水平和学习成果。促进人的全面发展是学校教育的根本使命；而教育目的的多重性、教育评价的完整性①要求考试应超越以学科为建制的知识型考查的范畴，而应评价学生在所有的教育目标层面的发展水平和提升程度。增加考试科目和测试领域，以此来更为全面和全方位地掌握学生的各方面的发展水平，已经成为教育评价和考试领域的国际趋势，例如，开始于 2000 年的 OECD 开发的国际学生评估项目（Programme of International Student Assessment）针对 15 周岁的在校生进行的国家与地区之间的大规模的学业水平测试，在已有的阅读、数学和科学等核心领域之外，于 2018 年正式将"学生全球胜任力"（Global Competence）纳入测试，同时，在 2021 年更是增加了新的测试科目"创造性思维"（Creative thinking）。② 此外，2016 年发布的《中国学生发展核心素养》③ 也同样表明，学校教育的考试评价应对照核心素养的框架和内容，对包括文化基础、自主发展和社会参与等学生核心素养进行评价和考查。此外，考试评价不应满足于基于学科门类的单一化的评价，而应坚持综合素质评价路径，以跨学科的视角评价学生的全面发展和各方面素质的发展状况。④ 可见，学生的综合素养的发展状况应成为考试评价的价值坐标和标准，同时也是设置考试内容的重要依据。

其次，在考试形式上，探索并运用不同类型考试/考查方式，适当压缩记忆类标准化答案题型，增加研究性、可操作性考查方式，

---

① 赵勇：《教育评价的几大问题及发展方向》，《华东师范大学学报》（教育科学版）2021 年第 4 期。
② 安奕、任玉丹、韩奕帆、韦小满：《PISA2021 创造性思维测评及启示》，《中国考试》2019 年第 11 期。
③ 林崇德：《构建中国化的学生发展核心素养》，《北京师范大学学报》（社会科学版）2017 年第 1 期。
④ 肖磊、陈雪纯：《论综合素养评价定位的偏差及其回归》，《教育发展研究》2020 年第 22 期。

提升考试的开放性和包容性，鼓励和保护学生的好奇心和探索未知的兴趣，培养学生的创造性思维以及相应的能力。应试主义教育理念中的考试往往被批评采用标准答案的考试形式。有研究者就指出，当前学校教育的考试方式过于单一化，形式比较单调，以笔试为主，考试的信效度较低。[1] 这不仅禁锢了学生自由发展的空间，同时也让学生的学习和教师的教学局限于课本，变相鼓励了操练文化、题海战术、应试技巧的盛行。显然，从评价技术层面来看，单一的笔试或面试，特别是以标准答案为严格参照的考试形式，难以全面考查学生各方面的能力素养和知识水平。可以说，当前学生评价特别是考试形式的变革已经落后于致力于促进人的全面发展、培养学生创造力和意志品格等核心素养的教育目标，也落后于提倡探究性学习、合作学习、项目式学习等新兴的课程改革理念。因此，在考试形式上，应该采用多元化的改革策略，提升考试的开放性、灵活性，增强考试评价的专业性，定性评价与定量评价两者相结合，这样才能从根本上考查学生的认知与非认知等各个领域的知识、能力、品格和素养。[2]

再次，在考试理念上，应秉持过程性评价和增值性评价的关键理念，使考试（考核）有效服务于知识型和探究型学习的结合。2020年，中共中央、国务院印发《深化新时代教育评价改革总体方案》，其中明确提出"坚持科学有效，改进结果评价，强化过程评价，探索增值评价，健全综合评价"。大规模的竞争性考试必然是高风险的、高利益相关的，也必然会催生过度功利化的教育，让考试替代了学习，而偏离了考试促进学习、服务教育的本质目的。[3] 过程性评价（Formative evaluation）或形成性评价秉持的是"过程"与"发展"的评价理念，是在课程与教学过程中，对学生学习成果和学习过程的评价，评价过程与学习过程两者相互融合，其目的并

---

[1] 林志强、张旭日：《我国高校考试方式与考试制度改革研究》，《河南社会科学》2011年第6期。

[2] 周序：《"应试主义教育"的"应试规训"及其消解》，《华中师范大学学报》（人文社会科学版）2014年第3期。

[3] 郭凤英：《竞争性选拔考试的伦理现状审视》，《学术论坛》2016年第4期。

非筛选和选拔学生，而是促进学生学习，"是在学习过程中完成的、建构学习者学习活动价值的过程"。① 过程性评价认为"分数"仅仅具有指导学习的意义，而非对学生进行分类分等的工具；而且，着眼于学生的学习过程，将能够对学生的综合素质进行较为全面的评估和考查，也才能更好地服务学生学习。通过考查学习过程中的表现更全面地评价学生的发展水平。另外，在完善过程性评价考试的同时，应着重考查学生学习过程及其知识能力的进步程度，追踪学习轨迹，并及时跟进与反馈，以此服务学习、促进学习。增值性评价（Value-added evaluation）并不以绝对的分数来衡量学生的发展水平，而是通过技术和统计手段，考查"接受一段时间的教育之后学生学业成绩增进的幅度"以及其他各方面素质提升的幅度；其特别强调学校教育对学生各个方面的发展所产生的影响，从而有利于学校教育质量的改进。② 因此，鉴于学生个体差异以及对个性化教育的提倡，考试方式和考评技术应着重于评价学生知识、能力、品格和核心素养等多方面发展的相对增值水平，并以此来指导学校教育改进。

最后，在考试结果的运用上，通过增量改革（不改变现有招生利益格局），在招生录取中合理引入能力素质因素，改变目前招生录取中一考定终身或者"唯分数"的评价导向，使考试回归育人功能的本质目的（参见招生录取改革和大学办学体制改革章节）。考试是对学生学习结果及其在各个方面所体现出来的知识、能力、品格、素养等水平高低的总结。换句话说，考试是"对学生学习成果进行检验"。③ 但是，在应试教育背景中，考试结果被限定为仅仅以分数为表征，而分数高低又直接影响着学生是否能升学等深切利益，这使得考试结果成为筛选学生的工具，而偏离了考试育人的本质目的。"考试的任务是确保实施判断准确和有效，强调科学性；

---

① 谢同祥、李艺：《过程性评价：关于学习过程价值的建构过程》，《电化教育研究》2009年第6期。

② 杨小微：《在教育公平意义上理解和运用增值评价》，《教育测量与评价》2020年第8期。

③ 高凌飚：《基础教育考试评价三个视角的融通转换与观念更新》，《中国教育科学（中英文）》2020年第5期。

评价的任务是根据目的对认定的实施作出价值判断，强调公平性和导向性。"① 可见，考试作为一种测量学生发展状况的工具，如何认识、运用其所得的结果至关重要。这关乎考试的导向作用和指挥棒功能的发挥。筛选学生、选拔人才是考试的功能之一，但是过于强调竞争性的选拔可能会使考试滑向"唯分数"的应试倾向，而忽略了考试本身的育人目的。因此，考试结果的运用应坚持"评价结果育人"，一方面通过深度分析考试结果，以诊断学生发展水平和学校教育质量；另一方面构建"评价—反馈—改进"的系统育人体系，强调考试结果在促进学生全面发展方面的重要导向作用。②

---

① 杨志明、丁港、彭丽仪：《考试与评价的国际经验与启示》，《中国考试》2021年第1期。
② 辛涛：《深化教育评价改革，促进育人方式转变》，《中国考试》2021年第2期。

第五章

教育中的管理主义与教师行为

在新公共管理运动（New Public Management）的影响下，管理主义（Managerialism）逐渐从企业管理领域渗透至公共管理领域，并深刻影响了公共行政和公共组织的微观管理活动。① 公共性是学校教育的重要属性。随着绩效考核、竞争机制以及对成本投入效益的重视，管理主义也成为学校教育中的许多活动的重要指南和原则，并对学校管理与教师专业活动带来了深刻的变革。学校管理活动毫无疑问是学校运营的重要条件，涵盖从领导决策、计划组织、执行实施、监督评价、咨询建议等学校运作的方方面面。② 管理主义意味着在微观层面学校管理特别是学生管理和教师管理发生了根本性的变革，管理至上原则成为许多学校管理者秉持的信条，并进而将管理者与管理对象区分开来，强调对学生、教师等管理对象的管制、规范、规训和控制。③ 管理主义在组织运作中强调3个E，也就是对经济（Economic）、效率（Efficiency）和效能（Effectiveness）的追求④：无论是泰勒科学管理时代强调的科层制与直接控制，还是新公共管理运动强调的借鉴企业和市场管理模式而强调并引入的绩效问责、市场竞争、质量管理等新的管理机制，均在公共教育体

---

① 何俊青：《西方新公共管理中管理主义思想和实践的梳理与反思》，《科技进步与对策》2009年第4期。

② 石长林：《我国中小学学校管理体制存在的问题及其对策》，《教育科学研究》2014年第6期。

③ 王晓芳、黄丽锷：《中小学教师科研活动中的管理主义——基于对相关官方文件与若干结题报告的分析》，《北京大学教育评论》2015年第1期。

④ Christopher Hood, "Paradoxes of public-sector managerialism, old public management and public service bargains", *International Public Management Journal*, Vol. 3, 2000.

系有所体现，并反映在学校日常管理和教师专业活动的方方面面。更为重要的是，在考试和升学作为指挥棒而发挥主导作用的同时，教育中的管理主义无形中将教师的时间和精力配置到管理细节等形式主义活动中，而非用于创新教育和学生的全面发展的全人教育之中。

毫无疑问，教育中以应试为目标的管理主义导致教育资源的错配，也将进一步影响教师的专业实践，特别是产生课堂教学中的应试导向、师生关系的异化、教学创新受限、教师负担加重、同事关系异化及专业身份和权力的削弱等消极影响，最终也将影响学生身心的全面发展。

第一节 学校管理主义的具体表征

"组织是一种人们有目的地组合起来的社会单元，它由两个或多个个体组成，在一个相对连续的基础上运作，以实现一个共同目标或一系列共同目标。"[1] 与企业等营利性组织不同，学校作为教育系统中的重要组织，是组织和管理、开展和实施教育教学活动的基本主体。因此，学校应秉持立德树人的教育理念，而促进全体学生德智体美劳的全面发展也成为学校最为核心的组织目标。学校组织内的各项管理活动也应始终围绕立德树人的根本目标，并服务于这一组织目标。从这一视角出发，区别于企业、政府和社会公益机构等其他组织机构，学校管理活动具有自身的教育特性[2]："育人"是学校管理的根本目的，学校管理活动应具有教育性，"实现管理育人"；同时，学校管理的本质是实现学校育人目标的工具或手段，因此应具有服务性，"管理的实质是为师生服务"。

但是，在教育实践中，由于教育绩效评估、学校评估、学科和教师评估的需要，地方教育部门和学校管理者的管理理念和实践却

---

[1] ［美］斯蒂芬·P. 罗宾斯、［美］蒂莫西·A. 贾奇：《组织行为学》，孙健敏等译，中国人民大学出版社2008年版，第5页。
[2] 王道俊、郭文安：《教育学》（第七版），人民教育出版社2016年版，第411页。

深受管理主义特别是新管理主义的影响，奉行管理至上的原则，"为了管理而管理"的现象屡屡发生，这也使得学校管理的本质和目的产生异化乃至颠倒了管理作为手段而育人作为目的的"手段—目的链"。在学校管理活动中，管理至上原则的贯彻和具体实施主要体现为将管理作为一种意识形态（Ideology）而进行扩展，将管理视作解决一切学校教育问题的根本方法，同时在管理主义的意识形态下，学校管理者、教师和学生等被管理者均将管理活动内化为自身的行为准则和理念。[1] 例如，在学生管理，特别是班级的微观管理层面，借助量化考核、班级班规的建立、教育惩戒等方式对学生行为进行全方面管理成为许多学校教师的通行做法[2]，但这却可能使得班级管理逐渐缺失"人性化"和教育性，琐碎的班级班规和量化管理可能挤占了教育教学时间和学生的注意力，真正的教育时间反而越来越少，也不利于学生素质的培育和班级文化建设。同样的，在教师管理层面，学校对于教师的管理日益精细化，以"升学率""考试分数"为核心的各项考核指标和绩效问责机制对教师的专业工作进行评价乃至奖惩，繁重的日常管理负担，也影响教师的专业学习和专业发展。可见，在管理至上理念的影响下，管理活动可能异化为"为管理而管理"，偏离了服务和育人的本质目标。

一 强调管理与规训，学校管理围绕应试这一核心目标展开

学校教育的重要维度是学生社会化的过程，对心智与道德认知和实践均未成熟的学生进行管理和教育，有助于学生形成较好的品德意识理念和社会行为规范，这也有助于课堂教学的顺利开展。学校在对学生的管理活动中，学校纪律构成了强大的外部约束。而从行为规范到课堂纪律和学生班级管理以及学校教育秩序的维护，纪律管理构成了学校学生管理的重要组成部分。[3] 因此，构建学生管

---

[1] Thomas Klikauer, *Managerialism, A Critique of an Ideology*, London: Palgrave Macmillan, 2013, p. 10.
[2] 张长松：《班级管理量化考核的优与忧》，《教学与管理》2019年第7期。
[3] 陈悦、程亮：《从社会性到教育性：学校纪律的再考察》，《教育学术月刊》2018年第2期。

理体系是必不可少的，同时也是教育学生的一种制度，是制度育人得以推进的重要途径。例如，德国毕博（Bernhard Bueb）博士就出版了一本《纪律颂》（或《有纪律的孩子更优秀》）的畅销书，在概述中，毕博十分强调纪律和权威对于学校教育的重要性，认为如若不加强对学生的纪律教育和规训，那么学校教育的其他重要活动将难以开展，因此，他将"管理"视作教育教学的重要前提。[1]

但是，在学生管理实践中，以纪律和权威为关键的学生管理理念和做法却可能忽视了学生管理本身所应蕴含的教育性，而以管理和规训取代了本应有的教育活动，将管理视作教育学生的主要乃至唯一的途径。其中最主要的表征就是聚焦于规范和管理而忽视了借助纪律和管理而达成的教育目的，换句话说，就是把管理和教育两者进行了分离，忽视了管理的教育功能或教育性。有研究者就主张，"学校纪律的本性不在规限、管理，而是教育与发展"[2]。现实中，强调规训管理的学校组织和教师却不在少数。较为极端的如衡水中学的半军事化管理的学生管理模式。据报道，衡水中学采取"军事化管理"的模式，严格管控学生的作息时间，精细到以分钟计算，如15分钟要洗漱完毕，课前跑操和朗读、吃饭时间和午休时间固定。在这样高强度的管理模式下，学生的各种生活、学习活动被严格管理和统一化，以此来提升学生的考试成绩。[3] 显然，学生管理中渗透着强大的权力关系，特别是学生个体性在管理活动中被忽视和消解，从微观层面来看，学生管理特别是纪律和权威的强调，往往意味着监督和控制，学生管理作为一种教育手段的本质被无视了。[4] 尽管作为一种管理手段的学生管理活动有其积极的一面，但是毫无疑问，在理解与对话、学生逐渐成为学校教育的中心的背

---

[1] 顾娟：《现代教育还需唱响纪律颂歌吗？——由德国纪律论战引发的思考》，《基础教育》2019年第5期。
[2] 刘丙元：《学校纪律的性质与功能：从规限、管理到教育》，《中国教育学刊》2006年第2期。
[3] 《闻名全国的衡水中学，到底有多可怕》，2021年7月26日，腾讯网（https://new.qq.com/omn/20210726/20210726A0121400.html）。
[4] 陈悦、程亮：《从社会性到教育性：学校纪律的再考察》，《教育学术月刊》2018年第2期。

景下，以管理和规训代替教育显然并不利于学生主体性的培养和培育，也有悖于学校本身的教育目的的实现，不符合立德树人的根本宗旨。因此，应该摒弃在学生管理层面所奉行的管理至上的原则，将管理活动还原为教育活动，将管理和教育相统一。①

以河北衡水中学为例。衡水中学以优异的高考成绩进入公众视野，成为高中教育发展的"行业标杆"。在社会各界视之为"神话"的同时，衡水中学逐渐走上"做大做强"之路，一跃成为"超级中学"。"超级中学"②具有办学规模大、管理严格、升学率高的特点。衡水中学作为典型的"超级中学"，不断地以所形成的"衡中模式"向全国各地输出影响力，着力于打造一个体量更为庞大的"超级中学航母"③。这种军事化管理的办学模式，引起了学界的关注。有研究指出，在衡水中学办学发展模式化、规模化后，便形成一个由个体组成的集合体，衡水中学里的所有学生个体朝着共同的目标方向前进，在前进过程中，随着群体规模变大，群体气氛浓烈，匿名性增强，个体间的差异感消失，集体心理发挥作用。这种集体心理具有本能的性质，受到群体心理一致性规律的支配。④ 学生个体的个性消失，也即"去个性化"。所谓去个性化（deindividuation）是指个体淹没在群体之中，失去自身身份特征和个性感。⑤而且也在不同程度上表现为自我同一性意识下降、自我评价和控制水平降低、成就感和归属感降低等消极表现。值得注意的是，高中阶段的青少年心理发展仍不成熟，其所处的特殊发展阶段所特有的一些心理特点使得他们比其他年龄阶段的个体更容易产生去个性化状态。在学校管理中，超大规模、整齐划一和激情教育等均是学生

---

① 袁征：《约束与教育：学校纪律的基本功能》，《华南师范大学学报》（社会科学版）2018年第3期。

② 田汉族、王东、蒋建华：《"超级中学"现象演化的制度逻辑——以衡水中学、毛坦厂中学、黄冈中学为例》，《教育与经济》2016年第5期。

③ 杨东平、王帅：《从"衡中模式"看基础教育治理的困境与出路》，《清华大学教育研究》2018年第4期。

④ 兰玉娟、佐斌：《去个性化效应的社会认同模型》，《心理科学进展》2009年第2期。

⑤ 董嘉明：《群体性事件社会心理机制探析及对策建议》，《决策咨询通讯》2008年第6期。

管理去个性化的具体管控方式。而去个性化的影响则表现为学生主体自我意识混沌,自我认同不一致以及独特独立的个性丧失。

有学者指出,衡中模式的学生管理呈现典型的去个性化状态,这违背了教育的本质。教育是主体间的指导学习,主体是既有社会性又有自主性、独特性或个性、创造性的存在。[①] 如前所述,显然,衡中模式使学生成为"没有个性"的"去个性化"个体。学生在教育教学过程中的主体性、差异性和个体性未得到有效关注,学生不会觉察到自己的思想、情绪和其他内部过程,其行为受外部因素的调节和控制,这对学生的创新思维、个性发展和身心成长具有不利的影响。

二 学校日常管理过程过于精细化、标准化和科层化

近年来,尽管学校自主权和学校办学活力备受提倡,但是主管部门对学校的微观管理和干预依然存在。长期以来,中小学校被纳入从人事、财务到业务的一整套严密的管理网络中,管理与控制无处不在。管理者在创新管理方式以及科学管理思潮的烙印下,从大而化之、粗放式管理转变为以追求管理科学性、系统性、全员化和精细化为主的管控模式。精细化管理[②]是指严密、细致的管理,是指在学校的行政管理、师资管理、学生管理、教学流程、后勤保障、基础建设等方面落实管理责任,将管理责任明确化、具体化。人人要管理、处处有管理、事事见管理是严密而精细的管控模式的核心要义。它在有效协调各项教育工作,提高学校管理效率的同时,却忽视了教育主体的积极性、主动性和创造性等柔性的人文特性,也束缚了中小学校办学活力的释放。以结果为导向的量化管理以及与利益挂钩的责任制,均是严密而精细的管控模式在中小学校管理的具体体现。

---

① 郝文武:《教育:主体间的指导学习——学习化社会的教育本质新概念》,《教育研究》2002 年第 3 期。
② 赵欣:《学校精细化管理解读及其运用》,《学校党建与思想教育》2011 年第 24 期。

(一) 以学生成绩为根本导向的量化管理

新公共管理以工具理性（instrumental rationale）思维方式为主导，以"理性经济人"的人性假设为前提与逻辑起点，引入了结果取向的定量（量化）管理方法。[①]为增进学校管理的全面性、可靠性和精细化，量化管理成为教育行政部门管理中小学校的价值理念和管理范式。量化管理具有高效性、客观性、可计算性、目标性以及精细化等特点，符合学校新公共管理以及精细化管理理念对管理工作的要求。在学校管理中，从办学思想到教学管理，再到师资队伍建设、学校党团建设等，万事万物皆可量化。量化管理渗透在学校管理的方方面面，通过高效的、可操作的数据赋值，增进学校管理工作的严密性和精细化。但严密而精细的同时，也面临着刚性、刻板和束缚的挑战。量化管理要求手段和程序的可计算性，其关键步骤包括量化标准体系方案的构建、量化的具体实施以及量化结果的使用。其中，对量化结果的运用与关注是量化管理的重点。中小学教师的绩效管理便是典型的量化管理方法。各地各校依据自身实际情况制定相应的教师年度工作量化考评办法。一般而言，绩效考评办法大同小异，大多采用积分制。其重点在于对教师的考勤、备课、家访、评课、科研和作业批改等各项具体日常工作进行细致的量化赋分。最后，各项指标得分累计的分数便为教师的年度绩效。并且，量化的绩效得分与教师的奖金和晋升等利益相关。值得注意的是，教育是一份"良心活""用心活"，教师是教育人、塑造人和培养人的专业劳动者。看似"细致、全面、科学、公正、可靠"的量化绩效管理，无法全面和准确地衡量教师的工作量，也降低了教育的柔性与温度。

(二) 绩效与工资挂钩的目标责任制与惩罚机制

新公共管理主义追求市场驱动和绩效问责，这为目标责任制提供了理论依据。目标责任制是各级各类行政管理以及企业管理中常用的管理制度和管理理念，将其引进中小学校管理，旨在适应教育新形势发展的需要，促进工作目标任务的高效完成。当前，在学校

[①] 何颖、李思然：《新公共管理理论方法论评析》，《中国行政管理》2014 年第 11 期。

管理中，许多学校也开始推行所谓的"目标责任制"，也就是自上而下地将教育工作目标进行细化分解，并与教师等相关部门和人员签订相应的目标责任书，要求相关部门和人员如期完成各项指标，并对完成情况进行考核，实行奖优罚劣的管理制度。追求效率、效果，注重结果、产出是教育目标责任制的基本特征。目标达成度是责任制关注的重点，结果与部门和个人绩效考核挂钩。学校和老师最终成为落实目标管理责任的最终承担者。目标责任制把单渠道的、分散的、模糊的管理转向全方位、多渠道、清晰的管理模式，有利于学校管理的精细化和规范化。但同时值得注意的是，目标导向的管理责任制过于注重短期结果和产出，并不一定符合学校教育的本质和长远目标。

(三) 学校管理的行政化和科层化倾向

受传统文化和长期的计划经济体制的影响，中国政府与学校关系以行政性、管理性和习惯性为根本特征，并且存在学校缺少自主权等问题。[1] 尽管在教育理论研究界关于学校管理行政化和官僚科层制现象的研究与探讨大多只关注高校管理层面；但是，实际上，中小学学校管理的行政化倾向也较为严重。行政化、科层化是新泰勒主义的典型体现，是指行政管理手段在学校管理过程中出现了泛化或者滥用的现象。新泰勒主义即新管理主义，二者皆强调管理的标准化、层级式的管理结构。[2] 新泰勒主义的特点在于权力集中于上级，通过颁布指令，自上而下地进行管理，带有强制性、全面的微观控制等特点。[3] 科层化与行政化的管理取向典型地体现在学校的行政化体制上。中国中小学主要管理人员的聘任及管理主要采用行政人员的选聘标准与规格，学校教育教学事务也主要由行政部门主导。同时，学校管理行政化现象也使得"教而优则仕"（学校管理者）成为许多教育工作者的选择，这对学校教师队伍建设和教师

---

[1] 蒲蕊：《政府与学校关系重建：一种制度分析的视角》，《教育研究》2009 年第 3 期。

[2] 盛明科、何植民：《政府绩效评估的价值渊源：从"效率中心主义"到"新泰勒主义"——兼论当前我国政府绩效评估的价值追求》，《社会科学家》2009 年第 1 期。

[3] 王晓芳、黄丽锷：《中小学教师科研活动中的管理主义——基于对相关官方文件与若干结题报告的分析》，《北京大学教育评论》2015 年第 1 期。

职业的专门化构成不利影响。

（四）学校教育评估和督导的异化

学校教育督导（School inspection）是现代教育治理体系的重要组成部分，也是教育政策得以推行的重要机制。① 毫无疑问，教育外部督导评估以及学校内部对教师教学过程的教学督导评估是监测中小学办学活动、过程和结果的重要手段，同时也是学校和教师问责的机制，致力于提升和保障学校办学质量的重要工具。但是，在学校微观层面，对教师日常教学的评估和督导却也可能因管理主义的理念而异化，并对学校教育和教师专业实践产生消极的影响。其一，教育督导以及对学校办学质量的评估往往过于强调结果导向和学校绩效，特别是在应试主义情景下，学生成绩和学校升学率成为衡量学校办学质量的关键或者主要标志。可见，教育督导和学校质量评估演变为对学校办学结果的评估，而忽视了对学校办学过程、环境的内涵式发展的多重要素的过程性评价，这显然不利于发挥督导和评估促进学校改进和办学质量提升的本质功能。② 其二，在学校教育督导评估中，教师教学评估是重要组成部分，但对教师日常教学活动的评估和督导却往往陷入形式主义的困境，过多的考核、达标、检查、验收、评比等，加重了教师负担、挤占了教师时间，对教师正常教学工作产生了不利影响。

三　教师非教育教学负担过重：脱离教育本质的低效和重复性工作

教师负担已成为影响教师专业发展和教育质量的重要因素。2019年中共中央办公厅、国务院办公厅颁布的《关于减轻中小学教师负担进一步营造教育教学良好环境的若干意见》指出，"由于一些历史的和体制机制方面的原因，目前教师特别是中小学教师还存在负担较重的问题，主要表现是：各种督查检查评比考核等事项名

---

① 张彩云、方晨晨：《教育督导70年回顾与展望：从制度化走向现代化》，《行政管理改革》2019年第6期。

② 郑美良、范国睿：《超越结果与绩效　回归过程与改进——基础教育学校评价的变迁与改进路向》，《教育科学研究》2021年第6期。

目多、频率高；各类调研、统计、信息采集等活动交叉重复，有的布置随意；一些地方和部门在落实安全稳定、扫黑除恶、创优评先等工作时，经常向学校和教师摊派任务。这极大地干扰了学校正常的教育教学秩序，给教师增加了额外负担"[1]。意见要求"必须牢固树立教师的天职是教书育人的理念，切实减少对中小学校和教师不必要的干扰，把宁静还给学校，把时间还给教师"[2]。可见，教师负担既包括主管部门围绕教育活动赋予学校和老师的任务，也包括相关部门赋予学校和教师的其他工作任务。因此，中央关于中小学教师减负的相关政策要求各级党委和政府为教师减负。[3]

名目繁多的检查评比大大加重了教师的工作负担，教师需要花大量时间去解读一些政策文本，根据管理者的需求参加一些教研活动，进行课程与教学的改革去磨课研课，设计公开课与家长开放课堂演示，录播网络开放课堂视频，这些繁复的活动并非属于教学本职工作，但却需要耗费教师大量的时间精力。有研究发现中国教师用于非教学（包括参与学校管理、日常行政与其他事务）的时间均高于国际平均水平且非教学时间远高于教师的上课时间、"与本校同事交流合作时间"以及"与家长沟通时间"。[4] 而在专业发展的过程中，教师缺乏教学管理的指导，需要通过不断的试错才能积累个人的经验，如新教师接受学校安排参加各市区级教学指导与培训活动仅停留于理论层面，参与校际比赛是为了完成绩效考核，实际上脱离了教师课堂教学工作的主阵地，难以完成高效创新的教学，导致教师为了完成教学任务而加大工作强度如增加作业量、提高考评频次、教师加班进行课外辅导等，对于师生双方都是低效负重的教

---

[1] 中共中央办公厅、国务院办公厅：《关于减轻中小学教师负担进一步营造教育教学良好环境的若干意见》，2019年12月16日，中国政府网（http：//www.gov.cn/zhengce/2019-12/15/content_5461432.htm）。

[2] 《中共中央办公厅、国务院办公厅印发〈关于减轻中小学教师负担进一步营造教育教学良好环境的若干意见〉》，2019年12月16日，中国政府网（http：//www.gov.cn/zhengce/2019-12/15/content_5461432.htm）。

[3] 李祥、周芳、蔡孝露：《中小学教师减负政策的价值分析：权利保障的视角》，《现代教育管理》2021年第7期。

[4] 王洁、宁波：《国际视域下上海教师工作时间与工作负担：基于TALIS数据的实证研究》，《教师教育研究》2018年第6期。

学任务。

因此，学校管理失调导致了教师负担的不合理转移。① 在严格繁杂的学校内外部事务中，教师被动参与学校的管理工作却无专业管理自主权；在学校封闭的空间和固定的工作时间里，教师工作按部就班易于产生职业倦怠。教师在学校组织中作为被管理者，要接受学校各条线的管理要求，教师对教学任务疲于应付，客观上造成教学负担由教师这一单一主体向教师、学生、家长和社会群体多元主体转移，教学负担的空间也由学校扩展到社会机构培训和家庭，而教学质量则难以得到保证。

在对教育过程的微观管理中，基础教育的课程与教学评价遵循的也是管理的逻辑②，根据管理者的意愿制定相应的评价目标和程序，再引导教师的教学工作服务于各项行政化的诊断性指标。新任教师往往同时兼负学科教师和班主任的工作才能通过教师考评，为了完成相应的教育评价，教师需要应对各种总结、表格与材料……而这些看似丰富的教师发展记录材料因过于烦琐和形式化，实际上对教师正常教学工作产生了相反的作用。教师的诸多重复性甚至无意义的工作，无疑是一种额外的重负。

教书育人是教师的本职工作，除了教学本身，有利于学生成长和社会发展的其他工作如校内课后服务等任务，也是学校和教师通过合理机制应该承担的责任。同时，任何机构（包括企业）和个人也都需要承担一定的社会责任，学校引导老师和学生参与社会服务，培养学生的社会责任，也是学校的重要职责。但是，学校和教师的主责是教书育人，应该科学合理地确定学校和教师的教学和其他非教育教学负担，保障学校和教师有充分的时间、精力和兴趣集中于教书育人这一主责主业。

---

① 樊改霞、冯敏慧：《教师合理负担不合理转移的现象分析与治理路径》，《当代教育科学》2021 年第 6 期。

② 刘志军、徐彬：《面向未来的课程与教学评价：困顿、机遇与走向》，《课程·教材·教法》2020 年第 1 期。

四 基于绩效工资的教师管理模式强调竞争而忽视教师专业发展

学校管理主义主要通过以下两种路径影响中小学的教师的管理和评价，一是通过将竞争性的企业管理理念运用于中小学中，旨在通过竞争、绩效奖励、管理文化等理念来影响教师，以此来提高教师的教学和科研效率；二是将企业管理的技术直接运用到教师评价中，如采取问责制度、绩效评价、评价标准量化的方式对中小学教师进行评价和管理。由于学校管理主义过于强调技术和工具的合理性以及管理至上的原则，导致中小学的教师管理和评价主要以外部驱动的奖惩为主在一定程度上忽视教师内部激励，具体表现在绩效工资制度的建立以及以此为基础而建立的强调竞争取向的教师管理模式。

师者，传道授业解惑也，教书育人是教师的根本任务。受学校管理主义的影响，企业中绩效考核的方式和评价的标准进入中小学教学管理领域中，在教学管理和评价层面将教师的教学管理与绩效管理相挂钩，实行绩效工资制度（performance-based pay，或 pay for performance）和问责制度。典型表现是过度关注"教学"和"考试"带来的成绩，班级的考试成绩、教学的成果直接和教师的利益诉求（如职称晋升、声誉、奖励、绩效工资）相挂钩。例如，高考招生之后，地方行政部门或是学校对教师的奖惩随之而来，"重本率"和"升学率"成为评价教师教学的重要指标，"升学率"越高，教师获得的绩效工资越高，获得的奖励越多。这种以结果为导向的绩效管理容易忽视教师过程监管。此外，在绩效管理下，中小学教师容易产生"不患寡而患不均"的心理[1]，认为学校将都在努力教书育人的教师区分为"三六九等"，拉开教师之间的收入差距，一些教师还认为学校采取绩效管理的方式，是将教师视为需要外部激励和被约束的"慵懒"对象，使中小学教师的工作积极性备受打击，在一定程度上将中小学教师教学管理和评价体系打上了"物化"的标签。

---

[1] 赵德成：《教师绩效工资改革难以深入推动的原因及对策》，《中小学管理》2020 年第 9 期。

市场化的竞争逻辑加重了外部驱动的奖惩教师评价模式。将"竞争"引入中小学领域是新管理主义奉行市场化原则的具体方式。[①] 在学校管理实践中，一线教师往往无法根据自身作为专业人员的优势和才能自主开展教育工作，反而被各种考核和管理所主导。有研究者就敏锐地总结了当前学校管理中"教育性弱化"而"管理性突出"的几大表现，包括功利化、科层化和秩序化等。[②] 例如，学校管理目标日益功利化并以应试成绩为考核教师工作的主要乃至唯一标准，这不仅使得教师负担极重，也极大地影响了教师的价值追求和教学行为。

正是由于奉行管理主义原则，学校对教师教育教学工作的评价也趋向于重视结果的反馈而非过程质量的提升，而忽视了教师专业发展需求。这也违背了学校教育立德树人和育人的根本宗旨。新管理主义奉行 3E 原则（效率、经济、效益），为了在提供公共服务时更加灵活地运用"成本—效率"机制，新管理主义重视成果的反馈并根据反馈的结果进行评价，以降低运行成本提高效率。[③] 尽管在绩效工资制度改革的背景下，一定程度上可以激励教师的投入和责任心；但是，过于"物化"倾向的激励模式容易忽视教师未来的专业发展的需求。

此外，在教师工资制度改革的背景下，绩效工作一方面成为激励教师的重要内容，另一方面也演变为对教师进行绩效考核和问责的重要工具。通过绩效来考查教师对于学校组织目标达成的贡献程度，进而对教师进行奖惩，因此中小学教师的绩效指标体系也就应运而生，通过指标对教师的工作进行打分和排序。但是，教师的教育教学工作的可衡量性是较低的，教书育人是教师的职责，而教书育人是一项道德活动，具有强烈的道德属性，难以从外在的指标进行简单考核。而且，教师作为专业人员，有自身的专业发展的需

[①] 王晓芳、黄丽锷：《中小学教师科研活动中的管理主义——基于对相关官方文件与若干结题报告的分析》，《北京大学教育评论》2015 年第 1 期。

[②] 周元宽、葛金国：《学校管理教育性的回归：制度设计与路径选择》，《中国教育学刊》2014 年第 5 期。

[③] 郭裕湘：《基于公共管理主义视野的我国高校学术管理机制创新》，《中国成人教育》2016 年第 18 期。

求，需要在专业工作中不断提升认识、增进知识和提高专业能力。简单的问责和奖惩难以构成教师专业发展的动力来源。

总体来说，学校对教师的管理和评价主要是以外部驱动为主和以"物"为本的管理和评价模式，在一定程度上忽视了教师的内部激励，中小学作为公共教育部门之一，主要是以育人为主，强调的是以人为本，而用"量"、用"物"去评价和衡量教师发展有悖于中小学"以人为本""教书育人"的教育理念，不利于教师在专业和职业上的长远发展。

第二节 学校管理主义如何影响教师专业实践

一 应试主义背景下课堂教学以分数为主要目标

随着新管理主义涉入公共教育领域中，对绩效的过度追求、利用绩效衡量效率这一导向也进入了公共教育领域中。人们过度崇拜教育领域的"绩效"也就是考试分数也成为衡量课堂教学的主要标准。管理主义以绩效为标准，而学校教育的绩效又以学生分数为依据。这就导致教师的课堂教学活动的设计和课堂教学评价逐渐以分数为唯一导向和目标。

尤其是在应试主义盛行的中小学领域中，教师的教学往往奉考试分数为圭臬。在社会舆论和新闻媒体报道中，我们可以发现，"时间就是分数""分数就是学生的命根"等口号深入人心，教育中的分数像经济领域的"货币"一样有着神奇的功能[1]，学生早起晚归、争分夺秒，很大程度上就是为了"分数"；分数成为评价一个教师专业发展的主要指标，教师们在日常的交流中关注的重点也成了"如何提高学生的成绩""如何运用应试技巧对付考试"。但毫无疑问，在教育领域，考试只是一个评估学生课本知识学习成果的活动，而非教育的唯一。简单的考试或者仅以分数为核心的课堂教学评价标准并不能真正地评价学生，也并不能判断一个教师的专业水

---

[1] 邱昆树、张寅：《教育现代性批判：基于社会加速批判理论的视角》，《教育发展研究》2020年第Z2期。

平和课堂教学质量。这种"唯分数"的评价方式将课堂教学固化为"目的—手段"链条式的工具理性的简单思维,将学生成绩等同于教师教学质量。显然,这将对教师专业实践带来不少消极影响:一方面遮蔽了教师立德树人这一根本任务,另一方面学校在管理上忽视了教师专业发展,教师在课堂教学中无法得到真实的教学反馈,也就无法进一步实现自身的专业发展。

  在中小学领域,课堂教学是教师主要的实践战地,教师在课堂教学中通过反思和总结不断提高自身的专业意识、理念和实践能力,所以,中小学的课堂教学评价应致力于发挥对教师专业实践发展的导向和促进作用。在管理主义的影响下,目前中小学应试主义盛行,课堂教学评价主要以分数为唯一导向和目标。这种评价导向的片面化、评价标准的简单化、评价主体的单一化对教师的专业实践发展也产生了一定的影响。(1)教学评价导向的片面化,偏离了教师育人的导向。在课堂教学中,过分强调分数导向,是对评价育人导向的摒弃。在未来社会中,综合素质是未来人才的"硬指标"①,教师"育人"应培育的是具有综合素质的人才,而不是题海战术和应试技巧训练下培养出来的人才。以分数为课堂教学评价的唯一这一导向,为课堂教学提供模糊的分数指标;依据分数对教师的教学能力和学生的综合实力进行排名次这一行为,偏离了教师的育人导向。(2)评价内容的简单化,影响了教师的价值判断。关于课堂教学评价一直有着"甄选"的功能。②通过甄选,教师将学生分成不同分数等级的学生,并根据分数情况开展教学活动。实际上,即使是相同的分数,其中蕴藏的内涵也是不同的,尤其是分数中并不能展示出学生的非智力因素,如情感、态度和价值观的考查都无法通过分数展示出来。以分数为导向的课堂教学评价使评价内容简单化,教师很难从分数中从考试中判断一个学生的发展,也无法完成学生的非智力因素的培养,在一定程度上影响了教师的价值

---

  ① 徐虹、刘佳:《不以分数"贴标签"新学生评价体系重"五育"》,2020年10月15日,中国网(http://edu.china.com.cn/2020-10/15/content_76808316.htm)。
  ② 卢立涛、梁威、沈茜:《我国课堂教学评价现状反思与改进路径》,《中国教育学刊》2012年第6期。

判断。(3) 评价主体的单一化倾向显然也忽视了评价活动中教师的主体地位。教师是课堂教学的主体。课堂教学评价目的是促进教师的专业发展,助力学生发展提升课堂教学质量。所以关于课堂教学评价是多主体的、全方位的。① 课堂教学除了根据学生的分数的评价,还应该包括教师自评和相关专家学者的第三方评价。教师自评主要是对教师的自我评价,通过自评,教师可以不断总结教学得失,及时调整教学方法和教学手段,提升课堂教学的积极性以促进自己的专业实践。若局限于学生的分数这一评价导向,以分数来评价课堂教学活动开展效果的好坏,就忽视了教师的主体地位。

更为重要的是,与将考试分数作为衡量标准相似,受企业管理文化中制度文化的影响,学校内部形成了有关考核、激励、奖惩等一系列完整的规章制度。学校管理文化具有渗透性,潜移默化地渗透到课堂教学利益相关者的思想和言行举止中。② 以课堂教学评价为例,考试为中小学校最常见的一种检验人才的形式,以分数为主要评价标准的考试文化在学校管理之中随处可见,考试分数高的学生和高分班级的老师与其他老师相比,有一定的优待,如部分初高中对一些"高考状元""中考状元"的班主任或科任老师给予特殊奖励。这一考试文化带来的课堂教学评价模式和教师奖励机制渗透并深刻影响了学校管理者、教师、家长、学生等利益相关者的价值观念,部分利益相关者普遍产生"分数至上"的心理,由此产生较为极端的现象。如部分家长根据考试分数评定出所谓的"名师""名校",千方百计将学生送到"名师课堂"中,"炒学区房"成为社会热点等。这一管理文化的盛行,使部分学校甚至将高分班级的课堂教学行为直接外化为一系列保护其发展的考试制度和课堂教学评价机制,影响教师的教育教学理念和实践。

综上所述,不难发现,在学校管理主义的影响下,中小学领域中存在对符号的过度追逐和管理文化的盛行等问题,导致课堂教学以分数为唯一导向和目标,应试主义盛行。以分数为唯一导向的评

---

① 邴倩:《中小学课堂教学评价的现实问题与改进路径》,《教学与管理》2020年第15期。
② 叶怀凡:《论学校管理文化》,《教学与管理》2017年第9期。

价方式使得课堂教学评价导向片面化、评价内容简单化和评价主体单一化,进一步影响了教师的专业发展。所以,未来课堂教学应处理好分数和教师专业实践发展的关系,构建和完善相关课堂教学评价体系。

二 管理主义对师生关系的消极影响

师生关系是学校教育的核心。正所谓"亲其师,信其道",毫无疑问,师生关系的质量对教育效果将产生重要影响。在学校教育领域,管理主义奉行管理至上的原则,是一种自上而下的管理,具有强制性且微观性等特点。[①] 应试教育的管理主义将考试成绩和升学率作为核心指标,这种理念深刻影响着教育场域中的师生关系的性质和特点。

(一)管理主义可能弱化普通教师与学生的交流责任

管理主义通过量化老师的工作职责,划定老师的工作范围。而与学生之间的互动交流由于难以量化,往往不在普通老师的工作范围。除了班主任、德育老师或由于某种原因受到关注的学生,普通任课老师一般较少关注学生除课程之外的表现,也较少与学生沟通交流。并且,在管理主义的考核体制下,普通任课老师没有责任也较少渠道关心学生,甚至也不方便过多关心学生。导致与学生的沟通交流成了少部分特定教师的责任,使教师与学生关系普遍比较淡化。同时,在管理主义的影响下,管理而非教育和交流被当作解决学生问题的手段。当师生关系出现问题时,首先想到的是要怎么更严格管理,制定什么样的学校规章制度能让学生"听话""遵守纪律",而不是分析问题解决问题。在实际中,学生一旦犯错,学校和老师首先想的是要联系家长,然后根据学校的规章制度判断学生违反了哪一条校规校纪,应该怎么处罚,以此来遏制学生的不良行为。学校这种"非人格化"的管理倾向,忽视了师生之间的情感交流,加上现代社会的学生自我意识的加强、心理问题的增加,容易导致师生之间关系的冷漠化。

[①] 王晓芳、黄丽锷:《中小学教师科研活动中的管理主义——基于对相关官方文件与若干结题报告的分析》,《北京大学教育评论》2015年第1期。

（二）过于重视管理和正式关系影响亲密师生关系形成

师生关系不是一种市场交换关系，在古代，甚至有"一日为师终身为父"的说法，除了必要的纪律和规矩，师生之间具有更加密切的情感关系和责任义务关系。但管理主义过于重视纪律和正式关系，影响了师生关系的性质。

与教师管理类似，在学生管理领域，受管理至上这一理念的影响，学校多采取自上而下的管理方式，这一管理方式也被运用到了教师的班级管理或学生管理的实践中。实践中可以发现，中小学教师常常以"权威者"的姿态去面对学生；与学生之间的交流多是命令式的交流，学生则处于"被接受者""被管理者"的地位，学生渴望接近教师但是又害怕接近教师。从班级管理角度上，这种管理与被管理的不平等关系是被允许存在的。但教师和学生从人格上是属于平等交流的两个个体。若双方之间变成了等级关系，师生之间的交流成了任务的布置，师生之间的交流内容必然狭窄化。从教师的教学管理制度来看，在管理至上这一思想的影响下，部分学校对教师的管理有着严格的程序且要求规范化管理，在一定程度上拉宽了教师和学生的距离，不利于亲切和谐的师生关系的建立。

三 影响教学创新：课堂教学的刻板化、机械化，缺乏个性化教学

在当前教育领域变革不断的背景下，中小学教师不再是简单的课程执行者，而应成为课堂教学领域的自主创新主体。然而，学校教学管理活动中的管理主义要求教师按教学规范重复完成简单循环的教学任务。在这种情形下，课堂教学的刻板僵硬和简单重复的教学考试文化和管理文化有可能进一步构成了一种稳定运行的文化生态[1]，限制了教师个体在课堂教学和发展知识方面的创新。

（一）教师角色定位偏差：被动的执行者

学校管理主义背景下，教师在课程、教学和学生管理等方面均被设定为"执行者"。一方面，从管理角度审视，由于教育管理的

---

[1] 徐彬、刘志军、肖磊：《论课程评价制度创新的阻力及其化解》，《课程·教材·教法》2021年第1期。

行政主导，集中短期培训和学区教研相对于校本学习更便于管理，也是行政部门达到其管理目标的便捷手段①，教学工作按统一标准管理，其专业自主权不断被整齐划一的规定削弱，教师的专业知识和能力的发挥空间也进一步受限。另一方面，从专业角度出发，中小学教师作为一线实践者却在许多方面依赖于所谓外部专家的指导，缺少专业自信和自主权。②这显然忽视了教师的个人专业判断力和自主能动性，无法激发教师的教育情怀或进行教学创新，也限制了教师专业实践的积极性和创造性。

（二）教学内容和教学方法的刻板化和机械化

长期以来，中小学教师深受"教师、课堂和教材"传统教育模式的影响，机械式的知识传授教学法已成为他们进行教学的主要教育教学方法。由于知识系统化程度极高且应试教育有迹可循，所以在日常教学中，教师往往从他人那里套用"万能模板"，同样的教学内容和方法直接使用于不同的班级，使得教育质量极大程度上受到教学方法的限制。一些教师不参与教学的课前准备和教学反思研究，缺乏个人教学风格，忽视学生学习的情境性和时空性，较少关注到学生的个性发展和差异化发展，从而容易导致学生的学习积极性下降，产生厌学心理和人际冷漠情绪。在学校管理主义的影响下，教师只需采取能够冲刺学生成绩的快捷高效教学模式即可，如增加作业考测、反复识记知识点等。这样的教学模式过于刻板化、僵硬化和机械化，学生易被同质化为知识的容器和考试的机器，不利于教师在实践和反思中获得专业发展。为了有效改善这种教学模式，教师应该对传统教学模式进行创新，要和学生进行平等交流，及时了解学生的真实情况，并制定合理的教学方案因材施教，注重诊断性评价与发展性评价的有机结合。

中小学课堂教学创新性不足的原因还可从以下几个方面探讨：首先，落后的教学观念。传统教学观念仍然是限制当前教学管理和

---

① 陈向明、张玉荣：《教师专业发展和学习为何要走向"校本"》，《清华大学教育研究》2014年第1期。

② 王晓芳、黄丽锷：《中小学教师科研活动中的管理主义——基于对相关官方文件与若干结题报告的分析》，《北京大学教育评论》2015年第1期。

中小学教育水平的重要因素。教学不是一个静态的事件，而是一个动态的互动过程。知识不是一成不变的，教师也需要根据不同的教学对象和教学情境不断更新教学方法，在实践中实现教师专业自主发展。其次，忽视学生的好奇心和情感需求。学生是教学目标的主体和学习目标的实现者，只有关注学生，关注教育环境和学生成长环境的变化，才能解决课堂教学中存在的诸多问题，提高教育的质量和效率。然而，教学方法的转变、教学理念的革新是困难的，需要外部宽容的环境予以支撑和鼓励。但是，在管理主义层面，对于中小学教师来说，更重要的是追求外在的绩效以及与此相联系的考试成绩，同时应付各种非教育教学任务。显然，较为繁重的日常教学压力和工作量挤压了教学创新的空间，更遑论在行动中进行探究导向的反思性教学。

四 管理主义强调竞争影响教育合作和教师共同体建设

新管理主义奉行市场原则和绩效考核，以期能将市场竞争的机制和量化的评价指标引入公共教育管理领域中，但学校是一个具有特殊意义的公共部门，公共教育部门的产出和绩效难以通过指标完全量化。这种情况强化了教师之间的竞争关系，弱化了教师之间的互助协作关系，不利于教师专业学习共同体（Professional learning community）的建设。

（一）管理主义强化了教师内部的考核竞争

在行政主导的管理体制和管理主义的管理模式下，学校的资源配置、制度运行以及组织架构均是在行政运行机制下不断地得到形塑固化。[1] 行政管理者只能通过关心教师考核、教师教学成果、学生成绩等指标来了解教师，缺乏对教师能力的理解，这也导致了教师将更多的精力用于考核竞争中。这种梯形的层级管理模式也意味着等级越高，岗位数量越少。为了赋予学校稳定高效率的运作和激励教师，学校管理者实施量化、竞争的管理模式。对人员的职称评定和绩效工资同量化的考核评价体系挂钩，教师之间的专业发展变

---

[1] 杨晓奇：《学校发展的"内卷化"表征与破解》，《教育研究与实验》2017年第5期。

成了一堆可以描述和比较的数据，由于绩效考核和职称晋升名额有限，加剧了教师之间围绕考核指标的竞争关系。由于竞争激烈，一些教师可能选择放弃校内的晋升渠道，选择校外提高收入的市场化路径或是部分女教师选择回归家庭，不利于教师的积极性和教师队伍的建设，也造成了教育资源的损耗。在教育科研领域，课题项目作为教师专业发展的重要组成部分，围绕科研活动中存在的"项目市场"的竞争也愈发激烈。①

（二）教师内部竞争与教师共同体建设

中小学教师的同事关系是指中小学教师在交往、合作与竞争的过程中逐步形成的相互信任、支持和对立的关系。②教师间必要的良性竞争有利于激励教师争先创优，但过于功利化的考核对教师共同体建设产生的负面影响也不容忽视。首先，在新管理主义的影响下，人们过分追求"分数""学历"等符号，教师的能力以"高学历"的标准以及按政府的统一教育质量标准而被量化为学生的成绩等来评判。因此，在这量化的评价指挥棒下，教师难以关注学生德智体美劳全面发展，而是权衡如何让学生获得高分成绩和高竞赛名次等诊断性评价结果。在激烈的绩效竞争下，教师会做出有利于提升自身绩效的行为选择，"内卷"和过度竞争成了教师需要面对的工作常态。教师之间资源共享、知识探究、教学科研方面的合作也基于自身利益做出选择，由此延伸出只关注自身出成绩的"占课拖堂""课后加班辅导""名师职称攀比""抢学生""过分掐尖"等现象，教师出于提升自身课程业绩的需要，都会强调所授课程的重要性，可能倾向增加而不是减轻所授课程的作业量，而不管学生的实际作业量和需要，导致学生课业负担普遍较重。同时，为了在绩效评估中取得更有利的位置，一些教师追求从原来的教学工作者向教育科研者、班主任、行政管理工作者发展，甚至在一些教师资源紧缺的学校，部分教师还要竞争担任财务管理者、人事管理者等职

---

① 王晓芳、黄丽锷：《中小学教师科研活动中的管理主义——基于对相关官方文件与若干结题报告的分析》，《北京大学教育评论》2015年第1期。

② 杨炎轩、王珺瑶：《压力视閾下我国中小学教师师德失范行为的归因与治理》，《现代教育管理》2021年第6期。

务。而对于那些对绩效考核比较超脱的教师，完成基本任务就成了他们的普遍选择。

五 教师专业身份的消解：削弱教师专业自主权与"去专业化"

1993 年颁布的《中华人民共和国教师法》第三条明确规定："教师是履行教育教学职责的专业人员，承担教书育人，培养社会主义事业建设者和接班人、提高民族素质的使命。"[1] 国际劳工组织、联合国教科文组织 1966 年联合发表的《关于教师地位的建议》中也明确写道，教育教学工作应被视为一门专门的职业（Profession），也即是专业。可见，中小学教育是具有专业能力的教师开展的专业性活动，具有专业性特征。国际知名教师教育学者埃文斯（Evans）就指出，中小学教师专业主义（Professionalism）意味着教师工作的专业化程度，其往往与教师工作的质量和标准、教师履行的专业伦理与责任、教师享有的专业自主权、教师具备的专业知识基础和能力以及教师享有的专业地位紧密相关。[2] 从知识论层面出发，正是由于具有专业的知识、能力和地位，才使得"教师职业具有不可替代性"，这是教师专业主义得以不断扩展的逻辑起点。[3] 而从价值论的角度出发，有学者进一步论述了教师职业的专业价值，并指出教师理应处于学校教育的中心地位而非边缘地带，教师专业知识和能力应该受到尊重并予以培育提升。[4] 从国际和地区比较的视角出发，中国中小学教师的职业地位相对较高，《全球教师地位指数》（Global Teacher Status Index）对 35 个国家和地区的教师地位进行了测量评价与评级，结果显示中国中小学教师地位高居榜首，

---

[1] 《中华人民共和国教师法》，2009 年 8 月 27 日，教育部官网（http://www.moe.gov.cn/jyb_sjzl/sjzl_zcfg/zcfg_jyfl/tnull_1314.html?xxgkhide=1）。

[2] Evans, L., "Professionalism, Professionality and the Development of Education Professionals", *British Journal of Educational Studies*, 2008, pp. 20–38.

[3] 滕珺：《教师的专业性与学生的主体性——顾明远"现代学校师生关系"思想述评》，《教师教育研究》2018 年第 5 期。

[4] 赵明仁、陆春萍：《新时代我国高素质专业化创新型教师队伍建设论纲》，《教育科学》2021 年第 1 期。

超过日本、韩国等国家。身处东亚儒家传统文化圈，中国历来有尊师重教的优良传统。

尽管如此，管理主义在学校教育活动中的盛行却不可避免地影响到教师的专业实践，甚至对教师专业身份和专业性带来消极的影响。如前所述，随着新公共管理运动在公共部门的不断渗透，管理主义理念和实践也经常见诸学校教育特别是学校管理活动中。管理主义的盛行改变了教师专业主义的话语模式，竞争、投入产出、结果导向、绩效问责等成为教师专业性不可不考量的重要元素，甚至成为影响教师专业身份和专业地位的重要变量，"教师的专业性难免会陷入去专业化、去技能化的价值迷思"[1]。这主要体现在对教师专业身份和专业活动方面的影响。

（一）对教师开展专业教学活动的影响

专业自主权（Professional autonomy）或专业领域的高度自治是教师专业身份的重要组成部分。教育法学家劳凯声就从教育法学的视角出发主张，教师专业自主权是教师专业化不可分割的一部分也是其应有之义，身为专业人士的教师理应"具有保证该专业活动顺利进行所必须的专业自主权"，并具体细分了教师专业自主权所涵盖的内容，包括教育教学权、学术研究权、指导评价权和进修培训权等。[2] 可见，教师作为专业人员、教学作为一门专业工作，要求包括学校管理者、家长等在内的外界人士必须尊重、保障和维护教师在教育教学领域的专业自主权，这是教师专业身份的应有之义。

但是在实践中，伴随着教师管理机制的多元化、精细化和严密化，学校对于教师的课程设计、课堂教学和学生管理等设计了相当完善而严格的制度网络。尽管这样严密的管理制度有助于规范教师专业行为，但是过于细致的微观管理不利于发挥教师在教学专业问题上的积极性和主动性。比如，作为专业人员的教师理应掌握着对学生的知识、能力和道德等水平状况的评价权和判断权，但如今这种专业评价权更多地让渡给了标准化考试。在问责制度文化环境

---

[1] 袁丽、周深几：《新时代背景下教师专业性研究综述——基于指向教育公平与卓越的分析视角》，《教师教育研究》2019年第4期。

[2] 劳凯声：《教师职业的专业性和教师的专业权力》，《教育研究》2008年第2期。

中，标准化考试也让教师疲于应付来自考试的绩效问责乃至"末位淘汰"。更为重要的是，教育是一个创造性工作，好的教育是一个启发学生进行创造性学习，培养全面发展的创新人才的教育。对教师专业实践过于细致的微观管理抑制了一线教师课程教学创新的意识和能力，许多中小学教师将"明哲保身"而降低冒险意识，进而无法也不愿将自己对学校教育独特的理解和想法表达出来，教师的知识创新将无从谈起，专家型教师、创新型教师的培养更是难以为继。

（二）对教师专业地位的影响

尽管与其他诸如律师、医生、工程师等广受认可的职业的专业地位有所不同，但是，伴随着对教师专业身份、专业自主和专业地位的广泛讨论，国内外教育理论研究者和实践者已经达成共识：教师是一个高度专业化的职业，教师的课堂教学具有很强的专业性，无论是宏观教育政策，还是微观的教育管理，都应尊重和保障教师的专业地位。当然，对于教师专业性、专业身份和专业地位的理解也是随着时代的变化而发生变革的，安迪·哈格里夫斯（Andy Hargreaves）总结了理解教师专业主义的四种视角[①]：其一，在前专业性时期（Pre-professional），教师的专业性来自其自身对教学工作经验的总结与反思，而课堂教学被视作是一门技艺（Craft）而非专业；其二，在专业自主时期（Autonomous professional），教师的专业地位获得承认，教师对于课程教学方面享有一定的自主权，而这种权力主要来源于教师正规化培养和教师资质制度（如教师资格证制度）的确立；其三，在进入现代化工业化时期，教师的专业地位主要来自集体合作，也就是所谓的"集体合作的专业主义"（Collegial professional），这是因为随着教学工作的复杂性和不确定性的增强，教师之间需要构建合作的专业文化、形成共同的目标和使命、创造持续的专业学习文化；其四，则是后现代专业性时期（Post-modern professional），教师专业地位来自教师专业标准的设立，以及校内外不同利益相关者对于课堂教学所达成的共识，并获得公众的认可。

---

① Andy Hargreaves, "Four Ages of Professionalism and Professional Learning", *Teachers and Teaching: Theory and Practice*, No. 2, 2000, pp. 151–182.

显然，教师专业地位的理解、阐释和建构具有不同的视角。而教师专业身份的建构及其专业地位的树立毫无疑问将会影响教师职业的神圣感、权威感、荣誉感、幸福感和获得感。

然而，对微观教学过程过于精细化的管理、控制、监督、问责却可能削弱和降低教师的专业地位，让教师成为课程教学的执行者或"教书匠"，而非具有创新能力、反思意识的"教育家型的教师"。有研究指出，学校管理掌握着教师教育教学、福利分配、绩效问责等方方面面的权力，学校管理活动如若过分强调以绩效问责、市场竞争和标准化考试为主要手段的管理主义而忽视从专业视角来看待教师专业活动，将妨碍教师的专业发展，降低教师的主体性和专业地位。[1] 可见，管理主义分化教师与管理者，将教师更多地作为管理对象而非专业发展创新主体，将会使得教师专业身份的弱化和专业地位的降低。如何实现对教师的赋权增能、加强教师专业身份认同、提升教师的专业地位将成为培养专家型、创新型和教育家型教师的关键。

第三节　促进绩效激励与公共精神的结合

加强对教育和教师的宏观管理，把握教育的正确方向，是中国各级教育部门和各类学校的重要职责。同时，倡导和推广先进的教育理念和教学方式，提升教育教学整体质量，也是教育部门和学校管理者的重要使命。从完成这一使命而言，管理主义对规范教育过程，促进教育质量的整体提高发挥了重要作用。但在应试教育的背景下，管理主义通过一系列的管理手段，有效地将教师资源配置到了提升学生考试成绩和升学率这一核心目标上，对创造性人才培养和学生的身心全面发展的影响值得重视。

其一，现阶段管理主义将学校和老师的主要目标确定在提升学生的应试能力方面。培养什么人、怎样培养人、为谁培养人是教育

---

[1] 蔡海龙：《全面深化教师队伍建设应坚持教师立法的专业主义取向》，《中国教育学刊》2020年第4期。

的根本问题。习近平总书记2018年9月在全国教育大会上的讲话强调,教育要在坚定理想信念、厚植爱国主义情怀、加强品德修养、增长知识见识、培养奋斗精神、增强综合素质(培养创新思维)等方面下功夫,要树立健康第一的教育理念,开齐开足体育课,要全面加强和改进学校美育,要在学生中弘扬劳动精神,努力构建德智体美劳全面培养的教育体系,形成更高水平的人才培养体系。[1] 可见,教育的面向是多方面的,增长知识见识只是其中一个方面。目前,各级主管部门和学校都将德智体美劳全面发展作为教育教学的重要任务,但是,在具体评价学校和老师的时候,无论家长、社会还是基层政府,都将升学率作为教育质量评价的核心指标。在这种情况下,一些学校和老师会将主要的时间和精力都配置到应试教育中,只关注学生的成绩,与考试成绩和升学无关的其他方面往往被置于次要的位置。

其二,管理主义过于精细化的微观管理,对教师教学的主动性和创造性构成不利影响。教育是一个知识传授的过程,也是一个创造性思维训练和创造性能力培养的过程。创造性思维训练和能力培养,教师自身不仅要掌握和运用课本知识,而且要具有一定的超越课本知识进行探索和创新的能力。管理主义通过一整套的考核评价办法,从教学内容、备课、讲授到考试,都注重对课本知识点的学习和考核,不适应探究性学习的内在要求。在这样的微观管理下,教师开展真正创造性教学的空间和动力有限,教学活动的创新只能在提高知识传授的效率和趣味性方面展开。长此以往,教师的创新意识和能力难以充分激发,也难以培养学生的创新意识和能力。

其三,管理主义强化了有形的绩效利益,冲淡了无形的"责任"和"服务"。管理主义在提高行政效率方面有其优势,但是,最大的问题是其绩效管理中内含的对公共服务人员理性的利益最大化的假设以及由此带来的一系列制度设计。它对公共部门工作人员的公共、利他精神的利用不够,也无视这些部门在精神和道德价值层面与私人部门的根本区别,是对公共部门"社会资本"的

---

[1] 《习近平著作选读》第2卷,人民出版社2023年版,第195—203页。

极大浪费。① 公共部门的公共服务精神，在保障和提升公共服务的质量方面，具有经济利益导向的绩效考核不可替代的作用。在学校管理中实行绩效导向的管理主义，将物质利益作为绩效考核的主要手段，而公共服务、协作精神等则难以充分体现，导致被考核者更多地关注与自身利益有关的考核范围内的事项，而不关心、不参与那些难以量化或未列入考核范围的事项。不利于教师间发挥各自优势协作开展教书育人，也不利于教师团队构建。同时，片面注重物质利益的管理主义，也可能导致师生关系的异化，使师生关系因绩效考核而变得功利化。

　　管理是一项复杂的系统工程，管理主义通过将教学目标和任务进行量化考核，有利于集中力量完成既定目标任务，在应试教育背景下，教学力量主要被配置到提高考试成绩和升学率方面，对学生的创新潜力和能力培养以及学生的全面发展关注不够，在某种程度上也不利于协作互助和公共精神的养成。因此，应该深入贯彻落实中央关于教学评价改革的精神，在考核指标中降低学习成绩和升学率的分量，适当降低绩效工资的竞争性，形成教师间良性竞争合作关系，使管理主义的绩效激励与新公共服务的公共精神培育有效结合起来。

---

　　① 谢志岿：《新公共管理的知识基础及其局限——兼论公共行政学的发展趋势》，《公共管理研究》2006 年第 4 卷。

第六章

创新型教育理念与招生录取改革

中国著名教育家陶行知先生曾说："人类社会，处处是创造之地，天天是创造之时，人人是创造之人。"毋庸置疑，创新无论是对于一个民族抑或国家而言，其重要性不言而喻。尤其是在当今社会快速发展、变幻莫测、技术日益更新、思想日趋多元的背景下，创新尤为关键。在教育领域，创新型教育理念也一直是不断探索与追求的重要议题之一，不仅缘于创新型教育对于突破教育领域中的诸多顽疾所发挥的显著效用，同时创新型教育也能为新时代教育改革持续带来勃勃生机和无限活力。对于创新型教育的理解，虽然众说纷纭、观点不一。但通常而言，创新型教育是一种追求知识教育和创新兴趣及创新能力培养相协调的教育模式。长久以来，应试教育在中国基础教育领域内占据主导地位，并体现了一定的优势，如彰显了公平公正的原则、培养了学生一定的才能、增广了见识等。但应试教育下的弊端也是不容忽视的，如片面重视应试知识教育，探究性学习及德育、体育、美育和劳动技术教育；片面重视应考学科，轻视课程体系的科学性和完整性；加重学生的课业负担，扼杀学生个性的发展等。近些年，社会上所涌现出的教育焦虑、个体焦虑、家长焦虑等也都与应试教育有着紧密的联系。2021年7月，中共中央办公厅、国务院办公厅印发《关于进一步减轻义务教育阶段学生作业负担和校外培训负担的意见》，这一文件对遏制"学生过重作业负担和校外培训负担、家庭教育支出和家长相应精力负担"

将发挥中流砥柱作用。① 然而,"双减"政策发挥作用后,紧接着的问题在于,应当以什么样的方式和原则分配现有的优质教育资源?事实上,学生负担的根源在招生录取制度,只有改革招生录取方式,从根本上打破唯分数论主导的竞争性升学压力传导链,才能为创新型教育提供动力源泉。

第一节 唯分数论的竞争性升学压力传导链

2021年3月8日,全国政协委员、民进中央副主席陶凯元代表在召开全国政协十三届四次会议视频会议上指出,中国青少年学生心理健康状况堪忧,由于心理问题导致的极端事件屡见报端。② 陶凯元说,中国青少年研究中心的调查显示,缺觉也是全国中小学生的老大难问题,由于课后作业量大,很多初中生不能在晚上11点前入睡,而早上最迟也要在早上6点半起床,睡眠时间严重不足,户外运动少,都对青少年心理健康带来负面影响。③ 报告同时显示,中国学生学业压力大。在过度竞争和内卷化给成年人带来焦虑和紧张情绪的同时,也进一步通过家长传导给了孩子。

在应试教育以及唯分数的招生录取制度双重因素的驱动下,中国教育领域内存在一个显著的压力传导链条。由图6-1可知,从选择逻辑这条线来看,存在一条由小学到初中、高中再到大学的择优路线,在层层择优的教育需求之下,家长们从小学甚至从幼儿园起就开始孕育出"不让孩子输在起跑线上"的心态,进而对优质教育资源有着极高的需求,不惜花费大量资源和精力将自己的孩子送往

---

① 中共中央办公厅、国务院办公厅:《关于进一步减轻义务教育阶段学生作业负担和校外培训负担的意见》,2021年7月24日,中国政府网(http://www.gov.cn/zhengce/2021-07/24/content_5627132.htm)。

② 《陶凯元委员代表民进中央发言:呵护青少年心理健康助推健康中国建设》,2021年3月8日,中国青年网(https://baijiahao.baidu.com/s?id=16936734049021721308&wfr=spider&for=pc)。

③ 《陶凯元委员:"内卷化"焦虑传给青少年 缺觉成中小学生老大难问题》,2021年3月10日,中国青年网(chttps://baijiahao.baidu.com/s?id=16936323041797360628&wfr=spider&for=pc)。

优质小学，因为家长们认为不进入重点小学，就难以获取重点中学学习的机会，而不进入重点中学，那么很可能就无缘重点大学。在这一工具理性导向下，来自上重点大学的高考竞争压力则逆向传导至中考、小升初、幼升小等各个环节，而与压力链条相伴而生的则是围绕重点学校做的一系列教育规划。

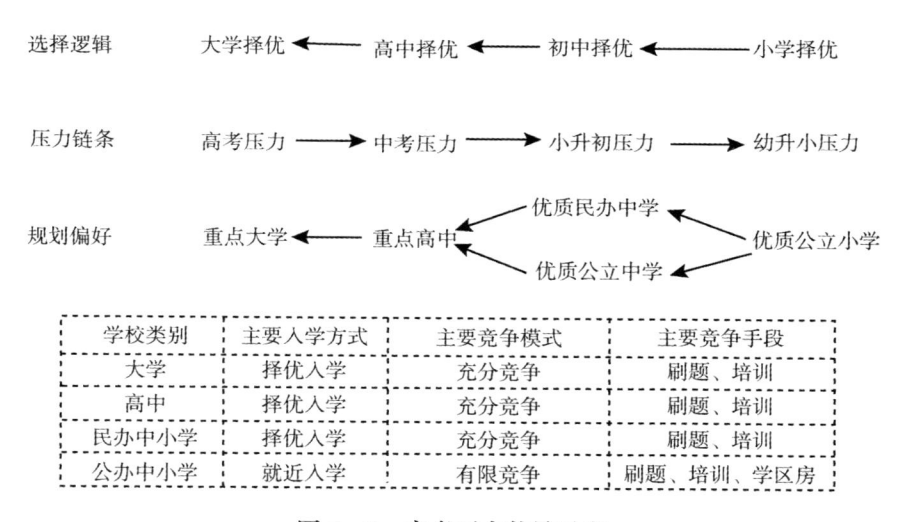

选择逻辑　大学择优 ← 高中择优 ← 初中择优 ← 小学择优

压力链条　高考压力 → 中考压力 → 小升初压力 → 幼升小压力

规划偏好　重点大学 ← 重点高中 ← 优质民办中学 ← 优质公立小学
　　　　　　　　　　　　　　　← 优质公立中学 ←

学校类别	主要入学方式	主要竞争模式	主要竞争手段
大学	择优入学	充分竞争	刷题、培训
高中	择优入学	充分竞争	刷题、培训
民办中小学	择优入学	充分竞争	刷题、培训
公办中小学	就近入学	有限竞争	刷题、培训、学区房

图 6-1　高考压力传导示意

由此，中国的基础教育不得不围绕获得重点学校的入学资格打转，而作为这一过程中的重要参与者，孩子们从入学起就被卷入体积庞大、高速运转的应试旋涡中，身负巨大的课业负担，并由此滋生出了高价学区房、培训机构泛滥、拼资本拼背景等其他诸多有碍于教育公平的社会问题。而对于家长和学生来说，整个教育过程就像一个"连环套"，任何一个环节都不能松懈，必须使出浑身解数参与竞争。具体而言，家长投入巨大的时间、财力与精力不断积累入学竞争优势，而学生则表现为重复性刷题以及参与各种辅导与培训，以期在同类伙伴群体竞争中脱颖而出。

对于学校办学者来说，建立于唯分数论基础上的竞争性升学压力还会影响到其办学理念和方式。为了提高竞争力，不少公办及民办学校将重点放在优秀生源的竞争上，并在优秀生源录取上采取了诸多措施。比如，一些民办学校得益于其较大的办学自主权，通过考试甚至免试等方式择优挑选"好苗子"；而公办学校在办学压力下，也会通过变相选拔、隐形选拔等方式遴选优质生源。在学校教育上，尽管教育部命令禁止设重点班，但为了提高学校应试成绩，很多学校依旧巧设名目、暗度陈仓，根据学生成绩划分班级，对成绩好的班级进行重点培养。这种层层竞争、层层择优的教育氛围给广大培训机构、房地产从业机构、留学中介等商业主体带来了巨大的市场需求，诸多商业主体更是善于迎合家长和学生的需求，开发出了形色各异的商品和服务，进一步推波助澜，与广大家长、学生和学校一道，共同催生了"培训热""购房热""择校热"等一系列社会问题，也加剧了教育的两极分化。

从政策角度看，21世纪以来，中国政府教育部门针对教育公平问题、中小学生学习负担过重等沉疴痼疾曾陆续出台了一系列的相关政策。2000年，教育部印发《关于在小学减轻学生过重负担的紧急通知》，要坚决落实小学毕业生免试就近升入初中的规定。[①] 2017年2月，教育部办公厅印发《关于做好中小学生课后服务工作的指导意见》，推动完善课后服务机制，健全经费保障机制，完善教师激励政策，丰富课后服务内容，努力解决好课后三点半难题。[②] 据统计，全国36个大中城市66.2%的小学，56.4%的初中开展了课后服务，43.2%的小学生、33.7%的初中生自愿参加了课后服务，参与教师比例分别为58.3%和35.1%。[③] 次年2月，教育部办公厅、民政部办公厅、人力资源社会保障部办公厅、工商总局办公厅联合印发《关于切实减轻中小学生课外负担开展校外培训机构专项治理行动的通知》，坚持综合施策、内外联动，开展校外培训机构治理，建立了校外培训机构"先证后照"制度，重点整治无证无

[①] 教育部：《关于在小学减轻学生过重负担的紧急通知》，2021年7月22日，中国政府网（http://www.gov.cn/gongbao/content/2000/content_69948.htm）。

[②] 教育部办公厅：《关于做好中小学生课后服务工作的指导意见》，2021年7月22日，教育部官网（http://www.moe.gov.cn/srcsite/A06/s3325/201703/t20170304_298203.html）。

[③] 张志勇：《"教育之问"的"时代答卷"系列之一：着力减轻中小学生课外负担》，2021年4月15日，腾讯网（https://new.qq.com/rain/a/20210415A01PGJ00.2021-04-15）。

照、超前超标培训、违规收费、虚假宣传等问题。① 2018 年 9 月，教育部办公厅印发《关于面向中小学生的全国性竞赛活动管理办法（试行）》，全面清理规范面向中小学生的全国性竞赛活动，实行清单制管理，清单之外的一律不得落地，切实减轻因竞赛带来的过重课外负担。同年 12 月，教育部等九部门《关于印发中小学生减负措施的通知》，明确学校、校外培训机构、家庭、政府四方责任，引导全社会树立科学教育质量观和人才培养观，切实减轻违背教育教学规律、有损中小学生身心健康的过重学业负担。② 2020 年 5 月，教育部门办公厅印发《义务教育六科超标超前培训负面清单（试行）》，从课程标准规定、教科书难度、教学进度等方面列举了超标内容，为各地查处培训机构超标、超前培训行为提供了依据。

政策的持续完善与出台有效遏制了校内课业负担过重的顽疾，但由于对校外培训机构进行约束和监管的复杂性，纷繁多样的校外培训机构开始介入学生课业补习与强化等环节，学生课业负担的矛盾由校内转向了校外，并呈现出愈演愈烈的基本态势。在唯分数的指挥棒下，家长为了让孩子能在各种升学考试中胜出，不遗余力地将孩子送入校外的培训机构，持续进行学业补习以及应试训练等。这不仅使得校外培训机构的规模日益扩张，反过来，校外培训机构与商业媒体在摸清家长心理的背景下，合谋贩卖焦虑，制造欠缺感，进一步加重了学生的课业学习负担。最让人揪心的商业运作，则是告诉你，在面对教育时，不同的社会阶层面临不同的选择。来自底层的孩子在放弃，来自中层的孩子在应试，而来自上层的孩子在享受教育，而你则要选择哪一种道路？③ 显然，若不能有效遏制这种现象，将会造成更加严重的教育不公平，这一点对寒门学子影响尤为突出。在此背景下，2021 年 7 月，中共中央办公厅、国务院

---

① 教育部等四部门：《关于切实减轻中小学生课外负担开展校外培训机构专项治理行动的通知》，2018 年 2 月 26 日，中国政府网（http：//www.gov.cn/xinwen/2018 - 02/26/content_5268856.htm）。
② 教育部等九部门：《关于印发中小学生减负措施的通知》，2018 年 12 月 29 日，中国政府网（http：//www.gov.cn/xinwen/2018 - 12/29/content_5353316.htm）。
③ 谢爱磊：《在贩卖焦虑？教育如何变身商品》，《光明日报》2021 年 3 月 23 日第 15 版。

办公厅印发《关于进一步减轻义务教育阶段学生作业负担和校外培训负担的意见》（以下简称"双减"政策），并要求严禁超标超前培训，严禁非学科类培训机构从事学科类培训，校外培训机构不得占用国家法定节假日、休息日以及寒暑假，组织学科类培训等。①此次"双减"政策，面向的就是学生的作业负担，面对的就是学生校外培训的负担，这是两座沉重地压在学生和家长的头上，让大家喘不过气来的"大山"。

然而，尽管国家政策和整个社会都在致力于"减负"。但同时不容忽视的是，残酷的就业现实、一考定终身的考生制度仍旧会倒逼学生和家长不断自我"加负"。如此一来，那座千军万马争夺的独木桥很可能会变得越来越窄，变成了铁索桥、铁丝桥。因为优质高等教育资源的稀缺和就业市场对高校的挑剔，使重点高校成为学生的理想报考院校，而想考上重点高校就必须上个好高中，想考上好高中就必须要上好初中，如此形成一个压力传导链。可以说，不改变一考定终身式的升学选拔制度，不解决教育资源分配不公平不合理的问题，即便取消所有校外补习班，家长也会想尽办法在家里给孩子们加压，经济宽裕的家庭仍然会通过把校外补习和培训以请私教的方式搬到家中。因此，打破唯分数论的竞争性升学压力传导链，营造良好的教育生态，显得意义重大而迫切。

第二节 唯分数的竞争性考试背离基础教育初衷

"十三五"以来，中国基础教育坚持以培养能够担当民族复兴大任的时代新人为崇高使命，并且以推进教育公平发展为中心任务，取得了卓越的成绩，人民在教育上的幸福感、获得感、成就感不断增加。毋庸置疑，基础教育是立教之本，是教育的基石以及科

---

① 中共中央办公厅、国务院办公厅：《关于进一步减轻义务教育阶段学生作业负担和校外培训负担的意见》，2021年7月24日，中国政府网（http://www.gov.cn/zhengce/2021-07/24/content_5627132.htm）。

教兴国的奠基性工程。"十四五"时期,中国基础教育仍有一段很长的路要走,要继续提升教育质量、推进教育公平发展,补短板、补漏洞,直面当前教育领域怪状,让基础教育重新回归教育的本质,努力为每个学生提供高质量的基础教育,更好地发挥立德树人的作用。

一 基础教育的本质特征:公平性和适度竞争性

基础教育是面向全体学生的国民素质教育,其根本宗旨是为提高全民族的素质打下扎实的基础,为全体适龄儿童少年终身学习和参与社会生活打下良好的基础。基础教育对于提高中华民族的素质,培养各级各类人才,促进社会主义现代化建设具有全局性、基础性和先导性的作用。多年来,国家坚持教育适度超前发展,把基础教育摆在优先地位,并作为基础设施和教育事业发展的重点领域予以保障。① 在中国,涵盖小学和初中阶段的义务教育,具有普及性、公共性和强迫性的特点,是国家统一实施的所有适龄儿童少年必须接受的教育,是国家必须予以保障的公益性事业。② 从教育供给的公平和效率(质量)角度看,基础教育的最重要特征是公平性和适度竞争性。

基础教育的公平性一般是指公民能够自由、平等享有公共基础教育资源的状态。通常来说,教育公平分为起点公平、过程公平和结果平等三个层次。③ 首先是教育起点公平。即每个人都享有平等的受基础教育的权利和机会;其次是教育活动过程公平。包括主客观两方面。主观方面,根据学生的个体差异性,因材施教,真正做到尊重学生的个性和人格。客观方面主要指同类学校的教育物质条件大体一致,师资力量水平与学校类型级别相符合,并与同类学校大体一致;最后是教育结果公平。主要指每个学生接受基础教育后

---

① 韩敏、李艳:《浅谈对基础教育的认识》,《新西部》2018年第15期。
② 《中华人民共和国义务教育法》,2021年10月29日,中国政府网(http://www.gov.cn/guoqing/2021-10/29/content_5647617.htm)。
③ 郭彩琴:《教育公平论——西方教育公平理论的哲学考察》,中国矿业大学出版社2004年版,第36页。

都能达到一个基本的标准，获得学业上的成功，得到全面发展。此外，也有学者认为，教育公平分为基本受教育权的完全平等和非基本受教育权的比例平等（即差异性平等）。①

对此，学界围绕教育公平的相对性与绝对性等话题展开讨论。有学者提出，义务教育的完全平等原则不仅表现在儿童均应取得义务教育机会，还应该在受教育过程中得到一视同仁的对待，即享有同样质量的教育资源。② 然而，由于城乡差异、资源发展不均衡、文化资本悬殊等诸多问题，义务教育真正实现完全平等仍然还有很长的路要走。当然，完全的公平或者绝对的公平也并非是理想的状态或结果，因为缺失了一定程度的竞争，便会滋生教育质量平均化从而导致教育低效率，甚至无效率的风险。换句话说，没有适度竞争便难以激发学校办学的活力和学生学习的活力，会陷入另一种极端境地。所以教育应该平衡公平与效率，在基本受教育权完全平等的前提下，考虑非基本受教育权的比例平等，并引入适当的竞争机制，从而在教育的公平与效率之间找寻平衡。这也构成了基础教育的本质特征，即在保证公平性的前提下，引入适度竞争。

二 中国基础教育改革的成就与挑战

改革开放以来，在中国共产党的坚强领导和全国人民的共同奋斗下，中国基础教育改革与发展状况从全球偏末位跃迁到了国际前列，义务教育的保留率不断增高，创造了人口大国教育跨越式发展的奇迹。人民群众对教育的满意度越来越高，人民群众教育幸福感、获得感不断增强。

（一）基础教育普及水平达到新高度

第一，义务教育巩固率不断攀升。截至2019年底，中国九年义务教育巩固率达94.8%。截至2020年11月，全国义务教育阶段辍学学生由台账建立之初的约60万人降至831人，其中20万建档立

---

① 联合国教科文组织国际教育发展委员会：《学会生存——教育世界的今天和明天》，教育科学出版社1996年版，第105页。
② 郭磊：《教育公平、教育的公益性和公共产品》，《国家教育行政学院学报》2006年第4期。

卡辍学学生实现动态清零，为实现 2020 年九年义务教育巩固率达到 95% 的目标奠定了坚实基础。第二，学前教育方面的公益普惠属性得到强化。截至 2019 年底，全国公办园达 10.8 万所。全国学前三年毛入园率达 83.4%，普惠园覆盖率达 76.01%，有效缓解了"入园难、入园贵"问题；经各地测算，2020 年全国总体上能够实现 85% 的普及目标和 80% 的普惠目标。第三，高中教育即将实现基本普及。截至 2019 年底，全国高中阶段教育毛入学率达 89.5%，全国已有 28 个省份高中阶段教育毛入学率超过 90%。第四，特殊教育方面，残疾儿童得到更多关爱。监测显示，2020 年全国残疾儿童义务教育入学率已达 95% 以上。①

（二）基础教育办学条件呈现新面貌

首先，农村学校办学条件大幅改善。以中西部和农村地区学校为重点，大力推进学校标准化建设，加快缩小城乡、区域教育差距。此外，扎实推进城乡义务教育一体化发展，有效推动实现城乡统一的义务教育学校建设标准、教师编制标准、生均公用经费基准定额、基本装备配置标准。② 其次，城镇义务教育大班额基本消除。实施消除义务教育大班额计划，指导各地"一县一案"科学制定专项规划，有序扩大城镇教育资源。截至 2019 年底，全国义务教育大班额、超大班额比例分别降至 3.98% 和 0.24%。③ 与此同时，指导各地实施消除普通高中大班额专项规划，全国普通高中大班额比例得到显著下降。

（三）基础教育公平迈出新步伐

党的十九大报告提出，"努力让每个孩子都能享有公平而有质量的教育"。从基本均衡到优质均衡，从教育机会公平到追求有质

---

① 张烁：《义务教育巩固率达 94.8% 我国基础教育解决"有学上"问题》，2020 年 12 月 11 日，中国政府网（http：//www.gov.cn/xinwen/2020-12/11/content_5568811.htm）。
② 《兜住教育公平的底线》，2021 年 1 月 23 日，光明网（https：//m.gmw.cn/baijia/2021-01/23/1302064214.html）。
③ 《教育部："十三五"时期基础教育办学条件呈现新面貌》，2020 年 12 月 10 日，中国教育新闻网百家号（https：//baijiahao.baidu.com/s？id=1685656776738367378&wfr=spider&for=pc）。

量的教育公平，构成了新时期中国基础教育的主旋律。① 2002 年，《教育部关于加强基础教育办学管理若干问题的通知》正式提出"积极推进义务教育阶段学校均衡发展"的目标。此后，"重点校、重点班"逐步取消。2013 年 11 月，《中共中央关于全面深化改革若干重大问题的决定》提出，基础教育改革的重点和难点就是大力促进教育公平，统筹城乡义务教育资源均衡配置，逐步缩小区域、城乡、校际差距，实行公办学校标准化建设和校长教师交流轮岗，不设重点学校重点班，以破解择校难题。为加快统筹城乡义务教育资源配置，2016 年国务院印发《关于统筹推进县域内城乡义务教育一体化改革发展的若干意见》，消除大班额等十大举措随之出台。以 2017 年《县域义务教育优质均衡发展督导评估办法》的颁布为标志，中国义务教育由"基本均衡"进入"优质均衡"阶段。截至 2018 年底，全国 92.8% 的县（市、区）通过义务教育均衡发展督导评估。② 基础教育正在朝着提升人民满意程度、全方位提高教育质量、不断推进教育公平的目标前进。

（四）基础教育深入发展面临新挑战

面向未来、面对深刻变化的国内外形势和经济社会发展的新要求，基础教育改革仍然面临着在短时间内难以克服的难题和挑战。首先，减轻学生学业负担，培养学生的社会责任感和创新能力仍需要很长的路要走。通过多年的努力，素质教育、基础教育课程改革、规范校外培训、减轻学业负担等环节正在发生积极而深刻的变革。但当下的基础教育仍然没有完全摆脱"片面追求升学率"的困境，并由此演变为中小学生学业负担的持续加重；此外，还存在片面重视考试分数，忽视学生的学习兴趣和社会责任感、创造精神、实践能力培养的情况，严重滞后于人才培养模式改革的新要求。其次，以高考为指挥棒的升学压力问题。在高考这一指挥棒的影响

---

① 《基础教育　优质均衡固本培元》，2021 年 7 月 1 日，中国教育新闻网百家号（https：//baijiahao.baidu.com/s？id=1704042306592914564&wfr=spider&for=pc）。
② 教育部：《夯实千秋基业　聚力学有所教——新中国 70 年基础教育改革发展历程》，2019 年 9 月 26 日，教育部官网（http：//www.moe.gov.cn/jyb_xwfb/s5147/201909/t20190926_401046.html）。

下,重点高中仍然是众多学子竞争的对象,因为重点高中为中国乃至世界知名大学输送的优秀生源要远远高于普通高中。从某种程度上看,知名大学和重点高中之间形成了一种亲密的合作关系和协同效应。重点高中受到无数学生和家长的青睐,并且倾注巨大精力和财力帮助学生拿到重点高中的入场券。基于此现实,人们仍然难以跳出唯分数论的竞争性升学压力传导链条,同时还会导致有些区域或高中违背国家教育改革意志,以探索学校改革和教学改革的名义,设立诸如实验学校、试验班(或市招班甚至省招班)等,不断变新花样,使重点学校、重点班更加隐蔽,从而阻碍了基础教育改革的进程。

三 竞争性升学、压力传导与教育本质异化

(一) 完全竞争入学与学生学业压力

完全竞争入学是完全以考试分数或某种特长为依据择优录取的升学制度。在基础教育领域内,学习竞争的一个典型表现是以提高分数为目的而实施的题海战术,即通过反复刷题和反复记忆试图在升学考试中增加获取重点高中入场券的可能性。不仅加重了初中学生的课业负担,而且还会陷入完全竞争入学的窠臼。完全竞争机制下,人们过分关注升学率,"择校热"愈演愈烈。同时,涌现出了多种办学体制,民办初中开始崭露头角,并在基础教育领域占有重要的一席之地。民办中学作为完全竞争机制下的产物,有其阶段性和特殊性优势。一方面,相较于公办初中对口制的录取方式,民办初中在选拔生源时可择优录取,从而获得优质生源,为将来提升考入重点高中的比例打下坚实基础。另一方面,民办中学在人事制度改革上也享有较大的自主权,有权淘汰一定比例的教师。因此,教师之间同样存在极大竞争,民办中学招聘师资时相应也会提高门槛,在优良师资队伍建设上有很好的保障,其办学的灵活性和特殊性受到越来越多家长的青睐。

完全竞争入学机制带来的另一个结果是素质教育的缺失,素质教育在实施的道路上面临重重阻碍。综观素质教育的改革与推进历程,中国政府部门或集中于课程改革,或把减负看作是推进素质教

育的着力点，或企图以大规模、全方位、多层次的教师培训作为抓手。然而长期以来，素质教育并未得到有效贯彻和实施。究其原因，一方面是缘于基层学校没有完全基于内驱力，主动积极自觉地投入推进素质教育的行动中去；另一方面应试教育及高考压力使得素质教育难以有立足之地，培养德智体美劳全面发展人才的理想被一味追求应试知识单向发展的现实所吞噬。课堂教学中音体美等课程流于形式，既不能引起学校的重视，又不能激发学生学习的热情。迫于办学压力，中小学教师更加倾向于提升学生分数，关注学校及班级考入重点高中或重点大学的人数和比例。而家长深陷于功利化的教育环境变得愈发焦虑。在多种因素的作用下，升学压力自上而下层层传导。在一些地区，甚至出现5岁孩子到培训机构报学外语被告知太晚。一个6岁孩子的成绩单竟表述为：能听懂英文儿歌并复述出来，能掌握4000个左右的词汇量，能写300个单词左右的英语作文，能答对用英语出的数学题，知道小数、分数、负数并进行加减，学完拼音并认识1000多个汉字。[①]

（二）过度竞争与基础教育本质异化

普通高中在很大程度上复制了普通高校的竞争性招生方式，从而"成功"地将学业压力下移、转嫁，使处于义务教育阶段的初中被迫围绕中考转，于是在重点大学、重点高中、重点初中，甚至重点小学等有限优质资源的限制下，升学压力层层传递，并与学区房、辅导班等市场经济条件下的新生事物一起，造成了基础教育本质的异化，使中小学校异化为考试分数（"考试机器"）的训练者而不是创新性人才的生产者。中小学生在竞争升学的压力之下，过早地陷入题海，承担超额负荷，对其身心健康造成了严重影响。此外，藏匿于学习压力之后的"择校热"也愈演愈烈。尽管政府部门出台不少政策规定中小学阶段就近入学、免试入学等，但是政策落地的效果不甚理想，改革的力度收效甚微。"择校热"依旧是推进基础教育公平过程中的"拦路虎"，不仅催生了大批的民办中学以及诸如衡水中学等这样的超级中学，而且择校的方式和途径也越来

---

① 钟焦平：《遏制过度竞争离不开教育理性》，《上海教育》2017年第7期。

越花样百出，超出了人们对教育公平的基本认知范畴，并且产生了诸多不良影响。比如，户口择校导致校区附近划片入学的学区房价格猛增，在北上广深等一线城市，一套学区房价格逾千万比比皆是；以权择校夹杂着许多社会关系网络，令老百姓对公权力的滥用极为愤慨；而人情择校同样存在类似的问题。总之，择校现象的存在，终归是有悖于教育公平理念的。①

过度竞争还会导致学生评价体系的异化。学生评价一般是指评价者根据一定的标准为了促进学生自身的发展而进行的价值判断活动，包括对学生的思想品德、学业成就、身心素质、情感态度等。众所周知，促进学生的全面发展以及对学生实施综合评价是重要的教育规律之一，而且也是基础教育所应遵循的基本原则。然而，应试教育的固化以及建立在应试基础上的招生录取制度使得学生综合评价流于形式、寸步难行。以课本知识掌握为中心的单向度评价方式长期占据着主导地位，并且在评价的过程中，将智力发展狭隘地理解为语言和数学等学科知识的掌握。依据这种单向度评价标准进行的过度评价，造成了学生巨大的学业负担和考试压力，而且严重偏离了学校教育的正常轨道。②

（三）过度竞争的社会后果

其一，学生的身心健康问题。源自应试教育的高压对学生身心发展带来了极为严重的损害，比如睡眠愈发不足、近视率逐年增高、体质趋于下降等。首先，睡眠不足问题。2013年发布的《中国少年儿童十年发展状况研究报告》显示，2010年，中小学生在学习日的平均睡眠为7小时37分，比2005年减少了1小时22分，在周末的平均睡眠为7小时49分，比2005年减少了1小时47分。③ 其次，学生的高近视率问题。2018年，《光明日报》刊文指出："小学一年级至初中一年级，中国学生的近视比例上升了50%以上；受

---

① 张筱璐：《义务教育阶段"择校热"的成因、影响及治理思路研究》，《重庆第二师范学院学报》2015年第3期。
② 苏启敏：《学生评价的民主意蕴》，《教育研究》2010年第2期。
③ 《〈中国少年儿童十年发展状况研究报告〉发布》，2021年5月23日，光明网（https://epaper.gmw.cn/gmrb/html/2011-05/17/nw.D110000gmrb_20110517_6-01.htm）。

调查者中有12%的一年级孩子患有近视,而在初中一年级时,这个比例上升到了67%。"① 由此可见,中小学生的高近视率问题已演变成为一项引起社会广泛关注的问题。最后,学生体质下降的问题。2021年3月,江苏省锡山高级中学校长唐江澎,在两会上的一段话刷爆朋友圈,引来千万网友点赞。他指出:"2020年开学,高一新生报到,男生自报平均身高1.80米,女生平均身高1.66米。孩子发育很好,长势喜人,但是测了一下引体向上,有132个男孩一个也拉不上去。"② 这无不反映出,在完全竞争升学压力之下,以牺牲中小学生身体健康为代价所换取的考试成绩是得不偿失的,同时也违背了促进学生德智体美全面发展的要义。

其二,人才培养中创新能力缺乏问题。北京大学社会学系郑也夫教授曾批判道:"教育把人修理得已没有了想象力和创造力,只是一个'考试机器'。"③ 教育的真谛在于其能够在受教育者德育、智育、体育、美育、劳动教育、科学教育等方面进行原始启蒙,促使和帮助受教育人群具备接受和接纳社会生活的基本技能。然而,教育在现代社会发展的过程中却背离了教育的初衷,在应试教育上形成了一种惯性,即把学生培养成"考试机器"的惯性。致使学生在学习时,其目标狭隘化,仅仅是为了考试获得高分进而拿到重点学校的入场券,忽视了成长过程中批判能力、创新能力、审美能力、探索能力等其他能力品质的培养。以考试和升学为学习目的的逻辑只会让学生在此过程中感受到学业的痛苦,缺失获取知识和能力的幸福感、获得感和满足感。除此之外,竞争升学压力之下,造成中国基础教育整体的产出十分不理想,综观中国在世界科研领域的一流人才,可谓少之又少。我们在基础教育阶段投入了如此多的精力和物力,为什么却没有一个可观的产出呢?清华大学的钱颖一教授认为,我们之所以缺乏创造性人才,除了知识结构问题和缺乏

---

① 王石川:《从长远视野看近视防控》,《光明日报》2018年8月31日第2版。
② 《什么是好的教育?这位校长的话刷屏了》,2021年3月7日,澎湃网(https://www.thepaper.cn/newsDetail_forward_11603490)。
③ 《中小学教育为啥把人变成了考试机器》,2013年10月8日,人民网(http://edu.people.com.cn/n/2013/1008/c139758-23126677.html)。

好奇心和想象力之外，就是在价值取向上太急功近利，太功利主义。① 的确如此，基础教育阶段过分看重有限的确定性知识，对学生思维发展的重视不足，导致在高等教育阶段，我们的大学生滋生出"空心化""内卷""半面人""精致的利己主义者"等多种问题。

其三，教育公平受阻和阶层固化的问题。过度竞争导致的另外一个显性问题就是教育公平受阻。主要表现为：层层传导的升学压力转化为教育之外金钱、权力等方面的竞争，与此同时，金钱和权力还渗透至教育领域，比如，经济实力雄厚的家庭，其更容易通过学区房、课外培训、特长培养等手段获得教育竞争优势，由此形成财富阶层对优质教育资源的垄断，损害了教育公平理念的贯彻和实践。此外，教育公平受阻还表现为"超级中学"现象愈发突出。这类学校的典型特征是集聚了一流的师资和生源，是为重点大学输送优质生源的主要基地。"高考状元""985工程建设高校录取人数""一本上线率"等排名的公布与宣传，几乎成了"超级中学"绝对实力的唯一体现。一些"超级中学"甚至垄断了清华大学、北京大学等重点大学在所属省份投放的招生指标。比如，位于陕西省的西北工业大学附属中学，2008—2010三年间考入清华大学和北京大学的人数占陕西省投放指标的比例分别为32.4%、39.6%、36.1%；而在北京，2011年考入清华大学和北京大学的学生中，70%出自西城区和海淀区的10所中学。对此现象，杨东平曾指出："打造一两所学校的'教育奇迹'，是以牺牲大多数学校的利益和区域教育的协调发展为代价的。"② 的确，优质教育资源的集中化使得强者越强，马太效应越来越显著，让越来越多的普通民众发出"寒门再难出贵子"的感叹。长此以往，不仅会导致教育公平无法得到切实保障，还会削弱教育对社会流动所起到的促进功能，并加剧社会阶层的固化。

---

① 钱颖一：《批判性思维与创造性思维教育：理念与实践》，《清华大学教育研究》2018年第4期。

② 崔立勇：《赢者通吃："寡头"中学"垄断"高考》，《中国经济导报》2013年1月14日第B06版。

第三节　关于招生录取制度的改革与争论

招生录取制度反映的是国家对国民素质的基本要求，它不仅满足了个人发展的需求，同时在促进社会进步发展方面也发挥着重要作用，并且招生录取制度在对素质教育的正面导向方面，一直都是人们所面临的一个重大课题。

一　关于高中招生制度的改革与争论

随着中国高中阶段教育普及进程的不断加快，如何为初中学生提供更多的选择，放松或阻断应试教育的压力传导链，是对高中考试招生制度改革提出的一个新要求。基于这一现实需求，2014年，国务院发布《国务院关于深化考试招生制度改革的实施意见》，为推进高中考试招生制度改革指出了明确方向。主要内容包括：改进高中阶段学校考试招生方式；实行优质普通高中和优质中等职业学校招生名额合理分配到区域内初中的办法。① 文件颁布之后，各省市相继出台高中招生制度改革办法。比如，浙江省规定，要落实优质示范普通高中学校招生名额分配政策，从2021年开始，全省优质示范普通高中学校不低于60%的招生名额合理分配到区域内初中，招生名额应当以初中毕业生人数为主要依据，按比例分配到初中学校；原则上向农村初中和薄弱初中分配的名额要保障落实，不得以名额分配为名行提前招生之实。② 上海市教委发布《上海市高中阶段学校招生录取改革实施办法》，规定实行高中招生名额分配到区、分配到校。③ 广东省近些年连续出台的《高中阶段学校招生录取工作实施办法》也提出要落实优质高中阶段学校名额分配政策

---

① 国务院：《国务院关于深化考试招生制度改革的实施意见》，2014年9月（http://www.gov.cn/zhengce/content/2014-09/04/content_9065.htm）。

② 浙江省教育厅：《浙江省教育厅．关于加强初中教育的指导意见》，2020年11月（http://jyt.zj.gov.cn/art/2020/11/6/art_1532973_58916345.html）。

③ 上海市教委：《关于印发〈上海市高中阶段学校招生录取改革实施办法〉的通知》，2021年3月（http://edu.sh.gov.cn/zcjd_gzjdlqgg/20210317/298ed2734e81400cb5df33ca961ee9a1.html）。

方面，规定每所优质高中学校要安排不低于50%的招生名额，主要按初中学校在校生数，直接分配到区域内各初中学校（含民办），并适当向薄弱初中、农村初中倾斜。名额分配招生采用单独批次、单独录取的招生办法，原则上不得设"限制性"分数线。有关高中阶段学校要统筹做好名额分配学生的培养工作，针对不同学生的特点，积极采取学业辅导、适当延长学习时间等方式，帮助学生顺利完成学业。[①]

高中招生制度改革是中国教育公平进程中的一项重要议题，总的来说，高中招生制度改革可具体归结为录取依据和录取方式两个维度。就录取依据而言，包括综合素质测评成绩和毕业学业考试成绩，其中录取的基本条件为综合素质测评，若综合素质测评成绩不达标，原则上不予录取。经过社会多方努力，高中招生考试制度进行了相应的改革，录取方式在原有保送推荐、特长生，以及统一招生的基础上，还增加了到校生，并且扩大了高中特色项目的种类与招生人数。改革后的高中招生制度引起了较大的社会反响，多样化的录取方式赋予了学生更大的选择权，新的志愿填报政策有效降低了考生以往因志愿填报出错而与理想学校失之交臂的风险。改革后的高中招生录取制度显著提高了考生被录取的机会，为学生进入理想学校提供了保障。此外，指标到校政策给予了相对薄弱学校的政策倾斜，一方面，照顾了薄弱学校的建设与发展，为薄弱学校的学生进入优质高中提供机会；另一方面，也寄望于缓解初中阶段的择校压力。然而，尽管中国多个省市根据自身实际情况进行了相应探索，并积累了宝贵经验，但由于制度设计不尽合理或制度执行不到位，新的高中招生录取制度仍然存在诸多问题。

（一）多元的招式录取方式可能造成新的教育不公

与义务教育阶段不同，学生在高中阶段的学习完成之后面临着考取以学术型为主的高等院校和以职业型为主的高职院校两种选择。然而，新的高中招生政策及制度，仍然存在传统意义上过于倚

---

① 《关于印发广东省2021年高中阶段学校招生录取工作实施办法的通知》，2021年4月23日，广东省教育考试院官网（https://eea.gd.gov.cn/bmbk_sksywj/content/post_3268656.html）。

重选择学术型道路的学生，对于另外一个选择——职业型道路并没有给予同等的重视。比如，虽然改革后的高中招生录取制度中包含了推荐保送、特色招生以及指导到校等多种录取方式和途径，但是这些方式和途径似乎更多的是为旨在选择学术型高等院校的学生而设，亦即多元录取方式虽然有很多优点，但最终还是难以摆脱唯分数的束缚，演变为每一种方式的录取依旧是依据初中阶段学生的综合成绩排名而定，这也意味着，只有综合成绩好的学生才能享受到政策红利。因此，现行的多元录取方式并没有做到全面兼顾每一类别的学生，从而造成了新的教育不公。

（二）学校发展不均衡问题尚未得到根本性解决

学校发展不均衡问题一直是困扰高中招生录取公平的一大难题。在经济发展程度、国家政策方针以及文化历史背景等多重因素的作用下，中西部与东南沿海地区之间、城市与县域和乡镇之间，无论是在教学理念、教学文化、教学质量等软的方面，还是在教师队伍、教学设施、教学资源等硬的方面，均存在显著性差异。不可否认，重点学校建设政策是中国特定历史时期的产物，对特定历史时期而言，有一定的积极性作用，使得有限的教育资源得到了最大限度的利用，并且在提升人才培养质量层面发挥了举足轻重的作用。然而，随着社会的发展，人们对优质教育资源的需求越来越大，由此教育公平问题开始在社会凸显，并引发了"择校热""学区房"等系列社会问题。

（三）"指标到校"在促进基础教育公平和质量方面的作用有待进一步发挥

优质高中学位指标到校的改革对促进教育均衡发展、降低中小学生学业竞争的强度和压力具有重要而积极的作用，但指标到校的具体比例则值得研究。如果指标到校的比例过低或给指标到校设定分数线，则达不到促进教育均衡的目标；但如果实行100%指标到校，将全部优质高中的招生名额按学生人数分配到该区域之内所有的初中，则可能不利于既有优秀学校保持长期形成的优良校风学风传统，降低教育总体质量。可以设想，如果实行"完全指标到校"，可能出现教学质量较好的初中大面积成绩较好的学生无缘高中优质学位的情况。这对这些学生有失公平，也不利于激励优秀初中继续保持优良的教学传统。指标到校改革要在总体上降低学业竞争强度促进教育公平的同时，防止形成逆向激励。

二 关于高等学校招生制度的改革与争论

高考改革的意义重大，从小的方面说，关涉千家万户的利益，从大的方面讲，则事关国家发展和民族复兴。改革开放以来，中国的考试招生制度不断完善，取得了显著的改革成效，并初步形成了以统一考试、统一招生为主、单独考试和少量学生免试保送、高等学校自主招生为辅的具有中国特色的高等学校招生考试制度。与此同时，社会上对高考制度的诟病也一直没有间断过，成为家庭、媒体、社会等长期讨论的热点话题。常见的争论与批评有：高考制度的唯分数论、一考定终身、加分政策并由此滋生的造假及违规招生等现象。以高考录取加分政策为例，该项加分政策可以分为两类，一类是政策补偿性加分，像农村学生、少数民族子女、华侨归侨子女、烈士子女等，在录取时给予适当加分，这既是促进教育公平，也是保证社会的正义；二类是奖励性加分，对一些具有体育艺术特长、在科技竞赛中获奖或者获得省级三好学生、优秀学生干部的学生，给予适当加分，目的是释放一个信号，即引导学生的全面发展，让中小学校不要整天围着分数转，而要加强素质教育。可以说，这些政策设计的初衷都是很好的，但在执行过程中却偏离了预设的轨道，甚至出现局部失控的态势。比如，在实践过程中，一些体育艺术特长加分名目繁多，出现了一些弄虚作假的现象，损伤了教育公平，造成了不良的社会影响。除此之外，原有制度设计中的异地高考、一考定终身等问题也随着时代的发展逐步凸显出来，并出现了与经济社会发展需求不适应的效应，对教育公平形成了诸多挑战。此外，单独招生、自主招生等招生方式在实践中也都遇到了多种多样的问题。对学生个人来讲，单独招生最大弊端莫过于不能转专业，当然高考学生转专业也没那么容易，几乎相当于不能转专业。对学校而言，带来的则是生源质量不平衡。同样，自主招生由于存在一定的不透明性而让社会有所质疑，有培训机构明目张胆地声称，可以花钱买论文搞奖项，保证通过自主招生的初审。自主招生问题也波及中国重点大学，或受招生黑幕影响，中国人民大学自主招生暂停一年。自主招生滋生了多种问题，在社会上产生了不好的影响。因此，2020年，教育部全面取消自主招生。

  针对这些沉疴顽疾，中央政府高度重视，多次在政策文件中强调考试招生制度、评价方式和录取方式的改革。2010年5月，国务院审议并通过《国家中长期教育改革和发展规划纲要（2010—2020年）》，对招生考试制度改革定了基调，指出要"推进考试招生制度改革，逐步形成分类考试、综合评价、多元录取的考试招生制度"[①]。为了深化招生考试制度改革，2014年9月，国务院印发了《国务院关于深化考试招生制度改革的实施意见》，提出要"形成分类考试、综合评价、多元录取的考试招生模式，健全促进公平、科学选才、监督有力的体制机制，构建衔接沟通各级各类教育、认可多种学习成果的终身学习'立交桥'"[②]。随后，浙江省、上海市等地区拉开了新高考改革的帷幕，分别出台了高考综合改革试点方案。根据各地现实的改革实践来看，考试招生制度改革注定是一场艰难的教育改革。如今的教育利益相关者在增加，不同利益相关者都要充分表达自身的利益诉求，这些利益诉求往往是矛盾的，甚至是冲突的。这就导致在舆论、学术争论甚至政策制定方面，出现不同利益群体的博弈。

  尽管新高考改革欲深入推行素质教育，高考升学的功利性取向使得素质教育的推行仍然面临种种挑战，在高校招生的实际操作中甚至存在有敷衍、造假的现象。而对于多数考生来说，自身并不是对因为兴趣而通过综合素质测评去选择专业，而只是把这种录取方式当作是自己能够进入高校的"敲门砖"。有考生接受访谈时说："其实综合评价录取更适合于综合素质全面、高考分数离自己理想

[①] 中共中央、国务院：《国家中长期教育改革和发展规划纲要（2010—2020年）》，2021年6月3日，教育部官网（http://www.moe.gov.cn/srcsite/A01/s7048/201007/t20100729_171904.html）。

[②] 《国务院关于深化考试招生制度改革的实施意见》，2014年9月4日，中国政府网（http://www.gov.cn/zhengce/content/2014-09/04/content_9065.htm）。

的大学有一定距离的考生，但是现在基本上每个人为了给自己上道'双保险'，增加进入大学的机会，都会参加综合评价录取。"[1] 再者，综合素质评价总体趋于"城市化"，这种录取方式进一步增加了不同地区教育机会的差异，加剧了阶层化现象。虽然现在人们处于高度发达的互联网时代，但在网络资源的掌握和使用上，城市和乡村处于一种不对等的状态。学生综合素质发展与其家庭文化资本、经济资本、社会资本紧密相连，是学生家庭长期教育投入的结果。因此，仅仅依照传统的教育公平理念，而不去考虑学生成长背景，那么对农村学生及其他弱势学生群体便是不利的。

第四节 配额制＋适度竞争：回归教育本质的招生改革

一 招生配额制的含义及实践

（一）招生配额制的含义及政策依据

通常而言，配额制是指国家或地方政府为实现一定战略意图和发展目标，按照一定的分配标准和取向对教育资源进行分配，进而使不同群体达到最终分配数量或比例的一种教育招生制度或模式。[2] 简言之，招生配额制就是给予教育资源落后的地区或学校一定的优质生源名额补贴制度，其在本质上不同于计划经济时期高度集中的分配指标，而是兼顾效率与公平的一种教育资源分配的举措。通过把重点高中指标提前分配给各初中，一定程度上可以保证每所初中的学生，都能按既定比例进入重点高中学习，从而在就读机会上对教学质量相对滞后的农村学生有所弥补，同时也在理论意义上，遏制了初中阶段的择校现象。[3] 配额制的目的在于实现教育资源的均

---

[1] 郑若玲、郭娇娇：《高校综合评价录取改革的困境与突破》，《河北师范大学学报》（教育科学版）2021年第5期。

[2] 刘焕然：《高校招生配额制与高等教育公平——历史检视与现实省察》，《高等教育研究》2019年第2期。

[3] 《重点高中实行"配额"招生是否有助于教育公平》，2021年7月20日，中国新闻网（https://www.chinanews.com.cn/edu/news/2006/11-17/822478.shtml）。

衡、合理配制，增进教育公平，并不是消除学生之间的学业竞争，学生要获得配额，必然在学校和班级内有优异的表现。因此，配额制与学业竞争并不矛盾，而是将竞争控制在一个适度的范围之内，避免学业竞争的扩大化、泛化，使基础教育回归其公平与育人的本质属性。

2010年10月13日，教育部、国务院纠风办等七部委联合发布了《关于2010年治理教育乱收费规范教育收费工作的实施意见》提出要制定并执行把优质高中招生名额合理分配到初中的政策。2012年教育部等部门发布了《治理义务教育阶段择校乱收费的八条措施》提出要将优质普通高中的招生名额按不低于30%的比例合理分配到区域内各初中。2018年2月，教育部办公厅发布《教育部办公厅关于做好2018年普通中小学招生入学工作的通知》，要求普通高中要在持续规范招生基础上，进一步推行初中学业水平考试和综合素质评价，完善优质普通高中招生指标合理分配到区域内初中的政策，确保分配比例不低于50%，并适当向薄弱初中、农村初中倾斜。[1] 配额制给予一些相对弱后地区的学校以名额上的保障，能让这些学校的优秀学生有同样上好高中的机会。这意味着，对于学生个体而言，无论其是否在重点初中，只要在这一个群体内成绩以及其他方面的排名靠前，其就有机会进入好的高中。相反即便该学生千方百计进入了重点初中，如果升学名次没有达到非指标生的录取标准，也没有进入该校拥有的指标生名额范围，可能依然无法进入重点高中。这样的制度设计既能保证初中生的受教育质量，也能将竞争控制在校内，促进初中教育在区域内均衡发展。同时，围绕重点小学、初中形成的"学区房""择校热"等问题也将得到有效缓解。

（二）招生配额制的实践

配额制初升高在部分地市早已有过一些摸索和实践。以浙江省为例，2006年，浙江省教育厅下发了《关于推进实施素质教育的意

---

[1] 《教育部办公厅关于做好2018年普通中小学招生入学工作的通知》，2018年2月23日，教育部官网（http://www.moe.gov.cn/srcsite/A06/s3321/201802/t20180223_327619.html）。

见》，就减轻中小学生过重课业负担、进一步推进素质教育等内容做出硬性规定。为了缓解初中的择校风，促进初中学校的均衡发展，省教育厅除了继续坚持义务教育阶段学校免试就近入学外，还试行了重点高中招生名额按一定比例分配到初中的做法。根据意见要求，严禁小学、初中通过考试方式招生。所有公办小学、初中一律实行就近免试入学；民办和各类进行办学体制改革的小学、初中在报名人数超过招生计划数一定比例时，应通过"电脑摇号"等随机方式招收新生，不得以考试或变相考试的方式选拔新生。① 2020年，浙江省教育厅网站发布《浙江省教育厅关于加强初中教育的指导意见》，文件指出：落实义务教育学校免试就近入学要求，全面实施"公民同招"办法。完善初中学业水平考试制度，科学命制试题，开展外语听说能力人机对话和科学实验测试。深化高中阶段学校考试招生制度改革，促进中考命题的科学化和高中招生的多元化。落实优质示范普通高中学校招生名额分配政策，从2021年开始，全省将优质示范普通高中学校不低于60%的招生名额合理分配到区域内初中，招生名额应当以初中毕业生人数为主要依据，按比例分配到初中学校；原则上向农村初中和薄弱初中分配的名额要保障落实，不得以名额分配为名行提前招生之实。②

上海从2007年起出台中招新政策，试行实验性示范性高中和现代化寄宿制高中将10%招生计划按比例分配到初中的办法。到现在，实验性示范性高中招生计划中，已经有45%采用名额分配制，平均分到初中各所学校，其中15%名额按生均分配，而实验性示范性高中40%自主招生中还有30%的名额采用由初中学校推荐的形式。③ 2021年，上海市教育委员会关于印发《上海市高中阶段学校招生录取改革实施办法》的通知，文件指出：委属各市实验性示范性高中名额分配招生计划占其招生计划总数的65%，原则上以各区

---

① 浙江教育厅：《浙江教育厅出台关于推进实施素质教育的意见》，2007年9月12日，浙江省教育厅官网（https://jyt.zj.gov.cn/art/2007/9/12/art_1532973_27484859.html）。
② 《浙江省教育厅关于加强初中教育的指导意见》，2020年11月6日，浙江省教育厅官网（http://jyt.zj.gov.cn/art/2020/11/6/art_1532973_58916345.html）。
③ 《上海优质高中六成招生名额将"平均分配"》，2010年4月13日，搜狐网（http://news.sohu.com/20100406/n271340780.shtml）。

当年度中招报名人数占全市中招报名人数的比例为测算依据分配到各区，分配到各区的计划中须有不低于20%的比例以均衡、随机为原则分配到不选择生源的初中学校。区属市实验性示范性高中的名额分配招生计划占其招生计划总数的50%—65%，其中，分配到区招生计划约占本校名额分配招生计划的30%，分配到校招生计划约占本校名额分配招生计划的70%。区属市实验性示范性高中的名额分配到区招生计划的90%—95%分配到外区，原则上以各区当年度中招报名人数占全市中招报名人数的比例为测算依据进行分配；其余5%—10%分配到本区。①

实质上，自2018年2月教育部办公厅发布《教育部办公厅关于做好2018年普通中小学招生入学工作的通知》以来，全国多地便积极响应，制定措施以促进配额制招生落地见效。比如，同年10月，深圳市教育局发布《深圳市教育局关于进一步推进高中阶段学校考试招生制度改革的实施意见》，文件指出：推进优质高中指标到校改革。完善优质高中招生名额合理分配到初中学校的招生办法，优质高中指标到校比例不低于50%，指标生安排单独批次录取，指标生名额的分配范围与各高中学校招生范围一致，分配原则以各初中学校报名参加中考的考生数占全市中考考生数的比例确定各初中学校的指标生名额。② 同年3月，河北省教育厅发布《关于2018年初中毕业与升学考试和普通高中招生工作的通知》，文件对新的招生政策做了规定，要求继续推进初中毕业与升学考试和普通高中招生制度改革。③

总体而言，目前各地指标到校招生改革的举措不一。有的省份规定的指标到校招生比例较高（达80%），有的地方是50%。有的

---

① 上海市教委：《关于印发〈上海市高中阶段学校招生录取改革实施办法〉的通知》，2021年3月17日，上海市教委官网（http://edu.sh.gov.cn/zcjd_gzjdlqgg/20210317/298ed2734e81400cb5df33ca961ee9a1.html）。

② 《深圳市教育局关于进一步推进高中阶段学校考试招生制度改革的实施意见》，2018年11月27日，深圳政府网（http://www.sz.gov.cn/zfgb/2018/gb1079/content/post_4946402.html）。

③ 河北省教育厅：《关于2018年初中毕业与升学考试和普通高中招生工作的通知》，2018年3月28日，河北省教育厅官网（http://jyt.hebei.gov.cn/col/1410097726928/2018/03/28/1522225846463.html）。

地方指标到校的分配范围只到区,而没有直接到校,每个学校的分配比例不一定相同。有的地方指标到校设置了最低分数线,有的地方则没有设置分数线。

二 招生配额制是回归基础教育本质的可行选择

(一)配额制招生的理论前提与指标设定

公共教育实行配额制而不是完全以分数或某种条件为标准进行竞争性选拔,具有深刻的理论前提。

一是公平接受教育权利原则。在一定辖区内不同区域居民享有大致同等的受教育权利。尤其对于作为公共产品的教育,其供给规模质量是政府财政投入的结果,公民对于享有这些公共产品的机会和权利是大致相同的,促进公平教育权的适宜办法,是将教育机会相对均衡地配置到不同的区域和学校。

二是不同区域人口智力潜力大致相同假定。现代教育假定,人口不分地域、人种,在智力上并没有显著的差异。基于这一假定,世界一流大学在招生上均需注重不同国家和种族学生的平衡,中国顶尖大学的招生名额也要分配到不同省份和地区独立招生。

三是教育基础、教育水平和努力程度差异原则。虽然有相同智力假定,但不同地区不同学校的教育质量和学生的努力程度是不一样的,因此,更优秀的学校和学生通过努力争取竞争性名额是合理的,符合效率原则。

基于以上前提,基础教育阶段的指标到校招生,首要原则是公平,但也要适当考虑效率,尊重历史和现实。因此,(1)指标到校的比例,不宜采取传闻的100%指标到校,最终比例宜以60%左右为宜,留下40%左右的招生数在基础教育招生所涉及范围内择优招生,以体现适当竞争性,维持优质初中的办学积极性。(2)指标到校的范围和条件,指标到校以直接分配到下一级学校为宜,区域不得截留,指标到校不得另行设置分数线和其他招生条件影响分配到该校的配额的录取。(3)指标到校可渐进切实推进。由于各初中现有生源和教学质量存在较大差异,不留缓冲期一步到位实行指标到校,对目前已就读的成绩较好的初中学生有失公平。因此,不设限制性分数线的指标到校招生改革可采取渐次推进的办法，第一年将全市所有优质高中学位的20%按学生数分配到区域内所有初中，然后每年可递增10%，到第五年提升到60%左右。通过指标到校招生，实现义务教育资源在不同家庭背景、强校与弱校之间的均衡。通过强制性（无分数线）和灵活性（渐次推进＋40%左右的竞争名额）结合的办法，兼顾效率与公平，也维护中小学校办学的稳定性持续性。

（二）招生配额制的意义和价值

完全竞争性录取导致学校两极分化和择校热，引起优质生源扎堆加剧聚集性白热化学业竞争和学业负担，同时薄弱学校因优质生源流失也导致学风崩坏和放任自流。配额制和指标到校招生可使优质生源分散而降低竞争强度，并且使薄弱学校因为优质生源的流入而重燃希望，提振学校的学习风气，促进教育均衡发展，抑制学校间的两极分化。

第一，配额制有助于推进区域教育均衡发展。在以普及义务教育、促进教育公平为主旨而相继出台系列政策文件的背景下，中国对重点学校现象和问题进行了治理，公立教育体系内，小学实行"就近入学、划片招生"，初中实行对口招生，旨在质量择校热，实现义务教育均衡发展。但由于学区房和民办学校掐尖招生，教育的极化问题仍然没有破解。实行招生配额制，按学生比例分配给相对薄弱学校一定数量升入重点高中的名额，可从根本上解决区域教育发展不均衡问题，也可解决公办与民办学校之间发展不均衡问题。此外，招生配额制还可以提升学校对实施素质教育的认识和实践程度，并全面贯彻落实立德树人的根本任务。

第二，配额制可总体上减轻学生课业负担。中小学生课业负担过重是当前教育面临的一个重要问题。繁重的课业负担严重地摧残了中小学生的身心健康，少年儿童的兴趣和创造力、想象力都受到了限制，这有悖于教育规律和素质教育的初衷。人才的培养，要从基础教育抓起，而具体有效能够付诸实践的方法对中国培养创新型人才所发挥的作用是关键性的。众所周知，在完全竞争性升学之下，小学、初中、高中，学生连续十余年终日沉浸在题海战术中，体会不到学习和思维的乐趣。某种程度上说,学生课业负担过重是家长和学生对优质教育资源进行竞争,进而产生较大升学压力的结果。而实行招生配额制之后,可放松升学压力传导链条,使学生从过于白热化的聚集性学业竞争中解放出来,总体上降低学业竞争强度,同时可提升薄弱学校的学习质量。

第三,配额制可缓解高中之间的恶性竞争。武汉市政协委员、市六中副校长朱真民曾呼吁各级政府部门采取坚决果断的措施,整顿和规范重点高中招生过程中的恶性竞争行为。他指出:一些重点高中在招生过程中,对学生家长承诺减免学杂费、书抄费;对初中学校领导和老师送"红包""发奖金";在招生宣传中,搞"以抬高自己,贬低他校为目的的宣传材料(如升学率对比)";在招生过程中发"预录通知书";与单设初中学校签订与招生相关的互惠协议或合同;部分初中学校领导和老师违背学生意愿,诱导或强迫学生填报志愿;一些被省教育厅批准的省级理科实验班学校,超计划招收学生,挖其他学校录取的学生和以"理科实验班"名义招收未参加选拔考试的本市他校学生。[①] 的确,在完全竞争性入学的情况下,高中的差异主要是生源的差别,大家争相到初中去抢苗子,以应试的方式招进来,再施以更严酷的应试训练,最后又以应试的方式推出去。如果将高中招生名额分配至所属地区的初中(包括民办初中),各校就不会上演生源大战。各地的重点高中或示范性高中在生源情况差别不大的情况,真正反映其实力便是办学特色和办学水平。这就可以鼓励高中走内涵式发展之路,办出特色、办出水平。

第四,配额制有利于缓解学区房困局。学区房问题的本质就是中国基础教育资源的不均衡。不同地区、不同发展水平甚至同一城市的不同地段,教育资源的分布也存在失衡现象。好学校家长趋之若鹜,有经济条件的家长自然可以通过购房让孩子挤入学区。但从其侧面来看,这种就近入学的规定实际上隐藏着由教育资源失衡而带来的阶层固化以及更大的教育不公平。

---

① 《武汉一政协委员提案揭露——重点高中陷入恶性竞争》,2021年6月16日,荆楚网(http://www.cnhubei.com/200401/ca392913.htm)。

因此，矛盾的解决核心在于教育资源的平衡分布。可以说，重点学校的存在直接导致了基础教育的不公。高中配额制招生可使不同公办学校、公办和民办学校的升学机会大致均衡，从而大大降低小升初的择校现象。小升初的问题解决了，小学的均衡发展才有可能，一旦小学处于同一起跑线，学区房便无所遁形。同时，对于民办初中的招生，政府要引导、规范，避免抢生源和挤破头。此外，配额制可有效遏制一些"超级中学"的发展。

总结与展望

百年大计，教育为本；教育大计，以人为本。2018年，习近平总书记在全国教育大会上强调："培养什么人，是教育的首要问题。"① 人无德不立，育人的根本在于立德。中国特色社会主义新时代，不仅要引导学生专心致志求知问学、锻炼思维、丰富知识、增长见闻，形成正确的价值观和人生观，也要帮助学生养成健康的体魄、坚强的意志，还要注重和改进学校的美育，促进学生养成健康的审美观。另外，还要加强学生的劳动教育，弘扬劳动精神，激发学生热爱劳动、尊重劳动的情感，增强综合素质，从而实现全面发展，为国争光，为民造福。德与才的有效兼顾有赖于教育的改革，包括招生录取制度的改革。要通过招生录取制度的改革，减少单纯为考试分数而投入的无谓劳动，引导学生将智力资源投入创新和身心全面发展中。

招生配额制不仅是高中招生制度改革的一个可行选择，而且也适用于高等学校招生录取制度改革。就中国高考招生体制而言，自1977年恢复高考后，中国便实行了以省（自治区、直辖市）为单位分配招生指标的分省定额制，并且延续至今。分省定额制本质上是分省招生录取指标配额制，采取分省定额划线录取政策。表面看来是学生"考大学"，实际上是高等教育入学资格以省为单位的统

---

① 《习近平著作选读》第2卷，人民出版社2023年版，第195页。

一分配。然而，随着经济社会的发展，这一制度设计也面临着诸多挑战。首先，高等院校在各省配置招生名额时标准不一。高等院校在各省招录名额分配上有较大自主权限，主观随意性较大。作为国家公办的高等院校，应由国家在平等原则的前提下统一调配招生指标。高校在名额分配时参考诸多不相关因素，比如，在增加本地考生名额时并无明确标准，是高考招录不公平的内在因素。其次，分省定额制导致考生录取机会存在较大差异。尤其是中国一流大学"招生本地化"，给予属地考生更多录取名额，在各省考生间的入学机会不平等问题非常明显。最后，以省为单位的配额制加剧了城乡之间、发达地区和欠发达地区之间的差别，难以缓解省内的教育公平问题。因为分配到省内的重点大学招生名额绝大多数都被省内主要城市的重点高中包揽，而对于教育资源缺乏的县域中学而言，升入重点大学的机会较少。因此，大学的招生指标，可根据大学的层次和名额的规模，探索进行进一步精细化分配，直接将一定比例的招生名额分配到地级市乃至县，或者对教育薄弱地区实行适当降分录取，使优质教育资源适当均衡地分配到薄弱地区。

招生录取方式改革事关千千万万个家庭和学子，更关乎国家重点关注的教育公平。尽管改革开放以来高考进行了数次改革，几经存废之争，但时至今日，高考依然被绝大多数人认为是最能体现教育公平、最能符合中国基本国情，同时也是最为普通老百姓认可和接受的考试制度。2014年9月，国务院发布的《国务院关于深化考试招生制度改革的实施意见》开启了新一轮的高考改革[1]，此次改革方案是时代发展的产物，因应了广大人民群众的需求，在建设高质量的教育体系方面给人民群众带来了希望与期盼。希冀未来各级政府和教育系统在国家政策的号召下，能够统筹协调、积极试点推广、稳妥实践，在结合自身省份实际的基础之上，推进招生录取制度改革，全力促进教育公平这一伟大目标的有效达成。使这项关系千万个家庭的重大教育改革落地生根，并结出丰硕的果实。

---

[1] 《国务院关于深化考试招生制度改革的实施意见》，2014年9月4日，中国政府网（http://www.gov.cn/zhengce/content/2014-09/04/content_9065.htm）。

第七章

中小学学制改革与智力资源优化配置

中小学学制改革是基础教育改革的重大主题之一，也是教育改革的重要组成部分。中小学学制改革将涉及一个国家各级各类学校工作性质、任务、培养学生目标、入学条件、修业年限以及它们之间的互相关系。在教育大众化不断推进的历史背景下，中小学校制改革也应符合经济发展规律，适应产业发展对各类人才的需求，兼顾学生的个性化特点，使中小学学制改革具有科学性、合理性、适应性和可预测性。当前，中国中小学学制为小学6年，初中、高中各3年，初中升高中是竞争性升学，有一半左右的初中毕业生将被分流到职业类高中，部分小升初也采取竞争性升学的办法。在分段学制和竞争性升学的背景下，中小学生甚至从幼儿园开始即为升入目标学校做准备。同时中小学"6+3+3"学制，使得小学生开始初中的课程，初中有将近一年的时间进行高中的复习备考，高中则有一年多的时间用于大学的复习备考，由此造成了大批基础较好的中小学大面积超前教育和12年中小学教育中长达两年的重复学习，一方面过早加剧了应试型学业竞争，另一方面消磨了学生探索性学习的时间和兴趣，不利于中小学生的健康成长和创新能力的培养。[1]有鉴于此，研究中小学学制改革具有十分重要的理论意义和实践价值。本书将以中国现行中小学学制改革的理论知识框架、演变发展历程为基础，在对比发达地区国家中小学学制改革的经验教训上为

---

[1] 丘成桐：《中国学生丧失了追求学问的兴趣和热情，很可惜》，2008年4月25日，百度文库（https://wenku.baidu.com/view/f8ce4e2cbd64783e09122b74.html）。

中国中小学学制改革工作提供一个新思路。

第一节　中小学学制设置的理论阐释

现代教育的学制，大教育家夸美纽斯在1632年完成的著作《大教学论》中就进行了专门的阐述。[①] 建立学制的依据是多方面的，受许多因素影响，但归结起来，主要依据有4点：一是生产力发展水平。在奴隶社会和封建社会，生产力水平低，自然科学不发达，不可能出现技术和专业学校。到了资本主义时代，大工业机器生产的发展，普及义务教育制度的建立，才出现了现代学校体系。二是政治经济社会制度。学制是社会发展到一定历史阶段的产物，反映一定社会政治经济要求，并为其统治阶级利益服务。因此，学制在专业设置、入学条件和教育目的等方面的确立，必然受到一定社会政治经济制度的制约。三是青少年身心发展规律。青少年身心发展具有一定的规律，成长经历不同的年龄阶段。每一阶段，各有其年龄特征，在确立学制时必须适应这种特征。四是国内外学制的历史经验。每个国家的学制都有自己的形成和发展过程，建立学制时，要吸收原有学制中有用的部分，适合自己的民族传统和文化传统，同时也要参照和吸收外国学制中有益的经验。[②]

学校制度改革的目标是适应经济发展的需要，优化教育资源配置，提高教育资源利用效率。"教育兴则国家兴，教育强则国家强。"党的十八大以来，以习近平同志为核心的党中央高度重视教育工作，坚持教育优先，把教育摆在优先发展战略地位。中国高质量发展的基本问题之一是从依靠劳动力红利的发展模式向依靠人力资本质量的发展模式转变。要实现这一转变，关键在于教育的高质量发展、教育的综合改革和中小学教育的整体发展水平。

基础知识教育在国民教育管理体系中处于基础性、先导性地位，

[①] ［捷］夸美纽斯：《大教学论》，傅任敢译，人民教育出版社1984年版，第80页。

[②] 周金浪：《教育学》，上海教育出版社2006年版，第101—103页。

是提高自己民族文化素质的奠基工程。党中央、国务院高度重视理论基础知识教育管理工作，连续印发了关于学前幼儿教育、义务教育、普通高中教学改革创新发展的三个文件，从顶层架构起基础教育制度改革不断发展的"四梁八柱"。中国社会教育技术发展经济水平已达到或超过中高收入国家平均生活水平，进入了内涵不断发展的新阶段。

随着教育规模的扩张，提高教育质量是教育改革的必然选择，是"办好人民满意的教育"，建设人力资源强国的内在要求。中小学的教育制度改革需要把提升中国教育工作质量和办学水平作为核心任务，满足人民群众对于更公平、更高质量安全教育的需求，实现社会教育的高质量、高品质、高水平发展，用系统化思维方式解决中小学的教育进行改革中遇到的实际问题，以内涵丰富的快乐成长作为一个教育高质量发展的新视点，尊重幼儿教育的基本原理、理论和发展变化规律，立足各个学段实际使用情况来策划教育实践教学活动方案，实现中小学教育的高质量发展。[1]

中小学教育改革不仅要提高教育质量，而且要促进教育质量的平衡。实现教育教学质量均衡发展需要政府积极作为。一方面要实现资源配置的均衡，另一方面要注意教育质量的均衡。政府作为控制社会运行和公共资源配置的主体，需要合理配置全区域的教育资源，以保障受教育群体和个人的平等权利。实现中国教育教学质量均衡的过程，是整体办学条件和水平不断提升的过程，这种管理过程是不均衡逐渐走向均衡，然后旧的均衡再次被更高层次的发展需求打破，出现新的不均衡，然后在新的更高层次上再次从不均衡走向均衡。[2]

当前，在经济、政治、技术和文化等方面不断发展变革的推动下，中国社会的各个不同领域都在以一种"转型和变革"的姿态走

---

[1] 中共中央、国务院：《国家中长期教育改革和发展规划纲要（2010—2020年）》，2021年6月3日，中国政府网（http://www.moe.gov.cn/srcsite/A01/s7048/201007/t20100729_171904.html）。

[2] 余秀兰：《关注质量与结果：我国教育公平的新追求》，《南京师大学报》（社会科学版）2019年第1期。

向未来，学校学习教育问题同样也是如此。社会转型带来的各种变化对学校教育提出了新的挑战。学校进行教育技术创新的核心问题在于构建和生成一套主导学校社会发展的文化价值管理理念，其最终目的是塑造一个具有"生成"意识、"理论"气质和"变革"能力的"魅力型"学校领导，成就具有自我发展和自我提升工作能力的教师，培养专业学生的自主性、主动性和创造性，使他们之间具有正确的人生观、价值观，具有重要创新中国精神、独立自主思考和实践教学能力，从而最大限度地实现每个人的个性与才能的发展。①

第二节 中国中小学学制的演变历程

一 新中国成立之前的民国新学

中国近代学校的建立自 1862 年兴办京师同文馆开始。1902 年，清朝管学大臣张百熙拟就的"钦定学堂章程"，始有较为完备的学校系统方案。1903 年，清廷又下令张之洞与张百熙、荣庆等人共同重拟学堂章程，形成了"癸卯学制"。② 这是近代中国第一个在全国付诸实施的学制，对清末以至民国教育产生很大影响，为中国近代学制的建立和完善奠定了基础。但此学制的教育弊病亦有不少，中小学学习期限长达十四年，其中初等小学堂五年，高等小学堂四年，中学堂五年。另外，"癸卯学制"的教学内容特别注意儒家经典的教学和古代礼仪的培养，如小学每周的儒家经典科目占周课时的 61% 以上。学校管理均以忠孝为本，以实现中国古代经史之学为基本。因此，民国政府成立后不久，蔡元培任教育总长时，即重新制定了新的学制教育系统（亦称"壬子学制"），并于 1912 年 9 月公布。"壬子学制"以"注重德育，以实践教育、军事教育和国民教育为补充，以审美教育完善德育"的教育目的取代了清末忠君

---

① 张一笑：《教育创新呼唤"魅力型校长"》，《中国教师报》2010 年 6 月 2 日第 1 版。
② 李强、陈广超：《中国近现代高等教育发展的历史惯性》，《湖北社会科学》2011 年第 8 期。

"尊孔"的教育目的，反映了资本主义资产阶级发展和所谓人格发展的内在要求。中小学学习期限也改为十一年，其中初等小学学习期限四年，高等小学学习期限三年，中学学习期限四年，大学连预科的学习期限六至七年。

然而，为时不久，袁世凯执政后，又恢复了中小学的读经活动科目，并且把"法孔孟"再次正式列入教育发展宗旨之中。1915年，袁世凯以大总统名义重新颁定《教育要旨》和《特定教育纲要》，把教育宗旨概括为"爱国、尚武、崇实、法孔孟、重自治、戒贪争、戒躁进"七项。在学制上效仿德国，实行双轨制，改初等小学校为两种：一为国民学校，以符义务教育之义；二为预备学校，专为升学之预备。中学校分为文科、实科，以期专精深造。中国学制又呈混乱状态。

其时，以美国实施的"六三三"制为基础的新学制体系对中国学制产生了影响。与"癸卯学制""壬子学制"相比，"六三三"制缩短了小学的学习年限，并将中学分为两个部分。中国没有像欧洲国家那样实行双轨制学校管理系统，与比较早借鉴"六三三"制是有关系的。为升学设计的双轨制的预备学校，多数成为官宦子弟的专属，单轨制在形式上更有利于教育的开放、普及和公平。20世纪初，美国的"六三三"制传入中国。当时，一批留美学生回国，其中不少人在美国修读教育专业，他们对美国学制的介绍和宣传，对中国教育界产生了较大影响。1919年，美国实用主义教育家杜威来华进行了历时两年两个月的讲学，足迹遍布11个省份，推动中国掀起了一股跟随美国进行教育和学制改革的新热潮。1922年11月，在经历了全国教育会联合会多轮的研讨和征求意见后，"北洋政府"以大总统令公布了《学校系统改革案》，确定了初等教育6年（其中初级小学4年可单设，高级小学2年）、中等教育6年（分初高两级，各为3年学校）的修业年限。高等教育的修业年限为3—6年（其中大学4—6年，专门学校3年以上）。并对不同层级教育课程做出了规定，形成了影响至今的"壬戌学制"。

二 1949—1956年新中国成立初期新学制的奠基

新中国成立初期，中国的文盲率高达80%，教育的一个重要任务是提高广大工人农民的识字率。1949年9月中国人民政治协商会议全体会议通过的《共同纲领》规定:"中华人民共和国的文化教育是新民主主义,即国民教育、科学教育和大众文化教育。"1949年12月,教育部召开的第一次全国教育工作会议决定:"新中国的教育是新民主主义的教育,主要任务是提高人民文化水平。"社会的现实需求,成为中国当时教育发展的主导思想,在经济社会变革和新的教育教学改革方针指导下,建立新的学制成为一个必然趋势。

由于新中国教育的性质被界定为"新民主主义,即国民教育、科学教育、大众文化教育",教育"为工农打开大门"和"为工农服务"变得越来越重要,并需要建立与此相适应的学制和教育体制。1951年10月1日,政务院发布了《关于改革学制的决定》,这是新中国成立后颁布的第一个学制文件。文件规定的学制继承了民国时期新学制的基本框架(即以壬戌学制为基础的学制制度),例如保留了小学、中学和职业学校等基本的学校类型,以及小学、中学和高等教育等基础的教育层次。1951年《关于改革学制的决定》对民国新学制进行了一些改革:(1)正式将幼儿教育作为一个独立的教育层级列入学制,民国新学制只是在初等教育中附带提及幼稚园。(2)小学实行五年一贯制,入学年龄提高到7岁,而民国新学制小学教育实行"4+2"六年制,入学年龄为6岁。(3)重视工农干部学校、各类补习学校和培训班在学校体系中的地位。如识字学校(冬季学习班、识字班)、工农集约化小学、工农集约化中学和业余小学、业余中学等都纳入了学校体系,并对其任务、学习期限、招生对象等做了规定。(4)将各级政治学校和政治训练班,以及小学和函授学校等纳入学校系统。(5)注重各级各类学校教育之间的衔接。如规定各类小学毕业生通过考试后可升入各类中学,各类初级中学毕业生通过考试后可升入上一级各类中学。(6)修业年限有所缩短。小学较民国学制缩短了一年,大学和专门学院由原来的4—6年缩短为3—5年,专科学校由原来的3年以上缩短为2—3年等。(7)强调学校制度的政治性。认为把各类干部学校、补习学校、培训班纳入学校体系,缩短学制,衔接各类学校,是为了提高广大劳动人民的文化水平和工农干部的继续教育。①

1952年3月18日教育部颁布了《小学暂行规程（草案）》和《中学暂行规程（草案）》，对小学和中学的教育宗旨、培养目标进行了规定。由于当时中国经济尚处于恢复期，财力有限，教育工作经费难以得到有效保障，在推行五年一贯制过程中，学校校舍、师资、设备和经费等问题频出，政务院于1953年发出《整顿和改进小学教育的指示》，决定暂时停止实行五年一贯制，恢复以前的"4+2"学制，全国学校制度改革运动中止。但作为中华人民共和国成立后颁布的第一个学校制度，1951年新学校制度为中国的学校教育奠定了基础，有利于当时社会教育的恢复和发展。②

三 1957—1966年学制改革试验的大起大落

从1957年到1966年上半年，为适应中国开展全面建设社会主义的需要，学制改革除了进一步强调教育的社会主义性质或方向外，对学制中的修业年限等关键性的问题进行了探索，大致可分为两个阶段。

（一）1957—1960年，对修业年限和学习程度的跃进

1957年3—4月，高等教育部、教育部为研究学制改革问题联合邀请北京60多位专家学者和教师相继举行座谈会，开展关于学制改革的讨论③，这些活动推动了当时的学制改革。1958年上半年，各地已经出现了多种学制，特别是开始举办半工半读教育。1958年9月19日中共中央、国务院发布的《关于教育工作的指示》进一步推动了当时的学制改革。1960年4月9日，国务院副总理陆定一在第二届全国人民代表大会第二次会议上就"教学必须改革"发表讲话，认为当时中国的学校制度是从国民党统治时期继承下来的。这个学制是从美国抄来的，是一个落后的学制，提出"从现在起，进

---

① 《中国教育年鉴》编辑部：《中国教育年鉴1949—1981》，中国大百科全书出版社1984年版。
② 廖其发：《当代中国学制改革的发展历程与经验教训》，《南京晓庄学院学报》2004年第2期。
③ 金铁宽等：《中华人民共和国教育大事记》，山东教育出版社1995年版，第375页。

行规模较大的试验，适当缩短全日制中小学教育年限，适当提高水平，适当控制学时，适当增加劳动力。我们准备以10—20年的时间，逐步地分期分批地实现中国全日制中小学教师教育的学制教学改革"。他还设想将现行的小学和中学教育的十二年学制周期缩短为十年左右，并将教育水平提高到与当时大学第一年大致相同。[①]在演讲的激励下，许多学校加入了学术实验。根据27个省、自治区、直辖市的统计，1960年9月进行学制改革试验的学校，小学达92341所，占这些地区小学总数的14.77%；中学达3495所，占这些地区中学总数的18.67%；个别地区的中小学全部实行新学制。有的学校要求九年级或十年级学生发展达到我们大学一年级乃至二年级程度。这些信息数据进行说明，当时学制改革试验的规模影响很大。

（二）1961—1966年，加快学制改革创新

这一阶段学制改革发展中一个热点是进一步实行两种文化教育管理制度。例如积极发展职业教育和工农业的业余教育，以及积极推行半工半读的兼读型教育制度。农村地区许多小学开设了农业和阅读课，农业中学、半农业和半技术中学、共产劳动大学和其他高等学校得到进一步发展。城市兼职学校也得到了发展，一些全日制高等院校和中等学校试行了各种形式的兼职工作。此外，中央于1964年成立了学制问题研究小组，负责研究学制改革问题。

总的来说，在这10年发展中，中国各地对学制做了许多创新性的改革。其中有一些值得我们重视的经验：一是当时中央对学制改革发展非常重视，这有利于推动学制改革的进行。二是注重对学制改革中一些问题的研究，特别是中央教育行政部门每年都组织有关学制改革的讨论或工作总结，并成立专门的学制研究机构对学制进行研究。这种对学校体制改革的谨慎态度应该得到肯定。三是关于两种教育管理制度的探索，有利于中国文化发展教育的普及。但也存在一些比较严重的问题：一是发展初期存在学制改革进行试验数据规模过大、盲目、无序、热情有余而科学性不足的问题。二是后

---

① 何东昌：《中华人民共和国重要教育文献》，海南出版社1998年版，第970—973页。

期行政管理控制过于严格，不利于专家和一线教育工作者积极性、创造性的发挥。其结果就是，中国这一重要时期的学制改革大起又大落，收效一般。

四 1966—1976年"文化大革命"时期实施的学制情况

1966年下半年以来，"文化大革命"在全国各地进行。学校、大学、中学，甚至一些小学都因为革命而停课。1967年，部分学校开始复课，学制改革问题也开始被一些地方提了出来。1971年7月29日，周恩来总理在接见出席教育、出版等7个专业会议的代表时说："目前小学加中学，有9年的，有10年的，都是试办。无论城市小学是五年制还是六年制，各地都将根据自己的情况进行办学。现在不强求一致。"

1971年8月13日经中共中央批准的《全国教育工作会议纪要》也提出："学制要缩短。中小学学制，暂不统一管理规定，各地可以通过继续按当地发展情况进行试验。"这就是说，当时中央对学制改革采取放开的态度，不再要求一致。这使得中国各地在中小学学制教学改革发展方面有很大的自由。这样，全国逐步形成了一个不同的中小学教育学制体系。到1973年9月，全国有14个省、自治区实行中小学九年制（小学5年，初中2年，高中2年）；7个省、自治区、直辖市实行中小学十年制（小学5年，初中3年，高中2年或小学6年，中学4年）；9个省、自治区农村学校实行九年制，城市学校试行十年制；西藏自治区实行小学五年制和六年制并存，初中实行三年制。这就是说，当时中小学学制基本上是九年制和十年制两种，比"文革"前缩短了2—3年。

可以说，在"文化大革命"期间，全国各地在学校制度改革中具有一定的自主权，使得多种学校制度并存。但总的趋势是缩短了各类教育学校修业年限，给各地改革学制的自主权和缩短修业年限的努力都是值得我们肯定的，也值得认真分析研究。但"文革"时期修业年限的缩短是以招生条件降低，同时教学要求不断降低，教育发展质量大大下降为代价而实现的，因此这一重要时期的学制改革是失败的。

五 1997年至今相对稳定的学制安排

（一）中小学以"六三三"制为主，其他学制并存

1980年12月，中共中央、国务院颁布的《关于普及小学教育若干问题的决定》文件提出：中小学学制，准备逐步改为十二年制。1981年4月7日，教育部发布《〈全日制六年制重点中学教学计划草案、全日制五年制中学教学计划试行草案的修订意见〉的通知》，通知中规定"中学学制定为六年。由五年制向六年制过渡……多数农村地区可争取在1985年前，把中学学制改为六年"。由于上述文件的规定，中国绝大多数中小学很快改为十二年制。有些地方实行九年一贯制义务教育，三年制高中就是"九三"制。在一些地方，少数学校正在试行五年小学、四年初级中学和三年高中，以形成"五四三"制。有的地方在试行初中学生四年，高中二年，加上中国小学教育六年，成为"六四二"制。在少数地方，在试行五年制小学，加上初中三年、高中三年，这是"五三三"制。也就是说，中国现行的中小学教育学制以"六三三"制或十二年制为主，同时有少数地方、少数学校在实行其他学制。

（二）中等专业学校学制多样化

1977年恢复中等教育专业技术学校进行招生考试管理制度，学制等具体工作制度由各省、自治区、直辖市制定，但其修业年限一般为三年。1978年6月国务院批转的教育部《关于1978年中等专业学校招生工作的意见》是粉碎"四人帮"后全国第一个统一的有关中等专业学校招生与办学制度的文件。其中对培养目标、入学条件等做了相关规定。在学习年限方面，规定工科三年至四年，其他专业三年，具有高中文化程度者，学习年限可以进行适当缩短。1980年10月8日国务院批准转发的《全国中等专业教育工作会议纪要》提出，"中专学制可以多样化：招收初中毕业生，一般为四年，个别为五年，有的专业仍保持三年；招收高中毕业生，一般为两年。有些专业，如医学和工科专业，可为两年半或三年的时间。少数民族地区可以从实际情况出发，提出自己不同的招生对象和学制"。1984年4月9日教育部发出的《1984年普通中等专业学校招

生规定》提出："中等专业学校（不含中师）的招生对象逐步过渡到招收初中毕业生为主。"以后发展也有一些类似相关规定。可以说，中等教育专业技术学校的招生条件和办法较"文革"时期有极大的改变，修业年限长短不一。

新时期学制教育改革的基本发展特点，就是在粉碎"四人帮"后，政府以统一管理法规的形式迅速地改变"文革"时期形成的学制。自此以后，除了办学发展方式在不断进行变革外，基本学制特别是各级各类技术学校的基本工作任务和修业年限无大的变化。因此，在过去的20余年里，中国学校制度发展相对稳定，学校制度改革的试验已经基本停止。

第三节　欧美等发达国家中小学学制改革的经验和借鉴

一　西欧双轨学制

西欧双轨制学校管理体系是在文艺复兴后随着资本主义的发展而逐渐形成的，并且双轨制随着资本主义的继续不断发展而得到了一个充分的发展。后来，双轨逐渐趋于合并成一个，纯粹的双轨制学校体系现在已经几乎不再存在了。英国、法国、联邦德国等国的学制均属于此种类型。①

（一）英国学制

英国的教育大致可分为三个阶段：初等教育、中等教育和继续教育。在初等教育之前，它是学前教育。实施学前教育的机构包括附属于托儿学校和初等学校设立的幼儿班，分别招收2—3岁和3—5岁的儿童。小学是实施初等教育的机构，它分两个层次：一是幼儿学校，二是初等学校。5—7岁的儿童在幼儿学校的学习年限为6年或4年。完成初等教育后，学生可直接升入中学接受中等教育。实施中等教育的学校有文法中学、技术中学、现代中学和综合中

---

① 常鸣：《几个发达国家学制的比较及其启示》，《学术交流》1989年第1期。

学。这四种类型的学校都是招收11—18岁的来自初等学校的毕业生，学习年限为七年，前五年为一阶段；后两年为一阶段，称第六学级。但是，每所学校的培养目标和教学内容各不相同。文法中学以培养学术研究人才为目的，到第六学级开始分科，并设选修课；技术中学主要是为工商业、农业等方面培养技术人员；现代中学则以完成义务教育、培养工人为主要目的，学生毕业后大都就业。而综合中学大都是将上述三种中学融合在一起，是这三种学校的多边中学，或者是其中任何两种融合的双边中学。

在初等教育和中等教育学生之间，即初等教育的高级阶段和中等教育的低级阶段，有中间学校，这类学校发展速度较快。此外，还有就是所谓从初等教育到中等教育自成一个系统的私立学校——公学。

英国的继续教育包括高等教育、职业教育、文化培训和普通教育的继续这四个阶段。英国的高等学校教育属于"双重制"，即大学和大学以外的高等教育机构各为一个重要方面。除了高等教育（包括师范教育），继续教育相当于中等教育，主要是职业技术教育。英国还为受完义务教育而不能升学者提供一个免费的继续教育，直到18岁止。

（二）法国学制

法国的现代学制分为三个阶段，即初等教育（包括学前教育）、中等教育和高等教育。学前教育是由幼儿学校开展实施，这些学校接收2—6岁的儿童，并根据年龄将他们分为不同的班级。小学与幼儿教育学校紧密衔接，学习年限为五年。小学学生毕业后可直接升入中学，中学分初中和高中两段式学习，初中学习四年，高中学习三年。小学和初中学生以及高中的头一年同属义务教育阶段，年满15周岁的初中毕业生，如不愿升学可进入义务教育培训结业证书班学习工作一年，然后再进行就业。初级中学后期分为a组和b组，a组学生毕业后升学进入普通高中或技术中学，b组学生毕业后少部分毕业生升学进入技术中学，大部分毕业生主要是进入市立技术中学或获得职业能力证书、职业培训证书和职业教育证书，然后再进行就业。此外，在20世纪60年代，法国建立了一种四年制综合中学，将各种学校的课程结合起来，这种学校发展迅速，而后成为初级中学的主要类型。

法国高中的第一年分为三个组：文科组、理科组、技术组，到第二、三年则更细分为五个组了。所以说，高中实际上已经失去了普通教育的性质，而成为高等教育学校的预备班。完成高中教育阶段的三年学业并通过国家组织进行的统一考试而取得"学士"证书者，可直接升入大学或高等专门学校的预备班。

（三）联邦德国学制

联邦德国的现代学制不是按学校类型纵向划分，而是按教育研究领域横向划分，即学前教育领域、初等教育领域、中等教育领域、第三教育领域（高等教育领域）、第四教育领域（继续学习教育领域）。

学前教育主要是通过幼儿园来实施的，招收3—5岁儿童。初等教育由基础学校来实施，招收6—10岁儿童，学习年限四年。实施中等教育的机构有三类学校：初级中学、中间学校、完全中学。在基础教育学校和中间学校之间，有两年过渡性的阶段，叫定向阶段。初级中学学生学习年限为五年，中间学校为六年，完全中学为九年。完全中学与其他中学不同，它们必须通过考试才能入学，毕业时必须通过考试，通过考试的人获得文凭，文凭代表他们具备了进入高等学校的入学资格。自20世纪60年代以来，联邦德国也建立了综合中学，试图整合原有的三种类型的中学，但这种类型的学校发展不快。

从幼儿园、基础学校到初级中学，是义务教育阶段，总共12年。初级中学毕业生可以升入全日制职业学校、非全日制职业学校或者第十学级。少数学生亦可通过所谓的第二培训渠道，例如职业补习学校和专科补习学校，入读高等院校。中间学校的毕业生可获得中等程度教育毕业的证书，少数学生可以转入完全中学的相应学级，然后可以取得高等学校的入学资格，也可通过专科补习学校、全日制职业学校等途径，升入高等专科学校。

二 美国单轨学制

美国的单轨制学校系统与西欧的双轨制学校系统相比，它在结构上是相连的，上下连通，任何孩子都可以从小学到中学和大学。从学前教育到中等教育，美国是义务教育，但是学习年限不同，从一般的九年到少数几个州的十二年。学前教育机构有保育学校和幼儿园，保育学校类似于中国育儿机构的早托班，而幼儿园大致相当于中国的幼儿园。初等教育由小学实施，儿童在6岁入学。美国的中小学学制是"六三三"制，小学六年，初中三年，高中三年，或者是六六制，小学六年，中学六年（一贯制）。在乡村则多是中国传统的八四制，即小学学习八年，中学学习四年。自20世纪60年代以来，中间学校在美国出现，招收五年级（或六年级）到八年级的学生。因此，五年制或四年制小学出现了，小学和中学的教育体制采取了五年、三年、四年或四年、四年、四年的形式。

美国中学的形式主要是综合中学，其初级中学完全是普通教育性质。高中一般分为三类：一般科目、学术科目、职业科目。一般科目为学生提供通识教育；学术科目为他们接受高等教育做准备；职业科目提供职业知识和技能。尽管美国拥有最高的高中毕业率，但仍有相当数量的人直接从高中毕业后直接就业，因此近年来，美国继续加强高中职业教育。

美国的高等教育机构包含以下几类：技术学院、初级学院、社区学院、文理学院、专业学院和综合大学。高等教育划分为四个阶段：第一阶段是初级学院或社区学院、技术学院以及大学的头两年，结业后授予副学士学位；第二阶段是大学的后两年，结业后发给本科毕业证书，授予学士学位；第三阶段是大学研究生院修业三年，授予博士学位。少数大学还设了博士后教育，以培养高级专家。

三 苏联学制

苏联学制是由十月社会革命后建立的学制改革发展变化而来的，它具有一个系统化和制度化的特点。苏联的教育可大致划分为以下三个发展阶段：学前幼儿教育、初等教育和中等教育、高等学校教育。学前教育在称为托儿所的机构进行，这是为7岁以下儿童设立的幼儿园。苏联特别重视学前教育，并将其视为整个自我教育体系的一个组成部分。初等和中等家庭教育，在苏联是都被纳入社会义务进行教育研究范畴的，小学为三年制，7岁入学，结业后直接升入八年制学校或十年制中学的四年级，八年制学校的毕业生可升入十年制中学的九年级，也可报考中等相关专业发展学校、中等城市职业信息技术以及学校，或者进入企业就业，同时在业余中学学习。十年制学校的毕业生除了进入大专院校外，还可以进入技校和中等专业学校，也可以直接就业。高中没有分文理科，但有选修课，既有学术课也有专业课。

苏联高等教育管理机构主要包括综合大学、综合技术学院、专业学院、师范学院以及高等学校的夜校和函授部等。高等教育学校的修业年限为四至六年，多数学校设置为五年至五年半。完成学业并通过考试的人可以获得高等教育文凭。苏联没有学士和硕士学位。大学学生毕业后工作两年，可攻读副博士学位，修业年限一般为三年，持有副博士学位者，可根据自己发表的论文或出版的专著，申请科学博士学位，通过答辩后，授予该学位。这是苏联最高的学位。

四　日本学制

以上三种学制是世界上三种主要类型的学制，让我们来看看日本的体制，它是从美国体制中发展起来的。

日本原来执行的也是双轨制，第二次世界大战后"美国派遣教育使节团到日本"，"建议以美国社会教育为蓝本对日本教育进行一个全面深化改革"。日本现行的学校制度就是这次改革的产物。[①]

日本的学前幼儿教育是学校管理体系的一个重要组成部分，学前教师教育发展水平及儿童入园率在世界上均是名列前茅。"为了能够保证学前幼儿教育的质量，日本规定，教养员必须有大学二年以上的学历，并受过专业能力训练，具有教谕学衔。"日本实行九年义务教育，小学和初中都属于义务教育阶段。小学允许6岁儿童入学，学习年限为六年，属初等教育。中等教育可以分为以下两个不同阶段，前一阶段为初中，学习年限为三年，属义务教育；后一

[①] 孔令帅、范永胜：《近十年我国比较教育研究的现状考察与热点综述》，《比较教育学报》2021年第5期。

阶段为高中，学习年限也是三年。高中分普通高中和职业高中两类，也有把两者结合起来的综合实践中学。日本进行中等职业技术教育的主要形式是"产学合作"，采取这样的教育形式，为日本培养了大量的技术工人。日本的高等教育管理机构有大学、短期大学、高等专业学校，分国立、公立和私立三种。大学学生学习年限为四年，医学科系学习年限为六年，可设一级研究生院，短期大学为二至三年，毕业后可升入相应的大学，也可直接就业。

上述六国的学制，虽说各有优点，但也都有其自身难以克服的缺点，因此，各国人民都在进行着不同程度的教育和学制改革，都在不断提高改进和完善自己本国的教育管理制度与学制结构，使之能够更加适应新技术革命和社会生产以及人本身的发展的要求。

五 发达国家学制对中国学制改革的借鉴意义

我们从对上面几个不同国家学制的比较中可以得到一点启示：我们要不断对学制系统进行改革，使之与中国的经济、社会和科学技术的发展水平相适应。学制的发展如果滞后于经济、社会和科学技术的发展，则必然阻碍教育的发展，从而就会影响经济、社会和科学技术的发展。而且，教育对经济、社会和科学技术发展的影响，要远比由于其自身因素或其他外部因素对它的影响深远和大得多。相反，如果我们把学制的制定在超过现行经济、社会和科技发展水平之上，同样也会影响教育的发展和经济、社会和科技的发展。因为违背客观规律是要受到惩罚的。

我们可以进行的改革既要能适应当前中国文化教育技术发展的水平，也需要与中国经济承受能力相匹配，不会使其产生一些不良后果。因此，我们进行教育体制改革和制定新的教育制度，必须使之符合中国的国情，与中国现阶段的生产力发展水平相适应。

学制改革的重点是中小学学制改革。从中国目前的情况看，普通中小学同一些经济发达国家和地区相比，在学制的衔接上还存在一定的差距。而且，由于目前中国各地区经济发展的不平衡，各地区之间也存在一定差距，特别是少数经济发达地区与少数贫困农村地区之间的差距就更大。在这方面，不仅要让义务教育分别适应当地的情况，而且还要在同一年级的教学内容基础上制定各种科目。

在中等教育发展方面，我们也存在结构设计不合理、教学内容单调（学生学习没有选择的余地）、教学管理手段落后等许多问题。教育教学结构不合理的现象仍然没有完全解决，仍然不能适应现代化经济建设的需要。虽然一些普通中学已改为职业中学，但本质上没有变化，职业技术教育还有待进一步发展。目前，中国还没有形成一个较完善的就业培训管理制度，根本没有经过职业教育培训。我们往往在这些人就业后不进行职业培训和教育，这对一些非技术性的工作可能可以敷衍过去，而对技术性的工作，他们则不过是滥竽充数而已。因此，这就在很大程度上影响了生产效率的提高和经济的发展。

中国基层工人的业务能力素质较低，同中国的职业技术教育跟不上需要有关，而职业技术学校很难培养出高质量的技术工人，又同职业技术学校培养学生的普通文化水平相对较低有关。在这方面，苏联中等教育制度可以作为我们的典范。在苏联，进入中等职业技术学校学习的人，至少要具备九年普通教育的基础，并在进入职业学校后还有机会接受普通教育。此外，中国中等教育与高等教育之间存在结构性差距，特别是高等教育内部失衡和本科与专科之间的失衡。针对失衡问题，《中共中央关于教育体制改革的决定》中明确指出："高等教育的结构，要根据经济建设、社会发展和科技进步的需要进行调整和改革。改革高等教育科类比例不合理的状况，加快财经、政法、管理等薄弱系科和专业的发展，扶持新兴、边缘学科的成长。改变专科、本科比例不合理的状况，着重加快高等专科教育的发展。"[1] 也就是说，中国高等教育体系结构应朝着多层次、多类型的方向发展。中等教育方面，重点发展职业技术教育，调整中等教育结构，这样才可以更好地与高等教育进行衔接。中国的学制，在某种意义上我们可以说是作为一种"纯粹单轨制"，从小学到大学，都置于一个严格划一的学校管理体系建设之中，在教学内容、课程设置方面，基本上是各自按统一的教学计划和大纲

---

[1] 范国睿：《教育体制改革与教育生态活力——纪念〈中共中央关于教育体制改革的决定〉颁布30周年》，《教育发展研究》2015年第35期。

进行的，在管理上更是近乎一个模式，而且管得过死，学校在很多问题上没有自主权，因此显得缺乏创新活力，特别是对于高等学校，这个问题表现得就更为突出。当然，在教学中统一规划或大纲可以说是必要的，但如果太严格，太死板，就会有其不可避免的缺点。尤其是在管理上，管得过死是不利于增强学校（这里指高等教育学校）活力和促进教学和科研技术发展的，而应该给它更多的自主权，使其能够充分挖掘他们自己的潜力，以便促进教师教学和科研的发展。这个问题虽然提出了很长时间，但一直没有得到彻底解决。

因此，我们认为，仅仅局部改革现行制度，是不足以彻底解决上述问题的。因为任何新事物都在一定程度上继承了旧事物，而现有体系本身也有可取之处。因此，我们可以认为，对现有学校管理体系做一些改革是十分必要的。总之，我们要进行教学学制发展改革，就要不断冲破旧观念的束缚，大胆学习借鉴其他外国的一些工作经验，同时我们又"不能像小孩逛花园城市那样，信步漫游于世界文化教育管理制度之林，从一棵树上采取一朵花，从另一棵树上摘取一些叶子，并且他们希望把所搜集到的东西栽种在自家的土地上，就会无法得到一棵活的树"①。我们必须要有目的、有选择地借鉴，并且要结合目前中国的实际工作情况。这样，我们就一定能够在不久的将来制定出一个同中国的经济、社会等发展相协调的，有利于提高中国教育和科技事业不断发展的合理的新学制来。

第四节　中小学学制设置存在问题及改革建议

一　实行单一的"六三三"制的弊端

中国现行的基础教育基本学制沿用 1922 年的"壬戌学制"。这一学制以儿童身心发展为基础，核心是缩短小学学习年限，延长中

---

①　徐莉：《基于终身教育体系构建的可持续变革研究》，博士学位论文，华中师范大学，2017 年。

学学习年限，有利于普及小学教育，发展小学教育。后来虽进行多次调整，但这一学制分段管理方式被沿用至今。但在目前中国社会、经济发展形势发生深刻变化的当下，实行单一的"六三三"制暴露出了许多难以克服的弊端，主要体现在以下几个方面。

（一）课本知识学习时间过长，教育效率低下

"六三三"制创立之初旨在延长教育工作年限，保证提高学生可以获得学习更多的知识。然而，当前信息社会发展背景下，知识可以获得的渠道多元而便利，不再拘泥于学校。小学阶段不再直接负责对具有一定教育水平的工人进行社会培训。小学可以在5年内达到培训目标，而6年显然是一种严重的浪费。如果我们继续沿用"六三三"制，不仅会降低教育效率，还会在一定程度上抑制学生学习的积极性和主动性。

（二）落后于时代发展，与儿童身心发育疏离

当前，中国市场经济繁荣，社会、科技、文化快速发展，学生所接受的家庭教育和社会实践教育的范围和程度加深，"六三三"制与当前的社会意识形态产生了许多不适切的问题。中国幼儿的身心发展处于领先地位，他们的理解和知识储备超过了"六三三"制制定时的预设。不恰当的学制年限划分会抑制学生的个性化发展。"六三三"制之所以被沿用至今，其主旨在于可以通过延长学生学习年限来保证知识的获得。但是，在学生的学习过程中，"六三三"制却忽视了教育的根本价值在于促进中国儿童的个性化发展，不应该用整齐划一的计划修读。

（三）初三、高三复习时间过长，导致厌学情绪加重

在"六三三"制下，三年初中和三年高中（其中近两年用于升学复习考试），长时间的学习，压抑了潜在的个性，使中学生厌倦了学习，辍学成为自然现象。大量初中、高中的辍学学生不仅与教育"一切为了孩子的发展"的根本精神相背，亦导致了大量低端劳动力的出现，这与新时期中国对人才培养质量的整体设计要求不符。

（四）过度教育导致课业负担重，身体素质差

过度教育的概念起源于20世纪70年代的西方国家。1976年，

美国弗里曼在他的书《受过过度教育的美国人》中解释了过度教育的原因，指一个社会或个人拥有的教育超过需要，即劳动力和受过教育的专门人才的数量和水平超过了经济和社会发展的需要。西方学者给出了中国教育资源过度的衡量标准：第一，相对于历史上的受教育水平较高的人，现在接受相同水平教育的人的市场地位下降了；第二，受过教育者未能实现其对事业之期望；第三，工人拥有比其工作能力要求更高的技能。

2012年12月20日，北京市教育委员会召开会议，宣传"减轻学生家庭作业负担"的项目，来自学生和家长的数据显示，2012年秋季学期，北京70%以上的小学生参加了校外课程，根据北京教育科学院基础教育研究所发布的一项调查，超过六分之一的学生每周在校外课程上课时间超过6个小时。由于奥林匹克数学成绩已成为大多数重点中学"初中升学"选拔学生的主要依据，北京部分城区部分重点小学三至五年级80%以上的学生学习奥林匹克数学。学生每天花大量时间在家复习奥林匹克数学或做奥林匹克数学题，以获得一些"杯赛"的成绩，作为申请重点中学的关键凭证。在这种文化背景下，本来只适合数学学习能力超常且有研究兴趣的学生的奥数变成了"全民奥数"，成为名副其实的择校"独木桥"。

过度教育竞争带来了严重后果，使中国基础教育陷入困境。数十年的校外教育培训之风加重了学生的课业负担，为了争分夺秒地完成我们学校的作业及课外作业，学生并没有时间参加课外体育教学活动，久而久之身体健康素质水平不断下降。为了应对这一困境，国家大力打击校外教育培训管理机构，实行"双减"政策，这一政策长期成效还有待进一步检验和巩固。

（五）职业技能教育缺失

2015年8月，教育部、共青团中央、全国青年工作委员会发布了《关于加强中小学劳动教育的意见》，强调国家规定的综合实践活动课程和通用技术课程是按照义务教育和普通高中课程（实验）实施劳动教育的重要渠道，明确要求保证劳动教育课时。在义务教育阶段，应在三至九年级的综合实践活动中开设劳动技术教育课程。在普通高中阶段，应严格执行通用技术课程标准，根据情况可相对集中课时。各地各校可结合实际在地方和学校学习课程中加强劳动教育，开设家政、烹饪、手工、园艺、非物质文化遗产等相关技术课程。在德育、语文、历史等学科教学中加强劳动观念和态度的培养，在物理、化学、生物等学科教学中加强动手操作、劳动技能和职业技能的培养，把劳动教育内容有机地融入其他学科教学和少先队活动课中。

义务教育承担着双重任务，为了能够完成输送合格劳动力的任务，在义务教育发展阶段一定要对学生进行一定的职业技术创新教育，使学生学习掌握一定的职业技能。如果不能升入高等学校，毕业生也可以从事与工业、农业和服务业相关的生产劳动。实施职业技术教育对于实施智力教育、体育教育、审美教育和思想道德教育具有重要意义。如若职业技术教育工作没有得到有效的实施，不仅不利于培养学生的生产劳动技能，也会影响德智体美的有效实施，既不利于学生的全面发展，也影响义务教育课堂教学任务的完成。

二 关于中小学学制改革的不同思路

（一）10 年完成小学到高中教育

北京大学国家发展研究院院长姚洋认为，只有一半孩子可以上普通高中是过早分流，这与中国产业升级的道路背道而驰，初中的教育水平也不能满足智能制造业对高层蓝领工人的要求，所有孩子都应该在上职业大学或大学之前完成普高。姚洋表示，减负的关键是要对学生教育管理制度进行信息系统发展改革，推行十年制义务教育，初中高中合并为一贯制中学，并严格按照规定不能择校，而且不能再有超级中学。

（二）弹性学制

有学者研究认为：新的学制体系建设必须充分体现出弹性、灵活性以适应不同的孩子的需求。[①] 具体体现在以下几个方面。

第一，允许学生可以根据自身的条件在一定的年龄范围内入学，即允许我们学生的入学年龄具有弹性。国家已重新进行制定入学年

---

① 赵秀文：《"解放"与"挑战"共在：基础教育弹性学制的现实境遇之思》，《当代教育科学》2016 年第 16 期。

龄的政策，允许学生在一个统一的入学年龄的基础上可以根据相关规定的条件提前学习或者推后入学。

第二，学生可以选择在一定时期内的学习年限。在芬兰，不分年级的高中实行的是二至四年的弹性学制。学生们根据自身发展条件、学习工作计划等情况，自行决定完成高中教育的年限。中国要建设发展具有弹性的新的学制体系，就必须使得我们学生学习具有选择修学年限的自由。学有余力的学生可以在较短时间内完成学业，中学教育修学年限的弹性化也有利于学生创造性的发挥，有特殊兴趣与特长的学生可以充分利用富余的时间进行研究发明、创造。当然，要使大多数学生能够按时完成中等教育，顺利完成课程。

（三）学分制

学分制与学年（学时）制相对应。它起源于19世纪70年代的美国。它以学分和课程评估学生的学业质量，并与选课制度和灵活的学校制度相辅相成。它是一个具有灵活性、开放性、竞争性、选择性和自主性的教学管理系统。它又分为完整学分制、积点学分制和学年学分制，或同时包含这些部分。西方发达国家综合高中教育推行的学分制，以美国的完全学分制、德国的积点学分制和日本的学年学分制最为典型。

美国的综合实践中学普遍采用完全学分制[1]，他们重视培养学生的个别差异，课程显现出较大的自由性和弹性。通常学校开设丰富的必修课程和选修课程，必修课程包括语文（English or Language）、社会（Social Studies）、科学（Science）、数学（Mathematics）、健康与体育（Health and Physical Education）等几大块，选修课程包括艺术（Arts）、科技（Technology）、生活技能（Life Skills）等几方面。学生一学年（36周）修读某一科目，每周上5节课，每节课以54分钟为原则，每门课至少要学习120小时，才可获得1学分。能力好的学生可多选多修，修满规定的学分可以提前毕业；能力发展较差的学生可少选少修，放慢速度，延长学习年限。毕业所

---

[1] 农振航：《完全学分制政策研究》，硕士学位论文，华南理工大学，2020年。

需的学分总数各州、各地区甚至学校各不相同，从三年制高中的 13 个学分到四年制高中的 21 个学分不等，在毕业学分总数中，选修学分从 6 个学分到 10 个学分不等，占毕业学分总数的三分之一到一半。自 20 世纪 80 年代末以来，由于过去的"菜单式"课程和"自助式"选修制度允许学生钻空子，在不变的毕业标准下，许多学生轻易逃避，学术水平已经下降，因此布什政府和克林顿总统任期通过在综合中学开设必修课程和开发新科目来提高毕业生的学术水平。

德国综合中学实行积点学分制[①]，即采用近似学分制的"积点制"（Punk System）来计算学生的毕业成绩，只要达到规定数量的积点，就可毕业或获得普通高校的入学资格。学校可以采用学程制，即依据学科的教学研究目的来实现教育教学工作内容的调整，按学生的才能和成绩信息进行分组教学，而不再按年级划分教学活动类型。毕业论文总成绩由基础学程、特长学程和毕业设计考试学习成绩三部分组成，学生总分最低及格标准为 280 个积点，其中一个基础教育学科教学课程的成绩至少可以要求 16 门达到及格标准，特长课程至少要求 4 门达到及格标准，毕业考试科目至少要有 2 门达到及格标准。虽然不强求门门及格，但不允许有一门学习成绩为零分，三者之间相互制衡，学生发展必须能够达到 280 个积点，才可获得毕业设计证书。这种以学程制代替学年制的教学管理制度，一定程度上可以显示综合高中教育的弹性。

日本综合高中实行学年学分制[②]，不仅规定了综合高中必需的学习年限（2.5—3.5 年），而且采用灵活的学分制管理手段，为学生提供丰富的选修课，让学生有充分的选课自由。学校可以开设普通教育课程和职业技术课程，规定以授课 50 分钟为一个单位时间，授课达 35 个单位时间可获得一个国家学分，必修学分与选修学分比重约为 1:1。修完规定年限，并获得学生毕业最低标准要求 80 学分

[①] 杨天平、江松贵：《西方国家综合高中的学分制管理及其启示》，《外国中小学教育》2006 年第 9 期。

[②] 刘琪：《日本高中学分制的变迁和多样化的学分制高中》，《全球教育展望》2003 年第 32 期。

者，方可毕业。这种面向全体学生的教育理念，注重基本标准，兼顾"人人可以发展，人人可以成才"的教育理念，以及在其指导下的可操作性教学管理模式和体系，促进综合培养目标的实现。

三 关于中小学学制改革的建议

（一）探索实行以十年为基准的弹性学制

学制的设立服从青少年身心发展规律和国家人才培养的需要。世界各国的中小学学制略有差异，但多数都在10—12年，这样中学毕业时年龄正好处于劳动年龄（16岁）和成人年龄（18岁）。中国中小学目前实行"六三三"制，其中前9年属于义务教育。在这12年间，至少有2年时间是中考和高考复习备考时间，是对已有课本知识的简单重复学习。因此，可考虑借鉴姚洋和莫言的提议，将国家基准学制确定为10年，其中小学5年，中学5年，用10年时间实现高中教育普及。有条件的地区，可以采取十年一贯制，初中和高中取消考试，科学安排包括学科知识、学科研究、职业和劳动技能、体育、社会服务及兴趣特长等教学内容，实现学生德智体美劳和身心全面发展。10年学习结束后，学生可直接通过考试进入普通高等学校，可以直接就业也可以进入职业学校或进入高中复读，然后参加高考进入高等学校。在十年制中的特定年级，学生可以根据自身情况选择跳级进入高年级学习，也可以通过结合学分制加快或延缓某个阶段的学习。

（二）引入"学分制"

学分制是以学分作为衡量学生学习分量、学习成效，为学生提供更多选择余地的教学制度。学分是计算学生完成课业的必要时间和成效的单位，是学生获得学业证书的重要依据，也是学校组织教学的依据。对于需要学生掌握的一些基础学科知识，我们可以通过学分制的方式，由学生根据自身情况，自主安排在一定的时间段修读完成，以避免学生在某些学科知识上的缺失。任何一种教学管理制度都有其特定的时间和空间限制。脱离特定的文化传统，谈论教学管理模式是没有意义的。因此，当我们看到西方综合性高中长久的生命力时，有必要对其特定的文化背景进行分析。比如，美国的文化教育有浓厚的实用主义特点，学术与技术水平密切相关，教育"为生活做准备"，这为综合高中的发展提供了良好环境。中国有深厚的科举制度和文凭主义传统，形成了独特的以知识为导向的高考制度及其学校管理制度。其对综合高中的影响是：受普通中学的挤压，招生不理想，办学效益难以显现；家长和社会对综合高中的评价不高，评价标准单一，仍以升学率作为一个衡量其高下的判据等等。这些因素确实影响制约着综合高中的发展，但并不表明中国综合高中教育不能实行以学分制为核心的教学资源管理制度。事实上，综合性高中面临的诸多问题和困难，都是传统的教学管理体制不适应新型综合性高中的结果。参考西方发达国家进行综合高中的学分制管理发展模式，推动中国综合高中的综合化进程，提高其教育技术和教学质量就显得更加迫切和重要。

（三）中国中小学学制改革相关问题的辨析

是否采取弹性学制，取决于实行这一政策的成本收益。目前的十二年学制安排中，有至少两年多的时间用于考试复习，背离了十二年学制设置的初衷，因此，有必要进行改革。在应试教育背景下，缩短标准学制具有一些显而易见的好处。

一是优化教育资源配置，用同样的资源投入可以实现普及高中教育目标。在目前的十二年制教育中，我们有六分之一（2年）以上的财政资源、教师资源和学生智力资源实际上是配置于直接应付考试的重复性知识学习中，这是教育资源的严重浪费。实际上，用于重复学习的是初中和高中高年级的优质教师和智力资源，占用的教育资源远高于普通年级。中国目前实行九年义务教育，将这些投入重复学习的教师和财政资源用于普及中学教育，完全可以使我们在不增加政府财政投入情况下，用十年的时间在全国完成普及高中教育的目标。这将极大地提升全体劳动者的平均受教育水平。

二是可以增加高素质劳动力供给。目前中国实行的是九年义务教育，完成义务教育后的学生平均年龄为15岁。义务教育结束后，一些学生即进入社会，但由于没有达到16岁法定劳动年龄，这些青少年既不能继续学习，又不能参加工作，不利于青少年健康成长，是对劳动力的浪费，也给家庭管理和社会治安带来了隐患。相当多的问题青年，都与未达法定劳动能力即进入社会有关。同时，缩短学制，提前高中毕业，也可使不继续升学的青少年早日进入劳动力市场，从而增加全社会劳动力的有效供给，缓解劳动力不足的压力。

三是有利于打通职业教育与普通教育的界限鸿沟。十年制教育期间，通过课程的合理设置，将必要的劳动技能教育融合到基础教育中。十年制基础教育完成后，学生可以自主选择就业、参加职业培训或升入高等职业院校和普通高校，由于拥有年龄上的优势，学生可以根据自身情况做出自主选择，并且前途是开放的，不会因为过早的专业和职业分流导致学生和家长的焦虑。

四是可以提高学生自主学习能力、创新能力和综合素质。有人可能担心，将中小学学制从十二年改为以十年为基准的弹性学制，可能会降低中国的基础教育水平。我们认为在目前应试教育背景下，缩短标准学制，虽可能降低应试教育水平，但对创新教育有好处。其一，从普及到初中的九年制义务教育到全员普及高中教育，社会整体的受教育水平得到了提高。其二，减少的是复习迎考时间，不是学习新知识的时间，更重要的是，重复学习获得的书本知识，除了对考试有用，对个人整个的工作、学习生涯作用有限，反而可能抑制个体学习和探索新知识的兴趣及能力，这些知识绝大多数在日后也会遗忘殆尽，由于偏重知识复习，对思维和研究能力反而是一种桎梏。其三，对于以升学为目标的学生，弹性学制留给了他们继续学习的时间和空间。其四，通过学分制（必修、选修）、探究型教育和全面发展的教育，可以提升学生自主学习和探索的兴趣。鼓励学生根据自身情况，提升各方面的能力。当然，如果不是应试教育，而是全面开发和发展学生各方面的能力的教育，基础教育的具体年限（包括继续保留十二年标准学制），都是可以进一步探索和研究的。

小　结

在竞争激烈的 21 世纪，实现中华民族伟大复兴离不开一个良好的学校管理制度。"六三三"制从诞生至今，经历了近百年的发展历程，对中国中小学教育的普及和发展起到了巨大的推动作用。然而，随着经济、社会、科技、文化的巨大变化，以有限的课本知识为主要内容，用12年时间进行应试教育的"六三三"制，消耗了太多时间用于应试，浪费了社会劳动力，也不利于创新型人才的培养，需要进行改革。

学制改革既包括学习期限的改革，也包括教学课程、教学内容和教学方法的改革。由于学校制度改革影响到整个学校，关系到千千万万学生的未来，有必要进行认真、科学的论证。需要通过大量认知科学家和心理学家的更多研究，需要不同学校的测试检验，需要一线教师的参与和决策者的支持。同时，学制改革也不是一蹴而就的，而是一个有条不紊、循序渐进的过程。

实践是检验真理的标准，本部分的建议不一定确当。但目前十二年学制中用两年多的时间来复习已有的知识，背离了十二年学制设置的初衷，其不合理性是确定的，也是需要改革的。改革的方向要么降低应试性知识学习的强度和期限，增加研究性学习和培养个体全面发展能力方面的安排；要么缩短学制，将时间和教育资源配置到其他的学习任务中去，这些都需要实践探索。应允许地方进行这方面的试验，找到科学合理有效的解决方案。

第八章

公立资合型大学：
对一种新型大学体制的探索

将智力资源配置到重复的知识型教育而不是探索型教育，其根源是升学。在以考试分数为圭臬的升学竞争中，学校、家长和学生只能将全部精力投入如何提高考试分数上来。因此，提供一个不以考试成绩为唯一标准，同时又不损害现有教育公平和录取公平的优秀大学的升学选择，就成为破解应试教育困局的可行路径。这样，那些有潜力的学生，就不用把智力资源全部配置到知识型学习和应试教育，而是可以配置到研究性学习和有利于身心全面发展的各项文化体育社会活动中去。通过改变单纯的"以考试分数论英雄"的升学约束，为创新人才成长和学生的全面发展提供条件。为了避免仅凭考试成绩招生录取的弊端，之前我们进行了诸如保送、点招、自主招生等招生录取改革，但由于其自身的公平性问题和在纠正应试教育方面存在的局限，难以成为一个普遍选择。目前中国大学办学体制，主要有公办大学、民办大学、独立学院和中外合作办学等，公办大学经费稳定但高水平学位供给不足，招生录取缺乏灵活性（以公平性为首要价值），民办大学和中外合作办学目前主要靠学费维持，在投入强度和办学质量上难以充分保障。因此，在我们的大学体制中，缺乏一种克服上述公立和私立大学不足的关键角色和制度安排。为此，需要创设一种新型大学体制，这种大学体制既有公立大学来自财政的稳定的基准投入，又有私立大学招生录取收费自主权；既保障高水平办学质量，又不以考试分数为唯一的录取依据，从而为有创新潜力但不片面追求考试分数的学生提供高质量高等教育的机会和选择，从根本上破解分数紧箍咒和"千军万马过独木桥"的困局。本章将对这种新型大学体制进行探讨。

第一节 优秀大学是一个国家科教实力的集中体现

大学是一个国家软实力的重要体现，同时，大学也是一个国家科教实力的重要反映。不可否认，拥有世界一流大学数量的多少成为一个国家综合实力的重要体现，从世界大学排名的角度来看，当前世界一流大学仍然聚集于欧美国家。尤其是美国，拥有世界上绝大多数的一流大学，并从世界各地吸引了卓越的师资和生源。从图8–1中可以看出，全球前100名大学分布在美国、英国、澳大利亚、中国、德国、荷兰、瑞士、法国、加拿大、比利时、丹麦、日本、瑞典、新加坡、芬兰、韩国和挪威共17个国家。其中美国数量最多为43所，其次是英国9所、中国8所（中国内地6所、中国香港2所）、澳大利亚7所、德国和荷兰各5所。与欧美国家相比而言，中国一流大学的数量还很少，尤其和美国还存在很大差距。

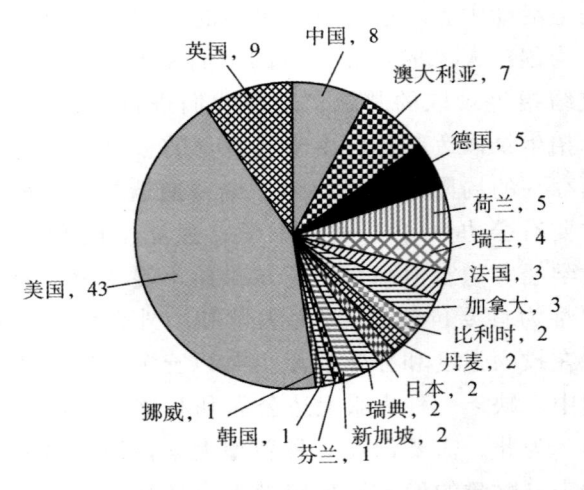

图8–1 全球前100名世界一流大学的国家分布情况

资料来源：南方教育智库：《世界大学第三方指数研究报告（2021）》，2021年5月18日，百家号（https://baijiahao.baidu.com/s?id=1700079312698902660&wfr=spider&for=pc）。

此外，人才培养也是各国世界一流大学建设过程中的一个核心关切点。人们往往把诺贝尔奖获得者作为一项重要的指标，并以此彰显国家的高等教育实力和科教实力。从国际比较来看，世界公认的世界一流大学均培养出了几十个甚至上百个诺贝尔奖得主。比如，维基百科（Wikipedia）曾对 1901—2020 年全球诺贝尔奖获得者（包括毕业生及职员）最多的前 30 所大学进行了排名盘点，并公布了最新列表（Top 30 universities worldwide since 1901）。这些大学均为公认的世界一流大学，在该榜单中，美国共有 21 所大学上榜，其中哈佛大学更是在诺贝尔科学奖、化学奖、生物学或医学奖等多个领域包揽第一，位于榜单的其他高校也基本来自欧洲国家，这说明了欧美国家高等教育在世界的强大实力和地位。

表 8-1 1901—2020 年全球诺贝尔奖获得者最多的前 30 所大学

排名	大学	大学所在国家	获奖总数	自然科学奖	物理学奖	化学奖	生物/医学奖	经济学奖	文学奖	和平奖
1	哈佛大学	美国	161	113	32	38	43	33	7	8
2	剑桥大学	英国	121	98	37	30	31	15	5	3
3	加州大学伯克利分校	美国	110	82	34	31	17	25	3	1
4	芝加哥大学	美国	100	62	32	19	11	33	3	2
5	麻省理工学院	美国	97	62	34	16	12	34	0	1
6	哥伦比亚大学	美国	96	69	32	15	22	15	6	6
7	斯坦福大学	美国	84	54	25	13	16	27	3	1
8	加州理工学院	美国	76	70	31	17	22	6	0	1
9	牛津大学	英国	72	53	15	19	19	9	5	6
10	普林斯顿大学	美国	69	42	29	9	4	21	5	1
11	耶鲁大学	美国	62	33	8	11	14	22	4	3
12	康奈尔大学	美国	61	48	23	12	15	5	4	3
13	柏林洪堡大学	德国	55	47	14	21	12	1	4	3
14	巴黎大学	法国	50	34	15	9	10	4	6	7

续表

排名	大学	大学所在国家	获奖总数	自然科学奖	物理学奖	化学奖	生物/医学奖	经济学奖	文学奖	和平奖
15	哥廷根大学	德国	45	43	19	16	8	0	1	1
16	慕尼黑大学	德国	42	41	13	19	9	0	1	1
17	约翰斯·霍普金斯大学	美国	39	30	4	8	18	5	1	3
	哥本哈根大学	丹麦	39	34	19	7	8	3	2	1
19	纽约大学	美国	37	19	3	4	12	14	2	2
20	洛克菲勒大学	美国	36	36	1	10	25	0	0	0
21	宾夕法尼亚大学	美国	36	25	4	10	11	11	0	0
22	伦敦大学学院	英国	34	31	5	7	19	2	1	0
23	苏黎世联邦理工学院	瑞士	32	32	11	17	4	0	0	0
24	伊利诺伊大学香槟分校	美国	30	27	11	5	11	3	0	0
	明尼苏达大学	美国	30	15	7	4	4	12	2	1
26	加州大学圣地亚哥分校	美国	27	24	5	9	10	3	0	1
	海德堡大学	德国	27	24	11	8	5	0	1	2
28	密歇根大学	美国	26	18	9	3	6	6	2	0
	威斯康星－麦迪逊分校	美国	26	23	6	7	10	2	1	0
30	加州大学洛杉矶分校	美国	25	13	2	8	3	9	1	2
	曼彻斯特大学	英国	25	22	11	9	2	3	0	0
	华盛顿大学圣路易斯分校	美国	25	24	1	5	18	1	0	0

资料来源：Wikipedia,"the free encyclopedia. List of Nobel laureates by university affiliation",2022-10-29,https：//en.wikipedia.org/wiki/List_of_Nobel_laureates_by_university_affiliation。

当今世界正在经历百年未有之大变局，我们深刻感受到，中国在一些关键的、核心的、"卡脖子"的技术领域还存在诸多短板，并且长期处于受制于人的局面。科技的竞争，背后是国与国之间综合实力的竞争，国家之间综合实力竞争的核心是自主创新能力的竞争。这些竞争，归根结底，是人才培养的竞争，是科学研究的竞争。换言之，是高等教育之间的竞争。21世纪的大学，进入社会的中心，成为担负国家科技创新能力、攻克关键核心技术的主战场。数据显示，10年来中国高校获得了60%以上的国家科技三大奖励，全国60%以上的基础研究、80%以上的国家自然科学基金项目由高校承担。① 尤其是在创新型人才培养方面，中国大学还有很长的路要走。就当下而言，我们亟须瞄准世界一流大学的最新改革与发展状况，了解自身的不足与短板，扎根中国大地，创新大学办学体制，为培养创新型人才探索经验。

第二节 发达国家和地区大学的办学体制和治理体制

一 美国的大学体制

美国高等院校就性质而言可分为公立大学和私立大学。公立院校由美国政府拨款，通常也称为州立大学，美国每个州都有自己的公立大学或学院，比如加州大学、纽约州立大学等。根据2022年12月的统计，美国有公立大学1587所，有私立大学2344所（非营利1640所）。②

（一）美国高校的资金来源

公立大学的办学经费主要由州政府资助，此外，也有来自学费、社会服务、捐赠等方面的收入。私立大学则是由非政府机构创办，经过多年的发展，高水平私立大学的办学资金通常非常丰厚，如哈

---

① 《我国建成世界最大规模高教体系》，2022年5月18日，中国政府网（https://www.gov.cn/xinwen/2022-05/18/content_5690915.htm）。

② 数据来源：https://nces.ed.gov/ （2023-07-05）。

佛大学2020年捐赠基金总额高达418.94亿美元，超过了80多个国家的GDP。2020年美国有十余所私立大学的捐赠基金规模超过110亿美元①，雄厚的资金为私立大学提供了超过普通公立大学的稳定经费来源。私立大学办学经费来源主要包括投资收入、学费、校友及社会的捐赠、社会服务、政府的科研资助等。其中基金投资收益、捐赠和学费收入约占大学收入的五成。来自政府的研究资助和其他经营收入分别占总收入的两成、三成。公立大学的办学经费来源主要包括州政府资助、学费、捐赠收入、社会服务收入、投资收入等。目前公立大学的办学经费总体上不如高水平私立大学，办学实力领先的公立大学加州伯克利大学2020年的收入为32.5亿美元，而哈佛大学和斯坦福大学的收入分别为54亿美元和61亿美元。根据USNEWS2021统计数据显示，公立四年制大学的平均学杂费为9687美元（州内居民）到21184美元（州外居民），私立四年制大学的平均学费为35087美元，比公立大学学生的平均费用高出160%—360%不等。② 著名公立大学加州大学伯克利分校2023年度本地学生每学期学费为13900—18400美元③，而哈佛大学本科生每年学费则为54269美元。④

（二）招生录取特点

美国高校招生并无统一模式。从招生规模来看，公立大学一般高于私立大学。如加州洛杉矶分校（UCLA）2019年录取人数约为1.5万人，同属加州也是国际学生数量最多学校之一的私立大学南加州大学（USC）的录取人数仅为8000人。数据显示，2019年秋季，美国私立大学招收的全日制学生占美国大学新生25%，而由政府资助的公立大学占美国大学新生43%。在招生标准方面，私立大学的灵活度和自主权要大于公立大学。由于公立大学办学经费主要来自政府拨款，承担着美国高等教育普及化的责任。因此，在招生

---

① 数据来源：https：//www.163.com/dy/article/GMS79MJP0516FCAK.html（2023-07-13）。
② 数据来源：https：//www.sohu.com/a/475297564_100160733 [2023-7-10]。
③ 数据来源：https://cn.berkeley.edu/admissions [2023-7-10]。
④ 数据来源：https：//college.harvard.edu/admissions/apply/visiting-undergraduate-students [2023-7-10]。

准则上会受许多规则和法律的限制，在招生时要尽可能地保证录取公平，更看重学生的"硬件条件"，如 GPA 和标准化测试成绩，以求更快速高效地筛选人才。而美国私立大学有更大的招生自主权和灵活性。美国私立大学的录取并不以考试成绩为唯一标准，而是要综合考查学生的素质、潜力和抱负等因素。如美国普林斯顿大学评价优秀学生的指标有头脑质量，包括智商、学习能力、创造力等；品格质量，包括责任感、价值观、判断力等；为学校做出贡献的能力；未来在本专业和社区起领导作用的潜力等。同时，美国大学录取非常看重学生体育（分值 8—40 分）和参加社会活动（体现道德和性格特征等，分值 5—30 分），而课程难度（分值 0—21 分）、平均成绩（分值 0—16 分）和 SAT 成绩（分值 6—25 分）三项的总分值甚至不如体育和社会活动总分值。高校的招生导向，塑造了中小学的教育重点，引导中小学不完全以分数为教学目标，而是以创新教育和全面发展为目标。此外，私立大学可自主设定招生准则，并不可能完全"一视同仁"地对待所有申请者。比如私立大学的"传承录取政策"（legacy-admissions policies）就不是传统的教育公平政策，这一政策主要面向"校友子女"，对他们录取时有政策倾斜。总的来说，私立大学在挑选学生的时候，不仅考查学生的学术水平，也会非常关注学生家庭的经济条件和背景。

（三）治理体制

美国主要通过《美国宪法》（权利法案）（1791）、《达特茅斯学院案》（1819）、《莫利尔法案》（1862）、《国防教育法》（1958）、《高等教育法》（1965）等法律（判例）规范政府、社会和教育机构的关系。美国大学具有较高的办学自主权，公私立大学实施的治理体制为董事会下的校长负责制，但两种类型高校之间在董事会的职责、成员构成、大学校长的权力等方面并不遵循相同的运行逻辑。在公立大学，大学管理的权力属于董事会，大学内的组织和管理都需要经过董事会的授权；而私立大学的董事会会将自身管理大学的部分权力委托给校长和教授。正是美国大学这种特殊的治理机制，使美国大学形成了动态稳定的治理结构，并且拥有较大的办学自主权，美国大学治理体制的特殊性，使得美国大学尤其是美国私立研究型大学拥有较大的办学自主权，可以把大量资源投到教学和科研上，进而保障创新型人才的培养和尖端科研成果的产出。

二 英国的大学体制

（一）经费来源

与美国不同，英国的大学几乎全是公立大学，私立高校非常之少。因此，在英国高等教经费来源的六个维度中（分别是学费和教育合同、资助机构拨款、科研拨款和合同、捐款和捐赠、投资收益、其他收入）[1]，来自政府拨款和学生学费占较大比例，校友和社会捐赠的占比较小。比如，牛津大学在2017/2018学年的总收入为22.4亿英镑，其中3.3亿英镑来自学费（1.2亿英镑来自留学生），1.9亿英镑来自政府直接拨款，5.8亿英镑来自研究拨款（其中2.3亿英镑来自英国政府），2.3亿英镑来自其他收入（地产、医疗等）、0.2亿英镑来自投资收入，0.9亿英镑来自捐献。牛津出版社的收入为8亿英镑。萨里大学在2016/2017学年的总收入为2.7亿英镑，其中1.3亿英镑来自学费（0.46亿英镑来自留学生），0.3亿英镑来自政府直接拨款，0.4亿英镑来自研究拨款，0.5亿英镑来自其他收入，0.1亿英镑来自投资收入。[2]

（二）招生录取特点

按照招生录取的方式不同，英国高校可分为选拔型高等院校和招生型高等院校。选拔型高校，通常为精英大学，如牛津大学和剑桥大学。这类大学竞争激烈，选拔标准严格。选拔时要考虑以下方面：学术能力与潜力、专业学习动机和匹配度以及责任感和自律能力等。招生型高校主要指1992年后获得大学地位的高等院校，这类大学的入学标准一般要求申请人需要具备三科普通教育证书高级水平（A-levels）。入学要求一般为两科A-levels证书，另外一科可

---

[1] 惠转转、程铭：《英国高等教育机构经费来源结构研究——基于罗素集团大学与非罗素集团大学的比较》，《高教探索》2020年第9期。
[2] 《英国大学的钱从何而来？》，2019年12月19日，搜狐网（https://www.sohu.com/a/361517572_76358）。

以是范围广泛的职业资格证书和其他国家资格证书框架里的第 3 级证书。①

此外，英国大学在招生考试的过程中，实行"教育、考试、招生"相分离的考试政策。具体的教学工作由形式多样的中等教育机构负责，考试的试题和评分标准由具备资格的学科专家和高级主考官根据具体科目的课程标准提前拟定，而大学则根据学生获得的普通教育证书、高级水平考试资格证书等级和综合素质进行录取。此外，政府成立了资格与考试管理办公室（Ofqual），以负责监察各考试机构资格证书授予的标准，对实施资格考试和评价组织和机构给予正式的认证，承认其资格认可结果并监测其运作体系。②

（三）大学治理体制

就英国现代大学制度而言，英国现代大学根据自身的文化传统、精神使命以及价值进行办学，政府不能以行政命令和方式直接干预，无权插手大学具体办学事务，展现出了高度的自治权。③ 学院制是英国大学办学体制的一大传统特色。英国著名的三所学院制大学，分别为牛津大学、剑桥大学和杜伦大学，统称为"Doxbridge"。其中牛津大学成立于 1167 年，剑桥大学成立于 1209 年，杜伦大学成立于 1832 年。这三所大学至今仍保持着学院制这一传统，而牛津又是个中翘楚。当然，英国大学的学院制（Collegiate System）和我们通常所理解的专业学院并非同一个概念，这种制度设计下的学院不是按专业分割的，而是由多个专业组成的一个个兼容并包的多元社区。学院不是单纯的教育实体，也不是单纯提供住宿的场所，而是一个集学习、运动、住宿、交际等活动于一体的中心。每个学院可以包含不同的专业、不同的学生和不同的教师。各学院财政独立，高度自治，有自己的图书馆、体育场和运动设施，也有自己的教堂、食堂和陈列室，类似于一所独立的"大学"。各个学院自行

---

① 王立科：《英国高校招生：让自主权归属大学》，《科学时报》2009 年 6 月 16 日第 B3 版。

② Ofqual.："About Us"，2021 年 6 月 30 日，英国资格和考试管理办公室官网（http://www.ofqual.gov.uk/aboutus）。

③ 别敦荣：《现代大学制度的典型模式与国家特色》，《中国高教研究》2017 年第 5 期。

负责经费、教学、研究，大学只是负责把各个学院组织起来。中介制度也是英国大学治理体制中的一个重要组成部分。英国政府于1919年成立了大学拨款委员会（University Grants Committee），负责大学的财政拨款。20世纪80年代末期，成立英国高等教育基金委员会（Higher Education Funding Council for England），取代了大学拨款委员会和多科技术学院拨款委员会。作为一个非官方机构，英国高等教育基金委员会主要负责分配国家高等教育经费，经费主要来自政府拨款。

三　德国的大学体制

（一）经费来源

德国高校的经费来源主要分为三个部分：一是政府拨款；二是学生学费；三是学生的生活费用。其中，政府拨款占主导地位。

德国高校经费几乎都由国家政府承担，所以德国高校由国家拨款资助的公立学校占据大多数。在德国，不同类型和不同性质的高校收取学费的差异很大。例如，德国公立学校一般不收取或者只收取较低的学费，并且联邦州可以自行决定是否收取。而德国私立学校的每年学费则高出公立学校近两倍之多。另外，学生及其家庭需要承担一定的生活费用，例如交通费、租房费等。

（二）招生录取特点

德国大学的入学资格主要分为三种：一般入学资格、应用科技大学入学资格，以及高职入学资格。[1] 一般入学资格是指获得中学毕业证书或具有同等学力证书，持有一般入学资格的学生可以申请就读综合性大学、工业大学、艺术类大学、师范大学和应用科技大学；持有应用科技大学入学资格的学生可以申请进入应用科技大学或者部分综合大学中的特定专业。部分应用科技大学在招生的时候还可能增加其他要求，像是接受过某项技能的培训或参加过实习。[2]

---

[1] 刘敏、王苏雅：《德国大学入学招生制度的基本程序及其变革与走向》，《教育测量与评价》2016年第7期。

[2] 刘敏、王苏雅：《德国大学入学招生制度的基本程序及其变革与走向》，《教育测量与评价》2016年第7期。

德国大学在招生录取中有着很大的自主权,但不同州对大学入学资格的要求也有所不同。

(三) 大学治理体制

在18世纪后期19世纪初期,学术自由制度在德国现代大学得以建立,而学术自由制度不仅成为德国现代大学的核心价值,也成为世界现代大学的核心组成成分。至今,学术自由的精神也从未泯灭。20世纪末期以来,在新公共管理的理念下,政府对高校的控制从细节转向为宏观调控,大学自治的理念在平衡和协调大学内外关系中发挥着关键作用。传统大学里,由国家控制着非学术事务,学术事务由教授组成的学术委员会决定。在新公共管理的理念下,国家下放大学管理权,使大学拥有更大的自主自治权,在校长委员会、评议会、学院协商会等内部治理机制外,还添设了高校理事会。

四 日本的大学体制

(一) 经费来源

在日本的高等学校体系中,有私立大学、公立大学和国立大学之分。私立大学则由民间资本即个人财团组织创建,公立大学和国立大学则是由政府或地方财政出资设立的,以法人化的形式存在。日本私立大学办学经费主要来自学费收入,约占总经费的70%。对不同层次和水平的私立大学而言,虽然学费所占总经费的比例不同,但总体来看,学费收入是其主要来源。[1] 当然,除了学费收入之外,还包括政府财政资助、社会团体和个人捐赠、科研收入等。日本国立、公立高校的经费主要以政府拨款为主,在日本,国立和公立大学的主要收入来源是政府的财政拨款,占学校总经费的60%左右,学费收入只占20%左右。学费方面,日本国立和公立大学学费大致为50万日元。私立大学则较高一些,学费通常在70万—200万日元不等。

(二) 招生录取特点

日本高校招生录取的特点总体体现出多样性和灵活性的特点。

---

[1] 汪芳:《日本私立高校经费来源及启示》,《理工高教研究》2002年第1期。

首先，考试机会的多次化。日本实行中心考试以及单独考试相结合的高考制度，学生可以在每年举行一次的大学二次考试中根据自身情况选择2—3次考试。其次，选拔方法的多样化。多样化考试是日本高校招生考试制度的一大特色，体现了大学充分的自主权，保证大学的生源质量和学术质量。最后，评价尺度的多元化。评价尺度的多元化是指大学在招生时除了关注考生的学业成绩之外，学生的兴趣、适应性和各种能力等也在大学招生评价范围内，例如学生的各种学习活动、文体活动、就业经验等参考资料。

（三）大学治理体制

日本的大学体制突出的特点是大学自治的法制化和大学管理制度的民主化，以法律的形式确立了大学自治原则，进而改变战前中央集权的高等教育管理制度。日本在战后进行了多次改革，通过限制文部省权力，政府对大学管理趋向民主化。大学内部管理的民主化是在大学自治理念的指导下，通过以法律强化教授会、评议会、协议会等内部管理机构的作用实现的。2003年7月，日本国会参议院通过了《国立大学法人法案》，从2004年4月起，建立国立大学法人制度。在国立大学法人制度下，国立大学拥有较高的办学自主权，校长负责管理院校，同时引进校外人士进入大学的管理组织，给大学运营、管理等方面带来巨大的变化。一方面，大学成为独立经营的法人实体，扩大了大学自主经营的范围；另一方面，法人化后的日本国立大学将运用新的目标管理和评价制度。[①]

一般来说，日本的国立和公立高等院校在名望方面高于私立院校。日本的国立大学如东京大学、京都大学有较高的学术声望，不仅提供攻读文学学士或理学学士的本科教育，而且还提供通向硕士和博士的研究生教育。但这也不意味着，日本的私立大学就一定表现不佳或"低人一等"，实质上，包括早稻田大学、庆应义塾大学等在内的日本私立大学在国际上也享有较高的声誉，在世界大学排名上远高于本土的一些国立大学和公立大学，是日本高等教育整体强大实力的重要支柱。这主要得益于日本私立大学独特的办学体

---

① 方明、谷成久：《现代大学制度论》，安徽大学出版社2006年版，第174—175页。

制，相较国立和公立大学，日本私立大学由个人或私人财团出资建设，基础设施更加现代化；学风开放自由，能够充分体现个人特性。日本私立大学享有更大的独立性和自主性，每所私立大学的管理模式都有自己的特色，呈现出教育理念的多元化、入学方式的多样化、学费标准的自主化、就业指导的规范化、后勤管理的社会化等基本特征。①

五　现代大学办学体制的演进及特点

大学体制不是孤立的存在物，它与大学内外诸多制度及相关环境因素有着千丝万缕的联系，相关制度、环境的任何变化都会对现代大学制度产生影响。从国外大学体制的演进及其发展来看，主要有以下几个方面的特点。

第一，大学办学经费来源多元化。大学办学经费来源多元化已经成为世界高等教育发展的趋势。尽管世界各国高等教育经费多元化的内涵及各项经费所占比例不尽相同，但大体上可以分为政府财政拨款、学费、企业及个人捐赠、社会服务、学校创收等若干方面。高等教育经费来源多元化的实质是建立一种政府、社会、直接受益者（学生）和学校自身共同投资的体制，这是高等教育适应市场经济发展的必然要求。② 大学办学经费多元化的发展趋势对高等教育发展来说是一种机遇，更是一种挑战，驱使高校积极主动回应经济社会发展需求，并不断提高其办学声望和学术声誉。

第二，大学招生录取形式多样化。国外大学在招生录取上越来越倾向于采取多元的录取方式，而非恪守以标准化测试成绩为主的单一录取制度。尤其是私立大学，拥有较大的招生自主权，可自主设定招生录取规则。如美国私立大学的招生标准、规模及运作基本上是由各校招生委员会自主制定，联邦与州政府不得干预；日本的私立大学则采用多样的招生方式，主要包括一般考试、中心考试、推荐入学考试、AO 入学考试等多种招生方式。此外，日本私立大

---

① 鲍健强：《日本私立大学的研究》，《高等教育研究》2000 年第 2 期。
② 宋秋蓉：《当今世界高等教育经费来源多元化趋势》，《教育与经济》2003 年第 3 期。

学各学部还可根据专业特点实行选择考试标准和考试侧重点，使学部在一定自主性的基础上更好地展现学部特色，同时也方便学部录取到卓越的生源。①

第三，大学办学体制机制多态化。国外大学发展的经验揭示了这样一个事实，即大学办学体制机制呈现出多态化的基本特征、不同办学性质和不同类型的大学正在从共生、共存走向共荣。不管是国立大学、公立大学还是私立大学，皆有其发展的空间。在美国，虽然私立大学占据着主导地位，但是也不乏加州大学伯克利分校、加州大学洛杉矶分校以及威斯康星大学麦迪逊分校这样优质的公立大学。在日本，虽然国立大学和公立大学拥有较高的学术声望和地位，但是诸如早稻田大学、庆应义塾大学这样的私立大学也可以"异军突起"，在日本高等教育体系中占据着重要的一席之地。同样，在英国、德国等国家，都拥有良好的高等教育生态，不同办学性质和办学类型的大学各自发挥其优势，相互竞争与合作，共同推动了高等教育质量的提升及高等教育系统的优化。

第三节　中国大学办学体制的改革探索及评价

一　办学体制的改革与发展

经过一个多世纪的发展，中国高等教育取得了巨大的发展成就，在大学体制上形成了公立大学、民办大学、中外合作办学高校等多种办学形式和类型的发展格局。在国民政府时期，还拥有诸多在当时国际高等教育界占据重要地位的私立大学。总的来说，中国大学办学体制一直在不断优化，在改革中取得了丰富的经验。

（一）私立大学的发展

19世纪末到20世纪中叶，欧洲和北美基督教新教和天主教的传教组织和个别中国信徒在中国不同区域相继创办了私立教会大学，著名的有燕京大学、金陵大学、圣约翰大学、齐鲁大学、东吴

---

① 杨洪波、潘黎：《日本私立大学录取标准研究：以立命馆大学为例》，《现代教育科学》2016年第12期。

大学、震旦大学、之江大学等。这些大学对西方科学文化在中国的传播，对促进中西文化交流，起了重要作用，加快了中国高等教育的近代化进程。以燕京大学为例，其创办于1919年，是近代中国规模最大、质量最好、环境最优美的大学之一。创始人司徒雷登长期担任燕大校长，将燕大的校训确定为"因真理得自由以服务"。1928年春，燕京大学与美国哈佛大学合作成立哈佛燕京学社，到20世纪30年代已经跻身世界一流大学之列，在国内外名声大振。

（二）院系大调整及私立大学的消亡

1952年，中国政府大规模调整了全国高等学校的院系设置，把民国时期效仿欧美构建的高校体系改造成效仿苏联的高校体系。政策上确立了"培养工业建设人才和师资为重点、发展专门学院、整顿和加强综合大学"的方针。[①] 1952年11月，中国政府成立了高等教育部，将全国高等教育的方针政策，进度计划（包括学校的设立或变更，院系和专业设置，教学任务、基本进度和财务计划等）、重要的规章制度（如财务制度、人事制度）、教学计划、教学大纲、教材编审、生产实习事项，进一步统一掌握起来。伴随院校大调整及高等教育体制的重新确立，私立大学被撤销建制，院系及学科并入公立大学，开启了中国高等教育发展的新篇章。

（三）重点发展公立大学

新中国成立之后，中国政府重点支持公立大学的发展，实施了最早一批的重点大学计划。1954年，教育部在关于重点高校的决议中明确提出，建设全国重点大学，共将6所大学列入其中，分别是：北京大学、清华大学、人民大学、哈尔滨工业大学、北京农业大学和北京医学院。1959年，经过5年的建设发展，全国重点大学数量达到24所，1960年达到64所，到了1978年正式稳定为88所大学，这88所大学很大程度上就成为后来"211"工程大学建设的基础。这些大学均为公立大学，办学经费主要来自政府拨款，招生计划也由国家统一制定，在专业建设、学科点设置、师资待遇及人事等方面也由国家教育行政部门统一管理。

[①] 李鹏虎：《我国高校专业教育模式的历史流变与发展进路——兼论高等教育内涵的重新审视》，《国家教育行政学院学报》2020年第6期。

（四） 支持民办大学建设

改革开放以来，为满足人民群众日益增长的教育需求，中国民办高等教育也再次萌芽，出现了北京自修大学（1977年）、长沙中山专修学院（1978年）、杭州钱江业余大学（1979年）、湖南九嶷山学院（1980年）、中华社会大学（1982年）等由社会组织和个人创办的教育培养机构。① 1982年宪法规定："国家鼓励集体经济组织、国家企业事业组织和其他社会力量依照法律规定举办各种教育事业。"随着建立社会主义市场经济体制改革目标的确立，1992年党的十四大提出："鼓励多渠道、多形式社会集资办学和民间办学，改变国家包办教育的做法。"1993年8月，原国家教委颁布了《民办高等学校设置暂行规定》。1994年，民办黄河科技学院、民办浙江树人学院、民办上海杉达学院和民办四川天一学院等具有正式专科层次学历教育资格的民办高校经国家教委批准成立。因应1999年开始的高校扩招和高等教育普及化的需要，2002年12月，九届全国人大常委会通过《民办教育促进法》，2003年，教育部发布《关于规范并加强普通高校以新的机制和模式试办独立学院管理的若干意见》，在对全国360多所高校的"二级学院"进行清理整顿的基础上，成立了200多所具有独立办学资格的本科层次的独立学院。同时，一些民办高等教育也从专科办学层次提升到本科层次。

（五） 中外合作办学

中外合作办学指外国法人组织、个人以及有关国际组织同中国具有法人资格的教育机构及其他社会组织，在中国境内合作举办以中国公民为主要对象的教育机构，实施教育、教学的活动。② 1995年国家教育委员会发布的《中外合作办学暂行规定》规定：中外双方可以合作举办各级各类教育机构；中外合作办学，必须遵守中国的法律、法规，贯彻中国的教育方针，符合中国教育事业发展的需

---

① 沈新建：《新中国70年我国民办高等教育发展演进路径》，《中国社会科学报》2020年1月2日。

② 肖蔚云、姜明安：《北京大学法学百科全书·宪法学 行政法学》，北京大学出版社1999年版，第803—804页。

要和人才培养的要求，保证教育质量，不得以营利为目的，不得损害国家和社会公共利益；国务院教育行政部门主管全国中外合作办学工作。[①] 2003年，国务院颁布了《中华人民共和国中外合作办学条例》。根据教育部中外合作办学监督工作信息平台的数据，目前经过合法批准的中外合作办学形式有机构合作和具体项目合作，办学层次包括本科和硕士以上学历。中外合作办学在引进优质教育资源、进一步扩大教育对外开放合作方面发挥了重要作用。《国家中长期教育改革和发展规划纲要（2010—2020年）》强调"坚持教育公益性原则，健全政府主导、社会参与、办学主体多元、办学形式多样、充满生机活力的办学体制，形成以政府办学为主体、全社会积极参与、公办教育和民办教育共同发展的格局"。《中国教育现代化2035》重申"完善多渠道教育经费筹措体制，完善国家、社会和受教育者合理分担非义务教育培养成本的机制，支持和规范社会力量兴办教育"。

二 学费体制变迁

（一）公办高校的收费制度改革

从1949年到1979年的30年间，中国高等教育一直实行免费教育制度，对普通高等学校学生不仅免收学费，而且还发给人民助学金，毕业后由政府统一分配工作，实行供给制和低薪制。[②] 该项制度虽然经过几次调整，但基本原则一直沿用到80年代中期。80年代中期以来，中国高等教育规模逐步扩大，大学办学经费需求不断增加，财政压力加大，1989年，国家教委、财政部、国家物价局联合通知，从当年新生入学起，对不同类型高校和专业的学生，收取有所差别的学杂费和住宿费，对家庭经济困难的学生，可酌情减免部分或全部学杂费。此后，高校的学费和住宿费随地区、专业和物价水平做了调整。除了计划内的"公费生"，中国公办高校于20世

[①] 《教育部办公厅关于批准部分中外合作办学机构和项目终止的通知》，2023年6月5日，教育部官网（http://www.moe.gov.cn/srcsite/A20/moe_862/201807/t20180705_342056.html）。

[②] 张树人：《对高校收费制度改革的几点看法》，《中国高等教育》1993年第4期。

纪80年代中期还开展了"单位委托培养"和"自费生"的尝试。1984年，《高等学校接受委托培养学生的实行办法》颁布，指出普通高校在国家任务计划招收的公费生和定向生之外，开始招收属于市场调节成分的自费生和委培生。① 1985年，中共中央颁发了《中共中央关于教育体制改革的决定》，提出"要改革大学招生的计划制度和毕业生分配制度，高校在完成国家规定的招生计划外，可以增加'单位委托培养'和'自费生'两种类别。单位委培学生和自费生都要向学校缴纳一定数量的培养费"②。从此，开始实行高等教育收费双轨制，对部分自费生和委培生定向收取学费。

(二) 民办大学和中外合作办学收费

中国民办大学由个人或者社会团体筹办，经费主要来源于社会筹资和学费。因此，日常运转经费事实上主要来源于学费。只能靠收取高昂的学费来维持办学。目前，中国民办高校的学费标准主要由省级发改委、财政和教育部门根据学校和专业特点制定，医学、理工和艺术类专业学费相对较高，文科类相对较低，多数在每年1.5万—3万元，少数专业达5万元/年，高于公办大学5000元左右的收费水平（公办大学医学类、艺术类专业学费一般在1万—1.5万元/年）。中外合作办学机构的收费项目和标准，依照国家有关政府定价的规定确定并公布；未经批准，不得增加项目或者提高标准。中外合作办学的定位不同，学校基础设施、课程、师资不同，办学成本普遍较高，因此收取的费用也相对高一些。目前，排名靠前的中外合作办学每年学费多数在10万元左右，个别高校每年学费达到20万元。③

(三) 助学贷款

国家助学贷款是党中央、国务院在社会主义市场经济条件下，

---

① 教育部:《高等学校接受委托培养学生的试行办法》，2023年6月5日，华律网（https://www.66law.cn/tiaoli/149252.aspx.1984-06-24.）。
② 《中共中央关于教育体制改革的决定（1985-05-27）》，2023年6月5日，凤凰网（http://hunan.ifeng.com/news/rdgz/detail_2013_08/30/1166787_0.shtml）。
③ 杨菲菲:《部分中外合作办学高校学费/住宿费情况》，2023年6月5日，中国教育在线（https://www.eol.cn/shuju/uni/202209/t20220908_2244878.shtml?fromcoop=zaker）。

利用金融手段完善中国普通高校资助政策体系，加大对普通高校贫困家庭学生资助力度所采取的一项重大措施。借款学生通过学校向银行申请贷款，用于弥补在校学习期间学费、住宿费和生活费的不足，毕业后分期偿还。1999年，国家助学贷款试点工作正式在北京、上海、天津、重庆、武汉、沈阳、西安、南京等8个城市启动。2000年，贷款范围扩大到全国高校，贷款对象扩大到研究生和攻读双学位的全日制学生，并将担保贷款改为信用贷款。2004年，实行贷款学生在校期间贷款利息全部由财政补贴、还款年限延长至毕业后6年。2006年启动国家助学贷款代偿机制等，国家助学贷款自1999年实施以来，累计发放助学贷款4000多亿元，共资助家庭经济困难学生2000多万名。

三 招生录取制度改革

统一高考。统一高考一般指普通高等学校招生全国统一考试，是合格的高中毕业生或具有同等学力的考生参加的全国统一选拔性考试。1977年10月21日，《人民日报》头版头条《高等学校招生进行重大改革》，宣布恢复中断了十余年的高考。2000年之前，高考实行全国一张卷。高考实行全国统一命题改革，遵循的是简单易行、科学高效的原则，其本质是"化繁为简"。"简化"的高考，尽管不是教育公平的全部，但其力争"一碗水端平"，是值得肯定的。①

高考点招。高考点招是学校的机动指标，是指高校在招生时点名录取某一考生，即使考分没有达到相应高校录取线，如能获得点招指标，考生也可被正常统招录取，点招的名额一般控制在院校招生总计划数的5%内。

自主招生。自主招生又称自主选拔，是高校选拔录取工作改革的重要环节。通过高考自主招生笔试和面试之后，可以享受相应的高考降分政策。2003年，教育部决定进行高校自主选拔录取改革试点工作，22所高等学校开展自主选拔录取新生的改革试点，高校自

---

① 樊大彧：《"高考一张卷"的改革趋势没变》，2023年5月30日，中国青年网（http://news.youth.cn/jsxw/201603/t20160311_7732367.htm）。

主招生制度开始成为中国高校统一招生考试制度的一个补充。

新高考。进入21世纪，高考改革的呼声愈发强烈。之后，国家相继出台政策文件，对各省市高考改革的原则和方式做了政策性规定。2010年7月颁布的《国家中长期教育改革和发展规划纲要》对高考招生制度改革明确提出了"分类考试、综合评价、多元录取"的方针。2013年11月颁布的《中共中央关于全面深化改革若干重大问题的决定》进一步明确了"综合评价、多元录取"的改革路径。2014年9月印发的《国务院关于深化考试招生制度改革的实施意见》，并提出要"形成分类考试、综合评价、多元录取的考试招生模式"。① 随后，浙江省、上海市作为第一批新高考改革的试点地区拉开了新高考改革的帷幕，新高考改革逐步在各省启动。

四　改革开放以来大学办学体制改革评析

（一）大学体制改革的价值追求

新中国成立以来特别是改革开放40多年以来，中国高等教育取得了卓越的发展成就。就价值层面而言，中国特色社会主义大学体制是对"多出人才、出好人才及教育公平"的深层次思考与实践。把中国建设成为集聚高质量人才和高质量教育的社会主义现代化国家，实现人的自由全面发展，是中国特色社会主义大学体制的价值选择和价值理想。

首先是多出人才。中国特色社会主义大学的价值，首先就是追求多出人才。培养人才是大学的天职，是新时代中国高等教育关切的一个重要话题。作为探究高深学问的主要场所，大学担负着为社会、国家、民族培养人才的重要使命和责任。2021年9月，习近平总书记在中央人才工作会议指出："国家发展靠人才，民族振兴靠人才。我们必须增强忧患意识，更加重视人才自主培养，加快建立人才资源竞争优势。"② 毫无疑问，大学是深入实施新时代人才强国

---

① 《国务院关于深化考试招生制度改革的实施意见》，2014年9月4日，中国政府网（http://www.gov.cn/zhengce/content/2014-09/04/content_9065.htm）。

② 习近平：《深入实施新时代人才强国战略　加快建设世界重要人才中心和创新高地》，《求是》2021年第24期。

战略的重要战略支撑。要实现多出人才的价值目标，大学必须进一步创新和优化办学体制机制，为有潜力的学生提供更多高质量高等教育的机会和选择。

其次是出好人才。中国特色社会主义大学体制的实质是出好人才，培养杰出人才是社会大学的应有之义，是社会主义大学体制追求的价值目标。2020年6月，习近平总书记在庆祝哈尔滨工业大学建校100周年的贺信中指出：广大高校要以更加强烈的国家目标意识、使命担当意识，奋发努力、脚踏实地、攻坚克难，努力写好打造国之重器、培养杰出人才的"奋进之笔"，为把中国建设成为社会主义现代化强国提供强有力的科技保障和人才支撑。① 21世纪以来，互联网和人工智能等新兴技术的快速变革与发展，导致对教育的核心需求产生了千百年来最大的一次变化：从知识传授转为创新能力培养，这使得破解"钱学森之问"迅速成为最急迫的国家战略性挑战之一。② 以培养杰出人才为目标的中国特色社会主义大学体制价值追求，最根本的是要建立适应杰出人才培养的新机制。

最后是教育公平。教育公平是中国特色社会主义大学体制始终追求的核心价值，是中国教育不曾更改的坐标，也是中国教育奋发前行的目标。2014年8月18日，习近平总书记在中央全面深化改革领导小组第四次会议上指出，必须通过深化改革，促进教育公平、提高人才选拔水平，适应培养德智体美全面发展的社会主义建设者和接班人的要求。③ 2016年9月9日，习近平总书记在与北京市八一学校教师的座谈中指出："教育公平是社会公平的重要基础，要不断促进教育发展成果更多更公平惠及全体人民，以教育公平促进社会公平正义。"④ 实现教育公平正义是中国特色社会主义大学体

---

① 《打造国之重器，培养杰出人才》，2020年6月9日，光明网（https：//guancha.gmw.cn/2020-06/09/content_33898551.htm）。
② 郑泉水：《究竟是什么抑制了学生成为创新人才》，2018年6月26日，中国社会科学网（http：//www.cssn.cn/gx/gx_gxms/201806/t20180626_4421333.shtml）。
③ 习近平：《在中央全面深化改革领导小组第四次会议上的讲话》，《人民日报》2014年8月19日第1版。
④ 中国教育新闻网：《优质公平 点亮人生托起梦想》，2021年7月2日，百家号（https：//baijiahao.baidu.com/s？id=1704046638256776522&wfr=spider&for=pc）。

制的内在要求，处理好效率和公平的关系是中国特色社会主义大学体制的重大课题。大学要全面推进与实施新一轮高考制度改革，尽最大努力克服以往考试和招生过程中存在的弊端和缺陷，力求从考试与招生两个方面寻求根本性变革，确保教育公平。

（二）中国大学办学体制存在的问题与不足

改革开放以来，特别是自1999年以来，中国高等教育取得了举世瞩目的成绩。但与此同时，高等教育办学体制还没有完全理顺，仍旧存在不少现实问题和挑战。

一是优质学位不足。通过"985""211""双一流"等工程的实施，中国大学水平有了较大提升，一些大学成功跻身世界高水平大学行列，但与欧美国家相比，中国优质高等教育资源仍然严重不足。正如北京大学原校长林建华在《面向未来的大学教育》演讲中曾指出的："比起世界发达国家高等教育状况和优质教育资源的分布，中国的教育资源应该说还是非常贫乏的。"[1] 优质高等教育资源不足以及分布不均影响中国高等教育整体质量提升，是建设高等教育强国道路上的阻碍因素。这一问题不解决，不仅会影响到高校系统的创新能力，而且还会最终影响整个国家的创新能力。

二是多数公办高校经费有限。虽然公办高校有来自政府的财政拨款，但是公办高校之间的经费拨款差距是非常之大的。对于大多数公办高校来说，仍然面临着办学经费不足的压力。比如，在全国2021年高校预算中，清华大学、浙江大学、北京大学位居前三，预算均超过200亿元。但是在中国众多公办本科学校里，大部分高校的拨款不多，甚至相当拮据。预算总排名500名往后的公办本科高校，其每年的财政拨款多数只有两三亿元甚至一两亿元，办学经费十分紧张。

三是唯分数招生录取的问题尚未根本改变。尽管中国实行了数次高考改革，但高校"唯分数"的招生制度仍然占据主导，这是当前办学体制下较为公平也得到更多认可的选择。在克服高校招生"唯分数"的问题上，中国进行了点招和自主招生等尝试。试点高

---

[1] 林建华：《我国教育问题的根源在于优质教育资源严重不足》，2019年4月22日，北京大学官网（http://news.pku.edu.cn/xwzh/76c122c593a240b3ab11456fa7731816.htm）。

校通过自主招生确实招到了一批优秀学生，部分有专业特长的学生通过自主招生的渠道实现了自己的大学梦[1]，但遗憾的是，这些制度在实施过程中不可避免地存在不公开不透明以及惠及面有限等问题，与招生录取改革的初衷还有一定距离。

四是民办高校的问题。伴随大学扩招政策的实施，中国民办高校顺势而为，取得了较快发展。但民办高校在办学过程中，存在以下问题。（1）办学水平有待进一步提高。民办高校除了一些有品牌的高校和部分中外合作大学外，多数办学水平仍然难以与高水平公立大学相比，这与美国私立大学形成强烈反差。（2）经费来源单一有限。民办高校办学经费主要来源于学费，社会捐赠占比偏低，政府财政支持强度不一，办学经费不够充裕，即使是收费较高的中外合作大学，年度办学经费也很少超过20亿元，无法与高水平公办大学相比（2023年中国有50所公办大学财政预算超过50亿元）。[2]（3）少数民办高校功利性强，以营利为导向，影响了民办高校的形象和信誉。（4）社会功能方面，民办高校在招生中还没有成为追求素质教育学生的理想升学选择，没有成为破解唯分数招生的升学替代。

五是治理体制方面的问题。总的来说，随着社会办学的发展，中国教育办学体制由原来的一元办学形成了多元办学的格局。从办学主体来看，社会力量参与办学得到政府的重视，参与办学的机会得到扩充。但教育资源配置中的政府、市场和社会关系还有待进一步理顺。具体表现在政府管得过多过细的问题还没有完全解决，公立大学的办学自主权有待进一步提升。民办大学学费的市场定价机制还没有形成，仍然主要由相关行政部门依照国家有关规定确定并公布，这虽然有利于防止乱收费，但也在一定程度上限制了高校根据自身办学需要收取相应学费的灵活性。同时，市场、企业和其他社会力量参与大学投资和管理的体制机制还不够完善，社会资源没

---

[1] 刘少华：《强基计划应以自主招生试点弊端为鉴》，2020年1月19日，人民政协网（http://www.rmzxb.com.cn/c/2020-01-19/2509659.shtml? n2m=1）。

[2] 数据来源：《2023年全国高校经费预算排名》，2023年7月31日，搜狐网（https://learning.sohu.com/a/707846687_121124317）。

有很好地引导向高校投资，制约了大学的发展。

第四节　公立资合型大学：扭转智力资源错配的关键制度安排

　　关于中国教育的发展，现实中有两种观点和两条路径。一种观点认为，中国教育注重知识教育，学生基础知识扎实，应试教育是一种公平且适合中国国情的教育模式。另一种观点认为，应试教育不利于创新，不利于学生的全面发展，丘成桐、施一公等著名科学家都对此有过评价。客观地看，应试教育重视已有知识的重复学习，适合培养跟踪型、追赶型人才，但不利于培育从0—1的杰出创新人才。扭转应试教育造成的智力资源错配，必须为素质教育（创新教育）提供高水平大学的升学出路。

　　美国创新教育的一个重要支柱是其发达的高水平私立大学为其创新教育提供了升学选择，而公立大学则为教育公平提供了基本保障。改革开放以来，中国高等教育进行了诸多改革，但还没有实现为创新教育提供普遍性升学替代的目的，也没有从源头上根本改变应试教育问题，因此需要进一步推进大学体制改革的探索。尽管美国私立大学体制为现代大学治理提供了启示，但依靠美国式私立大学体制解决目前的教育问题显然不符合中国的国情，这是因为如下原因。其一，资金条件。美国经济发达，捐赠传统和捐赠制度完善，高水平私立大学具备较强的筹资能力和稳定的经济基础，在中国，目前尚没有类似美国那样来自社会的支撑大规模设立高水平私立大学的雄厚资金条件。据相关统计，2008年教育捐赠收入占全国普通高校经费约为0.7%，近年来也仅在1%左右，远低于发达国家。[①] 其二，社会条件。美国私立大学发展有其特殊的制度环境和经济社会文化背景，如果没有相应的制度环境，私立大学难以得到健康发展。其三，时间窗口。美国高水平私立大学是长期发展的结

---

① 赵婀娜、袁婷：《高校获得社会捐赠靠什么》，2023年6月18日，人民网（http://edu.people.com.cn/n1/2016/0221/c1006-28136861.html）。

果。作为追赶型高等教育，除了西湖大学等少数几所大学外，民办大学体制难以在短期内造就足够多的高水平民办大学，形成面向素质教育的普遍性升学选择。而目前的公办大学体制，由于财政与公平原因，在破解唯分数招生录取体制方面也难有很大的空间。

因此，破解唯分数招生录取的应试教育体制，需要探索一种兼具私立大学和公立大学优势的大学体制，一方面，这种大学拥有类似美国私立大学的招生录取和收费自主权；另一方面，它有普通公立大学来自政府的基本办学经费保障。是一种由政府财政保基本运转，学费和社会筹资保高水平，招生录取的自主性为素质教育提供升学出路的大学体制。由于"公立保基本，收费和社会筹资保高水平"是一种政府与出资者合作的模式，借用"资合公司"的概念，依据其权利义务性质，本书将这类大学定义为"公立资合型大学"。

具体而言，与目前公立大学和私立大学相比，公立资合型大学有如下特点。

一是从办学经费看，公立资合型大学有来自政府的普通高校基准强度的投入，用以维持高校的基本运转；同时由学生投资弥补政府教育投资的不足，用于聘请国际水准的教授，实际上是自己投资，与政府合作举办高水平大学。类似于资合型有限公司，投资者享受自己投资对应的分红（教育回报）。当然，公立资合型大学还可以像其他高校一样面向社会筹资或通过合法经营，获得办学收入。

二是从招生录取来看，公立资合型大学可以制定符合自身发展的招生录取标准，不完全以考试分数而是以创新能力和综合素质为依据。这类招生主要面向具有优秀综合素质并且能参与学校办学经费投入的公民个人，相对来说，收取的学费要以维持相应高水平大学的办学成本为标准。当然，对于各方面都非常优秀但经济条件不允许的部分学生，则可采取奖学金或者普通公立大学学费的方式进行招生。这种做法的主要目的是鼓励个人、家庭、校友、企业等积极参与学校办学，让有条件的考生家庭参与到学校建设中来，以此克服办学经费不足的问题，最终形成"公共投入保基本、社会（个体）投入保质量"的办学效果。

三是从利益关系看，公立资合型大学属于增量改革，不影响考生既有的招生录取机会和高考利益格局。公立资合型大学的本科招生名额不应占用现有公立大学的本科招生指标，也不损害现有考生通过分数考入公立大学的升学机会，而是依据经济社会发展需要和合理的生师比增量配给，因而不影响现有的高考利益格局。从公立资合型大学录取学生的权利本质看，考生只享受了与其考试分数大致相称的国家投入，而超出普通水准的优质教育是依靠考生自身投入所取得的受教育权利，是公私合作的结果（公立资合），并且以学费为表现形式的"资合"的合作期限是其学历教育年限。

四是从办学目标看，公立资合型大学以高水平研究型大学为定位。作为新型大学，公立资合型大学旨在为素质教育提供升学出路，为有创新潜力的学生提供升学选择，因此必须以具有较高竞争力和较高学术声望的高水平研究型大学为目标定位，按照高等教育发展规律和人才成长规律，致力于培养理论与实践、科学与人文、国际视野与本土情怀相融合的高层次、复合型、创新型专门人才。

五是从大学治理看，公立资合型大学有类似西方私立大学较高的招生、收费和办学自主权，但由政府主办主管，服从国家人才培养的需要。公立资合型大学要按照国家关于建立现代大学体制的改革要求，力争突破传统大学办学体制的束缚，依中国特色现代大学制度进行治理，探索设置党委会、理事会、学术委员会、教授会等决策和学术组织。既彰显高等教育治理体系现代化的"中国特色"，又有世界大学的"共同特征"和"胸怀天下"的担当。在内部治理上，执行行政治理系统与学术治理系统相互交融、权责明晰的运行机制。

综合以上特点，公立资合型大学在办学体制上区别于传统公办大学和私立大学，也区别于过去公办民助、民办公助、自费生、自主招生等以一种体制为主添加或点缀某些特征的办学模式，是一种有机结合公立和私立大学优势，在办学经费、招生录取、大学治理等方面有实质创新的新型大学体制。

第五节　公立资合型大学体制的优势分析

相对于公立高校、民办高校、中外合作办学等不同办学体制的机构类型，公立资合型大学具有如下优势。

第一，公立资合型大学在招生录取上可以有效打破唯分数的怪圈。长期以来，基础教育应试化倾向明显，学生唯分数，反复刷题练技巧，一心考试拿高分。这种倾向导致的后果是，创新能力、探索意识、冒险精神等对学生发现自己、取得成果非常重要的可贵品质没有得到充分的重视和开发。不可否认，应试教育背后是唯分数的招生录取在作祟，中考如此，高考亦是如此。进入21世纪，国际社会愈发重视创新型、开创型、领导型的人才，在这种背景下，"死读书""读死书"不再适合需求，高校与高中之间不能再是简单的分数对接，用"一考定终身"的传统的考试招生模式，需要进行新一轮的改革。正缘于此，公立资合型大学在招生录取制度的改革上做出全面探索，为创新教育和全面发展提供普遍性的升学选择，由"唯分数论"录取转向多元考查录取，切实促进考生全面发展，尤其是好奇心、创新意识和能力的培养。此外，公立资合型大学将重点选拔具有学科特长和创新潜质的优秀学生，打破应试教育功利主义、实用主义，从而培养多方位发展、具有分析问题和解决问题能力的人。

第二，公立资合型大学导向探究性学习，有利于引领教育高质量发展。应试教育下，学生的好奇心得不到充分呵护，习惯于被动接受课本上的间接知识，探索研究能力没有得到充分开发，不善于通过自己实践和研究获得直接知识，这是高校创新型人才培养先天不足的一大诱因。公立资合型大学为素质教育提供增量升学出路，减轻了中小学生的升学压力，有利于引导中小学推行探究型教育和知识型教育相结合的教育模式。在保障中小学生掌握好基础知识的同时，注重学生创新思维与实践能力的培养，鼓励学生探究教材之外的未知世界，促进课堂外的直接经验与课堂内的间接经验的整合，培养学生运用知识、创新知识的兴趣和能力，有利于促进学生身心全面发展，加强中小学劳动、体育、音乐、美术教育，利用社会各方教育资源，带领学生走出课堂，参加社会实践和志愿活动，培养学生优秀的思想道德和意志品质，促进学生全面发展，有利于提升中小学办学的灵活性，通过降低知识型应试压力，使学校真正将创新能力和全面发展作为学校办学质量核心标准。教育是一个长周期的过程，为加强大学对中小学创新教育的引导作用，鼓励公立资合型大学提前布局，与重点中小学校合作开办创新教育试验班和预科教育，按照创新型大学的素质要求培养并从中选拔学生，允许中小学实行学分制和更有弹性的学制，为培养学生的创新能力和全面发展提供更好的教育环境。通过大学和中小学的衔接互动，构建高质量教育体系，推动教育高质量发展。

第三，公立资合型大学招生录取属于增量改革，不影响社会公平，不造成社会矛盾。所谓增量改革，按照杨瑞龙的观点，就是在传统体制上的边际效益大大减少了改革阻力，可在不伤害既得利益的前提下增加另一部分人的利益，从而使改革大步前进。[①] 众所周知，招生录取公平是千千万万个家庭关注的重点话题，教育部也曾陆续出台多项措施保障高校招生录取公平公正。公立资合型大学不占用存量招生名额，在招生录取上综合考量高考成绩、个体能力、综合素质、高中学业成绩等多个方面的因素，并且需要学生以投资的方式获取超出普通高校水准的教育资源，因而不影响现有高考利益，属于招生录取的帕累托改进。

第四，公立资合型大学有利于构建共建共治共享的高校发展格局，扩大优质大学学位供给。高水平大学学位不足，是中国教育面临的一个现实问题。高水平大学经费投入巨大，仅靠政府财政难以维持大量高水平公立大学。中外合作大学办学经费也不充裕，由于不是公立的，政府托底也存在体制机制问题，多数难以达到顶尖水准。而民办高校仅靠学费和社会筹资，除个别大学外其余短期内均难以成为高水平大学，也难以成为优秀学生的优先选项。另外，大

---

① 杨瑞龙：《价格双轨制的核心——增量改革》，《当代财经》2012年第1期。

批家庭花费巨资将学生送往海外留学。公立资合型大学在财政保基本的基础上，通过学生投资和社会筹资的方式，极大地缓解了高水平大学办学经费不足的问题，可以短期内扩大优质学位的供给，形成共建共治共享优质高等教育的发展格局。

第五，公立资合型大学探索现代大学制度改革，推动教育治理现代化。公立资合型大学将借鉴国内外高水平大学的治理模式，依法全面探索现代大学制度，实行现代大学治理体制。质量是高等教育发展的核心，提高质量是高等教育的生命线。随着高等教育大众化以及社会对高等教育绩效的关切日益强烈，世界各国纷纷建立和完善高等教育质量保障体系，希望以此来提高本国或本地区的高等教育质量，并作为高等教育经费投入和管理的重要参考指标。从绩效角度看，高等教育治理的核心就是如何通过有限投入实现高效产出，换句话说，就是如何以有限的投入培养更多更好的人才。公立资合型大学结合公立大学和私立大学的优势，既体现公立大学的原则性，也体现私立大学的灵活性，致力于在有限的教育资源中实现有效性，提升高等教育的投入产出比，推进高等教育质量的内涵式发展，提升高等教育办学质量和效益。同时，通过大学间的良性竞争，提升大学治理水平，推动教育治理现代化。

第九章

地方试验：推出地方教育改革试验升级版

教育要发展，关键靠改革。改革开放以来，为适应中国经济社会发展需要，中国教育事业在改革中发展，在发展中改革，实现了总体发展水平进入世界中上行列的跨越。党的二十大报告强调，要深入实施科教兴国战略、人才强国战略、创新驱动发展战略，加快建设教育强国、科技强国、人才强国，要办好人民满意的教育，加快建设高质量教育体系等。这些都要求我们在过去的基础上继续深化教育领域的改革。

教育改革关系国家发展，也关涉人民群众切身利益，牵一发而动全身。回望中国教育改革的历程，在地方进行先行试验，然后有序逐步推广是中国推进教育改革的重要方法和可行途径。《中国教育现代化2035》明确了实现教育现代化要采取"总体规划，分区推进"的实施路径，提出"在国家教育现代化总体规划框架下，推动各地从实际出发，制定本地区教育现代化规划，形成一地一案、分区推进教育现代化的生动局面"。过去，中国地方教育改革试点存在试点内容的非典型性、试点方法的行政化等非理性现象，严重制约着地方教育改革试验区创造出解决教育问题的新经验。[1] 因此，总结中国改革开放以来教育改革的经验与教训，分析地方教育改革试验存在的问题及其原因，围绕"从根本上破解应试教育困局"这一核心议题，提出下一步推进地方教育综合改革试验的新设想，对深化教育改革，实现教育现代化和高质量发展目标，具有重要价值。

---

[1] 吴全华：《论教育改革试点的非理性现象》，《全球教育展望》2018年第11期。

第一节 改革开放以来中国教育改革的进程回顾

改革开放以来,中国对教育领域的多个方面进行了持续且深入的改革。正如有学者指出:"教育改革的内容比较复杂,内容不容易划分清楚。"① 通过对教育改革的重点政策文件进行整理分析,改革开放以来中国教育改革的重点主要包括考试招生制度、中小学学制、办学体制、课程、学校治理体制、教育均衡化、学生课业负担、教育评价等方面。

一 考试招生制度改革

中国改革开放以来的教育改革,是从恢复高考招生制度开始的。1977年10月21日,国务院批转了教育部《关于1977年高等学生招生工作的意见》,废除了"推荐与选拔相结合"的招生制度,实行全国统一报名、统一考试,按照招生计划统一招生录取,从而正式恢复了高考制度。从恢复高考到2000年,考试的科类主要分为理科(含农、医),文科(含财经、政法)。考试科目方面,理工类从最初的语文、政治、数学、理化四科,扩充到后来的语文、政治、数学、物理、化学、外语、生物七科,文史类从最初的语文、政治、数学、史地四科,扩充到后来的语文、政治、数学、历史、地理、外语六科。后来,为了减轻考试负担,文理科考试科目又压缩到3+2(语文、数学、英语三科必考,理工类加考物理、化学,文史类加考政治、历史)。2000年后,不同地方实行了不同的科类和科目改革,考试科目包括3(语文、数学、英语三科)+X(理科综合物理、化学、生物;文科综合政治、历史、地理),3(语文、数学、英语三科)+1(物理、历史必选1)+2(化学、生物、政治、地理选2),总分不同科目的分值有所区别。考试内容和

---

① 杨聚鹏、苏君阳:《教育改革的本质:教育改革的特征及类别》,《现代教育管理》2013年第1期。

高考命题也进行了改革，如1999年2月教育部颁布《关于进一步深化普通高等学校招生考试制度改革的意见》提出了"遵循教学大纲，但不拘泥于大纲"的考试命题原则，把"突出能力和素质的考查"作为高考内容改革的目标。

高考招生录取方式方面，为了落实高校自主权，满足用人单位需要，也经历了多次改革。如1984年在部分高校和省份试行推荐保送生制度。1985年，中共中央发布的《关于教育体制改革决定》改变过去高等学校全部按国家计划统一招生，毕业生全部由国家包下来统一分配的办法，实行国家计划招生、用人单位委托招生、招收少数自费生等三种招生办法。1994年，《国家教委关于进一步改革普通高等学校招生和毕业生就业制度的试点意见》启动了以建立收费制度为标志的招生和就业制度改革。1999年开始，逐步实行计算机录取。2015年起推行高校自主招生政策。录取标准方面，高考录取主要以高考分数为依据，同时，对一些竞赛、文体特长予以加分，高考加分经历了多次调整。

中小学招生录取，高中招生一直以中考分数为主要录取依据。同时，为了鼓励学生全面发展，对奥赛、文体特长和一些优秀表现实行加分。而义务教育阶段的入学，也经历了考试录取、掐尖招生（民办学校）和就近入学的改革，其背后的逻辑是升学和教育公平的考量。近年来，为了推动义务教育均衡发展，高中阶段实行了指标到校的改革，即将一定比例的优质高中学位按学生数量分配到每一个处于录取范围的初中学校。

二　中小学学制改革

改革开放前，根据1958年9月19日中共中央、国务院发布的《关于教育工作的指示》，"各省、市、自治区的党委和政府有权对新学制积极进行试验，并报告中央教育部"。全国各地积极地投入学制改革试验中。小学五年一贯制，中学五年一贯制，中小学"三四二"制、"九二制"等十余种学制形式百花齐放。[①] 到了"文化

[①] 龚鹏飞：《新中国中小学学制改革：历程、特点与愿景》，《教育史研究》2021年第2期。

大革命"时期,在"学制要缩短、教育要革命"新的指示下,全国各地又掀起了新一轮中小学学制改革热潮,许多地方盲目缩短学制,导致当时的教育陷入了混乱局面。

为纠正"文化大革命"时期盲目缩短学制的混乱局面,1978年2月12日教育部颁布了《全日制十年制中小学教学计划(试行草案)》,明确了"全日制中小学学制为十年,中学五年,小学五年。中学按初中三年、高中二年分段"。该文件的发布一定程度上恢复了当时基础教育的教学秩序。但是随着十年学制的实施,出现了小学教学负担加重,教学质量难以保障的问题,适当延长小学学制的声音开始涌现。经过研究,教育部门向中央反映需要延长中小学学制。1980年,中共中央、国务院印发了《关于普及小学教育若干问题的决定》,明确"中小学学制,准备逐步改为十二年制。今后一段时期,小学学制可以五年制与六年制并存,城市小学可以先试行六年制,农村小学学制暂时不动"。该文件一发布,全国各地中小学纷纷地将学制调整为"六三三"制。不过中国地广人多,经济发展不均衡,仍有一些地区依据自身情况实行其他学制。自此,中国基本形成以"六三三"制为基础、多种学制并存的局面。

"六三三"制是在恢复考试录取的基础上推出的,初中、高中、大学入学均需通过考试择优录取,加上当时中小学生学业基础普遍较为薄弱,复习迎考压力较大,延长学制有利于缓解学生学业压力。但是随着时间的演进,在应试教育的棘轮效益下,增加的两三年学制不是被用于提升学生素质、促进学生全面发展,而是全部用于高强度的课本知识的复习迎考(与欧美十二年学制的功能完全不同),导致学制的延长没有达到减轻学生负担的初衷,也没有起到促进学生全面发展的应有作用。

三 办学体制改革

办学体制是教育体制改革的关键,决定着教育的办学主体,影响着教育发展的动力与活力。改革开放以来,为满足人民群众日益增长的文化教育需求,中国积极地改变以政府为单一办学主体的办学体制,探索以政府为主导,社会力量多元参与办学体制的建立。

随着建立社会主义市场经济体制改革目标的确立，江泽民在党的十四大报告中指出："鼓励多渠道、多形式社会集资办学和民间办学，改变国家包办教育的做法。"① 教育领域开始掀起社会各界参与办学的改革局面。1993 年，中共中央、国务院印发的《中国教育改革和发展纲要》明确提出要改革办学体制，指出："改变政府包揽办学的格局，逐步建立以政府办学为主体、社会各界共同办学的体制。在现阶段，基础教育应以地方政府办学为主；高等教育要逐步形成以中央、省（自治区、直辖市）两级政府办学为主、社会各界参与办学的新格局。职业技术教育和成人教育主要依靠行业、企业、事业单位办学和社会各方面联合办学。"1999 年 6 月 13 日，中共中央、国务院发布《关于深化教育改革全面推进素质教育的决定》进一步明确要"解放思想、转变观念，积极鼓励和支持社会力量以多种形式办学，满足人民群众日益增长的教育需求，形成以政府办学为主体、公办学校和民办学校共同发展的格局"。

进入 21 世纪，鼓励社会参与办学，促进民办教育发展仍然是中国教育体制改革的重点内容。2001 年国务院颁布的《关于基础教育改革与发展的决定》强调"基础教育以政府办学为主，积极鼓励社会力量办学"，指出："义务教育坚持以政府办学为主，社会力量办学为补充；学前教育以政府办园为骨干，积极鼓励社会力量举办幼儿园；普通高中教育在继续发展公办学校的同时，积极鼓励社会力量办学。"2010 年教育部颁发的《国家中长期教育改革和发展规划纲要（2010—2020 年）》对深化办学体制改革进行了进一步倡导，明确提出："坚持教育公益性原则，健全政府主导、社会参与、办学主体多元、办学形式多样、充满生机活力的办学体制，形成以政府办学为主体、全社会积极参与、公办教育和民办教育共同发展的格局。调动全社会参与的积极性，进一步激发教育活力，满足人民群众多层次、多样化的教育需求。"

总的来说，中国教育办学体制原来的一元办学局面已经被打破，现基本形成了多元办学的格局。从办学主体来看，社会力量参与办

---

① 曹振文：《切实改变国家包办教育的做法》，《教育与经济》1993 年第 1 期。

学得到政府的重视，参与办学的机会得到扩充。但是社会力量如何参与办学，其权力、职责与义务等还需得到进一步明确的规定。

四 课程改革

课程是育人的知识载体，课程改革是人才培养目标实现的重要手段。自2001年教育部印发《基础教育课程改革纲要（试行）》的通知，提出要改变课程过于注重知识传授的倾向，改变课程结构过于强调学科本位、科目过多和缺乏整合的现状、改变课程实施过于强调接受学习、死记硬背等现状以构建符合素质教育要求的新的基础教育课程体系，拉开中国第八次基础教育课程改革序幕以来，中国陆续颁布一些政策文件推进基础教育课程改革。

2010年6月1日，教育部颁布了《关于深化基础教育课程改革，进一步推进素质教育的意见》，指出基础教育课程改革取得了明显成绩，但受相关制度、政策的制约和社会环境的影响，存在各地课程改革工作的推进不平衡，一些地方和学校对于课程改革在全面推进素质教育、提高教育质量、培养创新人才等方面的战略地位认识不到位等问题，进一步明确提出需要完善基础教育课程体系，以"三个面向"为指导，构建体现先进教育思想理念的、开放兼容的基础教育课程体系，全面提升学生的科学、人文素养等。

为贯彻落实党的十八大提出的立德树人这一根本任务，2014年3月30日，教育部颁发了《关于全面深化课程改革落实立德树人根本任务的意见》，指出当前课程改革过程中依然存在重智轻德，单纯追求分数和升学率，学生的社会责任感、创新精神和实践能力较为薄弱等问题，对进一步全面深化课程改革做了明确的要求，提出要研究制定学生发展核心素养体系和学业质量标准、修订课程方案和课程标准、改进学科教学的育人功能。同年12月教育部启动了高中教育课程方案和课程标准修订工作，并于2017年12月颁布了经修订的普通高中课程方案和课程标准。2022年，义务教育课程方案和课程标准修订也相应完成。

总体来看，2001年启动的基础教育课程改革，旨在改变传统课程过于注重知识传授的倾向，注重落实立德树人和学生全面发展的教育目标。

五　学校治理体制改革

学校作为育人的主阵地，对其发展进行治理也是教育改革的重中之重。受社会转型和教育改革的影响，改革开放40余年来中国学校治理体制发生了较大的变化，学校治理主体逐渐多元，原来的管办评合一的模式逐渐瓦解，学校办学的自主权得到扩充。学校治理体制的这些变化可从以下改革文件的论述中得以窥见。

在改革开放初期，扩大学校的自主权这一改革举措就已经开始提上教育改革的日程。例如1983年颁布的《中共中央关于教育体制改革的决定》文件，就明确提出"改革管理体制，在加强宏观管理的同时，坚决实行简政放权"，并规定"基础教育管理权属于地方。除大政方针和宏观规划由中央决定外，具体政策、制度、计划的制定和实施，以及对学校的领导、管理和检查，责任和权力都交给地方"。1993年《中国教育改革和发展纲要》指出除继续完善中等以下教育的分级办学、分级管理的体制外，对高等学校的治理做出了详细的规定，指出："在政府与学校的关系上，要按照政事分开的原则，通过立法，明确高等学校的权利和义务，使高等学校真正成为面向社会自主办学的法人实体。要在招生、专业调整、机构设置、干部任免、经费使用、职称评定、工资分配和国际合作交流等方面，分别不同情况，进一步扩大高等学校的办学自主权。学校要善于行使自己的权力，承担应负的责任，建立起主动适应经济建设和社会发展需要的自我发展、自我约束的运行机制。"1995年颁布的《中华人民共和国教育法》（2009年、2015年、2021年多次修订），对办学体制做出了全面规定，为教育事业发展提供了基本的法律遵循。

进入21世纪，除继续倡导落实和扩大学校办学自主权外，还积极倡导建立管办评分离的学校治理格局。2010年教育部发布的《国家中长期教育改革和发展规划纲要（2010—2020年）》文件指出建设现代学校制度的四大措施：一是推进政校分开、管办分离。适应中国国情和时代要求，建设依法办学、自主管理、民主监督、社会参与的现代学校制度，构建政府、学校、社会之间新型关系。二是落实和扩大学校办学自主权。政府及其部门要树立服务意识，改进管理方式，完善监管机制，减少和规范对学校的行政审批事项，依法保障学校充分行使办学自主权和承担相应责任。三是完善中国特色现代大学制度，完善治理结构。公办高等学校要坚持和完善党委领导下的校长负责制。健全议事规则与决策程序，依法落实党委、校长职权。完善大学校长选拔任用办法。四是完善中小学学校管理制度。完善普通中小学和中等职业学校校长负责制。完善校长任职条件和任用办法。实行校务会议等管理制度，建立健全教职工代表大会制度，不断完善科学民主决策机制。2013年《中共中央关于全面深化改革若干重大问题的决定》明确提出要"深入推进管办评分离，扩大省级政府教育统筹权和学校办学自主权，完善学校内部治理结构"。2015年教育部专门出台《关于深入推进教育管办评分离，促进政府职能转变的若干意见》，对推进教育管办评分离做出了具体的要求，提出："到2020年基本形成政府依法管理、学校依法自主办学、社会各界依法参与和监督的教育公共治理新格局，为基本实现教育现代化提供重要制度保障。"

六　教育均衡化改革

随着经济发展水平、收入水平和人力资源的分化，办学质量的区域、校际差异愈发明显，教育极化问题日益严重，教育均衡化成为中国教育改革的重要内容。为加快农村教育发展，2003年国务院发布了《关于进一步加强农村教育工作的决定》，对加大农村教育投入，提升农村教育质量做出了规定。2006年《义务教育法》明确规定："国务院和县级以上地方人民政府应当合理配置教育资源，促进义务教育均衡发展。"这是中国首次以法律的形式对"促进义务教育均衡化发展"做出规定。2010年1月19日，教育部发布了《关于贯彻落实科学发展观，进一步推进义务教育均衡发展的意见》，明确提出要将推进均衡发展作为义务教育改革与发展的重要任务，通过加强制度建设、依法建立和完善推进义务教育均衡发展的有效工作机制等措施，力争在2012年实现义务教育区域内初步均衡，到 2020 年实现区域内义务教育基本均衡。2012 年国务院发布了《关于深入推进义务教育均衡发展的意见》进一步明确了推进义务教育均衡发展的基本目标：每一所学校符合国家办学标准，办学经费得到保障。教育资源满足学校教育教学需要，开齐国家规定课程。教师配置更加合理，提高教师整体素质。学校班额符合国家规定标准，消除"大班额"现象。率先在县域内实现义务教育基本均衡发展，县域内学校之间差距明显缩小。

为推进教育现代化、建设教育强国、办好人民满意的教育，2019 年中共中央、国务院印发的《中国教育现代化 2035》提出在实现县域内义务教育基本均衡基础上，进一步推进优质均衡。党的二十大报告强调要"加快义务教育优质均衡发展和城乡一体化，优化区域教育资源配置"。

七　学生课业负担改革

学生课业负担过重是困扰中国教育事业发展的老问题。有学者统计，从 1978 年改革开放到 2018 年，中国出台了专门针对减负的文件 11 部，其他相关的减负政策则达 24 部。[①] 针对片面追求升学率学生课业负担过重的问题，1982 年 1 月 21 日教育部颁发《关于当前中小学教育几个问题的通知》，提出"中小学教育还需要从实际出发，总结经验，继续进行调整改革，全面地贯彻党的教育方针，端正办学思想，克服单纯追求升学率的错误做法，减轻学生学习的过重负担"，明确规定除了招生和毕业考试外，教育部门不得搞统考、统测，并提出要严格控制课外作业量，保障学生睡眠和锻炼时间。1983 年教育部出台《关于全日制普通中学全面贯彻党的教育方针，纠正片面追求升学率倾向的十项规定（试行草案）》。1988 年，教育部专门针对小学颁布了《关于减轻小学生课业负担过重问题的若干规定》，从教学计划、教学内容、课外作业、考试次数、竞赛次数、课间课后节假日寒暑假休息时间等十个方面对减轻小学生课业负担做出了明确规定。

[①] 王毓珣、刘健：《改革开放四十年中小学减负政策变迁及走向分析》，《教育理论与实践》2018 年第 31 期。

进入 90 年代，为推进中国素质教育的发展，1993 年原国家教育委员会发布了《关于减轻义务教育阶段学生过重课业负担、全面提高教育质量的指示》，提出学生课业负担过重的原因是多方面的，要进行综合治理，要形成学校、社会、家庭多方面的协力。1994 年国家教委又专门发布了《关于全面贯彻教育方针，减轻中小学过重课业负担的意见》，提出解决中小学生课业负担过重问题的四大措施。2001 年国务院《关于基础教育改革与发展的决定》明确提出在素质教育全面推进的过程中要"继续减轻中小学生过重的课业负担，尊重学生人格，遵循学生身心发展规律，保证中小学生身心健康成长"。2010 年，国务院颁布的《国家中长期教育改革和发展规划纲要（2010—2020）》指出："减轻学生课业负担是全社会的共同责任，政府、学校、家庭、社会必须共同努力，标本兼治，综合治理。把减负落实到中小学教育全过程，促进学生生动活泼学习、健康快乐成长。"

党的十八大以来，面对中小学生校内外课业负担的新情况，2013 年，党的十八届三中全会通过《关于全面深化改革若干重大问题的决定》对"标本兼治减轻学生课业负担"做了明确的规定。2018 年 2 月 13 日，教育部办公厅等四部门联合发布了《关于切实减轻中小学生课外负担开展校外培训机构专项治理行动的通知》，要求对违规进行"超纲教学""提前教学""强化应试"等不良行为的校外培训机构进行整治，对中小学校和教师有关增加学生课业负担的不良行为进行治理。2021 年中共中央办公厅、国务院印发《关于进一步减轻义务教育阶段学生作业负担和校外培训负担的意见》，加强课业负担的源头治理、系统治理、综合治理，对全面压减作业总量和时长、提升学校课后服务水平、全面规范校外培训行为等做出了明确的规定，将"减负"推向了新的改革高潮。

从课业负担改革的历程可以看到，党和政府对中小学过重的课业负担有充分的认识，并且从青少年健康成长出发出台了多项措施对课业负担问题进行治理。

八 教育评价改革

被视为教育的"指挥棒"的教育评价，对学校教育实践具有重要影响，是教育综合改革的重要组成部分。针对事实上存在的以升学率和考试分数论英雄的教育评价标准及其存在问题，教育评价改革主要围绕如何更好地实现中国教育目标展开。1999年6月13日，中共中央、国务院颁布的《关于深化教育改革全面推进素质教育的决定》提出要加快改革教育评价，建立符合素质教育要求的对学生的评价制度。2001年教育部发布的《基础教育课程改革纲要（试行）》明确提出要建立促进学生全面发展的评价体系，指出"评价不仅要关注学生的学业成绩，而且要发现和发展学生多方面的潜能，了解学生发展中的需求，帮助学生认识自我，建立自信。发挥评价的教育功能，促进学生在原有水平上的发展"。2010年《国家中长期教育改革发展纲要》提出"根据培养目标和人才理念，建立科学、多样的评价标准。开展由政府、学校、家长及社会各方面参与的教育质量评价活动。做好学生成长记录，完善综合素质评价。探索促进学生发展的多种评价方式，激励学生乐观向上、自主自立、努力成才"。

2018年习近平总书记在全国教育大会上指出："要坚决克服唯分数、唯升学、唯文凭、唯论文、唯帽子的顽瘴痼疾，从根本上解决教育评价指挥棒问题。"[1] 为深入贯彻落实习近平总书记关于教育的重要论述，扭转不科学的教育评价导向，2019年国务院办公厅《关于新时代推进普通高中育人方式改革的指导意见》提出："把综合素质评价作为发展素质教育、转变育人方式的重要制度，强化其对促进学生全面发展的重要导向作用。强化对学生爱国情怀、遵纪守法、创新思维、体质达标、审美能力、劳动实践等方面的评价。"2020年6月30日中共中央、国务院印发了《深化新时代教育评价改革总体方案》，这是新中国成立以来中国第一份专门围绕教育评价改革出台的文件。文件对教育评价改革做出了系统性安排，提出到2035年，基本形成富有时代特征、彰显中国特色、体现世界水平的教育评价体系目标。这一文件的发布，标志着中国教育评价改革进入了全面深化推进的新阶段，指引着中国当前和未来教育评价的方向。

---

[1] 《习近平谈治国理政》第3卷，外文出版社2020年版，第348页。

第二节　中国地方教育改革试验及其经验

"先行试点、总结推广"是一种由点而面、先易后难的改革推进方式，能够在控制风险的前提下迅速普及成功经验，是中国渐进式改革战略的重要经验。[①] 党的十八届三中全会发布的《中共中央关于全面深化改革若干重大问题的决定》中强调："鼓励地方、基层和群众大胆探索，加强重大改革试点工作，及时总结经验，宽容改革失误，加强宣传和舆论引导，为全面深化改革营造良好社会环境。"为落实中国教育改革任务，以相关政策文件为依托，中国许多地区和单位围绕幼儿教育、基础教育、高等教育、特殊教育、职业教育、成人教育、综合改革等主题进行了全方位、多维度的改革试点，积累了丰富的改革经验。

一　基础教育改革试验

基础教育改革是一项牵涉部门多、统筹难度大、改革任务重的系统工程，教育部以"积极探索、先行先试、以点带面、逐步扩大"的方式稳慎推进实验区和试点单位的建设，其中尤以中小学教育质量综合评价改革、高考综合改革、"双减"改革的影响最为突出。此外，为了深入贯彻关于建设高质量教育体系重要精神，落实中央关于基础教育重大决策部署，深化基础教育综合改革，推进基础教育高质量发展，教育部于2021年[②]、2022年[③]先后建立了涉及24个省份的基础教育综合改革实验区。实验区兼顾东中西部和大中小城市，改革探索布局具有广泛的代表性，以期在基础教育领域攻

[①] 高尚全：《改革：中国特色社会主义的伟大实践——中国改革四十年的回顾和思考》，《全球化》2017年第9期。

[②] 教育部办公厅：《关于设立教育部基础教育综合改革实验区的通知》，2021年10月18日，教育部官网（http://www.moe.gov.cn/srcsite/A06/s3321/202110/t20211014_572297.html）。

[③] 教育部办公厅：《关于在天津等12个市设立第二批教育部基础教育综合改革实验区的通知》，2022年12月23日，教育部官网（http://www.moe.gov.cn/srcsite/A06/s7053/202212/t20221223_1035855.html）。

坚克难，引领中国基础教育的未来方向。

表 9 – 1　　　　　　地方基础教育改革试验举要

中小学教育质量综合评价改革

试点时间：2013 年

试点内容：1. 研究制定小学、初中和高中学校教育质量综合评价指标体系；2. 细化指标考查要点、评价标准和依据；3. 开发评价工具，改进评价方式方法；4. 科学运用评价结果。

试点地区：省级试验区为上海市、浙江省；市（区）级试验区为北京市（东城、海淀）、河北省（石家庄）、辽宁省（沈阳、大连）、江苏省（常州）、安徽省（安庆）、江西省（抚州）、山东省（青岛、潍坊）、河南省（郑州、新乡）、湖北省（武汉、孝感、宜昌）、湖南省（长沙、株洲）、广东省（广州、深圳）、广西壮族自治区（玉林）、重庆市（北碚）、四川省（成都、泸州）、贵州省（贵阳）、云南省（玉溪）、陕西省（西安）、宁夏回族自治区（银川）、新疆维吾尔自治区（克拉玛依）市

试点依据：《教育部办公厅关于做好中小学教育质量综合评价改革实验工作的通知》教基二厅函〔2013〕22 号。

高考综合改革

试点启动时间：2014 年（第一批启动时间）

试点内容：1. 改进招生计划分配方式，提高中西部地区和人口大省高考录取率，增加农村学生上重点高校人数，完善中小学招生办法破解择校难题；2. 改革考试形式和内容，完善高中学业水平考试，规范高中学生综合素质评价，加快推进高职院校分类考试，深化高考考试内容改革；3. 改革招生录取机制，减少和规范考试加分，完善和规范自主招生，完善高校招生选拔机制，改进录取方式，拓宽社会成员终身学习通道；4. 改革监督管理机制，加强信息公开，加强制度保障，加大违规查处力度；5. 启动高考综合改革试点，改革考试科目设置，改革招生录取机制。

试点地区：第一批包括上海、浙江；第二批包括北京、天津、山东、海南；第三批包括河北、辽宁、江苏、福建、湖北、湖南、广东、重庆

试点依据：《国务院关于深化考试招生制度改革的实施意见》国发〔2014〕35 号。

续表

"双减"改革

试点启动时间：2021 年

试点内容：1. 全面压减作业总量和时长，减轻学生过重作业负担；2. 提升学校课后服务水平，满足学生多样化需求；3. 坚持从严治理，全面规范校外培训行为；4. 大力提升教育教学质量，确保学生在校内学足学好；5. 强化配套治理，提升支撑保障能力。

试点地区：北京、上海、沈阳、广州、成都、郑州、长治、威海、南通

试点依据：中共中央办公厅、国务院办公厅印发《关于进一步减轻义务教育阶段学生作业负担和校外培训负担的意见》等。

二 职业教育改革试验

改革开放以后，中国将工作重心转移到以经济建设为中心，亟须各行各业的专业人才服务于社会主义现代化建设，作为以培养专业技能为目标的职业教育受到前所未有的重视。党中央、国务院高度重视职业教育，加大力度推动职业教育的改革发展，不断增强职业教育对经济社会发展需求的适应性。据统计，2000 年以来，国家专门出台了《关于大力推进职业教育改革与发展的决定》（2002年）、《关于大力发展职业教育的决定》（2005 年）、《关于加快发展现代职业教育的决定》（2014 年）、《国家职业教育改革实施方案》（2019 年）一些综合性的教育发展规划和文件，也对职业教育改革试点做了规定，如 2010 年国务院出台的《关于开展国家教育体制改革试点的通知》对职业教育体制改革试点提出了明确的要求。各个职业教育试验区聚焦当地改革发展的重点与难点，在办学体制、人才培养模式、专业特色上不断改革创新，形成了一些富有地方特色的职教试验区。例如天津市"校企合作、工学结合、产教融合"现代职业教育发展模式，试验职业教育服务社会主义新农村建设的河南模式，突出民族特色的广西模式，侧重城镇化建设的甘肃模式等。近年来，产教融合、现代学徒制、职普融通等成为职业教育改革的重点。

表 9-2　　　　　　　　地方职业教育改革试点举要

民族地区职业教育综合改革试验区

试点启动时间：2011 年 7 月 11 日

试点内容：（一）加强职业教育基础能力建设。1. 建设城市职教园区。2. 建设市、县级职业教育中心。3. 加强示范性中等职业学校建设。（二）深化职业教育办学体制机制改革。1. 政府主导，深化职业教育管理体制改革。2. 组建集团，深化职业教育运行机制改革。3. 校企合作，深化职业教育办学体制改革。4. 开放办学，构建职业教育终身教育体系。5. 多元筹资，强化职业教育发展保障机制。6. 奖优扶先，创新职业教育评价机制。（三）深化教育教学改革。1. 积极推动职业教育办学思想和办学理念的转变。2. 加强学生思想道德教育工作，全面实施素质教育。3. 建立工学结合、校企合作、顶岗实习的培养模式。4. 以产业结构为导向，调整专业结构。（四）加强职业教育师资队伍和管理队伍建设。（五）建立健全职业院校学生奖励和资助体系。从制度上基本解决民族地区家庭经济困难学生的上学问题。积极探索民族地区中等职业教育免费政策和办法。

试点地区：广西

试点依据：广西壮族自治区人民政府中华人民共和国教育部共建国家民族地区职业教育综合改革试验区实施方案。

现代职业教育体系国家制度建设试验区

建设周期：2015 年至 2017 年

试点内容：教育部与重庆市共建九大职业教育制度，分别是宏观管理统筹协调制度、技术技能人才系统培养和终身学习制度、产教融合与校企合作制度、考试招生制度、多元办学与国际合作交流制度、职业能力与教育质量评价制度、经费投入保障制度、教师培养培训制度和技术技能人才地位待遇保障制度。

试点地区：重庆市

试点依据：教育部与重庆市政府《共建现代职业教育体系国家制度建设试验区》协议。

现代学徒制改革

试点启动时间：2015 年

试点内容：1. 探索校企协同育人机制；2. 推进招生与招工一体化，实行多种招生考试办法，为接受不同层次职业教育的学徒提供机会；3. 深化工学结合人才培养模式改革，完善人才培养制度和标准；4. 加强专兼结合师资队伍建设，建设校企互聘共用的师资队伍；5. 建立体现现代学徒制特点的管理制度，形成与现代学徒制相适应的教学管理与运行机制。

续表

试点地区（单位）：第一批试点地区包括吉林省吉林市等 17 个市（区）；试点企业包括天津海鸥表业集团有限公司等 8 家企业；试点高职院校包括北京交通运输职业学院等 100 所高职院校；试点中职学校包括北京市昌平职业学校等 27 所学校。
第二批试点行业组织包括中国电子信息行业联合会、中国检验检疫学会、江西省船舶工业行业协会、广东省物联网协会；试点地区包括湖北宜昌、湖南岳阳；试点企业包括天津圣纳科技有限公司等 5 家企业；试点高职院校包括北京工业职业技术学院等 154 所高职院校；试点中职学校包括北京市电气工程学校等 38 所学校。
第三批试点行业组织包括中国电器工业协会、中国职业技术教育学会、职业教育装备专业委员会、河南省建设教育协会、新疆马产业职业教育联盟；试点地区包括清远市；试点企业包括深圳市讯方技术股份有限公司等 4 家企业；试点高职院校包括北京经济管理职业学院等 156 所高职院校；试点中职学校包括北京市商业学校等 29 所学校。
试点依据：《关于开展现代学徒制试点工作的通知》（教职成司函〔2015〕2 号）；《教育部办公厅关于全面推进现代学徒制工作的通知》（教职成厅函〔2019〕12 号）。

产教融合改革

试点启动时间：2021 年
试点内容：1. 完善产教融合发展规划和资源布局；2. 推进产教融合校企合作人才培养改革；3. 降低校企双方合作的制度性交易成本；4. 创新产教融合重大平台载体建设；5. 探索产教融合深度发展体制机制创新。
试点地区（单位）：试点城市包括天津津南、河北唐山、辽宁沈阳、中国（上海）自由贸易区临港新片区、江苏常州、浙江杭州、浙江宁波、安徽合肥、福建泉州、江西景德镇、山东济南、山东青岛、河南郑州、湖北襄阳、湖南长株潭城市群、广东广州、广东深圳、广西柳州、四川宜宾、陕西咸阳、新疆维吾尔自治区巴音郭楞蒙古自治州；试点企业包括中国核工业集团有限公司等 63 家企业。
试点依据：《国家发展改革委办公厅　教育部办公厅关于印发产教融合型企业和产教融合试点城市名单的通知》发改办社会〔2021〕573 号。

三　高等教育改革试验

改革开放以来，中国出台了多项高等教育改革政策、颁布了《中华人民共和国高等教育法》等法律法规，高等教育经历了大改革，包括实行对外开放，推进办学体制改革、管理体制改革、经费筹措体制改革、招生就业体制改革、学校内部管理体制改革以及教学改革、教育评价改革等，实现了大发展、大提高。高等教育质量已经跻身世界中上水平。近年来，高等教育的改革试点主要在高等学校和一些地区展开。

表 9-3　　　　　　　　　高等教育改革试点举要

自主选拔录取改革

试点时间：2003—2019 年

试点内容：2003 年：根据创新人才选拔和专业培养需要，积极探索以统一考试录取为主、与多元化考试评价和多样化选拔录取相结合，学校自主选拔录取、自我约束，政府宏观指导、服务，社会有效监督的选拔优秀创新人才的新机制。

2013 年：1. 明确深化改革试点工作总体要求；2. 建立健全高校招生综合评价体系；3. 细化自主选拔录取申请报名条件；4. 合理确定高校考核规模及入选考生人数；5. 严格执行有关考生资格公示和录取要求；6. 认真制订年度招生简章；7. 严肃处理各类违规行为；8. 积极稳妥推进改革试点深入开展。

试点学校：北京大学、中国人民大学、清华大学、北京师范大学、中国政法大学、复旦大学、同济大学、上海交通大学、华东理工大学、华东师范大学、南京大学、东南大学、南京航空航天大学、南京理工大学、河海大学、中国药科大学、南京农业大学、浙江大学、重庆大学、中山大学、中国科学技术大学、华中科技大学（每年试点学校名单由教育部公布）

试点依据：《教育部办公厅关于做好高等学校自主选拔录取改革试点工作的通知》教学厅〔2003〕2 号；《教育部关于进一步深化高校自主选拔录取改革试点工作的指导意见》教学〔2012〕12 号。

高教综合改革试验区

试点启动时间：2011 年 8 月 30 日

试点内容：深化高等教育管理体制改革、推进现代大学制度建设、优化高等教育布局结构、创新人才培养模式、加快建设高水平大学和重点学科、加大产学研结合力度、打造高层次人才队伍、提升高等教育国际化水平、推进招生考试改革和建立科学分类评价机制等。

试点地区：江苏省

试点依据：教育部与江苏省人民政府共建国家高等教育综合改革试验区暨继续重点共建南京大学东南大学协议。

续表

三全育人综合改革

试点启动时间：第一批：2018年10月至2020年10月；第二批：2019年3月至2021年3月

试点内容：从省级层面统筹协调学校、家庭和社会的育人资源，通过完善育人体系、丰富育人内涵、扩展育人渠道、创新育人载体、改善育人环境、提升育人能力，建立健全"三全育人"长效机制，切实推动高校思想政治工作供给侧结构性改革，着力打通高校思想政治工作存在的盲区、断点，构建宏观的一体化育人体系。从学校层面，以课程育人、科研育人、实践育人、文化育人、网络育人、心理育人、管理育人、服务育人、资助育人、组织育人等"十大育人"体系为基础，全面统筹办学治校各领域、教育教学各环节、人才培养各方面的育人资源和育人力量，推动全体教职员工把工作的重点和目标落在育人成效上，推动将高校思想政治工作融入人才培养各环节，推动实现知识教育与价值塑造、能力培养有机结合，构建中观的一体化育人体系。从院系层面，充分挖掘各项工作蕴含的育人元素和育人逻辑，并作为职责要求和考核内容融入整体制度设计和具体操作环节，构建微观的一体化育人体系。

试点地区：第一批试点省（市、区）包括北京、天津、上海、浙江、湖北；试点高校包括清华大学、中国人民大学、北京科技大学、东北大学、大连理工大学、吉林大学、复旦大学、同济大学、东南大学、重庆大学；试点院（系）包括北京师范大学教育学部等50个院系（详见《教育部办公厅关于公布首批"三全育人"综合改革试点单位名单的通知》）。

第二批试点地区包括安徽、福建、湖南；试点高校包括北京大学、天津大学、河北工业职业技术学院、太原理工大学、哈尔滨师范大学、江苏大学、中国科学技术大学、武汉大学、武汉生物工程学院、华南农业大学、海南大学、贵州大学、云南大学、西安交通大学、塔里木大学。

试点院（系）：包括中国石油大学（北京）地球科学学院等42个院系（详见《教育部办公厅关于公布第二批"三全育人"综合改革试点单位名单的通知》）。

试点依据：《教育部办公厅关于公布首批"三全育人"综合改革试点单位名单的通知》教思政厅函〔2018〕36号；《教育部办公厅关于公布第二批"三全育人"综合改革试点单位名单的通知》教思政厅函〔2019〕1号。

续表

基础学科招生改革（强基计划）

试点启动时间：2020年

试点内容：1. 选拔培养有志于服务国家重大战略需求且综合素质优秀或基础学科拔尖的学生。聚焦高端芯片与软件、智能科技、新材料、先进制造和国家安全等关键领域以及国家人才紧缺的人文社会科学领域，由有关高校结合自身办学特色，合理安排招生专业。要突出基础学科的支撑引领作用，重点在数学、物理、化学、生物及历史、哲学、古文字学等相关专业招生。2. 在保证公平公正的前提下，探索建立多维度考核评价考生的招生模式。3. 招生高校要对通过强基计划录取的学生制定单独人才培养方案和激励机制，增强学生的荣誉感和使命感。

试点高校：第一批包括北京大学、中国人民大学、清华大学、北京航空航天大学、北京理工大学、中国农业大学、北京师范大学、中央民族大学、南开大学、天津大学、大连理工大学、吉林大学、哈尔滨工业大学、复旦大学、同济大学、上海交通大学、华东师范大学、南京大学、东南大学、浙江大学、中国科学技术大学、厦门大学、山东大学、中国海洋大学、武汉大学、华中科技大学、中南大学、中山大学、华南理工大学、四川大学、重庆大学、电子科技大学、西安交通大学、西北工业大学、兰州大学、国防科技大学；第二批包括东北大学、湖南大学、西北农林科技大学（新增）

试点依据：《教育部关于在部分高校开展基础学科招生改革试点工作的意见》教学〔2020〕1号。

四 地方政府教育综合改革试验

除了专项的、某个领域的地方教育改革试验，教育部还与多个地方政府共建了多个以统筹城乡教育综合改革、教育管理体制改革、教育现代化和教育国际合作与交流等为主题的综合性教育改革试验区。这些教育综合改革试验区的建立有利于探索新形势下推动教育改革发展的新模式和新机制，为教育步入"深水区"后的改革探索创建良好的平台与机制，有助于深化教育改革与加强区域教育合作联动紧密结合，进一步统筹教育和经济社会协调发展。①

---

① 共建"长三角教育综合改革试验区"课题组：《推进长三角教育综合改革 实现区域教育联动发展》，《教育发展研究》2012年第5期。

表9-4　　　　　　　　地方教育综合改革试验区举要

统筹城乡教育综合改革试验区

试点地区：重庆、四川（成都）

试点启动时间：2008年7月24日（重庆）；2009年4月5日（四川）

试点内容：重庆：推进城乡教育布局结构改革；推进城乡基础教育和职业教育、高等教育改革；推进城乡教育信息资源共享机制改革等举措，健全城乡一体的公共教育服务体系，实现城乡、区域教育发展更加协调，教育机会更加平等，教育经济社会发展能力显著增强等。

四川：统筹城乡灾后教育重建、优化城乡教育布局结构、创新农村学前教育发展机制、推进义务教育均衡发展、完善职业教育城乡联动机制、形成全面推进素质教育的有效机制、探索城乡统筹的教师管理体制、构建现代化的终身教育体系、健全教育优先发展的体制机制等。

试点依据：教育部与重庆市建设国家统筹城乡教育综合改革试验区战略合作协议；教育部、四川省人民政府与成都市人民政府共建统筹城乡教育综合改革试验区合作协议。

国家教育综合改革试验区

试点地区：上海

启动时间：2010年3月3日

试点内容：一是探索教育公共管理新体制和新机制，提升教育公共管理水平；二是探索人才培养模式和招生考试制度改革，全面实施素质教育；三是探索教育支撑产业结构调整的机制与路径，增强教育服务能力；四是探索扩大教育对外开放的机制与模式，提升教育国际化水平；五是探索推动学习型社会建设的新机制，完善终身教育体系；六是建设教育发展战略性支持平台，增强教育基础研究的决策咨询与服务指导功能；七是增强上海教育辐射服务功能，探索建立教育区域合作联动发展的新格局。

试点依据：教育部和上海市政府共建国家教育综合改革试验区战略合作协议。

教育体制综合改革

试点地区：广东省

启动时间：2011年3月11日

试点内容：广东教育体制综合改革，加快推进基础教育均衡协调发展，加快推进素质教育，加快推进职业教育发展壮大，加快推进高等教育内涵式发展，加快提升教育国际化水平，在全国率先基本实现教育现代化。

试点依据：教育部和广东省关于共同推进教育体制综合改革的协议。

续表

教育国际合作与交流综合改革试验区

试点地区：湖南省、宁波市

启动时间：2012年12月

试点内容：推进中外合作办学，来华留学生培养，国际化人才培养，汉语国际推广等。

试点依据：教育部、湖南省共建教育国际合作与交流综合改革试验区协议。教育部、宁波市国际合作与交流综合改革试验区协议。

武汉城市圈教育综合改革试验区

试点地区：湖北武汉都市圈

启动时间：2013年8月4日

试点内容：将教育综合改革作为武汉城市圈"两型社会"建设综合配套改革重要内容，制定专项规划；建立统筹协调机制，深化教育管理体制改革；加强基础教育统筹，实现义务教育均衡发展，加强职业教育统筹，加快普及高中阶段教育，加强高等教育统筹，推动高校以服务为宗旨，在贡献中发展；深化人才培养模式和教育教学改革，优化教育结构；深化基础教育教学改革，全面实施素质教育，大力推进职业教育"工学结合、顶岗实习"办学模式，优化高等教育结构；深化教师教育与教育人事制度改革，建设高素质的教师队伍；深化产学研合作机制改革，增强高校服务城市圈经济社会发展的能力；以实现学有所教为目标，推进学习型社会建设。

试点依据：教育部与湖北省人民政府共建武汉城市圈教育综合改革国家试验区合作协议。

教育现代化试验区

试点地区：江苏省

启动时间：2013年5月18日

试点内容：（一）实施区域教育现代化建设水平提升工程。1. 深入推进义务教育优质均衡发展。2. 着力推动普通高中教育多样化发展。3. 大力发展现代职业教育。4. 高质量高水平普及学前教育。5. 广泛开展社区教育。（二）实施高等教育综合改革与内涵提升工程。1. 加快建设有特色高水平大学和优势学科。2. 全面提高人才培养质量。3. 不断提升高校科技创新和服务发展能力。4. 全方位开展高等教育国际交流合作。（三）实施教育现代化保障能力提升工程。1. 切实加强教师队伍建设。2. 进一步加大教育投入。3. 努力实现教育全过程信息化。4. 更加注重依法治教。

试点依据：教育部与江苏省政府共建教育现代化试验区协议。

续表

赣州市教育改革发展试验区

试点地区：江西赣州

启动时间：2014年1月20日

试点内容：一是加快完善学前教育公共服务体系，二是均衡发展义务教育，三是加快建设现代职业教育体系，四是提高高中阶段普及水平，五是提高高校服务区域经济社会发展能力，六是改革教师管理制度，七是提高教育信息化水平，八是全面实施素质教育，九是深化教育领域综合改革。

试点依据：教育部与江西省人民政府共建赣州市教育改革发展试验区协议。

第三节 中国教育改革的成就及不足

教育关系亿万学生的健康成长和家庭的和谐幸福，更关系国家发展和民族未来。新中国成立以来，在党的全面领导和党中央集中统一领导下，中国开辟了中国特色社会主义教育发展道路，建成了世界上规模最大的教育体系，保障了亿万人民群众受教育的权利，为国家现代化建设提供了劳动力保障。尤其是改革开放以来，党对教育工作的领导全面加强，各级各类教育全面落实立德树人根本任务，全面深化教育改革创新，全面提升教育质量，教育现代化取得重大进展，教育面貌发生格局性变化，整体进入高质量内涵式发展新阶段。如果说"穷国办大教育"是中国过去教育事业发展的写照，那"大国办强教育"则是中国未来将要实现的美好蓝图。分析中国教育改革的成就和不足，尤其应试教育改革存在的问题，有利于进一步明确下一步改革的重点和突破口。

一 教育改革取得的成就

（一）坚持把教育摆在优先发展的战略地位，教育改革发展制度体系不断完善

改革开放以来，党中央高度重视教育，坚定不移实施科教兴国战略、人才强国战略和创新驱动发展战略，在经济社会发展全局中

始终把教育摆在优先发展的战略地位，优先规划、优先投入、优先配置资源，教育成为全社会最关心最支持的事业。习近平总书记在讲话中指出："教育是民族振兴、社会进步的重要基石，是功在当代、利在千秋的德政工程，对提高人民综合素质、促进人的全面发展、增强中华民族创新创造活力、实现中华民族伟大复兴具有决定性意义。"在这个"决定性意义"上突出教育优先发展的战略地位和现实必要，是党的执政理念的又一大进步。

"教育优先"多次出现在党和国家的重大报告及会议中。例如，党的十八大报告中明确指出要坚持教育优先发展，全面贯彻党的教育方针，坚持教育为社会主义现代化建设服务、为人民服务。党的十九大报告强调建设教育强国是中华民族伟大复兴的基础工程，必须把教育事业放在优先位置，加快教育现代化，办好人民满意的教育。党的二十大报告中进一步指明教育、科技、人才对全面建设社会主义现代化国家的基础性、战略性支撑作用，必须坚持教育优先发展、科技自立自强、人才引领驱动，加快建设教育强国、科技强国、人才强国，坚持为党育人、为国育才，全面提高人才自主培养质量，着力造就拔尖创新人才，聚天下英才而用之。在2023年全国教育工作会议上，教育部部长怀进鹏再次强调，教育系统要牢记"国之大者"，坚守为党育人、为国育才初心，勇担"国之大计、党之大计"的使命，跳出教育看教育，把教育与国家、与时代、与世界、与经济社会发展进行"强连接、真融入、真推动"。

坚持人民至上，办好人民满意的教育一直是中国教育改革发展的基本立场。中国教育改革与发展始终坚持和践行为人民服务的根本宗旨，坚持教育为人民服务的基本立场，制定相应的教育方针政策，推进教育综合改革，坚定不移地做到教育发展为了人民，让人民共享教育改革与发展成果。改革开放以来，党中央、国务院陆续出台了学前教育深化改革规范发展、全面提高义务教育质量、推进普通高中育人方式改革、减轻学生作业和校外培训负担、建立中小学党组织领导的校长负责制等10份专门针对基础教育的重要文件，并召开全国基础教育工作会议，印发实施《中国教育现代化2035》，进一步加强和完善基础教育的顶层设计，对新时代基础教育高质量发展做出全面系统部署;同时出台关于劳动教育、体育美育、教师队伍建设、教育评价、教育督导等方面覆盖各学段的重要文件,为深化基础教育综合改革提供了有力保障。按照中央部署,教育部还会同有关部门制定了德育工作指南、办学质量评价、激发办学活力、教育数字化、教研工作等一系列配套文件,总体构建了新时代基础教育改革发展的制度体系,从不同方面保障教育战略地位的落实。

(二) 教育投入不断增加,教育条件保障显著改善

在党中央、国务院坚强领导下,在中央和地方各级党委、政府共同努力下,在财政、发展改革、人力资源和社会保障等各部门大力支持下,国家财政性教育经费支出占 GDP 比例连续 10 年保持在 4% 以上。4% 成果的持续巩固,有力推动了以政府投入为主、多渠道筹集教育经费体制的巩固完善,有力支撑了中国举办世界最大规模教育体系,有力推动了中国教育现代化总体发展水平跨入世界中上国家行列。

在总投入、财政性、一般公共预算、非财政等渠道用于教育的钱都大幅度增加。2021 年,全国教育经费总投入达到 5.8 万亿元,国家财政性教育经费达到 4.6 万亿元,全国一般公共预算教育支出达到 3.7 万亿元,全国非财政性教育经费达到 1.2 万亿元。在教育经费投入总量大幅度增加的同时,生均经费水平同样实现历史性跨越,生均财政保障水平大幅提高。2021 年全国按在校学生人数平均的一般公共预算教育支出,幼儿园 9506 元、普通小学 12381 元、普通初中 17772 元、普通高中 18809 元、中职学校 17095 元、普通高等学校 22586 元,分别是 2011 年的 3.3 倍、2.2 倍、2.4 倍、2.5 倍、2.1 倍、1.5 倍。[1]

随着教育投入的不断增加,教育条件保障得到显著改善,能够较好地满足教育教学的基本需要。第一,学校校舍条件明显改善。幼儿园生均校舍面积达到 10.2 平方米,生均活动室面积达到 4 平方米。义务教育学校生均教学及辅助用房面积达到 5.1 平方米,生均

---

[1] 教育部:《"教育这十年""1+1"系列发布会(第十五场)》,2022 年 9 月 27 日,教育部官网(http://www.moe.gov.cn/fbh/live/2022/54875/twwd/202209/t20220927_665276.html)。

室内体育用房及运动场面积达到8.2平方米。第二,教学设备配备达标快速提升。2021年普通中小学五项设施设备配备达标率超过了90%,义务教育学校生均仪器设备值达到2285元;普通高中达到4968元,中等职业学校达到8082元,普通、职业高校达到17091元。第三,学校信息化配置水平显著提高。2021年全国义务教育学校互联网接入率接近100%,实现校校通、班班通,义务教育学校多媒体教室比例超过70%。①

(三) 教育普及水平实现历史性跨越,教育公平成效显现

改革开放以来,在党中央的坚强领导下,中国教育普及水平不断提高,国民受教育机会进一步扩大,受教育程度进一步提升,教育公平成效显现。其中义务教育以均衡发展为战略任务,以促进公平和提高质量为工作重点,不断完善政策保障体系,努力满足人民群众从"有学上"到"上好学"的美好期盼,在实现全面普及的基础上进一步实现了县域基本均衡发展。普通高中教育以培养担当民族复兴大任的时代新人为己任,积极服务国家重大战略,不断完善政策保障,积极扩大教育资源,办学条件大幅改善,普及目标如期实现,教育质量不断提升。

各级教育普及程度达到或超过中高收入国家平均水平,其中义务教育普及程度达到世界高收入国家平均水平,高等教育实现了从大众化到普及化的历史性跨越。2021年,全国共有各级各类学校52.93万所,在校生2.91亿人。其中幼儿园29.5万所,学前教育在园幼儿4805.2万人,毛入园率达到了88.1%,实现基本普及。义务教育阶段学校20.7万所,在校生1.6亿人,全国小学的净入学率提升到99.9%以上,初中的毛入学率始终保持在100%以上,已实现全面普及。高中阶段教育学校2.2万所,在校生3976.4万人,毛入学率达到91.4%。高等教育学校3012所,在学总规模4430万人,毛入学率达到57.8%。2021年,劳动年龄人口平均受教育年限达到了10.9年,受过高等教育的比例是24.9%,比2012年提高了10.3个百分点。全国拥有大学文化程度的人口超过2.18亿,国

---

① 教育部:《"教育这十年""1+1"系列发布会(第十五场)》,2022年9月27日,教育部官网(http://www.moe.gov.cn/fbh/live/2022/54875/twwd/202209/t20220927_665276.html)。

民素质不断得到提升，为经济高质量发展提供了强大智力支撑，为民族复兴注入了强劲动力。①

践行以人民为中心的发展思想，教育发展成果更多更公平地惠及全体人民。普惠性幼儿园数量增加。2021年全国共有普惠性幼儿园24.5万所，占幼儿园总量的83%。在流入地上学的进城务工人员子女增加。实施"两为主、两纳入、以居住证为主要依据"的进城务工人员随迁子女入学政策，2021年义务教育阶段进城务工人员随迁子女总规模达到1372.4万人，其中在公办学校就读和享受政府购买民办学校学位服务的比例达到了90.9%。适龄残疾儿童少年受教育机会增加。实施特殊教育提升计划，30万以上人口县均设有特殊教育学校，适龄残疾儿童义务教育入学率达到了95%以上。中西部和农村地区的孩子上好大学机会增加。实施国家支持中西部地区招生协作计划，每年从全国招生计划增量中专门安排部分名额面向中西部地区和考生大省招生，通过国家农村和脱贫地区专项招生计划录取到重点高校的人数累计已经达到95万人。②

坚持把教育作为脱贫致富的根本之策，基本形成了贯穿学前教育、义务教育、高中阶段教育、职业教育和高等教育在内的扶贫政策，建立起全方位的教育扶贫体系。义务教育阶段建档立卡辍学学生实现动态清零；在义务教育全面普及的基础上，全国2895个县全部实现义务教育基本均衡；以政府为主导、学校和社会积极参与的学生资助政策体系，对"所有学段、所有学校、所有家庭经济困难学生"实现全覆盖，近10年累计资助学生近13亿人次，确保"不让一个学生因家庭经济困难而失学、辍学"③。

（四）高等教育质量稳步提升，社会服务能力不断增强

改革开放以来，党中央、国务院高度重视高等教育事业，对高等教育事业做出全面系统的重要部署，着力实现高等教育高质量内

---

① 教育部：《"教育这十年""1+1"系列发布会（第十五场）》，2022年9月27日，教育部官网（http://www.moe.gov.cn/fbh/live/2022/54875/twwd/202209/t20220927_665276.html）。
② 教育部：《"教育这十年""1+1"系列发布会（第十五场）》，2022年9月27日，教育部官网（http://www.moe.gov.cn/fbh/live/2022/54875/twwd/202209/t20220927_665276.html）。
③ 教育部：《"教育这十年""1+1"系列发布会（第十五场）》，2022年9月27日，教育部官网（http://www.moe.gov.cn/fbh/live/2022/54875/twwd/202209/t20220927_665276.html）。

涵式发展。40余年来，中国高等教育不论在规模上还是质量上都取得了历史性的成就，为科技进步、国家发展、民族振兴发挥了重要作用。

在高校建设方面，第一，不断扩大高层次人才自主培养规模。本科教育在校生规模达到1906万人；研究生层次，在校生规模达到333.2万人，其中博士研究生达到50.9万人。第二，中国特色学科专业体系更加完善。目前本科专业目录771种，学科方面，形成了涵盖14个学科门类，113个一级学科、47个专业学位类别的学科专业目录，覆盖国民经济和社会发展的主要领域。第三，人才培养类型结构不断得到优化。以往以学术学位人才培养为主，从"十三五"到"十四五"，不断加大对专业学位人才的培养力度，其中专业学位硕士研究生招生比例超过60%，专业学位博士研究生招生比例达到14.4%。第四，现代职业教育体系建设明显加快。《职业教育法》首次修订，明确类型教育定位，深化产教融合、校企合作，全国职业学校开设1300余个专业和12余万个专业点，基本覆盖了国民经济各领域。第五，教育教学质量明显增强。以一流专业和一流课程建设"双万计划"为牵引，共认定8031个国家级、8632个省级一流专业建设点，遴选认定首批3559门国家级一流课程；连续三年评选教学大师奖、杰出教学奖、创新创业英才奖，有效激励、引导广大教师提升教学能力、潜心教书育人。[①]

改革开放以来，教育与党和国家事业发展同频共振，教育服务国家战略和区域发展的能力显著增强，日益成为支撑、引领经济社会发展的关键力量。源源不断地为社会培养和输送人才。例如，中高职学校近10年累计培养毕业生7900余万人，为现代制造业、战略性新兴产业和现代服务业供给了70%以上的新增从业人员；普通、职业高等学校近10年累计培养高素质专业人才7700多万人，持续为国家重大战略实施和经济社会发展提供强大智力支撑。高校服务国家重大战略能力持续增强。获得了60%以上的国家科技三大奖励，全国60%以上的基础研究、80%以上的国家自然科学基金项

---

① 教育部：《"教育这十年""1+1"系列发布会（第十五场）》，2022年9月27日，教育部官网（http://www.moe.gov.cn/fbh/live/2022/54875/twwd/202209/t20220927_665276.html）。

目由高校承担，高校为高铁、核电、生物育种、疫苗研发、国防军工等重点领域提供了关键技术，参与研制了超级计算机、北斗卫星导航系统、神舟系列等国家利器，支持引领文化强国、人才强国、体育强国、健康中国、美丽中国、平安中国建设。教育部直属高校成为脱贫攻坚和乡村振兴的重要生力军。各校累计投入和引进帮扶资金44.4亿元，帮助引进企业663个，引入企业实际投资额151.6亿元；累计培训教师11.64万人次，累计培训基层干部和技术人员77.8万人，帮助制定规划类项目1352项，落地实施科研项目1949项。[1][2]

（五）教师队伍量质齐升，中国特色高水平教师教育体系建立建强

改革开放以来，党中央高度重视教师队伍建设，坚持把教师队伍建设作为基础工作，以高素质的教师队伍支撑教育高质量发展。习近平总书记始终心系广大教师，对教师队伍建设做出了一系列重要指示批示，强调教师是立教之本、兴教之源，号召广大教师要做"四有"好老师、"四个引路人"。各地区、各部门深入贯彻落实相关精神，教师工作取得了历史性成就，教师队伍量质齐升，中国特色高水平教师教育体系建立建强，打造出一支规模宏大、结构合理、素质优良的教师队伍，有力支撑起了新时代教育高质量发展。

中国大力推进高素质专业化创新型教师队伍建设，教师数量持续稳定增加，教师队伍素质能力不断提高。一方面，各级各类学校教师数量不足问题得到有效缓解，教师学历结构更加趋于合理。截至2021年，全国各级各类教育专任教师达到1844.37万人。其中，幼儿园教师专科以上比例达到87.60%；小学教师本科以上学历占比达到70.30%；初中教师本科以上学历比例达到90.05%；高中本科以上学历教师比例达到98.82%，其中研究生学历教师占比增至12.39%；高校教师硕士研究生以上学历比例达到67.10%，其

---

[1] 教育部：《"教育这十年""1+1"系列发布会（第十五场）》，2022年9月27日，教育部官网（http://www.moe.gov.cn/fbh/live/2022/54875/twwd/202209/t20220927_665276.html）。

[2] 教育部：《"教育这十年""1+1"系列发布会（第二场）》，2022年5月17日，教育部官网（http://fx.xwapp.moe.gov.cn/article/202205/6282ee468323640001a37f6d.html）。

中博士研究生学历教师比例达到28.98%。另一方面,教师的职称结构逐步优化和改善。各级各类教师队伍中高级职称教师占比显著增加,特别是中小学教师正高级职称的设置,极大地提升了中小学教师的职业获得感,截至2020年,全国获得正高级职称的中小学教师已达到1万多人。①

中国特色高水平教师教育体系建立建强。第一,师范生多元化培养格局已经形成,为中国教师教育的高质量发展奠定了坚实基础。2021年,全国3012所高等学校中,有725所参与师范生培养,占普通高校总数的24.1%,其中,师范院校215所,占29.7%。为推动乡村教育发展,国家大力推进师范生公费教育,在部属师范大学示范带动下,全国28个省份实行地方院校师范生公费教育,每年约有5万名高校毕业生到乡村中小学任教。为提高师范专业办学质量和师资人才培养质量,国家启动实施三级五类师范专业认证,截至2022年7月,全国869个师范专业通过第二、三级专业认证。第二,加强教师职后教育,促进教师能力的可持续发展。国家大力实施卓越教师培养计划,推动64所师范院校完善构建"师范院校、地方政府、中小学校"协同育人机制;改革实施"国培计划",自2010年实施以来,培训教师校长超过1800万人次,带动形成"国培—省培—市培—县培—校培"五级联动的新型教师培训体系;教育部等九部门启动实施"优师计划",每年为832个中西部脱贫县以及中西部陆地边境县定向培养万名优秀教师;启动实施教师素质提高计划,逐步建立"国家示范引领、省级统筹实施、市县联动保障、校本特色研修"的四级培训体系,遴选确定了一批国家级职教教师、校长培养培训基地。随着教师教育工作的不断推进,黄大年式教师团队建设深入推进,师德高尚、潜心育人的"大先生"不断涌现,教育战线"四有"好老师持续增多,为在全党全社会营造尊师重教良好氛围发挥了重要作用。②

---

① 于发友:《聚力打造高素质专业化创新型教师队伍——党的十八大以来我国教师队伍建设的成就经验》,《人民教育》2022年第17期。
② 于发友:《聚力打造高素质专业化创新型教师队伍——党的十八大以来我国教师队伍建设的成就经验》,《人民教育》2022年第17期。

二 教育改革存在的不足

虽然中国的教育改革取得了很大成就，改革开放以来，中国教育成功地实现了向世界中上水平的跃升。但教育改革还存在一些问题，影响着教育的高质量发展。

一是创新型人才、顶尖人才培养能力不足，"钱学森之问"未能有效回答。党的二十大报告强调"教育、科技、人才是全面建设社会主义现代化国家的基础性、战略性支撑，必须坚持教育优先发展、科技自立自强、人才引领驱动，加快建设教育强国、科技强国、人才强国，坚持为党育人、为国育才，全面提高人才自主培养质量，着力造就拔尖创新人才，聚天下英才而用之"。事实上，在多出人才、快出人才、出好人才思想指导下，中国从1978年开始就已经开办少年班，致力于培养拔尖创新人才。尽管如此，人才培养成效依然不尽如人意。在从0—1的原始创新人才培养方面，我们与欧美发达国家仍然存在较大差距。《国务院关于全面加强基础科学研究的若干意见》指出："经过多年发展，中国基础科学研究取得长足进步，整体水平显著提高，国际影响力日益提升，支撑引领经济社会发展的作用不断增强。但与建设世界科技强国的要求相比，中国基础科学研究短板依然突出，数学等基础学科仍是最薄弱的环节，重大原创性成果缺乏，基础研究投入不足、结构不合理，顶尖人才和团队匮乏，评价激励制度亟待完善，企业重视不够，全社会支持基础研究的环境需要进一步优化。"[1]

二是应试教育未根本改变，学生知识型学业负担畸重。学业负担过重一直是社会和学界讨论的热点问题，对学生身心发展、家庭生活压力和学校教育质量提升都带来极大的影响。据不完全统计，新中国成立以来，国家制定的与学业负担治理相关的政策文件多达

---

[1] 国务院：《关于全面加强基础科学研究的若干意见》，2018年2月2日，教育部官网（http://www.moe.gov.cn/jyb_xxgk/moe_1777/moe_1778/201802/t20180202_326384.html）。

91项，但中小学生学业负担过重问题始终未能从根本上有效解决。[①]中办国办印发《关于进一步减轻义务教育阶段学生作业负担和校外培训负担的意见》，推出了强有力的工作措施，极大地抑制了来自校外培训机构和学校的课业负担，但学生课业负担有向个体的、隐蔽的、分散的方式转移的倾向。

三是教育的地区分化、校际分化和群体分化还未根本改变。在2022年全国教育工作会议上，教育部党组书记、部长陈宝生指出解决不平衡不充分问题不能有丝毫懈怠，缩小城乡、区域、校际、群体之间的教育发展差距这些年有所改观，但稍有疏忽或不慎，就会有差距拉大的可能。在2023年全国教育工作会议上，教育部党组书记、部长怀进鹏重申教育公平，强调教育工作接下来的主攻方向和重点任务之一便是持续办好更加公平、更高质量的基础教育，学前教育、特殊教育突出"普惠发展"，义务教育突出"优质均衡"，高中阶段学校突出"多样化"，继续把"双减"摆在突出位置来抓。党的二十大报告将教育均衡发展作为重要任务，强调"要加快义务教育优质均衡发展和城乡一体化，优化区域教育资源配置"。

四是教育管理体制改革有待深化，办学自主性和活力有待增强。中国教育体制机制改革的主要目标是"形成充满活力、富有效率、更加开放、有利于科学发展的教育体制机制，人民群众关心的教育热点难点问题进一步缓解，政府依法宏观管理、学校依法自主办学、社会有序参与、各方合力推进的格局更加完善，为发展具有中国特色、世界水平的现代教育提供制度支撑"。当前，从政府管理来看，行政部门对教育的管理还存在管得过多过细的问题，政府对教育的管理主要是依法宏观管理，但由于各种深入学校运作的中观、微观管理制度的存在，学校的办学积极性主动性没有充分发挥。从政府、学校和社会的关系来看，社会有序参与办学的体制机制还不够完善，社会力量没有充分发挥。从政府内部关系来看，地方政府在学校设立、学科学位设置、招生录取等方面的权限有限，办学的主动性、积极性未能充分发挥。有学者指出："国家教育体

---

① 靳玉乐、杨征铭等：《学业负担治理的历程检视与进路探寻（笔谈）》，《现代教育管理》2022年第7期。

制改革试点项目的确立,尽管采取了地方自主申报的工作程序,但项目范围则早已在国家教育规划纲要中预先确定,且试点工作自始至终受到中央组建的国家教育体制改革领导小组的监控。"① 在这种情况下,地方政府难以充分发挥其能动性,发挥其创造精神,大胆开展地方试验,积极探索促进教育质量发展的有益经验。

五是教育改革的制度供给存在偏差。教育改革是一个系统工程,这就要求教育改革各方面和各环节相互配套衔接,不能单项推进。"'零敲碎打'式的改革策略,往往局限于特定的教育类型、层次或环节,难以对教育领域各方位、多要素的政策变迁进行系统筹谋。"② 例如,"双减"固然是缓解学生负担过重一个非常好的政策,但是这需要与学前教育阶段一直到高等教育阶段的配套改革政策支撑。若考试制度改革、课程改革、评价制度改革等教育配套改革没有跟上步伐,减负也将难以实现。如素质教育改革,一些地方在中考录取中探索了综合素质评价制度,将一定比例的体育、艺术等科目成绩列入中考成绩,事实上增加了考生应试的负担和压力。正如顾明远先生所言:"我国当前的教育观念没有很好地转变,还是以升学为主要目的,而不是以培养人才为主要目的,应试教育根深蒂固,素质教育难以推行。"③ 又如职业教育改革,目前职业教育办学质量和职业前景不尽如人意,学生就读职业学校意愿不高。在办学质量和职业前景未能有效提升的情况下,硬性在中考实行分流,加剧了学生和家长的升学焦虑和课业负担。

对教育改革中的一些长期存在的问题,习近平总书记在全国教育大会上曾经语重心长地指出:"现在,教育最突出的问题是中小学生太苦太累,办学中的一些做法太短视太功利,更严重的是大家都知道这种状况是不对的,但又在沿着这条路走,越陷越深,越深越陷!素质教育提出20多年了,取得了一定进展,但总的看各地区

---

① 肖凤翔、于晨、邓小华:《中央主导下的地方教育政策试验:行动逻辑、现实困境与优化策略》,《教育发展研究》2017年第7期。

② 肖凤翔、于晨、邓小华:《中央主导下的地方教育政策试验:行动逻辑、现实困境与优化策略》,《教育发展研究》2017年第7期。

③ 顾明远、蔡宗模、张海生:《中国教育改革发展的昨天、今天和明天——顾明远先生专访》,《重庆高教研究》2019年第2期。

成效不够平衡。说到底，是立德树人的要求没有完全落实到体制机制上，教育的指挥棒在中小学实际上是考试分数和升学率，在高校主要是科研论文，关于德育、素质教育的应有地位和科学评价体系没有真正确立起来。这是一个必须解决的老大难问题。"[①]

第四节 教育改革地方试验的核心议题与制度设想

中国教育改革取得了极大进展，但教育领域的一些老问题仍然没有得到根本解决，必须通过进一步深化改革切实加以解决。《中国教育现代化2035》提出，在国家教育现代化总体规划框架下，推动各地从实际出发，制定本地区教育现代化规划，形成一地一案、分区推进教育现代化的生动局面。因此，搞好地方改革试点，是积极稳妥地推进教育改革和教育现代化的重要路径。

一 教育改革地方试验的核心议题

推动教育改革的地方试验，首先需要厘清中国教育改革地方试验的方向，即中国地方接下来应该围绕着哪些核心议题进行改革。总的来看，中国地方教育改革需要在目标和问题两个导向的指引下进行试验。

一是坚持目标导向，全面落实党和国家教育现代化目标。教育的根本问题是"培养什么人、怎样培养人、为谁培养人"。《国家中长期教育改革和发展规划纲要（2010—2020年）》明确指出中国教育改革需要"坚持以人为本、全面实施素质教育"的战略主题，教育发展的重点是"面向全体学生、促进学生全面发展，着力提高学生服务国家服务人民的社会责任感、勇于探索的创新精神和善于解决问题的实践能力"，在解决培养什么人，怎么培养人的过程中做到"德育为先、能力为重、全面发展"。《中国教育现代化2035》

[①] 《习近平谈治国理政》第3卷，外文出版社2020年版，第348页。

部署了面向教育现代化的十大战略任务，提出到 2035 年总体实现教育现代化，迈入教育强国行列，推动中国成为学习大国、人力资源强国和人才强国，为到本世纪中叶建成富强民主文明和谐美丽的社会主义现代化强国奠定坚实基础。党的二十大报告强调：我们要坚持教育优先发展、科技自立自强、人才引领驱动，加快建设教育强国、科技强国、人才强国，坚持为党育人、为国育才，全面提高人才自主培养质量，着力造就拔尖创新人才，聚天下英才而用之。要全面贯彻党的教育方针，落实立德树人根本任务，培养德智体美劳全面发展的社会主义建设者和接班人。[1]

二是坚持问题导向，解决智力资源系统错配问题。习近平总书记 2018 年在全国教育大会上的讲话对中国教育存在的问题做了科学的研判，强调要坚决破除制约教育事业发展的体制机制障碍。指出："目前，我们的教育总体上符合中国国情、适应经济社会发展需要，但也存在一些突出问题和短板，特别是教育的压力普遍前移，学前教育、基础教育普遍存在超前教育、过度教育现象，既有损学生身心健康成长，也加重家庭经济和精力负担；高等教育经历了量的快速扩张，质的提升矛盾越来越突出；教育重知识、轻素质状况尚未得到根本扭转，教风、学风亟待进一步净化；党对教育领域的领导和党的建设、思想政治工作亟待加强。解决这些问题，迫切需要深化教育体制改革。"[2] 习近平总书记的论述，为地方教育改革指明了重点方向。根据前面的分析，中国教育的一个主要矛盾是应试教育，处于棘轮效应的应试教育极大地影响了青少年创新能力培养和身心全面发展，不利于立德树人目标的实现，是教育问题的总症结。地方教育改革应围绕解决应试教育将智力资源错配到重复的知识型学习这一核心问题，从优质大学学位供给、招生录取、教学内容和方式、教育评价等与应试教育相联系的各环节各方面，进行系统的制度设计和改革，破解应试教育的动机结构和维系结构，

---

[1] 习近平：《高举中国特色社会主义伟大旗帜　为全面建设社会主义现代化国家而团结奋斗——在中国共产党第二十次全国代表大会上的报告》，人民出版社 2022 年版，第 33、34 页。

[2] 《习近平谈治国理政》第 3 卷，外文出版社 2020 年版，第 347 页。

从而有效地将青少年的智力资源配置到创造性能力培养和身心全面发展上来。

二 教育改革地方试验的制度设想

围绕着基于教育方针的目标导向和教育发展的问题导向确立的核心议题，本书认为中国可从以下几方面进一步推动中国教育改革的地方试验。

（一）以省级行政区为单位，全方位开展教育综合改革试点

教育改革是一项系统工程，教育领域任何一方面的改革都不是孤立静止的。随着教育改革的深入推进，全面深化教育领域综合化改革是中国当前教育发展的重要战略。教育领域综合化改革作为一项复杂而又艰巨的任务，中国需要以省级行政区为单位全方位开展教育综合改革试验。强调以省级行政区为单位开展教育综合改革试验主要源于：教育领域综合改革会牵扯到基础教育、高等教育、职业教育等各个层级各个类别的教育，而这些方面的教育归省级统筹协调，因此教育改革地方试验宜以省级行政区为单位开展。正如有学者指出的，"省（自治区、直辖市）是我国地方行政建制的最高层级，是相对独立的经济社会发展的规划单位，具有较大的行政调控能力"[1]。

推动以省级行政区为单位的教育改革地方试验，需要注意以下几点：第一，坚持政府的主导地位，控制教育改革的风险，保障地方教育改革朝着正确的方向前行。第二，向省级行政区下放改革教育相关的权力，确保地方教育综合化改革能够真正落到实处。教育综合化改革在内容上应该涵盖新型大学设立、招生录取、学制改革、探究型教育、全面素质教育、教育评价和治理机制等在内的所有内容，这样才能使教育的全过程、全周期都形成适应创新型国家建设要求的现代教育治理体系，使教育改革覆盖和衔接从幼儿教育到高等教育、从师生教学到招生录取、从人才培育到社会评价的全部环节和完整过程。在这个过程中，则需要相应地赋予省级行政区

---

[1] 李立国：《以省级教育统筹推进教育领域综合改革》，《清华大学教育研究》2013年第1期。

在新型大学创立、各层次招生录取、学科点设置、教育治理等方面的自主权，提高相应的资源支持，保障省级行政区能够在合权的范围内立足本省的教育需要，因地制宜开展各方面的教育改革试点。第三，在遴选教育综合改革试点的省级行政区时，既要考虑当地的综合条件，也要考虑不同地区的不同特点，这样才有助于试验之后各地区根据自身发展状况"对号入座"，提高试验的外溢性。

（二）以公立合资型大学的建立为突破口，改变应试教育的约束结构

促使中国教育从应试教育转向素质教育一直是中国基础教育领域改革的重点，也是难点。然而到现在为止，中国基础教育阶段的应试教育问题尚未得到根本改变。正如吴康宁所说："时至今日，应试教育之风依然十分强劲，始终未见普遍的实质性减弱，素质教育依然更多地只是停留在口号上、会议中。"[1] 造成此现象的原因有很多，其中一个主要原因是：以政府为主导的公立大学在招生录取上以高考成绩作为唯一的筛选标准。一直以来中国公立大学主要是以学生的高考分数为招生录取的标准，因而在基础教育阶段学生为了进入理想的大学不可避免地重视分数，进而为了获取高分而进行相关的题海训练等，形成了相应的"应试"习惯，素质教育则较难取得实质性的推进。因此，在推动教育改革地方试验过程中，需要鼓励地方加大社会机构、企业参与高校办学的力度，包括资助公立大学建设，继续完善中外合作办学体制，特别是开展新型公立合资型大学体制探索。

建设高水平公立资合型大学，是为了给不在应试教育上内卷但有潜力的学生提供升入高水平大学的机会，为此，必须设立一定数量的新型大学，达到一定的招生规模，才能形成充分的升学选择替代，真正扭转应试教育。高水平公立资合型大学的合适数量，取决于具有较好素质又能支付较高学费的学生（家庭）规模。具体可参考各省市每年出国留学人数和一本上线人数。如该省市出国留学和一本上线人数为5万名，则该省市高水平公立资合型大学数量可设

---

[1] 吴康宁：《中国教育改革为什么会这么难》，《华东师范大学学报》（教育科学版）2010年第4期。

置在 5 所左右，如果是 10 万名，则可设置 10 所左右（每所高校本科生招生规模不超过 3000 名/年，本科总在校生数 1 万名左右，可面向全国招生）。目前，中国有本科高校 1200 多所，专科高校 1400 多所，高校总量不少，但质量有待提升、结构和分布还有待优化。因此，在总量控制、结构优化背景下，增设一定数量的高水平新型大学，既有必要，也有市场。建设公立资合型大学，可以先在一些经济较为发达的省市进行试验，因为这些省市经济实力较强，海外留学的学生规模也较大，具有支撑公立资合型大学建设的经济和社会基础，容易迅速形成规模效益，也容易形成创新性教育的良好土壤和环境。公立资合型大学以一流高水平大学为定位，为了尽快形成新型大学的品牌和声誉，可以采取与境内外一流大学合办的方式，也可采取初期重点扶持培育（包括强经费和政策支持）的方式，以高起点和硬实力延揽优质生源并形成优质生源与高水平办学的良性循环。

（三）以知识型与探究型教育的结合为核心，促进学生的全面发展

坚持学生的全面发展是中国教育的价值导向，然而当前以知识型教育为主的方式并不能满足促进学生全面发展的要求。故而，中国地方教育改革需要积极探索新的教育方式。从国际教育发展经验来看，探究型教育是培养学生创新能力的有效教育方式。因此，中国地方教育改革过程需积极开展知识型教育与探究型教育方式有机结合的试验，培养兼具良好的知识基础和探究能力的全面发展的学生。为素质教育和创新教育提供增量升学出路，有利于中小学全面开展探究型教育和素质教育，促进学生全面发展。

一是开展知识型和探究型相结合的课堂教学改革。改变过去"一块黑板一支笔，一人从头讲到底"的"填鸭式"教学，鼓励学生探究未知世界，积极探索以学生为主体的、在互动式、体验式的探究型教育中领会间接经验的教学方式，重视学生知识整合、逻辑思维和实践能力的培养。二是拓宽育人渠道。整合利用各方教育资源，带领学生走出课堂，打造社会实践大课堂，加强学生实践能力和社会服务意识的培养，促进课堂外的直接经验与课堂内的间接经

验的整合，培养学生知行合一、学用结合的能力，促进青少年德智体美劳全面发展。三是加强基础教育与高校的衔接互动，与高校合作开办探究型特色教育项目，发展学生的科研兴趣，培养学生的创新意识和能力。

（四）以弹性学制的探索为抓手，破解智力时间错配问题

改革开放至今，中国主要形成了以"六三三"制为基本学制的较为统一的格局。"六三三"制的实施使得学生的学习年限得到固定，促使中国管理基础教育较为便捷，保障了不同地方基础教育得到较好运行的发展。然而不同的学生其身心发展是有差异的，固定年限的学制实施较难促进学生的个性化、多样化发展。因此，为破解学生智力时间错配问题，教育改革过程中政府需赋予地方一定范围内的办学自主权，鼓励政府根据自身实际生源特点、教育资源，有针对性地开展"弹性学制"试验。具体来看，中国地方教育改革可从以下两个角度切入进行弹性学制的试验。

其一，开展以十年为基准的弹性学制试验。从当前的教育现状来看，"六三三"这十二年制基础教育的实施过程中易出现学生课本知识学习时间过长、教育效率低下、学生厌学情绪严重等问题。从世界各国的中小学学制多数设置为10—12年的经验来看，中国教育发展过程中可积极开展以十年为教育基准的弹性学制试验，探索如何丰富并完善课程体系建设，培养学生自我审视的能力，鼓励每一位学生根据自身的特点与优势自主选择最适合自己的学制和课程，实现从被动的学习者到主动自我管理者的角色转变。其二，开展以学分制为抓手的弹性学制试验。尊重不同学科的内在发展规律、专业特点、专业培养目标，为学生提供灵活开放、多元化的课程模式，让每个学生都成为一个积极的学习者和自我管理的"主人"，实现自身能力的不断挖掘与开发，学生需要在一定期限内达到相应的学业要求、获得相应科目的学分。在规定年限（12年）内，学生结业、毕业不以修业期限为标准，而是以学业积分为标准。

（五）深化教育管理和评价改革，完善创新教育的制度环境

在应试教育体制下，人们对教育的评价往往侧重于考试分数和

升学率，适应从应试教育向素质教育、创新教育转型，需要完善相应的教育管理和评价体系。《深化新时代教育评价改革总体方案》明确了教育评价改革方法和路径，提出经过5—10年的努力，各级党委和政府科学履行职责水平明显提高，各级各类学校立德树人落实机制更加完善，引导教师潜心育人的评价制度更加健全，促进学生全面发展的评价办法更加多元，社会选人用人方式更加科学。到2035年，基本形成富有时代特征、彰显中国特色、体现世界水平的教育评价体系。深化教育管理和评价改革，需要贯彻落实好中央关于教育评价改革的精神。一是要建立基于全面发展的综合评价理念，按照立德树人的要求，真正将创新能力培养、素质教育和全面发展作为衡量地区、学校和个人的教育质量的核心指标，注重学生德智体美劳全面发展。二是完善教育评价方法。改进结果评价，强化过程评价，探索增值评价，健全综合评价，充分利用信息技术，提高教育评价的科学性、专业性、客观性。坚持统筹兼顾，针对不同主体和不同学段、不同类型教育特点，分类设计、稳步推进，增强改革的系统性、整体性、协同性。三是完善评价体制机制，改革方案提出，构建政府、学校、社会等多元参与的评价体系，建立健全教育督导部门统一负责的教育评估监测机制，发挥专业机构和社会组织作用。严格控制教育评价活动数量和频次，减少多头评价、重复评价，切实减轻基层和学校负担。要进一步探索如何改变政府集办学者、管理者、评价者为一体的现状，改革构建起政府"管"、学校"办"、社会"评"的"管办评"分离的教育制度体系[①]，通过改革行政化的评价机制，完善市场、社会第三方评价机制，进一步优化教育评价在教育发展中的引导作用。

---

① 俞水、易鑫：《聚焦：如何推进教育治理体系和治理能力现代化》，《中国教育报》2013年12月5日。

参考文献

《习近平著作选读》第 2 卷，人民出版社 2023 年版。

《习近平谈治国理政》第 1 卷，外文出版社 2018 年版。

《习近平谈治国理政》第 3 卷，外文出版社 2020 年版。

习近平：《高举中国特色社会主义伟大旗帜 为全面建设社会主义现代化国家而团结奋斗——在中国共产党第二十次全国代表大会上的报告》，人民出版社 2022 年版。

习近平：《论坚持全面深化改革》，中央文献出版社 2018 年版。

陈帼眉、姜勇：《幼儿教育心理学》，北京师范大学出版社 2020 年版。

段德智：《主体生成论——对"主体死亡论"之超越》，人民出版社 2009 年版。

方明、谷成久：《现代大学制度论》，安徽大学出版社 2006 年版。

葛大汇：《升学考试的问题与对策研究》，华东师范大学出版社 2001 年版。

顾明远：《中国教育路在何方：顾明远教授漫谈》，人民教育出版社 2016 年版。

郭彩琴：《教育公平论——西方教育公平理论的哲学考察》，中国矿业大学出版社 2004 年版。

何东昌：《中华人民共和国重要教育文献》，海南出版社 1998 年版。

黄宗智：《华北的小农经济与社会变迁》，中华书局 2000 年版。

金铁宽等：《中华人民共和国教育大事记》，山东教育出版社 1995 年版。

联合国教科文组织国际教育发展委员会：《学会生存——教育世界的今天和明天》，教育科学出版社 1996 年版。

廖平胜：《标准化考试的理论与实践》，华中师范大学出版社 1986 年版。

林崇德：《创新人才与教育创新研究》，经济科学出版社2009年版。

刘精明等：《教育公平与社会分层》，中国人民大学出版社2016年版。

宋乃庆、李森、朱德全：《中国基础教育改革与发展研究》，高等教育出版社2018年版。

王道俊、郭文安：《教育学》（第七版），人民教育出版社2016年版。

吴国盛：《技术哲学讲演录》，中国人民大学出版社2016年版。

肖蔚云、姜明安：《北京大学法学百科全书·宪法学 行政法学》，北京大学出版社1999年版。

张世平、何玲：《中国儿童的生存与发展：数据与分析》，中国妇女出版社2006年版。

周金浪：《教育学》，上海教育出版社2006年版。

周序：《应试主义》，厦门大学出版社2017年版。

[捷] 夸美纽斯：《大教学论》，傅任敢译，人民教育出版社1984年版。

[美] 兰德尔·柯林斯：《文凭社会：教育与分层的历史社会学》，刘冉译，北京大学出版社2018年版。

[美] 马赛厄斯·德普克、法布里奇奥·齐利博蒂：《爱、金钱和孩子：育儿经济学》，吴娴、鲁敏儿译，格致出版社、上海人民出版社2019年版。

[美] 斯蒂芬·P. 罗宾斯、[美] 蒂莫西·A. 贾奇：《组织行为学》，孙健敏译，中国人民大学出版社2008年版。

[美] 威廉·德雷谢维奇：《优秀的绵羊》，林杰译，九州出版社2016年版。

[英] 凯西·卡麦兹：《建构扎根理论：质性研究实践指南》，边国英译，重庆大学出版社2009年版。

[英] 亚当·斯密：《国民财富的性质和原因的研究》，郭大力、王亚南译，商务印书馆1972年版。

[英] 约翰·凯恩斯、阿尔文·汉森：《就业、利息和货币通论》，宇琦译，湖南文艺出版社2011年版。

艾兴：《中小学生学业负担：概念、归因与对策——基于当前基础教育课程改革的背景》，《西南大学学报》（社会科学版）2015年第4期。

安奕、任玉丹、韩奕帆、韦小满：《PISA2021 创造性思维测评及启示》，《中国考试》2019 年第 11 期。

鲍健强：《日本私立大学的研究》，《高等教育研究》2000 年第 2 期。

边际：《考试的"哲学思考"》，《中国考试》2006 年第 7 期。

边新灿、李祎、范笑仙：《新高考改革遭遇"应试教育"掣肘的多因素分析》，《浙江学刊》2019 年第 3 期。

别敦荣：《现代大学制度的典型模式与国家特色》，《中国高教研究》2017 年第 5 期。

别敦荣、李连梅：《柏林大学的发展历程、教育理念及其启示》，《复旦教育论坛》2010 年第 6 期。

邴倩：《中小学课堂教学评价的现实问题与改进路径》，《教学与管理》2020 年第 15 期。

蔡海龙：《全面深化教师队伍建设应坚持教师立法的专业主义取向》，《中国教育学刊》2020 年第 4 期。

蔡清田：《论核心素养的国际趋势与理论依据》，《东北师大学报》（哲学社会科学版）2018 年第 1 期。

曹振文：《切实改变国家包办教育的做法》，《教育与经济》1993 年第 1 期。

查有梁：《学校需要"良性互动"，不要"恶性竞争"》，《西部教育发展研究》2009 年第 2 期。

常鸣：《几个发达国家学制的比较及其启示》，《学术交流》1989 年第 1 期。

常攀攀：《教师知识"提质减负"的作用机制研究》，《教育理论与实践》2016 年第 34 期。

陈传锋、陈文辉、董国军等：《中学生课业负担过重：程度、原因与对策——基于全国中学生学习状况与课业负担的调查》，《中国教育学刊》2011 年第 7 期。

陈国明：《三省市初中生家庭作业负担研究》，《全球教育展望》2017 年第 6 期。

陈佳琪、张舒：《补课负担对学生身心健康的影响分析》，《渤海大学学报》（哲学社会科学版）2019 年第 5 期。

陈杰：《优质高中名额再分配——"阶层混合"的政策实验与教育公平的倒逼机制》，《探索与争鸣》2021年第4期。

陈洁、张磊：《标准化考试的哲学省思》，《当代教育科学》2018年第12期。

陈琳、陈耀华等：《走向实现的教育现代化定义研究》，《中国教育学刊》2015年第11期。

陈霞金：《从哲学角度探索教与学的关系》，《福建教育学院学报》2002年第7期。

陈向明、张玉荣：《教师专业发展和学习为何要走向"校本"》，《清华大学教育研究》2014年第1期。

陈友华、苗国：《升学锦标赛、教育内卷化与学区分层》，《江苏行政学院学报》2021年第3期。

陈悦、程亮：《从社会性到教育性：学校纪律的再考察》，《教育学术月刊》2018年第2期。

崔保师、邓友超、万作芳等：《扭转教育功利化倾向》，《教育研究》2020年第8期。

丁洁琼：《重识高考：应试教育培养了什么样的素质》，《教育学术月刊》2020年第9期。

丁兰、吕浩雪：《改革高等学校考试形式的探讨》，《高等教育研究》1999年第1期。

董辉、杨兰：《课业负担的学校层面变量研究综述》，《全球教育展望》2012年第12期。

董嘉明：《群体性事件社会心理机制探析及对策建议》，《决策咨询通讯》2008年第6期。

杜玲玲：《中小学生学校生活满意度及其影响因素分析》，《教育科学研究》2018年第6期。

杜育红、臧林：《基础教育阶段学生创新能力的国际比较——基于PISA数据的分析》，《教育科学研究》2020年第9期。

段会冬：《走出"长短"之争：基础教育学制改革的困境与反思》，《当代教育科学》2016年第16期。

凡勇昆、邬志辉：《我国中小学课业负担问题的反思——现代性危机的视角》,《现代教育管理》2012 年第 6 期。

樊改霞、冯敏慧:《教师合理负担不合理转移的现象分析与治理路径》,《当代教育科学》2021 年第 6 期。

范国睿:《教育体制改革与教育生态活力——纪念〈中共中央关于教育体制改革的决定〉颁布 30 周年》,《教育发展研究》2015 年第 35 期。

冯帮、李紫玲:《从"超级中学"现象看城乡子女教育公平问题——以湖北省 D 市为例》,《教育发展研究》2014 年第 2 期。

冯峰:《中小学生课业负担减轻的实证研究——以 N 市的中小学为例》,《文化创新比较研究》2021 年第 8 期。

冯永刚:《公民道德建设中的"剧场效应"及其社会治理》,《思想教育研究》2020 年第 9 期。

高凌飚:《基础教育考试评价三个视角的融通转换与观念更新》,《中国教育科学》(中英文) 2020 年第 5 期。

高尚全:《改革:中国特色社会主义的伟大实践——中国改革四十年的回顾和思考》,《全球化》2017 年第 9 期。

高顺成、吴丽娟、李鹏:《中国高等教育地域非均衡性空间格局及其成因分析》,《地域研究与开发》2020 年第 6 期。

高婷:《家校合作让学生减负落地生根》,《教学与管理》2020 年第 23 期。

葛新斌、张玲:《我国减负政策执行阻滞及其对策探析——基于"马—萨模式"的视角》,《教育发展研究》2019 年第 2 期。

龚鹏飞:《新中国中小学学制改革:历程、特点与愿景》,《教育史研究》2021 年第 2 期。

共建"长三角教育综合改革试验区"课题组:《推进长三角教育综合改革实现区域教育联动发展》,《教育发展研究》2012 年第 5 期。

顾娟:《现代教育还需唱响纪律颂歌吗?——由德国纪律论战引发的思考》,《基础教育》2019 年第 5 期。

顾明远:《对深化新时代教育评价改革的几点认识》,《教育测量与评价》2020 年第 8 期。

顾明远、蔡宗模、张海生:《中国教育改革发展的昨天、今天和明天——顾明远先生专访》,《重庆高教研究》2019 年第 2 期。

顾志跃：《中小学生课业负担问题———中小学教育改革热点问题导读之十一》，《教育科学研究》2004 年第 11 期。

管珏琪、朱欧亚、李笑樱等：《欧美百佳基础教育网站的特点分析与启示》，《外国中小学教育》2009 年第 10 期。

郭丛斌、林英杰：《精英大学入学机会校际差异的马太效应研究》，《北京大学教育评论》2020 年第 4 期。

郭丛斌、徐柱柱、张首登：《超级中学：提高抑或降低各省普通高中的教育质量》，《教育研究》2021 年第 4 期。

郭法奇：《如何从应试教育走向素质教育——基于〈教育规划纲要〉及教育历史的实证分析》，《河北师范大学学报》（教育科学版）2013 年第 11 期。

郭风英：《竞争性选拔考试的伦理现状审视》，《学术论坛》2016 年第 4 期。

郭建鹏、张娟、甘雅娟等：《超级中学并不"超级"——基于厦门大学本科毕业生学习经历的实证调查》，《教育与经济》2019 年第 5 期。

郭磊：《教育公平、教育的公益性和公共产品》，《国家教育行政学院学报》2006 年第 4 期。

郭裕湘：《基于公共管理主义视野的我国高校学术管理机制创新》，《中国成人教育》2016 年第 18 期。

韩敏、李艳：《浅谈对基础教育的认识》，《新西部》2018 年第 15 期。

郝文武：《教育：主体间的指导学习——学习化社会的教育本质新概念》，《教育研究》2002 年第 3 期。

何俊青：《西方新公共管理中管理主义思想和实践的梳理与反思》，《科技进步与对策》2009 年第 4 期。

何孟姐、杨涛：《义务教育质量监测中课业负担分类模型研究》，《教育科学》2019 年第 2 期。

何颖、李思然：《新公共管理理论方法论评析》，《中国行政管理》2014 年第 11 期。

贺国庆、梁丽：《百年留学潮——1815—1914 年负笈德国的美国学生》，《高等教育研究》2021 年第 4 期。

胡惠闵、殷玉新：《我国减轻中小学课业负担的历程与思考》，《全球教育展望》2015 年第 12 期。

胡建国、李伟、蒋丽平：《中国社会阶层结构变化及趋势研究——基于中国社会流动变化的考察》，《行政管理改革》2019 年第 8 期。

胡乐乐：《国外核心素养体系构建探究》，《新疆师范大学学报》（哲学社会科学版）2017 年第 6 期。

胡乐乐：《正视〈小舍得〉背后的教育焦虑》，《重庆日报》2021 年 4 月 28 日第 12 版。

胡庆芳、程可拉：《当今美国中小学研究性学习的模式研究》，《教育科学》2003 年第 5 期。

胡志军、刘宗明、龚志民：《中国总体收入基尼系数的估计：1985—2008》，《经济学》（季刊）2011 年第 4 期。

扈中平：《对我国中小学生学习负担的辩证分析》，《课程·教材·教法》2002 年第 6 期。

扈中平、刘朝晖：《减负：不仅仅是"减"》，《教育研究与实验》2004 年第 3 期。

黄程翔、郑泽豪：《"双减"：让人欢喜让人忧》，《四川省情》2021 年第 9 期。

黄璐：《中产阶级的焦虑》，《文史博览（人物）》2016 年第 12 期。

黄晓婷、关可心、熊光辉等：《"超级中学"公平与效率的实证研究——以 K 大学学生学业表现为例》，《教育学术月刊》2016 年第 5 期。

黄扬：《德国小学的创新教育及其启示》，《教学与管理》2019 年第 12 期。

惠转转、程铭：《英国高等教育机构经费来源结构研究——基于罗素集团大学与非罗素集团大学的比较》，《高教探索》2020 年第 9 期。

霍益萍：《"研究性学习"在法国》，《教育发展研究》2000 年第 10 期。

姜涛、山灵芳、王显军：《以色列 5 - U 课程物理考试的特点及其启示——以单摆为例》，《外国中小学教育》2007 年第 1 期。

姜英敏：《韩国中小学史上最严"减负"政策举措》，《人民教育》2018 年第 9 期。

教育部体育卫生与艺术教育司：《第八次全国学生体质与健康调研结果

发布》,《中国学校卫生》2021 年第 9 期。

金生鈜:《对现代学校考试的教育哲学分析》,《教育评论》2001 年第 2 期。

靳玉乐、杨征铭等:《学业负担治理的历程检视与进路探寻(笔谈)》,《现代教育管理》2022 年第 7 期。

孔令帅、范永胜:《近十年我国比较教育研究的现状考察与热点综述》,《比较教育学报》2021 年第 5 期。

兰玉娟、佐斌:《去个性化效应的社会认同模型》,《心理科学进展》2009 年第 2 期。

劳凯声:《教师职业的专业性和教师的专业权力》,《教育研究》2008 年第 2 期。

黎晓琳:《大学生"精致利己主义者"现象分析》,《改革与开放》2018 年第 15 期。

李阿芳:《学校"减负增效"的实践困境及实施建议》,《教学与管理》2017 年第 33 期。

李北伟、路天浩、李麟白:《中美科技竞争环境下海外高层次人才引进对策》,《科技管理研究》2021 年第 18 期。

李春玲:《中国中产阶级的不安全感和焦虑心态》,《文化纵横》2016 年第 4 期。

李刚:《十年来我国义务教育阶段减轻中小学课业负担的成效与建议》,《湖南师范大学教育科学学报》2020 年第 3 期。

李格:《遍布东亚的"影子教育"》,《廉政瞭望》2021 年第 16 期。

李虎林:《中小学生课业负担监测指标体系探索》,《当代教育科学》2014 年第 14 期。

李立国:《以省级教育统筹推进教育领域综合改革》,《清华大学教育研究》2013 年第 1 期。

李鹏虎:《我国高校专业教育模式的历史流变与发展进路——兼论高等教育内涵的重新审视》,《国家教育行政学院学报》2020 年第 6 期。

李强、陈广超:《中国近现代高等教育发展的历史惯性》,《湖北社会学》2011 年第 8 期。

李祥、周芳、蔡孝露:《中小学教师减负政策的价值分析:权利保障的视角》,《现代教育管理》2021 年第 7 期。

李亦菲、杨宝山:《如何认识探究学习与研究性学习的关系》,《学科教育》2002 年第 12 期。

李煜:《制度变迁与教育不平等的产生机制——中国城市子女的教育获得(1966—2003)》,《中国社会科学》2006 年第 4 期。

廖其发:《当代中国学制改革的发展历程与经验教训》,《南京晓庄学院学报》2004 年第 2 期。

林崇德:《构建中国化的学生发展核心素养》,《北京师范大学学报》(社会科学版)2017 年第 1 期。

林崇德:《学生发展核心素养:面向未来应该培养怎样的人?》,《中国教育学刊》2016 年第 6 期。

林崇德:《中国学生核心素养研究》,《心理与行为研究》2017 年第 2 期。

林小英、杨蕊辰、范杰:《被抽空的县级中学——县域教育生态的困境与突破》,《文化纵横》2019 年第 6 期。

林志强、张旭日:《我国高校考试方式与考试制度改革研究》,《河南社会科学》2011 年第 6 期。

林众、冯瑞琴、罗良:《自主学习、合作学习、探究学习的实质及其关系》,《北京师范大学学报》(社会科学版)2011 年第 6 期。

凌明一:《教育改革背景下应试教育症候及其对策探寻》,《教学与管理》2018 年第 30 期。

刘蓓:《对我国学校考试制度的哲学思考》,《福州大学学报》(哲学社会科学版)2001 年第 S1 期。

刘丙元:《学校纪律的性质与功能:从规限、管理到教育》《中国教育学刊》2006 年第 2 期。

刘海峰:《推进教育考试现代化进程》,《中国考试》2021 年第 2 期。

刘焕然:《高校招生配额制与高等教育公平——历史检视与现实省察》,《高等教育研究》2019 年第 2 期。

刘精明:《高等教育扩展与入学机会差异:1978—2003》,《社会》2006 年第 26 期。

刘精明:《能力与出身:高等教育入学机会分配的机制分析》,《中国社会科学》2014 年第 8 期。

刘精明：《中国基础教育领域中的机会不平等及其变化》，《中国社会科学》2008 年第 5 期。

刘敏、王苏雅：《德国大学入学招生制度的基本程序及其变革与走向》，《教育测量与评价》2016 年第 7 期。

刘楠楠、段义德：《财政支出对教育代际流动性的影响》，《财经科学》2017 年第 9 期。

刘琪：《日本高中学分制的变迁和多样化的学分制高中》，《全球教育展望》2003 年第 32 期。

刘志军、徐彬：《面向未来的课程与教学评价：困顿、机遇与走向》，《课程·教材·教法》2020 年第 1 期。

柳萌学、柳岩：《教育公平视域下小学生课业负担过重成因及消解：基于罗尔斯〈正义论〉视角》，《宁波教育学院学报》2021 年第 1 期。

卢珂：《中小学生课业负担的影响因素研究——基于北京市中小学调查数据》，《教育学术月刊》2016 年第 12 期。

卢珂、赵丽娟、王玥等：《家长视角下的北京市基础教育：成绩、问题及建议——基于连续十年教育满意度调查结果的分析》，《中国教育政策评论》2019 年第 1 期。

卢立涛、梁威、沈茜：《我国课堂教学评价现状反思与改进路径》，《中国教育学刊》2012 年第 6 期。

罗建河：《"减负"政策的限度分析》，《教育科学研究》2009 年第 11 期。

罗生全、孟宪云：《新时代中小学作业问题的再认识》，《人民教育》2021 年第 Z1 期。

罗生全、孟宪云：《学业负担与教学效能的关系——数理分析与学理确证》，《教育研究》2016 年第 8 期。

罗士琰、张辉蓉、宋乃庆：《基础教育改革与发展的中国模式探析》，《江西师范大学学报》（哲学社会科学版）2020 年第 1 期。

马健生、李洋：《核心素养的边界与限度——一种比较分析》，《北京师范大学学报》（社会科学版）2018 年第 3 期。

马健生、吴佳妮：《为什么学生减负政策难以见成效？——论学业负担的时间分配本质与机制》,《北京师范大学学报》（社会科学版）2014年第 2 期。

马健生、臧洪菊：《减负——高考改革的错误定位》,《教育科学研究》2008 年第 2 期。

马进：《教育哲学的存在论维度及其价值启示》,《安徽师范大学学报》（人文社会科学版）2020 年第 1 期。

闵维方：《美国大学崛起的历史进程与管理特点分析》,《山东高等教育》2015 年第 1 期。

倪闽景：《教育内卷化如何破解？》,《教育家》2021 年第 13 期。

牛楠森、李越：《创新的教育性与创新教育》,《国家教育行政学院学报》2017 年第 9 期。

彭青龙、任祝景：《科技创新与高等教育——访谈丁奎岭院士》,《上海交通大学学报》（哲学社会科学版）2020 年第 3 期。

彭雨琦、薛月、蔡文怡等：《探究家庭背景对高等教育获得的影响机制——基于南京市部分高校数据的实证研究》,《科教文汇（中旬刊)》2021 年第 6 期。

彭正梅、郑太年、邓志伟：《培养具有全球竞争力的中国人：基础教育人才培养模式的国际比较》,《全球教育展望》2016 年第 8 期。

蒲蕊：《政府与学校关系重建：一种制度分析的视角》,《教育研究》2009 年第 3 期。

齐美玲、孙崇勇：《中小学学业负担的积极意义探讨》,《现代中小学教育》2016 年第 4 期。

钱立青、晋玉、汪昌华：《安徽省中小学生课业负担监测分析报告——以 2014 年度义务教育阶段学生评测为对象》,《合肥师范学院学报》2016 年第 1 期。

钱颖一：《批判性思维与创造性思维教育：理念与实践》,《清华大学教育研究》2018 年第 4 期。

秦伯益：《应试教育扼杀个性，应试科研扼杀创新》,《科技导报》2017 年第 8 期。

秦玉友、赵忠平：《多不多？难不难？累不累？——中小学生课业负担调查研究》,《课程·教材·教法》2014 年第 4 期。

邱昆树、张寅：《教育现代性批判：基于社会加速批判理论的视角》，《教育发展研究》2020 年第 Z2 期。

屈林岩、谷建春：《自主性学习·研究性学习·创新性学习》，《求索》2002 年第 6 期。

任长松：《美国大学入学考试 SAT 深度剖析》，《教育理论与实践》2007 年第 13 期。

任建胜：《素质教育与考试》，《教育研究》1998 年第 7 期。

阮洁卿、阮来民：《法国高中毕业会考制度的发展及其特点研究》，《外国中小学教育》2007 年第 8 期。

尚春香、满忠坤：《基础教育学生学业负担过重若干前提问题的辨明》，《当代教育科学》2019 年第 10 期。

沈新建：《新中国 70 年我国民办高等教育发展演进路径》，《中国社会科学报》2020 年 1 月 2 日。

盛明科、何植民：《政府绩效评估的价值渊源：从"效率中心主义"到"新泰勒主义"——兼论当前我国政府绩效评估的价值追求》，《社会科学家》2009 年第 1 期。

石长林：《我国中小学学校管理体制存在的问题及其对策》，《教育科学研究》2014 年第 6 期。

宋秋蓉：《当今世界高等教育经费来源多元化趋势》，《教育与经济》2003 年第 3 期。

苏光鸿：《教育标准化"三问"》，《人民论坛》2019 年第 17 期。

苏启敏：《学生评价的民主意蕴》，《教育研究》2010 年第 2 期。

孙杰远：《知识过密化与基础教育改革：困境与突破》，《当代教育与文化》2020 年第 4 期。

孙少婷、岳涛：《中小学生学业减负何以越减越重？——复杂理论视阈下中小学减负阻力研究》，《教师教育论坛》2021 年第 8 期。

孙霄兵、徐玉玲：《中国基础教育 70 年：成就与政策》，《课程·教材·教法》2019 年第 2 期。

谭夏妮：《超级中学的治理：合理引导教育投资行为》，《现代教育科学》2017 年第 4 期。

滕珺：《教师的专业性与学生的主体性——顾明远"现代学校师生关

系"思想述评》,《教师教育研究》2018 年第 5 期。

田汉族、王东、蒋建华:《"超级中学"现象演化的制度逻辑——以衡水中学、毛坦厂中学、黄冈中学为例》,《教育与经济》2016 年第 5 期。

汪芳:《日本私立高校经费来源及启示》,《理工高教研究》2002 年第 1 期。

汪晓帆、高原:《小学生课业负担现状的调查——以某市 4 所小学为例》,《教学月刊小学版》(综合) 2019 年第 Z2 期。

王策三:《认真对待"轻视知识"的教育思潮》,《北京大学教育评论》2004 年第 3 期。

王后雄:《论教育考试的功能性缺陷与价值冲突》,《华东师范大学学报》(教育科学版) 2008 年第 1 期。

王洁、宁波:《国际视域下上海教师工作时间与工作负担:基于 TALIS 数据的实证研究》,《教师教育研究》2018 年第 6 期。

王力:《对于幼儿超前学习的反思》,《教育观察》2020 年第 9 期。

王立科:《英国高校招生:让自主权归属大学》,《科学时报》2009 年 6 月 16 日第 B3 版。

王玲、范跃进:《美国私立高等教育经费政策体系评析》,《东北师大学报》(哲学社会科学版) 2015 年第 4 期。

王芹、颜岩:《论科西克的现代性批判理论——基于对〈现代性的危机〉的解读》,《山东社会科学》2021 年第 9 期。

王庆环:《调查显示城市家庭子女教育费用占家庭总收入 30%》,《光明日报》2012 年 3 月 15 日。

王石川:《从长远视野看近视防控》,《光明日报》2018 年 8 月 31 日第二版。

王世岳、周璇:《"普及后"的中国高等教育去向何处》,《江苏高教》2021 年第 6 期。

王贤文、周险峰:《学业负担治理研究十年:回顾与展望》,《河北师范大学学报》(教育科学版) 2021 年第 3 期。

王晓芳、黄丽锷:《中小学教师科研活动中的管理主义——基于对相关官方文件与若干结题报告的分析》,《北京大学教育评论》2015 年第

1 期。

王晓平:《教育减负中家长阻力的社会心理机制及其化解路径》,《教育导刊》2020 年第 11 期。

王秀珍、邓冰:《中学生考试焦虑程度与家长焦虑水平的对比分析》,《贵阳医学院学报》2006 年第 6 期。

王旭:《芬兰大学入学考试特色述评》,《世界教育信息》2008 年第 8 期。

王毓珣、刘健:《改革开放四十年中小学减负政策变迁及走向分析》,《教育理论与实践》2018 年第 31 期。

王玥、许志星:《校内外课业负担对初中学生发展水平的影响——家庭社会经济地位的双重效应》,《教育科学研究》2019 年第 9 期。

王兆璟、王艳艳:《我国高中学业水平考试与法国高中毕业会考的比较分析》,《教育理论与实践》2016 年第 1 期。

王中男:《"以分为本"的学习评价价值观：基于双重维度的分析》,《教育科学研究》2016 年第 11 期。

魏延志:《转型期中国区域差异与城市居民教育不平等（1978—2006）——基于 CGSS2006 的多层线性模型分析》,《教育学术月刊》2013 年第 1 期。

文剑冰:《课业负担的个体层面变量研究综述》,《全球教育展望》2012 年第 12 期。

吴非:《"不是爱风尘，又被风尘误"——反思南京教育界的一场讨论》,《教育发展研究》2004 年第 10 期。

吴康宁:《中国教育改革为什么会这么难》,《华东师范大学学报》（教育科学版）2010 年第 4 期。

吴全华:《论教育改革试点的非理性现象》,《全球教育展望》2018 年第 11 期。

吴思为、伍新春、赖丹凤:《青少年课外学习特点的分析与建议》,《教育学报》2010 年第 2 期。

吴愈晓:《社会分层视野下的中国教育公平：宏观趋势与微观机制》,《南京师大学报》（社会科学版）2020 年第 4 期。

肖凤翔、于晨、邓小华:《中央主导下的地方教育政策试验：行动逻辑、现实困境与优化策略》,《教育发展研究》2017年第7期。

肖建彬:《学习负担:涵义、类型及合理性原理》,《教育研究》2001年第5期。

肖磊、陈雪纯:《论综合素养评价定位的偏差及其回归》,《教育发展研究》2020年第22期。

谢爱磊:《在贩卖焦虑?教育如何变身商品》,《光明日报》2021年3月23日第15版。

谢春风:《我国中小学名校巨型化倾向的理性分析》,《教育发展研究》2012年增刊2期。

谢同祥、李艺:《过程性评价:关于学习过程价值的建构过程》,《电化教育研究》2009年第6期。

谢维和:《重要的是减轻中小学生的心理负担》,《教育研究》2000年第4期。

谢志岿:《新公共管理的知识基础及其局限——兼论公共行政学的发展趋势》,《公共管理研究》2006年第4卷。

辛涛:《深化教育评价改革,促进育人方式转变》,《中国考试》2021年第2期。

徐彬、刘志军、肖磊:《论课程评价制度创新的阻力及其化解》,《课程·教材·教法》2021年第1期。

徐梅:《教育焦虑引发的中产阶级母爱悲歌——〈虎妈猫爸〉〈小别离〉彰显的母爱异化问题剖析》,《淮北职业技术学院学报》2017年第5期。

徐倩、常秀丽、吕承超:《教育公平视阈下中国教育经费分布的空间非均衡及极化研究》,《学术探索》2017年第5期。

薛二勇、李健、张志萍:《校外教育培训治理的形势、挑战与路径》,《中国电化教育》2021年第5期。

薛海平、张媛:《我国初中生学业负担水平与差异分析——基于CEPS2015数据的实证研究》,《首都师范大学学报》(社会科学版)2019年第5期。

闫引堂:《教育社会学中的新制度学派:基于问题史的研究》,《北京大学教育评论》2011年第2期。

杨德广：《中小学生课业负担重的源头及破解对策——从中学校长发出"救救孩子"的呼声谈起》，《中国教育学刊》2019 年第 8 期。

杨德军、赵薇：《关于中小学教辅材料的调查》，《中小学管理》2007 年第 9 期。

杨东平：《重新认识应试教育》，《北京大学教育评论》2016 年第 2 期。

杨东平、王帅：《从"衡中模式"看基础教育治理的困境与出路》，《清华大学教育研究》2018 年第 4 期。

杨光富：《法国 2021 年高中毕业会考改革述评》，《外国教育研究》2020 年第 11 期。

杨洪波、潘黎：《日本私立大学录取标准研究：以立命馆大学为例》，《现代教育科学》2016 年第 12 期。

杨经录：《从知识型考试到能力型考核——思想政治理论课考核方式改革初探》，《思想政治课研究》2016 年第 2 期。

杨聚鹏、苏君阳：《教育改革的本质：教育改革的特征及类别》，《现代教育管理》2013 年第 1 期。

杨玲、张天骄：《家庭背景、重点中学和教育获得》，《教育与经济》2020 年第 5 期。

杨柳、张旭：《新中国成立以来我国"减负"政策的历史回溯与反思》，《教育科学研究》2019 年第 2 期。

杨伦、魏善春：《学习抢跑的内涵、危害及应对措施》，《教学与管理》2020 年第 4 期。

杨茂庆、岑宇：《新加坡学校价值观教育：路径、特点及经验》，《比较教育研究》2020 年第 2 期。

杨瑞龙：《价格双轨制的核心——增量改革》，《当代财经》2012 年第 1 期。

杨天平、江松贵：《西方国家综合高中的学分制管理及其启示》，《外国中小学教育》2006 年第 9 期。

杨文杰、范国睿：《基于"国际学生评估项目"成绩的学生发展审视》，《教育研究》2020 年第 6 期。

杨小微：《在教育公平意义上理解和运用增值评价》，《教育测量与评价》2020 年第 8 期。

杨晓奇：《学校发展的"内卷化"表征与破解》，《教育研究与实验》2017年第5期。

杨欣：《小学减负喜忧参半背后的对策探究——基于108所小学减负落实情况的调查》，《中国教育学刊》2019年第8期。

杨欣、罗士琰、宋乃庆等：《我国义务教育"减负提质"的评估研究——基于义务教育第三方评估的报告》，《中国教育学刊》2016年第6期。

杨欣、宋乃庆：《中小学生课业负担内涵的多视角分析———基于九省市学生、家长与教师的调查》，《华东师范大学学报》（教育科学版）2016年第2期。

杨雄：《AI时代"教育内卷化"的根源与破解》，《探索与争鸣》2021年第5期。

杨炎轩、王珺瑶：《压力视阈下我国中小学教师师德失范行为的归因与治理》，《现代教育管理》2021年第6期。

杨志成：《百年未有之大变局下世界教育变革与中国教育机遇》，《教育研究》2021年第3期。

杨志明、丁港、彭丽仪：《考试与评价的国际经验与启示》，《中国考试》2021年第1期。

叶怀凡：《论学校管理文化》，《教学与管理》2017年第9期。

叶纪林：《国外研究性学习的现状、特点及启示》，《天津师范大学学报》（基础教育版）2008年第2期。

殷玉新、郝健健：《新中国成立70年来我国学业负担政策的演进历程与未来展望》，《首都师范大学学报》（社会科学版）2019年第6期。

于发友：《聚力打造高素质专业化创新型教师队伍——党的十八大以来我国教师队伍建设的成就经验》，《人民教育》2022年第17期。

于华：《境外多元智能理论的研究进展及其启示》，《教育研究与实验》2012年第3期。

余文森：《论自主、合作、探究学习》，《教育研究》2004年第11期。

余秀兰：《关注质量与结果：我国教育公平的新追求》，《南京师大学报》（社会科学版）2019年第1期。

袁丽、周深几：《新时代背景下教师专业性研究综述——基于指向教育公平与卓越的分析视角》,《教师教育研究》2019年第4期。

袁利平、杨阳:《人的全面发展:学校课程建设的价值坐标》,《中国教育科学(中英文)》2021年第1期。

袁征:《约束与教育:学校纪律的基本功能》,《华南师范大学学报》(社会科学版)2018年第3期。

臧铁军、刘晓瑜:《考试的哲学问题的思考》,《教育研究》1998年第7期。

臧莺:《创造力是中国学生的"短板"——时报专访国际著名数学家丘成桐》,《基础教育论坛》2012年第8期。

张彩云、方晨晨:《教育督导70年回顾与展望:从制度化走向现代化》,《行政管理改革》2019年第6期。

张长松:《班级管理量化考核的优与忧》,《教学与管理》2019年第7期。

张传洲:《中国社会分层结构与社会流动机制研究》,《行政与法》2021年第5期。

张国霖:《家长的教育焦虑》,《基础教育》2016年第6期。

张华、仲建维:《研究性学习的历史、现状与未来》,《教育科学研究》2004年第3期。

张济洲:《"高考工厂"背后的阶层焦虑与机会公平》,《中国高教研究》2015年第9期。

张瑾:《20世纪上半叶美国科技人才资源与人才环境管窥》,《湖南工业大学学报》(社会科学版)2021年第5期。

张抗抗、杜静:《从管理到治理:基础教育作业治理的内涵、框架与进路》,《中国教育科学(中英文)》2021年第5期。

张树人:《对高校收费制度改革的几点看法》,《中国高等教育》1993年第4期。

张筱璐:《义务教育阶段"择校热"的成因、影响及治理思路研究》,《重庆第二师范学院学报》2015年第3期。

张一笑:《教育创新呼唤"魅力型校长"》,《中国教师报》2010年6月2日第1版。

张玉胜:《别让"跳绳培训班"收割教育焦虑》,《教书育人》2021年第 4 期。

张志远、胡姝：《我国高等教育发展水平省际差异研究——基于 2018 年教育统计数据的分析》，《山东高等教育》2021 年第 2 期。

张忠华、裴菲：《教、学关系研究范式及其价值取向分析》，《高等教育研究》2014 年第 6 期。

章建石：《考试改革如何冲破应试主义的藩篱——兼论大规模教育考试改革的几个趋势》，《当代教育科学》2017 年第 12 期。

赵德成：《教师绩效工资改革难以深入推动的原因及对策》，《中小学管理》2020 年第 9 期。

赵明仁、陆春萍：《新时代我国高素质专业化创新型教师队伍建设论纲》，《教育科学》2021 年第 1 期。

赵欣：《学校精细化管理解读及其运用》，《学校党建与思想教育》2011 年第 24 期。

赵秀文：《"解放"与"挑战"共在：基础教育弹性学制的现实境遇之思》，《当代教育科学》2016 年第 16 期。

赵阳、薛海平：《参与课外补习对我国初中生睡眠时间的影响研究——基于北京市十六所初级中学的实证分析》，《基础教育》2018 年第 6 期。

赵勇：《教育评价的几大问题及发展方向》，《华东师范大学学报》（教育科学版）2021 年第 4 期。

郑东辉：《中小学生作业心理负担的定量分析：基于 16141 份数据》，《全球教育展望》2016 年第 8 期。

郑金洲：《创新能力培养中的若干问题》，《中国教育学刊》2000 年第 1 期。

郑美良、范国睿：《超越结果与绩效 回归过程与改进——基础教育学校评价的变迁与改进路向》，《教育科学研究》2021 年第 6 期。

郑若玲：《科举考试的功能与科举社会的形成》，《厦门大学学报》（哲学社会科学版）2005 年第 2 期。

郑若玲、郭娇娇：《高校综合评价录取改革的困境与突破》，《河北师范大学学报》（教育科学版）2021 年第 5 期。

郑永和：《重视基础教育拔尖人才培养，解决我国"卡脖子"问题》，

《科学与社会》2020年第4期。

钟秉林、刘海峰、辛涛等：《教育考试"十四五"发展愿景笔谈》，《中国考试》2021年第2期。

钟翠花：《以色列：一年有五次高考》，《文汇报》2001年6月25日第3版。

钟建林、李霞：《未来教育的"六化"特点》，《今日教育》2021年第1期。

钟焦平：《遏制过度竞争离不开教育理性》，《上海教育》2017年第7期。

周爱保、马小凤、杨玲：《测试即学习：认知研究对教学实践的启示》，《课程·教材·教法》2013年第2期。

周蜜：《应试教育"指挥棒"下引发的问题——观电影〈银河补习班〉》，《艺术评鉴》2020年第3期。

周先进、赵凤雨：《新课程改革背景下考试内容和考试形式的构建》，《学科教育》2004年第8期。

周序：《"应试主义教育"的"应试规训"及其消解》，《华中师范大学学报》（人文社会科学版）2014年第3期。

周元宽、葛金国：《学校管理教育性的回归：制度设计与路径选择》，《中国教育学刊》2014年第5期。

朱利、张丹、陈湘灵：《教育对不同收入水平农民代际流动的影响研究——基于对中国家庭追踪调查的分析》，《南方农机》2021年第8期。

朱卫国：《中小学生课业负担的理性思考》，《教育发展研究》2019年第12期。

朱旭东：《论教师的全专业属性》，《教育发展研究》2017年第10期。

朱旭东：《论教师专业发展的理论模型建构》，《教育研究》2014年第6期。

邹红军、柳海民：《杜威的"探究认识论"与探究学习》，《全球教育展望》2018年第5期。

Andy Hargreaves, Four Ages of Professionalism and Professional Learning,

Teachers and Teaching: *theory and practice*, 2000 (2).

Blau, P. M. and D. O. Dudley. 1967. *The American Occupational Structure*. New York: Wiley.

Credit Suisse Research Institute: *Global Wealth Report* 2021, 202106, (https://www.credit-suisse.com/about-us/en/reports-research/global-wealth-report.html)。

Evans, L., 2008. Professionalism, Professionality and the Development of Education Professionals, *British Journal of Educational Studies*.

Gardner, Howard. 2006. *Multiple Intelligences*: *New Horizons*. New York: Basic Books.

Geertz, Clifford. 1963. *Agricultural Involution*: *The Process of Ecological Change in Indonesia*. Berkeley, CA: University of California Press.

Hood, Christopher. 2000. "Paradoxes of Public-sector Managerialism, Old Public Management and Public Service Bargains", *International Public Management Journal*, Vol. 3.

Smith, John E. *The Spirit of American Philosophy*, *Revised Edition*. Albany: State University of New York, 1983, p. 177. 转引自黄铭《怀特海的创造性哲学对观念创新的启示》,《自然辩证法研究》2010 年第 9 期。

Klikauer, Thomas. 2013. *Managerialism*, *A Critique of an Ideology*, London: Palgrave Macmillan.

后　　记

　　教育是每个人都关心的问题。经历过高考的人，不管过去了多少年，当年吃过的苦，都历历在目；但那些耗尽心力形销骨立学到的知识，后来大多遗忘了。这使我们明白，多数记忆性的知识，除了用于考试，在后面的工作和生活中基本派不上用场。

　　作为一个本科念师范，后来在上海和香港完成硕士和博士学位的研究人员，对于不同的教育模式，算是有一些直观的体认，对于教育问题的反思，则有20年的时间了。中国内地改革开放后很长时间都没有人（含出国留学生）获得自然科学的诺贝尔奖（直到2015年屠呦呦获奖），相比之下，人口少得多的香港和台湾地区同期却产生了多位诺贝尔奖或菲尔兹奖获得者。这引人深思。

　　近年来，教育领域的一些问题引起了党和政府的高度重视，也成为全社会关心的话题。2020年，本人着手组织课题组，开展对本课题的研究，课题组成员都是在国内外著名高校取得博士学位并从事教育和研究工作的青年才俊，包括钟景迅（华南师范大学）、吴静（深圳职业技术大学）、熊和妮（深圳信息职业技术学院）、王晓芳（深圳大学）、李鹏虎（深圳大学）、李杰（深圳市社会科学院）、张扬文馨（香港中文大学）、曾文静（北京师范大学）、刘磊明（华南师范大学）等。2021年，课题得到深圳市社会科学院的立项资助。2021年6月，本人调到深圳市委党校工作，在忙碌的行政工作之余，继续开展课题的研究工作，至今已历时3年。

　　本书的核心观点来自本人的思考，由本人拟定全书的写作提纲，明确各章节的主要观点和内容，由课题组成员承担各章节初稿的撰写，2022年5月形成初稿后，又多次讨论修改，最后由本人修改完善定稿。各章节初稿的具体分工如下：

导　论　应试教育与智力错配　谢志岿、钟景迅

第一章　教育的极化效应与社会焦虑　吴静

第二章　知识型教育与教育内卷化　熊和妮

第三章　异化了的中小学生课业负担　熊和妮

第四章　应试教育中考试的世界观与方法论　王晓芳

第五章　教育中的管理主义与教师行为　王晓芳

第六章　创新型教育理念与招生录取改革　李鹏虎

第七章　中小学学制改革与智力资源优化配置　李杰、谢志岿

第八章　公立资合型大学：对一种新型大学体制的探索　谢志岿、李鹏虎、张扬文馨

第九章　地方试验：推出地方教育改革试验升级版　谢志岿、曾文静、刘磊明

研究工作是一个耗费心力的过程，也是一个充满挑战和乐趣的过程。感谢深圳市社会科学院和深圳市委党校的领导和同事，对课题研究工作给予的支持。感谢课题组各位成员辛勤和创造性的付出。作为深圳市人文社会科学重点研究基地"党的领导和国家治理现代化研究中心"研究成果，感谢深圳市宣传文化事业发展专项基金的支持。同时也感谢家人的支持，让我有更多的精力投入工作中。由于水平所限，书中的错漏之处在所难免，敬请方家批评指正。

谢志岿

2023年9月